信息技术基础

主　编　段小焕
副主编　范仲勇　贾存军

西南交通大学出版社
·成都·

图书在版编目（CIP）数据

信息技术基础 / 段小焕主编. -- 成都：西南交通大学出版社，2024. 8. -- ISBN 978-7-5643-9984-9

Ⅰ．TP3

中国国家版本馆CIP数据核字第20244B3J69号

Xinxi Jishu Jichu
信息技术基础

主　编／段小焕	策划编辑／张　波
	责任编辑／王同晓
	封面设计／曹天擎

西南交通大学出版社出版发行
（四川省成都市金牛区二环路北一段 111 号西南交通大学创新大厦 21 楼　610031）
营销部电话：028-87600564　　028-87600533
网址：http://www.xnjdcbs.com
印刷：成都中永印务有限责任公司

成品尺寸　185 mm×260 mm
印张　21.5　　字数　535 千
版次　2024 年 8 月第 1 版　　印次　2024 年 8 月第 1 次

书号　ISBN 978-7-5643-9984-9
定价　50.00 元

课件咨询电话：028-81435775
图书如有印装质量问题　本社负责退换
版权所有　盗版必究　举报电话：028-87600562

PREFACE 前言

随着科技的飞速发展和全球化进程的加速，信息技术已经成为现代社会不可或缺的一部分，它渗透到了我们日常生活的方方面面，从衣食住行到工作学习，从科学研究到经济发展。为了帮助读者更好地理解和应用信息技术，我们编写了这本教材。

本教材的编写旨在为读者提供一个全面、系统、深入的信息技术学习平台。全书共分为五个模块，包括信息技术基础、操作系统基础、Office 基础、网络与信息安全以及新一代信息技术。每个模块下又细分为多个项目，每个项目又设计了多个实操任务，形成了层次分明、结构清晰的知识体系。

在模块一"信息技术基础"中，介绍了信息技术的相关概念和基础知识，包括信息的定义、数据的表示和存储等，帮助读者了解信息技术的基本概念和基本原理。

在模块二"操作系统基础"中，介绍了常见的操作系统，包括 Windows 10 和统信操作系统的基础操作和系统管理，帮助读者掌握操作系统的基本原理和实际应用。

在模块三"Office 基础"中，介绍了 Office 办公软件的基本操作，包括 Word 2016、Excel 2016、PowerPoint 2016 以及 WPS Office 等软件的使用，帮助读者掌握办公软件的基本技能和应用。

在模块四"网络与信息安全"中，介绍了计算机网络与信息安全的基本概念和防护措施，帮助读者了解计算机网络的基本概念和应用及信息安全相关的基础知识。

在模块五"新一代信息技术"中，介绍了新一代信息技术的概述和应用，包括人工智能、大数据、云计算等新技术的发展和应用，帮助读者了解信息技术的前沿发展和应用。

本教材的编写注重理论与实践相结合，每个项目都提供了基础训练和社会实践环节，通过实际操作和案例分析，帮助读者深入理解和掌握信息技术。希望读者通过本教材能够掌握信息技术的基本概念和技能，提高信息素养和应用能力。

同时，本教材的编写也注重了时效性和前瞻性。我们在编写过程中及时更新了最新的信息技术进展和应用，同时也对未来的信息技术发展趋势进行了展望和分析。我们希望通过本教材的编写，为读者提供良好的学习平台，激发读者的学习兴趣和探索精神。

本书由段小焕担任主编，其中：模块一、模块二、模块四、模块五由段小焕编写，模块三项目一至项目五由范仲勇编写，模块三项目六由贾存军编写。此外，本教材的编写得到了许多专家和学者的支持和帮助，在此表示衷心的感谢。同时，我们也希望读者在阅读和学习本教材后能够在实践中应用所学知识，相信通过本教材的学习和实践，读者一定能够更好地掌握和应用信息技术，为未来的学习和工作打下坚实的基础。

段小焕

2024 年 8 月

CONTENTS 目 录

模块一　信息技术基础

项目一　信息技术概述 ··· 002

项目二　计算机基础 ··· 008

项目三　计算机系统结构 ·· 026

模块二　操作系统基础

项目一　Windows 10 操作系统 ·· 044

项目二　统信操作系统 ··· 081

模块三　Office 基础

项目一　Word 2016 基本操作 ··· 105

项目二　Word 2016 的高级应用 ······································ 147

项目三　Excel 2016 基本操作 ··· 158

项目四　Excel 2016 的高级应用 ······································ 177

项目五　PowerPoint 2016 基本操作 ································· 211

项目六　WPS Office ·· 242

模块四　网络与信息安全

项目一　计算机网络与因特网 …………………………………………… 274

项目二　信息安全基础 …………………………………………………… 297

模块五　新一代信息技术

项目一　新一代信息技术概述 …………………………………………… 310

项目二　新一代信息技术及应用 ………………………………………… 321

参考文献 ……………………………………………………………………… 337

模块一 信息技术基础

　　随着信息技术的飞速发展，人类社会逐步向信息化、数字化、智能化演进。信息技术极大地影响和改变着我们的工作、学习和生活，5G（第五代移动通信技术）通信、移动支付、网上购物、视频会议、线上教学、办公自动化、共享经济等遍地开花。那么，信息技术具体指什么？它经历了哪些发展阶段？未来又是怎样的发展趋势呢？

 学习目标

1. 了解信息、数据的基本概念；
2. 掌握信息与数据关系；
3. 掌握信息处理的一般过程，能够用原始数据或信息进行各种操作和转换，获取有效的信息；
4. 了解计算机的发展历程；
5. 掌握计算机中信息的表示及存取方式；
6. 掌握计算机系统结构；
7. 提高学生信息素养的能力；
8. 培养学生全面、系统和辩证地分析和解决问题的能力。

项目一　信息技术概述

一、什么是信息

1. 信息的定义

信息是指传递或表示的数据、事实、概念或知识的形式或内容。它可以以文字、数字、声音、图像、符号、信号等各种形式存在。信息通常用来传递或交流思想、观点、指示或知识，并且在各种领域中都起着重要的作用，包括通信、科学、技术、教育、商业和社会交往等。

2. 信息的关键特征

（1）有意义性：信息传递的内容具有一定的含义，可以被理解或解释。
（2）可传递性：信息可以通过不同的媒介或方式传递给其他人或系统。
（3）结构化：信息通常以一定的组织结构或格式存在，以便更容易理解和处理。
（4）有用性：信息通常用于解决问题、做决策、增加知识或执行特定任务。
（5）可变性：信息可以随着时间或环境的变化而改变。

信息在现代社会中是非常重要的，它支持了各种活动，从日常交流到科学研究和商业运营。信息技术的发展也使信息的处理、存储和传递变得更加高效和便捷。

二、什么是数据

1. 数据的定义

数据是信息的原始形式，通常是未经加工或组织的事实、数字、符号或记录。数据可以是任何形式的观察结果，它们可能没有明确的含义或上下文。数据在信息处理的过程中经常被转化为有意义的信息。

2. 数据的关键特征

（1）原始性：数据是未加工或未处理的原始观察结果，没有经过解释或组织。
（2）无意义性：数据通常在缺乏上下文或解释时是没有明确含义的。例如，一个数字"42"在没有上下文的情况下一般没有特殊的意义。
（3）数值性：数据可以是数字、文本、声音、图像、符号或任何其他形式的记录。
（4）客观性：数据通常是客观的，不受主观解释或评估影响的。例如，温度计上的温度读数是客观数据。
（5）可处理性：数据可以通过加工、分析和解释转化为有用的信息，以支持决策、研究和其他活动。

数据在许多领域中都具有重要价值，包括科学研究、商业分析、医疗保健、社会科学和信息技术。在信息技术领域，数据通常是计算机程序和算法的基础，用于生成有意义的信息和支持各种应用程序。数据分析和数据科学也是利用数据来获取见解和知识的重要方法。

三、信息与数据的关系

信息和数据是相关但不同的概念，它们在信息处理中具有不同的角色和含义。

1. 数据（Data）

数据是原始、未加工的事实、数字、符号或记录。它通常没有明确的含义或上下文，是信息的基本构建块。

数据可以是客观的，不受主观解释的影响，例如，温度读数、一组数字、文字字符等。

数据需要进一步处理和解释，以便从中提取有用的信息。

2. 信息（Information）

信息是对数据进行组织、解释和加工后的结果，具有明确的含义和上下文。它传达了特定的观点、知识或消息。

信息通常与意义和目的相关，用于支持决策、传递思想、传达消息或解决问题。

信息可以通过将数据置于适当的背景和语境中来创建，以便人们能够理解和使用它。

3. 数据与信息的关键区别

数据是信息的先导，通过加工、分析和组织数据，可以生成有意义的信息。

信息具有明确的含义，而数据通常需要进一步处理才能获得含义。

信息通常涉及对数据的解释和上下文的提供，以便它对接收者有用。

举例来说，一组数字（数据）可能是一组温度测量值，但这些数字本身并没有明确的含义。然而，如果将这些数字组织起来，并在适当的背景下加以解释，比如说这些数字代表一周内每天的最高气温，那么这就成为了信息，因为它提供了明确的含义和上下文，有助于人们了解一周内的天气情况。

四、信息处理

信息处理是指将原始数据或信息进行各种操作和转换，以获取有用的见解、知识或输出的过程。这个过程通常包括以下步骤：

（1）数据采集：首先，需要获取原始数据，这可以通过观察、测量、调查、传感器、文档等方式来实现。数据可以是数字、文本、图像、声音等各种形式。

（2）数据输入：将采集到的数据输入到信息处理系统中。这可以通过手工输入、自动传感器、导入文件或数据流等方式完成。

（3）数据清洗：在进一步处理之前，通常需要对数据进行清洗和预处理。这包括去除错误、处理缺失值、解决重复项、标准化数据格式等。

（4）数据存储：将数据存储在适当的地方，以便将来的访问和处理。这可以是数据库、数据仓库、云存储或其他存储设备。

（5）数据分析：在这一步骤中，数据被分析、处理和转换，以提取有关数据的见解。这可以包括统计分析、数据挖掘、机器学习等技术，用于发现模式、趋势和关联。

（6）信息提取：从分析中获得的见解通常被转化为有用的信息。这可能包括生成报告、图表、图像、摘要等形式的信息，以便用户更容易理解。

（7）决策支持：处理后的信息可以用来支持决策制定过程。决策者可以根据信息来制定策略、计划行动或做出选择。

（8）信息传递：将处理后的信息传递给相关的人员或系统。这可以通过报告、可视化、电子邮件、通信工具等方式完成。

（9）反馈与迭代：信息处理通常是一个迭代过程，反馈是非常重要的。根据反馈，可以调整数据采集、分析方法和信息呈现，以改进整个信息处理流程。

（10）安全性和隐私：保护信息的安全性和隐私是信息处理的关键考虑因素。必须采取措施来确保数据不被未经授权地访问或泄露。

信息处理在各个领域都有广泛的应用，包括商业、科学、医疗保健、金融、政府和社会科学等。它是现代社会中数据驱动决策和行动的核心过程。随着技术的不断发展，信息处理变得更加自动化、高效和精确。

五、信息技术

1. 信息技术的定义

信息技术（Information Technology，IT）是指在处理、存储、检索、传递和使用信息的过程中应用计算机和通信技术的领域。信息技术包括了广泛的技术和工具，旨在处理数据和信息，以满足个人、组织和社会的信息需求。

2. 信息技术的关键组成部分和特点

计算机技术：包括硬件和软件，用于执行各种计算和数据处理任务。计算机技术涵盖了计算机硬件（如个人计算机、服务器、嵌入式系统）以及计算机操作系统、应用程序和开发工具等软件。

通信技术：用于传递数据和信息的技术，包括互联网、局域网（LAN）、广域网（WAN）、移动通信网络（如4G和5G）以及各种通信协议和协议栈。

数据库管理：用于存储和管理数据的技术，包括关系型数据库管理系统（RDBMS）和非关系型数据库（NoSQL），以及数据仓库和大数据处理工具。

信息安全：涉及保护信息和数据免受未经授权的访问、破坏或泄露的技术和策略。这包括网络安全、数据加密、身份验证和访问控制等。

云计算：允许通过互联网访问计算资源（如计算能力、存储和应用程序）的技术，通常以按需付费的方式提供。云计算可以加强计算资源的灵活性和可扩展性。

大数据：用于处理和分析大规模数据集的技术和工具，以识别模式、趋势和见解。大数据包括数据采集、存储、处理、分析和可视化等方面。

人工智能和机器学习：包括用于开发智能系统和自动化决策的技术，如机器学习、深度学习、自然语言处理和计算机视觉。

物联网：允许物理设备和对象与互联网连接，以便数据交换和远程控制。这包括智能家居、智能城市、工业自动化等应用。

信息技术在现代社会中起着关键作用，它改变了我们的生活方式、商业模式、医疗保健、教育和社交互动等各个方面。信息技术的不断发展和创新推动了数字化转型，促使各种行业采用先进的技术来提高效率、创新产品和服务，并解决复杂的问题。

六、信息技术的发展历程

虽然信息技术的发展历程可以追溯到古代，但仅是现代信息时代，信息技术就经历了几个显著的发展阶段，如下所示：

1. 前计算机时代（古代至 20 世纪初）

古代：早期的信息技术包括文字、符号和书写系统，如中国的甲骨文和亚述的楔形文字。

文字印刷术：拓片、雕版印刷等古老的印刷技术促进了古代信息传播，宋仁宗时毕昇发明了活字印刷术，提高了印刷效率，降低了印刷成本。

2. 电子计算机时代（20 世纪中期）

20 世纪 40 年代：第一台电子计算机出现，如 ENIAC。
20 世纪 50 年代：出现了编程语言和操作系统，如 Fortran 和 UNIVAC。
20 世纪 60 年代：发展了分时操作系统和多用户系统。
20 世纪 70 年代：个人计算机开始出现，如 IBM PC。
20 世纪 80 年代：个人计算机的普及，操作系统开始发展，如 MS-DOS 和图形用户界面（GUI）。
20 世纪 90 年代：互联网的商业化和万维网的诞生，导致信息开始全球化传播。

3. 数字化和互联网时代（20 世纪末至 21 世纪初）

21 世纪 00 年代：移动互联网和智能手机的崛起，加速了信息的移动和访问。
21 世纪 10 年代：社交媒体的兴起，云计算的广泛采用，大数据和人工智能技术进一步发展。
21 世纪 20 年代：5G 技术的商用化，物联网（Internet of Things，IoT）的增长，深度学习和自动化技术进一步发展。

4. 未来趋势（21 世纪中期及以后）

预计未来将继续看到信息技术的快速发展，包括更高速的互联网连接、更强大的人工智能、更广泛的自动化和智能设备、量子计算的兴起等。

总体来说，信息技术的发展历程是一个不断演变和革新的过程，它已经深刻地改变了人类社会，塑造了我们的生活方式、经济、文化和社会交往方式。未来，信息技术将继续推动科技的前进，影响全球各个领域的发展。

任务一　基础训练

（1）信息有哪些特征（　　）。（多选题）
A. 有意义性　　B. 可传递性　　C. 结构化　　D. 可用性　　E. 可变性
（2）数据有哪些特征（　　）。
A. 原始性　　B. 无意义性　　C. 数值性　　D. 客观性　　E. 可处理性
（3）数据与信息的主要区别有（　　）。（多选题）
A. 数据是信息的先导
B. 信息具有明确的含义
C. 信息通常涉及对数据的解释和上下文的提供，以便它对接收者有用
D. 以上都是
（4）信息技术的关键组成部分有（　　）。（多选题）
A. 计算机技术和通信技术
B. 大数据技术和数据管理技术
C. 云计算和物联网技术
D. 信息安全技术
E. 人工智能和机器学习
（5）信息处理通过的流程有哪些步骤？

任务二　社会实践

假设你是一家国际酒店连锁集团的数据分析师。请根据以下情景回答相关问题。

1. 情景描述

你的酒店集团正在寻求改善客户服务、提高运营效率和增加客户满意度的方法。以下是你的工作流程：

（1）每家酒店每天都会生成大量数据，包括客房预订、客户入住信息、餐厅订单、客户满意度调查等。这些数据位于不同的地点和系统中。你的团队负责收集和整理所有这些数据，确保数据的一致性和准确性。你还需要处理缺失的数据和删除重复的数据。
（2）清洗后的数据被存储在公司的数据库中，以备进一步分析和查询。
（3）你使用数据分析工具来探索数据，寻找趋势和关联，以了解客户行为和市场需求。
（4）基于数据分析的结果，提取有关客户偏好、最佳价格策略、餐厅菜单优化和员工培训的信息。
（5）你的分析结果被提供给酒店经理和决策者，以帮助他们进行战略决策，例如定价调整、广告策略、员工调度等。
（6）分析结果和建议通过报告、会议或在线协作工具传递给酒店经理和员工。
（7）根据执行结果和反馈，调整分析策略，以不断改进业务运营。

（8）你需要确保客户数据的安全性和隐私，遵循相关法规和政策。

2. 问　题

（1）请描述一下你的数据采集过程，包括从不同酒店和系统中获取数据的方法。

（2）请说明如何清洗数据才能确保数据质量。

（3）你从数据分析中发现客户在某些特定季节倾向于预订套房。请提取相关信息并解释如何应对这一趋势。

（4）你的酒店集团希望提高客户满意度。请提供一些建议以改进客户服务。

（5）请讨论如何确保客户数据的安全性和隐私，并遵守相关的法规。

项目二　计算机基础

一、计算机概述

1. 计算机的概念

计算机（computer）的全称是电子计算机（electronic computer），俗称电脑，是一种能够按照程序运行，自动、高速处理海量数据的现代化智能电子设备，是一种具有计算能力和逻辑判断能力的机器，它由硬件和软件组成，没有安装任何软件的计算机称为"裸机"。

经过几十年的发展，计算机技术的应用已经十分普及，从国民经济的各个领域到个人生活、工作的各个方面，可谓无所不在。打开计算机，用户可以办公、阅读、画画、听音乐、玩游戏、看电影、网上社交。计算机的发展和应用水平也是衡量一个国家科学技术发展水平和经济实力的重要标志。因此，学习和掌握计算机知识，对科技人员、教育者和管理者都是十分必要的，更是每一位当代学生都必须掌握的知识。如今，能够使用计算机已成为人们必备的工作、学习技能之一。

2. 计算机的产生与发展

计算机的产生是 20 世纪最重要的科学技术大事件之一。20 世纪 40 年代中期，一方面，随着导弹、火箭、原子弹等现代科技的发展，越来越多、越来越复杂的数学问题迫切需要解决，原有的计算工具已经满足不了要求；另一方面，电子学和自动控制技术的迅速发展，也为研制计算机提供了技术条件。1946 年，美国宾夕法尼亚大学物理学家莫奇利（J.Mauchly）和工程师埃克特（J.P.Eckert）等人共同开发了第一台电子数值积分计算机（electronic numerical integrator and calculator，ENIAC），如图 1-2-1 所示。ENIAC 由 1.8 万个电子管组成，是一台又大又笨重的机器，重达 30 多吨，占地有两三间教室般大。它当时的运算速度为每秒 5000 次加法运算。ENIAC 的问世标志着电子计算机时代的到来，它的出现具有划时代的伟大意义。

图 1-2-1　第一台计算机 ENIAC

在计算机的发展过程中，现代计算机的奠基人是英国科学家艾兰·图灵（Alan M. Turing）和美籍匈牙利数学家冯·诺依曼（John von Neumann）。图灵主要有两个贡献：一是建立了图灵机模型，发展了可计算性理论；二是提出图灵测试，阐述了机器智能的概念。

在 ENIAC 的研制过程中，冯·诺依曼提出了两点改进意见：其一是计算机内部直接采用二进制数进行运算；其二是将指令和数据都存储起来，采用"存储程序"控制让计算机自动执行。

从第一台电子计算机诞生到现在，短短的 70 余年中，计算机技术以前所未有的速度迅猛发展，经历了大型机阶段和微型机及网络阶段。根据计算机所采用的电子元件，人们一般把计算机的发展分为四代。

第一代（1946 年—1958 年）是电子管计算机时代。其特征是采用电子管作为计算机的基本元件，因此，此阶段的计算机又被称为电子管计算机。由于受当时电子技术的限制，计算机的运算速度为每秒几千次到几万次，内存储器容量也非常小。其数据表示主要是定点数，计算机程序设计语言还处于最低阶段，用一串 0 和 1 表示的机器语言或汇编语言进行编程。第一代计算机体积庞大、造价昂贵、速度低、存储容量小、可靠性差、不易掌握，主要应用于军事和科学研究工作。

第二代（1959 年—1964 年）是晶体管计算机时代。其特征是采用晶体管作为计算机的基本元件，因此，此阶段的计算机又被称为晶体管计算机。晶体管作为一种开关电器，其体积小、质量轻、开关速度快、工作温度低。于是以晶体管为主要元件的第二代计算机诞生了。晶体管计算机的运算速度从原来的每秒几万次提高到几十万次，内存储器容量扩大到几十万字节。与此同时，计算机软件也有了较大的发展，出现了 BASIC、FORTRAN 和 COBOL 等高级程序设计语言，使编写程序的工作变得更为方便并实现了程序兼容。这样，使用计算机工作的效率大大提高。与第一代计算机相比较，晶体管计算机体积更小、成本更低、质量更轻、功耗更小、速度更快、功能更强、可靠性更高，其使用范围也由单一的科学计算扩展到数据处理和事务管理等领域中。

第三代（1965 年—1970 年）是中小规模集成电路计算机时代。其特征是采用中小规模集成电路作为计算机的基本元件，因此，此阶段的计算机又被称为集成电路计算机。所谓集成电路是用特殊的工艺将完整的电子线路做在一个硅片上。与晶体管电路相比，集成电路计算机的体积、质量、功耗都进一步减小，其运算速度每秒可达几十万次到几百万次，逻辑运算功能和可靠性都进一步提高。此外，软件在这个时期形成了产业，提出了结构化、模块化的程序设计思想，出现了结构化的程序设计语言 PASCAL。这一时期的计算机同时向标准化、通用化、多样化、机种系列化方向发展。

第四代（1971 年至今）是大规模/超大规模集成电路计算机时代。其特征是采用大规模集成电路和超大规模集成电路作为计算机的基本元件，因此，此阶段的计算机又被称为大规模/超大规模集成电路计算机。20 世纪 70 年代以来，出现了可容纳数千个至数万个以上晶体管的大规模集成电路，外部设备种类和品质都有很大提高，计算机的速度可达每秒几百万次至上亿次。计算机的体积、质量和耗电量进一步减少，操作系统向虚拟操作系统发展，数据库管理系统不断完善和提高，程序语言进一步发展和改进，软件行业发展成为新兴的高科技产业。1971 年 11 月，美国 Intel 公司制造了世界上第一片微处理器 Intel4004，揭开了微型计算机发展的帷幕，引发了电子计算机的第二次革命。微型计算机体积小、功耗低、成本低，其性能价格比优于其他类型的计算机，因而得以迅猛的气势渗透到工业、教育、生活等许多领域之中，成为大众化的信息处理工具。

正在研制中的新型电子计算机将是第五代计算机。有关第五代计算机的设想，是1981年在日本东京召开的第五代计算机国际会议上正式提出的。第五代计算机的特点是智能化，具有某些与人的智能相类似的功能，可以理解人的语言，能思考问题，并具有逻辑推理的能力。

我国计算机事业是从1956年制定《1956—1967年科学技术发展远景规划》后开始起步的。1958年，我国成功仿制了103和104电子管通用计算机。20世纪60年代中期，我国已全面进入第二代电子计算机时代。虽然我国的集成电路在1964年已研制出来，但真正生产集成电路是在20世纪70年代初期。20世纪80年代以来，我国的计算机科学技术进入迅猛发展的新阶段。如今，完全基于我国自主设计、制造的处理器打造的"神威·太湖之光"是我国最强大的超级计算机，处于世界领先水平。

3. 计算机的特点

（1）处理速度快。

运算速度是衡量计算机性能的一个重要指标，通常以每秒钟完成基本加法指令的数目表示计算机的运算速度。计算机的运算速度一般都能达到每秒钟数百万次，快的则达到每秒钟几十亿次浮点运算。现在，一台每秒钟运算数百万次的微型计算机，在一分钟内完成的工作量，相当于人工计算几年甚至几十年的工作量。计算机的应用极大地提高了人们的工作效率。

（2）计算精度高。

由于计算机采用二进制数字进行运算，因此计算精度主要由表示数据的字长决定，只要配备相关的硬件电路就可以增加字长，从而提高计算精度，可以满足各类复杂计算对计算精度的要求。目前微型计算机的计算机精度已达到32位以上有效数字。如用计算机计算圆周率π，目前已经达到小数点后几百万位了。

（3）存储容量大。

计算机具有存储大量的数据和信息的能力。随着微电子技术的发展，计算机内存储器的容量越来越大。目前一般的微型计算机内存容量已达8 GB到64 GB。加上大容量的磁盘、光盘等辅助存储器，实际上存储容量已达到了"海量"。这就为计算机收集、存储和加工大量的信息提供了足够的空间。

（4）工作全自动且支持人机交互。

人们把需要计算机处理的问题编成程序存入计算机中。当发出运行指令后，计算机在人们预先编制好的程序控制下自动工作，不需要人工干预，工作完全自动化。但在人工干预时，计算机又能及时响应，实现人机交互。

（5）通用性强。

由于计算机是靠存储程序控制进行工作的。一般来说，无论是数值的还是非数值的数据，都可以表示成二进制数的编码；无论是复杂的还是简单的问题，都可以分解成基本的算术运算和逻辑运算，并可用程序描述解决问题的步骤。这就使计算机具有极强的通用性。所以，不同的应用领域中，只要编制和运行不同的应用软件，计算机就能在此领域中很好地服务。

4. 计算机的分类

随着计算机技术的不断发展和更新，计算机的类型越来越多样化。可以从不同的角度对它们进行分类。

（1）依其处理数据的形态分类。

按处理数据的形态分类，计算机可以分为数字计算机、模拟计算机和混合计算机。数字计算机所处理的数据都是以"0"和"1"表示的二进制数字，是不连续的数字量（如职工人数、工资数据等），处理结果以数字形式输出。其优点是精度高、存储量大、通用性强。模拟计算机所处理的数据是连续的模拟量。模拟量以电信号的幅值来模拟数值或某物理量的大小，如电压、电流、温度等都是模拟量。模拟计算机所接收的模拟数据，经过处理后，仍以连续的数据输出。一般说来，模拟计算机解题速度快，但不如数字计算机精确，且通用性差。混合计算机是集数字计算机和模拟计算机的优点于一身的计算机，它既可以处理数字量，也可以处理模拟量。

（2）依其使用范围分类。

按使用范围分类，计算机可以分为通用计算机和专用计算机。通用计算机能用于一般科学运算、学术研究、工程设计和数据处理等广泛用途的计算。通用计算机的特点是通用性强，具有很强的综合处理能力，能够解决各种类型的问题。通常所说的计算机均指通用计算机。专用计算机是为适应某种特殊应用而设计的计算机，其运行程序不变，效率较高，速度较快，精度较好，能可靠地解决特定的问题，但一般不宜作他用。

（3）依其本身性能分类。

目前国际上通用的分类方法是根据电气与电子工程师协会（IEEE）的一个委员会于1989年11月提出的标准来划分的，即把计算机划分为巨型机（超级计算机）、小巨型机、大型主机、小型计算机、工作站、微型计算机等。

① 巨型计算机。

巨型计算机（supercomputer）又称超级计算机，其主要性能指标位于各类计算机之首，它是目前功能最强、速度最快、价格最贵的计算机。它对尖端科学、战略武器、气象、能源等领域的复杂计算具有极大的意义。它可供几百个用户同时使用，号称国家级资源。巨型计算机的研制开发是一个国家综合国力和国防实力的体现。

1997年，世界上首台万亿次超级计算机在美国圣地亚国家实验室落户；2016年，我国自主研发的超级计算机十亿亿次超级计算机"神威·太湖之光"问世。短短20年间，超级计算机单台性能整整提高了10万倍。"神威·太湖之光"（简称"太湖之光"）拥有惊人的计算能力，峰值性能高达每秒12.5亿亿次浮点运算，持续性能也达到每秒9.3亿亿次，展现了无与伦比的计算速度。同时，它的性能功耗比更是高达6051MFlops/W，显示出其高效的能源利用效率和绿色环保的设计理念。

"太湖之光"不仅拥有强大的计算能力，还具备广泛的应用领域。它已吸引国内外众多顶尖科研团队开展应用研发，覆盖了气候气象、航空航天、生物医药、新材料、新能源等多个领域。在科学研究、技术创新和产业发展中，"太湖之光"发挥着越来越重要的作用，为我国科技进步和经济发展做出了巨大贡献。

"太湖之光"的成功研制和应用，标志着我国超级计算机技术取得了重要突破，进一步提升了我国在全球超算领域的地位和影响力。未来，"太湖之光"将继续发挥其在科技创新和产业发展中的重要作用，为推动我国科技进步和经济高质量发展贡献更大力量。

② 小巨型机。

小巨型机（mini-supercomputer）也叫小超级机，出现于20世纪80年代中期，它的问世对巨型机的高价格发出了挑战，其最大的特点是具有更高的性价比。典型产品有美国Conver公司的C系列机C-1、C-2和C-3等。

③ 大型计算机。

大型计算机（mainframe）也称大型主机或大型通用机，其特点是通用性强、有很强的综合处理能力。处理速度高达每秒30万亿次，主要用于大银行、大公司、规模较大的高校和科研院所，所以也被称为"企业级计算机"。大型主机经历批处理、分时处理、分散处理与集中管理等几个主要发展阶段。美国IBM公司生产的IBM 360、IBM 370、IBM 9000系列，就是国际上最具有代表性的大型主机。

④ 小型计算机。

小型计算机（minicomputer）又称为迷你电脑，其规模比大型机要小，但仍能支持十几个用户同时使用。这类机器价格便宜，适合于中小型企事业单位使用。

⑤ 工作站。

工作站（workstation）是一种介于小型机和微机之间的高档微型计算机。通常，它比微型机有较大的存储容量和较快的运算速度，而且配备大屏幕显示器，主要用于图像处理和计算机辅助设计等领域。

⑥ 微型计算机。

微型计算机（microcomputer）也叫个人计算机（Personal Computer，PC），通常简称为微机。它最主要的特点是体积小、质量轻、可靠性高、结构灵活、适用性强和应用面广等。不过一次通常只能供一个用户使用。

微型计算机可按字长分为8位机、16位机、32位机和64位机，按结构分为单片机、单板机、多芯片机和多板机，还按中央处理器（Central Processing Unit，CPU）芯片分为如下几种架构：

X86架构微型计算机——目前个人计算机市场主流的架构，由英特尔（Intel）和AMD两大公司主导，包括Intel的酷睿（Core）、奔腾（Pentium）、赛扬（Celeron）系列以及AMD的锐龙（Ryzen）、速龙（Athlon）等系列。

ARM架构微型计算机——主要用于移动设备如智能手机、平板电脑、嵌入式系统等领域，因其低功耗、高性能的特点而广受欢迎。例如，苹果公司的M1芯片、高通的骁龙（Snapdragon）系列、华为的麒麟系列。

MIPS架构微型计算机——广泛应用于网络通信设备、嵌入式系统、机顶盒等产品中。

RISC-V架构微型计算机——一种新兴的开源指令集架构，正在物联网、嵌入式设备等领域逐渐崭露头角。

PowerPC架构微型计算机——早期被苹果用于其Macintosh电脑上，现在更多地应用于服务器和嵌入式系统。

SPARC 架构微型计算机——主要用于高端工作站和服务器领域。

Alpha 架构微型计算机——DEC 公司开发的一种 64 位处理器架构，现已被 AMD 收购并停止新产品的开发。

5. 计算机的应用

计算机具有存储容量大、处理速度快、可靠性高等特点，同时又具有很强的逻辑推理和判断能力，已被广泛应用于各种学科领域，并渗透到人类社会的方方面面，正在改变着传统的工作、学习和生活方式，推动着社会发展。概括起来，计算机应用领域可分为以下几个方面：

（1）科学计算。

这是计算机从诞生起就进行的工作。科学计算所解决的大都是从科学研究和工程技术中所提出的一些复杂的数学问题，计算量大而且精度要求高，只有具有高速运算和存储量大的计算机系统才能完成。例如，在高能物理方面的分子、原子结构分析，可控热核反应的研究，反应堆的研究和控制，水利设施的设计计算，宇宙飞船的研制和制导，等。另外，计算模拟也成为一种新的研究方法，如模拟经济运行模型、模拟核爆炸、模拟长期天气预报等。

（2）信息处理。

信息处理是指用计算机对各种形式的信息（如文字、图像、声音等）进行收集、存储、加工、分析和传送的过程。计算机用于信息处理，对办公自动化、管理自动化乃至社会信息化都有积极的促进作用。信息处理是目前计算机应用最广泛的领域。

（3）过程控制。

过程控制是指通过计算机对工业生产或其他过程中的各种参数进行连续的、实时的控制，并按照一定的算法经过处理，然后反馈到执行机构去控制相应过程。它是生产自动化的重要技术和手段，可以节约人力物力，减轻劳动强度，降低能源消耗，提高生产效率。

（4）辅助工程。

计算机辅助工程包括计算机辅助设计（Computer Aided Design，CAD）、计算机辅助制造（Computer Aided Manufacturing，CAM）、计算机辅助工程（Computer Aided Engineering，CAE）、计算机辅助教学（Computer Aided Instruction，CAI）、计算机辅助测试（Computer Automated Tester，CAT）等。这些辅助软件的出现，完全改变了传统设计、制造的面貌，大幅缩短设计、制造周期，提高设计、制造水平，节约人力和时间。

（5）人工智能。

人工智能（Artificial Intelligence，AI）又称智能模拟，是利用计算机的逻辑推论能力，模拟人类的某些智能行为，在应用中开发出专家系统、模拟识别、问题求解、机器翻译、自然语言理解等技术。例如，用智能机器人代替人们进行繁重的、危险的劳动；模拟医生给病人诊断的医疗诊断专家系统；用计算机模拟人脑的部分功能进行学习、推理、联想和决策等。

（6）信息高速公路。

1992 年，时任美国副总统的戈尔提出建立"信息高速公路"。1993 年 9 月，美国正式宣布实施"国家信息基础设施"计划，俗称"信息高速公路"计划，引起了世界各国的强烈反响，都积极加入这场国际大竞争中。

国家信息基础设施，除通信、计算机、信息本身和人力资源关键要素的硬环境外，还包括标准、规则、政策、法规和道德等软环境。由于我国的信息技术相对落后、信息产业不够强大、信息应用不够普遍,以及信息服务队伍不够壮大等现状,有关专家提出,我国的信息高速公路应该加上两个关键部分,就是民族信息产业和信息科学技术。

近年来,我国的信息高速公路建设取得了显著成就。随着5G、物联网、大数据、云计算、人工智能等新一代信息技术的广泛应用,我国的信息基础设施不断完善,信息传输速度大幅提升,信息处理能力显著增强。这不仅为人们提供了更加丰富、便捷的信息资源,也为我国的经济社会发展注入了新的活力。

在新的发展阶段,我国的信息高速公路建设面临着新的机遇和挑战。一方面,随着数字经济的快速崛起,人们对于信息高速公路的需求越来越高,需要更加高效、安全、智能的信息传输和处理能力。另一方面,网络安全、数据保护、隐私保护等问题也日益凸显,需要我们在信息高速公路建设中加强技术创新和安全管理。

(7)电子商务。

电子商务(electronic commerce)产生于20世纪60年代,发展于20世纪90年代,一般指的是在网络上通过计算机进行业务通信和交易处理,实现商品和服务的买卖以及资金的转账;同时还包括企业公司之间及其内部借助计算机及网络通信技术实现的一切商务活动,也就是通过网络进行的生产、营销、销售和流通活动,不仅包括在互联网上的交易,而且包括利用信息技术来降低商务成本、增加流通价值和创造商业机遇的所有商务活动。

商务活动的核心是信息活动,在正确的时间和正确的地点与正确的人交换正确的信息是电子商务成功的关键。电子商务的显著特点是突破了时间和地点的限制,同时低成本、高效率、虚拟现实、功能全面,使用更灵活、更安全有效。

电子商务的运行模式按照电子商务交易主体之间的差别可分为多种不同的模式,其中最典型的运行模式有:商家对商家模式(Business to Business,B2B),商家对消费者模式(Business to Customer,B2C)、消费者对消费者模式(Customer to Customer,C2C)。

(8)电子政务。

电子政务就是政府机构运用现代计算机技术和网络技术,将管理和服务的职能转移到网络上,实现政府组织结构和工作流程的重组优化,超越时间、空间和部门分隔的制约,向全社会提供高效优质、规范透明和全方位的管理与服务。它开辟了推动社会信息化的新途径,创造了政府实施产业政策的新手段。电子政务的出现有利于政府转变职能,提高运作的效率。

电子政务的特点是转变政府工作方式,提高政府科学决策水平,优化信息资源配置,借助信息技术,降低管理和服务成本。

从电子政务服务的对象看,电子政务的主要内容包括:政府对政府(Government to Government,G2G);政府-企业电子政务(Government to Business,G2B);政府-公众电子政务(Government to Citizen,G2C)。

6. 计算机的性能指标

计算机的性能指标就是衡量一台计算机能力强弱的指标,通常有以下5个指标。

(1)字长。

在计算机中,作为一个整体被传送和运算的一串二进制数码称为字(word)。字所包含的二进制位称为字长。字长是指计算机运算部件一次能同时处理的二进制数据的位数。字长越长,如果作为存储数据,则计算机的运算精度就越高;如果作为存储指令,则计算机的处理能力就越强。字长一般与运算器中的二进制位数相等,通常字长总是 8 的整倍数,如 8 位、16 位、32 位、64 位等。

（2）主频。

主频是指 CPU 的时钟频率,指的是 CPU 在单位时间（秒）内的平均"动作"次数。它的高低在一定程度上决定了计算机速度的快慢。主频以 MHz（兆赫兹）或 GHz（吉赫兹）为单位来衡量,一般地,主频越高,速度越快。由于微处理器发展迅速,微机的主频也在不断提高。如 Intel Core i9-13900KS 主频已达到 3.2 GHz,我国自主研发、自主可控的新一代通用处理器 3A6000 主频达 2.5GHz。

（3）运算速度。

计算机的运算速度通常是指每秒钟所能执行加法指令的数目,常用百万次/秒（Million Instructions Per Second,MIPS）来表示。这个指标更能直观地反映机器的速度。

（4）存储容量。

存储容量包括主存储器容量和辅助存储器容量,这里主要指内存容量。内存容量是指计算机系统所配置的内存总字节数,是 CPU 可直接访问的存储空间。显然,内存容量越大,机器所能运行的程序就越大,处理能力就越强。现代微机的内存容量已普遍提升至 16GB 至 64GB,甚至更高。这种大容量的内存配置能够确保用户在进行图像编辑、视频处理、3D 建模等多媒体应用时,系统的流畅运行,不会出现因内存不足而导致的卡顿或崩溃现象。

（5）存取周期。

内存储器的存取周期也是影响整个计算机系统性能的主要指标之一。存取周期是指连续两次独立的存储器操作之间的最小时间间隔。

此外,还有计算机的可靠性、可维护性、平均无故障时间、微机系统的软件配置、系统允许配置外部设备的最大数目、计算机系统的处理能力和性能价格比也都是计算机的技术指标。总之对计算机性能的评价是一个综合性能的评价,是一项比较复杂和细致的工作。

二、计算机中数值的表示及存储

计算机所表示和使用的数据可分为两大类:数值数据和非数值数据。数值数据用以表示量的大小、正负。字符数据是非数值数据的一种,用以表示一些符号、标记,如英文字母 A～Z、a～z,数字 0～9,各种专用字符+、—、*、/、[、]、(、) 及标点符号等。汉字、图形和声音数据也属非数值数据。相应的计算机对数据的处理也可分为数值数据处理和非数值数据处理。

由于各种数据在计算机内部都是用二进制编码形式表示的,所以本节先介绍数制基本概念,再介绍二进制、十六进制以及它们之间的转换和字符数据的表示等。

1. 数制的基本概念

（1）十进制数。

人们在生产实践和日常生活中,创造了多种表示数的方法,这些数的表示规则和计算方法称为数制。其中,人们最常用和最熟悉的是十进制数,十进制有如下特点:

任意一个十进制数值可用 0,1,2,3,4,5,6,7,8,9 共 10 个数字符中的数字符串来表示,数字符又叫数码,而数码的个数叫作基数。对于十进制数来说其基数是 10,其加法规则是"逢十进一"。

数码处于不同的位置（数位）代表不同的数值。例如 526.25 这个数中，第一个 5 处于百位数，代表五百；第二个数 2 处于十位数，代表二十；第三个数 6 处于个位数，代表六；第四个数 2 处于十分位代表十分之二；而第五个 5 处于百分位，代表百分之五。因此，十进制数 526.25 可以写成

$$526.25 = 5 \times 10^2 + 2 \times 10^1 + 6 \times 10^0 + 2 \times 10^{-1} + 5 \times 10^{-2}$$

上式称为十进制数值的按权展开式，其中 10^i 称为十进制数的权，也叫位值，10 为基数。

（2）二进制数。

二进制数跟十进制数一样也有三个特点：

① 基数为 2，有 0、1 两个数码表示所有的二进制数。

② 加法规则是"逢二进一"，即 0+0=0，0+1=1，1+0=1，1+1=10（逢二进一）。

③ 按权展开。

二进制数的基数是 2，它用 0，1 两个数码表示所有的数据。同十进制一样，0 或 1 处于二进制数中不同的位置，代表的实际值也是不一样的。例如二进制数 101.01 所表示数的大小为

$$(101.01)_2 = 1 \times 2^2 + 0 \times 2^1 + 1 \times 2^0 + 0 \times 2^{-1} + 1 \times 2^{-2}$$

上式称为二进制数值的按权展开式，其中 2^i 称为二进制数的权，也叫位值，2 为基数。

二进制是计算机中采用的数制，这是因为二进制具有如下特点：

① 简单可行，容易实现。因为二进制仅有两个数码 0 和 1，可以用来表示两种不同的稳定状态，如开关的开和关、有磁和无磁、高电位与低电位等。计算机的各组成部分都由仅有两个稳定状态的电子元件组成，它不仅容易实现，而且稳定可靠。

② 运算规则简单。二进制的运算规则非常简单。

③ 适合逻辑运算。二进制中的 0 和 1 正好分别表示逻辑代数中的假值（false）和真值（true）。二进制数代表逻辑值更容易实现逻辑运算。

但是，二进制的明显缺点是：数字冗长、书写繁复且容易出错、不便阅读。所以，在计算机技术文献的书写中，常用八进制或十六进制数表示。

（3）八进制数。

八进制数也有如下 3 个特点：

① 基数为 8，有 0，1，2，3，4，5，6，7 共 8 个数码来表示所有的八进制数。

② 加法规则是"逢八进一"。

③ 按权展开。

一般地，将一个八进制数按权展开为

$$(326.47)_8 = 3 \times 8^2 + 2 \times 8^1 + 6 \times 8^0 + 4 \times 8^{-1} + 7 \times 8^{-2}$$

上式称为八进制数值的按权展开式，其中 8^i 称为八进制数的权，也叫位值，8 为基数。

（4）十六进制数。

十六进制数也有如下 3 个特点：

① 基数为 16，有 0，1，2，3，4，5，6，7，8，9，A，B，C，D，E，F 共 16 个数码表

示所有的十六进制数。

② 加法规则是"逢十六进一"。

③ 按权展开。

在十六进制数中 A 表示十进制数中的 10，B 表示十进制数中的 11，C 表示十进制数中的 12，D 表示十进制数中的 13，E 表示十进制数中的 14，F 表示十进制数中的 15。一般地，一个十六进制数按权展开为：

$$(A2B.7)_{16}=10 \times 16^2+2 \times 16^1+11 \times 16^0+7 \times 16^{-1}$$

为区分不同数制的数，约定对于任一 R 进制的数 N，记作$(N)_R$。如$(526)_{10}$、$(1010)_2$、$(703)_8$、$(AE05)_{16}$，分别表示十进制数 526、二进制数 1010、八进制数 703 和十六进制数 AE05。不用括号及下标的数，默认为十进制数。另外，人们也习惯在一个数的后面加上字母 D（十进制）、B（二进制）、Q（八进制）、H（十六进制）来表示其前面的数用的是什么进位制。如 1010B 表示二进制数 1010；AE05H 表示十六进制数 AE05。

对于任意一个具有 n 位整数和 m 位小数的 R 进制数 N，按权展开为

$$(N)_R=a_{n-1} \times R^{n-1}+a_{n-2} \times R^{n-2}+\cdots+a_2 \times R^2+a_1 \times R^1+a_0 \times R^0+a_{-1} \times R^{-1}+\cdots+a_{-m} \times R^{-m}$$

其中 a 为 R 进制的数码。

各种数制对应关系，如表 1-2-1 所示。

表 1-2-1 数制对照

十进制	二进制	八进制	十六进制
0	0000	0	0
1	0001	1	1
2	0010	2	2
3	0011	3	3
4	0100	4	4
5	0101	5	5
6	0110	6	6
7	0111	7	7
8	1000	10	8
9	1001	11	9
10	1010	12	A
11	1011	13	B
12	1100	14	C
13	1101	15	D
14	1110	16	E
15	1111	17	F

2. 数制之间的转换

对于各种数制间的转换，重点要求掌握二进制整数与十进制整数之间的转换。

（1）十进制数转换成二进制数。

由于计算机内部使用的是二进制数，而人们习惯用十进制数，一个十进制数要在计算机中参加运算，必须把它转换成二进制数。把一个十进制数转换成二进制数要分成整数部分和小数部分，分别进行转换。

【例1-1】将十进制整数$(89)_{10}$转换成二进制整数。

【解析】把十进制整数转换成二进制整数的方法是"除二取余"法。具体步骤是：把十进制整数除以2得到一个商数和一个余数；再将所得的商除以2，又得到一个新的商数和余数；这样不断地用2去除所得的商数，直到商等于0为止。每次相除所得的余数便是对应的二进制整数的各位数字。把第一次得到的余数放在最低有效位，最后一次得到的余数放在最高有效位，即可得到这个十进制整数对应的二进制整数。

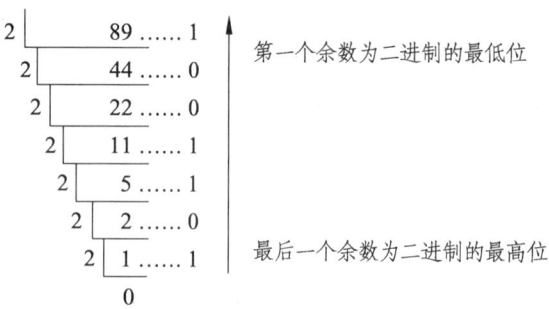

可得，$(89)_{10}=(1011001)_2$

掌握了十进制整数转换成二进制整数的方法以后，学习十进制整数转换成八进制整数或十六进制整数就容易多了。十进制整数转换成八进制整数的方法是"除8取余"法，十进制整数转换成十六进制整数的方法是"除16取余"法。

【例1-2】将十进制小数$(0.6875)_{10}$转换成二进制小数的方法如下：

【解析】把十进制小数转换成二进制小数的方法是"乘二取整"法。具体步骤是：用2乘十进制小数，可以得到积，将积的整数部分取出，再用2乘余下的小数部分，又得到一个积，再将积的整数部分取出，如此进行，直到积中的小数部分为零，或者达到所要求的精度为止。然后把第一次得到的整数放在最高有效位，最后一次得到的整数放在最低有效位，即可得到这个十进制小数对应的二进制小数。

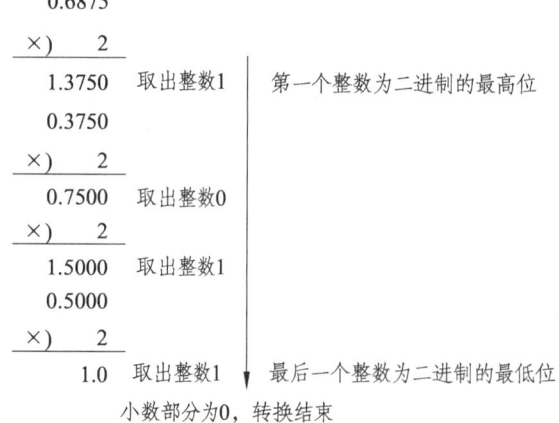

可得，$(0.6875)_{10} = (0.1011)_2$

掌握了十进制小数转换成二进制小数的方法以后，学习十进制小数转换成八进制小数或十六进制小数就容易多了。十进制小数转换成八进制小数的方法是"乘8取整法"，十进制小数转换成十六进制小数的方法是"乘16取整法"。

（2）二、八、十六进制数转换为十进制数。

转换方法：按权展开，各项相加。利用这种方法可以把任意数制的一个数转换成一个十进制数。下面三个例子分别是将二进制数、八进制数、十六进制数转换为十进制数的例子。

【例1-3】将二进制数1010.101转换成十进制数。

$$1010.101\ B = 1 \times 2^3 + 0 \times 2^2 + 1 \times 2^1 + 0 \times 2^0 + 1 \times 2^{-1} + 0 \times 2^{-2} + 1 \times 2^{-3}$$
$$= 8 + 2 + 0.5 + 0.125 = 10.625\ D$$

【例1-4】将八进制数257.34转换成十进制数。

$$257.34\ Q = 2 \times 8^2 + 5 \times 8^1 + 7 \times 8^0 + 3 \times 8^{-1} + 4 \times 8^{-2}$$
$$= 128 + 40 + 7 + 0.375 + 0.0625 = 175.4325\ D$$

【例1-5】将十六进制数2BA转换成十进制数。

$$2BA\ H = 2 \times 16^2 + 11 \times 16^1 + 10 \times 16^0$$
$$= 512 + 176 + 10 = 698\ D$$

由上述例子可见，只要掌握了数制的概念，那么将任意一个非十进制数转换成十进制数的方法都是一样的。

（3）二进制数转换成八进制数。

由于二进制数和八进制数之间存在特殊关系，即$8^1 = 2^3$，因此转换方法比较容易，具体转换方法是，将二进制数从小数点开始，整数部分从右向左3位一组，小数部分从左向右3位一组，不足三位用0补足，每组对应一位八进制数即可得到八进制数。

【例1-6】将（10110101110.11011）$_2$化为八进制数的方法如下：

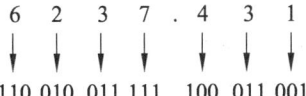

于是，（10110101110.11011）$_2$ =（2656.66）$_8$

（4）八进制数转换成二进制数。

八进制数转换成二进制数方法为，以小数点为界，向左或向右，每一位八进制数用相应的三位二进制数取代，然后将其连在一起即可。

【例1-7】将（6237.431）$_8$转换为二进制数的方法如下：

```
6    2    3    7  .  4    3    1
↓    ↓    ↓    ↓     ↓    ↓    ↓
110  010  011  111 . 100  011  001
```

于是，（6237.431）$_8$ =（110010011111.100011001）$_2$

（5）二进制数转换成十六进制数。

二进制数的每四位，刚好对应于十六进制数的一位（$16^1 = 2^4$），因此转换方法是，将二进制数从小数点开始，整数部分从右向左4位一组，小数部分从左向右4位一组，不足四位用0补足，每组对应一位十六进制数即可得到十六进制数。

【例 1-8】将二进制数（101001010111.110110101）₂转换为十六进制数。

```
1010 0101 0111 . 1101 1010 1000
 ↓    ↓    ↓     ↓    ↓    ↓
 A    5    7  .  D    A    8
```

于是，（101001010111.110110101）₂=（A57.DA8）₁₆

【例 1-9】将二进制数（100101101011111）₂转换为十六进制数。

```
0100 1011 0101 1111
 ↓    ↓    ↓    ↓
 4    B    5    F
```

于是，（100101101011111）₂=（4B5F）₁₆

（6）十六进制数转换成二进制数。

十六进制数转换成二进制数，以小数点为界，向左或向右，每一位十六进制数用相应的 4 位二进制数取代，然后将其连在一起即可。

【例 1-10】将（3AB.11）₁₆转换成二进制数。

```
 3     A     B  .  1     1
 ↓     ↓     ↓     ↓     ↓
0011  1010  1011 . 0001  0001
```

于是，（3AB.11）₁₆=（1110101011.00010001）₂

3. 计算机中常用的编码

计算机除了用于数值计算之外，还要进行对非数值数据的处理，也就是对除了数值数据之外的各种字符、文字等信息进行处理。根据用途的不同，计算机中有各种各样的编码方案，常用的有 ASCII 码、BCD 码、汉字编码等。

（1）ASCII 码。

ASCII（American Standard Code for Information Interchange）码是美国信息交换标准代码的简称，被国际标准化组织指定为国际标准。ASCII 用于给西文字符编码，包括英文字母的大小写、数字、专用字符和控制字符等。

标准的 ASCII 码由 7 位二进制数表示一个字符的编码，其编码范围从 0000000B～1111111B，共有 2^7=128 个不同的编码值，相应可以表示 128 个不同字符的编码。7 位 ASCII 码表如表 1-2-2 所示，表中对大、小写英文字母，阿拉伯数字，标点符号及控制符等特殊符号规定了编码，共 128 个字符。

表中每个字符都对应一个数值，称为该字符的 ASCII 码值，其中低 4 位值对应 $b_3b_2b_1b_0$，高 3 位值对应 $b_6b_5b_4$。如数字"0"的 7 位 ASCII 码值为 0110000，转换为十进制值为 48D（十六进制为 30H）。从表中可以看到：128 个编码中有 34 个是控制符的编码（00H～20H，7FH）和 94 个字符编码（21H～7EH）。

ASCII 码是 7 位的二进制编码，而计算机内部用一个字节(8 位二进制位)存放一个 ASCII 码，因此，ASCII 码的机内码要在最高位补一个 0。

表 1-2-2　7 位 ASCII 码编

$b_3b_2b_1b_0$ \ $b_6b_5b_4$	000	001	010	011	100	101	110	111
0000	NUL	DLE	SP	0	@	P	`	p
0001	SOH	DC1	!	1	A	Q	a	q
0010	STX	DC2	"	2	B	R	b	r
0011	ETX	DC3	#	3	C	S	c	s
0100	EOT	DC4	$	4	D	T	d	t
0101	ENQ	NAK	%	5	E	U	e	u
0110	ACK	SYN	&	6	F	V	f	v
0111	BEL	ETB	'	7	G	W	g	w
1000	BS	CAN	(	8	H	X	h	x
1001	HT	EM	)	9	I	Y	i	y
1010	LF	SUB	*	:	J	Z	j	z
1011	VT	ESC	+	;	K	[	k	{
1100	FF	FS	,	<	L	\	l	|
1101	CR	GS	—	=	M	]	m	}
1110	SD	RS	.	>	N	^	n	~
1111	SI	US	/	?	O	_	o	DEL

注：SP 代表空格字符。

（2）BCD 码（二-十进制编码）。

BCD（Binary Coded Decimal）码又称为"二-十进制编码"，专门解决用二进制数表示十进数的问题。

BCD 码最常用的是 8421 编码，其方法是用 4 位二进制数表示 1 位十进制数，自左至右每一位对应的权是 8、4、2、1。由于 4 位二进制数有 0000~1111 共 16 种状态，而十进制数 0~9 只取 0000~1001 的 10 种状态，故其余 6 种不用。

这种编码方法比较直观、简要，对于多位数，只须将它的每一位数字按表 1-2-3 中所列的对应关系用 8421 码直接列出即可。例如，十进制数转换成 BCD 码如下：

$(1209.56)_{10} = (0001\ 0010\ 0000\ 1001.0101\ 0110)_{BCD}$

8421 码与二进制之间的转换不是直接的，要先将 8421 码表示的数转换成十进制数，再将十进制数转换成二进制数。

例如：$(1001\ 0010\ 0011.0101)_{BCD} = (923.5)_{10} = (1110011011.1)_2$

表 1-2-3　十进制数与 BCD 码的对照

十进制数	8421 码	十进制数	8421 码
0	0000	10	0001 0000
1	0001	11	0001 0001
2	0010	12	0001 0010
3	0011	13	0001 0011
4	0100	14	0001 0100
5	0101	15	0001 0101
6	0110	16	0001 0110
7	0111	17	0001 0111
8	1000	18	0001 1000
9	1001	19	0001 1001

（3）汉字的编码。

汉字也是字符，与西文字符比较，汉字数量大、字形复杂、同音字多，这就给汉字在计算机内部的存储、传输、交换、输入、输出等带来了一系列的问题。为了能直接使用西文标准键盘输入汉字，必须为汉字设计相应的编码，以适应计算机处理汉字的需要。

① 国标码。

1981 年我国颁布了《信息交换用汉字编码字符集　基本集》，代号为"GB 2312—80"，是国家规定的用于汉字信息处理系统之间或者与通信系统之间进行信息交换的代码依据，这种编码称为国标码。在国标码中规定了进行一般汉字信息处理时所用的 7 445 个字符编码，其中包含 682 个非汉字图形字符和 6763 个汉字的代码。汉字代码中又有一级常用字 3 755 个，二级次常用字 3 008 个。一级常用汉字按汉语拼音字母顺序排列，二级次常用字按偏旁部首排列，部首顺序依笔画多少排序。

国家标准 GB 2312 规定，所有的国标汉字与符号组成一个 94×94 的矩阵，在此方阵中，每一行称为一个"区"（区号为 01～94），每一列称为一个"位"（位号为 01～94），该方阵实际组成了一个 94 个区，每个区内有 94 个位的汉字字符集，每一个汉字或符号在码表中都有一个唯一的位置编码，叫该字符的区位码。由于一个字节只能表示 256 种编码，显然一个字节不可能表示汉字的国标码，所以一个国标码在计算机中必须用两个字节来表示。

区位码和其国标码之间的转换很简单。具体方法是：将一个汉字的十进制区号和十进制位号分别转换成十六进制数；然后再分别加上 20H，就成为此汉字的国标码。

② 汉字输入码。

汉字输入码，也叫外码，是一种用计算机标准键盘的按键的不同组合将汉字输入计算机的编码。汉字输入码是根据汉字的发音或字形结构等多种属性和汉语有关规则编制的。目前流行的汉字输入码的编码方案有许多，如数字编码、字音编码、字形编码、音形编码等。

③ 汉字机内码。

汉字机内码是在计算机内部对汉字进行存储、处理、传输统一使用的代码，又称为汉字内码。当一个汉字输入计算机后就转换为内码，然后才能在机器内存取、处理。汉字内码的形式也有多种多样。在计算机内汉字字符必须与英文字符区别开，以免造成混乱。英文字符的机内码是用一个字节来存放 ASCII 码，一个 ASCII 码占一个字节的低 7 位，最高位为"0"，为了区分，汉字机内码中两个字节的最高位均置"1"。汉字的机内码与国标码的关系是，机内码=国标码+8080H。例如，汉字"中"的国标码为 5650H(0101011001010000)$_2$，机内码为 D6D0H(1101011011010000)$_2$。

④ 汉字字形码。

每一个汉字的字形都必须预先存放在计算机内，例如 GB 2312 国标汉字字符集的所有字符的形状描述信息集合在一起，称为字形信息库，简称字库。汉字是方块字，将方块等分成有 n 行 n 列的格子，简称它为点阵。凡笔画所到的格子点为黑点，用二进制数"1"表示；否则为白点，用二进制数"0"表示。这样，一个汉字的字形就可用一串二进制数表示了，汉字"中"的点阵字形如图 1-2-2 所示。

目前汉字字形的产生方式大多是用点阵，即用点阵表示的汉字字形代码。根据汉字输出精度的要求，有不同密度点阵。汉字字形点阵有 16×16 点阵、24×24 点阵、32×32 点阵等。字形点阵的信息量很大，所占存储空间也很大，例如 16×16 点阵，每个汉字就要占 32 个字节（16×16÷8＝32）；24×24 点阵的字形码需要用 72 字节（24×24÷8＝72）；32×32 点阵的字形码需要用 128 个字节（32×32÷8=128），因此字形点阵只能用来构成"字库"，而不能用来替代机内码用于机内存储。字库中存储了每个汉字的字形点阵代码，不同的字体（如宋体、仿宋、楷体、黑体等）对应着不同的字库。在输出汉字时，计算机要先到字库中去找到它的字形描述信息，然后再把字形送去输出。

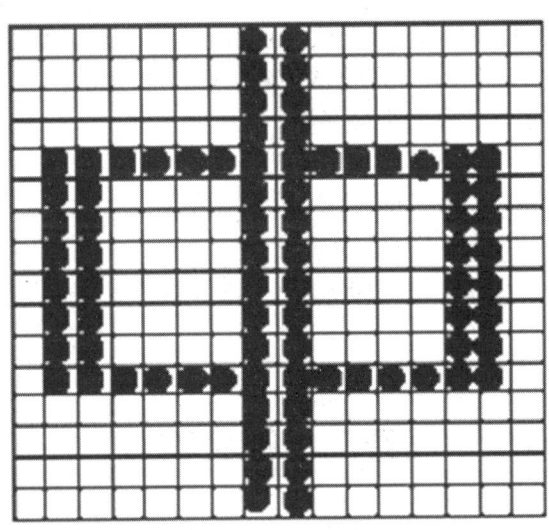

图 1-2-2　汉字"中"的点阵字形示意

任务一　基础训练

（1）计算机根据运算速度、存储能力、功能强弱、配套设备等因素可划分为（　　　）。
  A. 台式计算机、便携式计算机、膝上型计算机
  B. 电子管计算机、晶体管计算机、集成电路计算机
  C. 巨型机、大型机、小型机、微型机和工作站
  D. 8 位机、16 位机、32 位机、64 位机
（2）计算机按其性能可以分为 5 大类，即巨型机、大型机、小型机、微型机和（　　　）。
  A. 工作站　　　　　　　　　B. 超小型机
  C. 网络机　　　　　　　　　D. 以上都不是
（3）第 3 代电子计算机使用的电子元件是（　　　）。
  A. 晶体管　　　　　　　　　B. 电子管
  C. 中、小规模集成电路　　　D. 大规模和超大规模集成电路
（4）下列几个不同数制的整数中，最大的一个是（　　　）。
  A. $(1001001)_2$　　B. $(77)_8$　　C. $(70)_{10}$　　D. $(5A)_{16}$
（5）在下列字符中，其 ASCII 码值最大的一个是（　　　）。
  A. Z　　　　　B. 9　　　　　C. 空格字符　　　　D. a
（6）要存放 10 个 24×24 点阵的汉字字模，需要（　　　）存储空间。
  A. 72B　　　　B. 320B　　　　C. 720B　　　　D. 72 KB
（7）十进制数 75 用二进制数表示是（　　　）。
  A. 1100001　　B. 1101001　　C. 0011001　　D. 1001011
（8）十进制数 221 用二进制数表示是（　　　）。
  A. 1100001　　B. 11011101　　C. 0011001　　D. 1001011
（9）ASCII 码表中，按照 ASCII 码值从小到大排列顺序是（　　　）。
  A. 数字、英文大写字母、英文小写字母
  B. 数字、英文小写字母、英文大写字母
  C. 英文大写字母、英文小写字母、数字
  D. 英文小写字母、英文大写字母、数字
（10）6 位无符号的二进制数能表示的最大十进制数是（　　　）。
  A. 64　　　　　B. 63　　　　　C. 32　　　　　D. 31

任务二　社会实践

通过信息化手段，调研当前国产微型计算机的发展现状，并形成调研报告。
调研报告的基本格式如下：
（1）封　面。
报告标题：简明扼要地反映调研主题。

调研日期：进行调研的具体日期。

报告作者：调研人员或团队的名称。

（2）摘　要。

简介调研目的：对调研的目的进行简明扼要的说明。

主要发现：提炼出调研中的主要发现和结论。

（3）目　录。

列出报告中各章节的标题及页码。

（4）引　言。

研究背景：引入调研的背景，说明为何进行此项调研。

研究目的：清晰阐述调研的目标和期望达到的结果。

（5）方法论。

研究方法：描述用于收集数据和信息的具体方法，包括问卷调查、实地访谈、文献综述等。

样本选择：如果涉及样本，说明样本的选择原则和范围。

（6）背景与市场状况。

行业背景：介绍相关行业或领域的背景信息。

市场状况：分析目标市场的现状，包括市场规模、竞争格局等。

（7）调研结果与分析。

数据呈现：利用图表、表格等方式清晰地展示收集到的数据。

结论分析：对数据进行分析，提炼关键发现，得出结论。

（8）问题与挑战。

问题识别：指出在调研过程中发现的问题和挑战。

建议解决方案：提出解决问题的建议或可行方案。

（9）展望与建议。

未来展望：对未来市场发展趋势进行展望。

建议措施：根据调研结果，提出相关领域的建议和可行的措施。

（10）总　结。

主要发现总结：简明扼要地总结主要发现和结论。

调研局限性：提及调研可能存在的局限性。

（11）参考文献。

引用所有在报告中使用的资料和数据源。

（12）附　录。

放置一些支持性的材料，如详细数据、调查问卷等。

（13）致　谢（可选）。

表达对提供帮助和支持的个人或组织的感谢。

（14）附加信息（可选）。

任何补充性的信息，如附加图表、地图、照片等。

在每个章节，都要保持清晰、简洁、逻辑性强，使用合适的图表和数据以支持分析。避免使用过多专业术语，以确保各位读者能够理解报告的内容。

项目三 计算机系统结构

计算机系统由硬件系统和软件系统组成,硬件系统是计算机赖以工作的实体,相当于人的躯体,软件系统是计算机的精髓,相当于人的思想和灵魂,它们共同协作运行应用程序并处理各种实际问题。本项目将介绍计算机的硬件系统和软件系统的相关知识。

一、计算机系统结构概述

一个完整的计算机系统包括硬件系统和软件系统两部分。硬件(hardware)也称硬件设备,是指那些由电子元器件和机械装置组成的各种看得见、摸得着、实实在在的"硬"设备,如主板、键盘、显示器、打印机等,它们是计算机能够工作的物质基础。计算机软件(software)是指那些能在硬件设备上运行的各种程序、数据和有关的技术资料,是一些看不见、摸不着的程序与数据,如 Windows 系统、数据库管理系统等。硬件是软件建立和运行的基础,没有安装任何软件的计算机称为"裸机",不能供用户直接使用。因此,计算机系统既包括硬件,也包括软件,二者缺一不可,只有二者有机结合才能充分发挥计算机的功能。图 1-3-1 给出了计算机系统的组成。

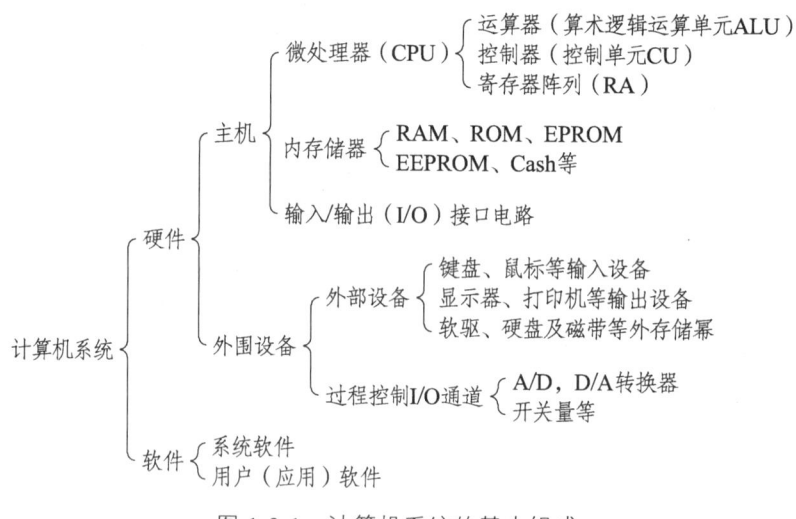

图 1-3-1 计算机系统的基本组成

二、计算机的硬件系统

计算机由运算器、控制器、存储器、输入设备和输出设备五个基本部分组成,也称计算机的五大部件,其结构如图 1-3-2 所示。

其简单工作过程为:首先由输入设备接收外部信息(程序和数据),控制器发出指令将数据送入主存储器,接着向主存储器发出指令。在指令操作下,程序指令逐条送入控制器。控制器对指令进行译码,并根据指令的操作要求,向存储器和运算器发出存取数据命令和运算命令,经过运算器计算并把计算结果存在存储器内。最后在控制器发出输出命令的作用下,通过输出设备输出计算结果。

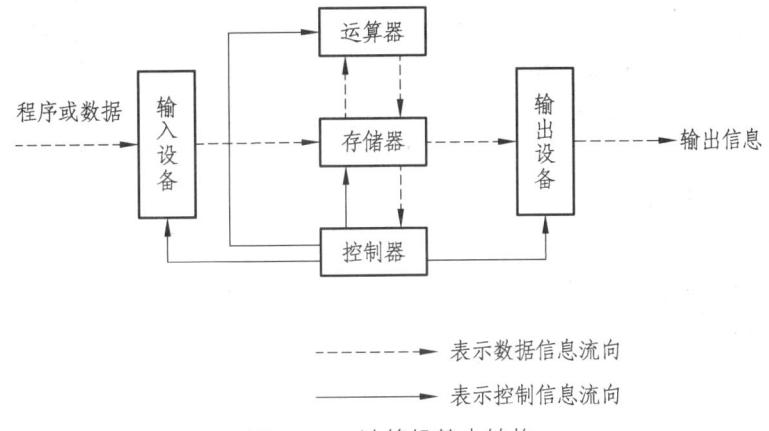

图 1-3-2　计算机基本结构

1945 年,美籍匈牙利科学家冯·诺依曼提出了一个"存储程序"的计算机方案。其工作原理的核心是"程序存储"和"程序控制",就是通常所说的"顺序存储程序"概念。我们把按照这一原理设计的计算机称为"冯·诺依曼型计算机"。原始的冯·诺依曼型计算机在结构上是以控制器为中心,演变到现在,计算机已转向以存储器为中心,但其基本原理仍遵循冯·诺依曼提出的"存储程序"方案。他的工作原理是把复杂的计算、操作过程表示成由许多条基本指令组成的程序预先存在存储器中,需要时发出运行命令,计算机按程序规定的顺序一条条地执行指令。

下面,我们从我们熟悉的微型计算机入门,了解计算机的硬件系统。

虽然微型计算机的硬件系统也是由运算器、控制器、存储器、输入设备和输出设备五大部件组成的,但它有自己明显的个性特征。在微型计算机中,运算器和控制器不是两个独立的部件,它们从一开始被就集成到一块微处理器芯片上,称为 CPU 芯片。CPU 和主存储器构成计算机的主体,称为主机。主机以外的大部分硬件设备都称外部设备(简称外设),它包括输入、输出设备,辅助存储器,等。微型计算机如图 1-3-3 所示。

图 1-3-3　微型计算机

1. 中央处理器

微型计算机的中央处理器（CPU）习惯上也称为微处理器（microprocessor），是微型计算机的核心，由运算器和控制器两部分组成：运算器（也称执行单元）是微型计算机的运算部件；控制器是微型计算机的指挥控制中心。

图 1-3-4 所示为 INTEL® CORE™ i7-7700K 处理器芯片，型号中的"INTEL"是英特尔公司的英文名称，也是 CPU 的品牌。"CORE"代表英特尔品牌下面向普通消费者的一个 CPU 系列。以英特尔公司为例，品牌下有 Core（酷睿）、Pentium（奔腾）、Celeron（赛扬）、Xeon（至强）、Atom（凌动）等众多系列产品，对应不同需求的消费者。"i7"代表着这款 CPU 在这代产品中所处的性能分支，在其下面还有 i5、i3，在其上面还有 i9。一般来说，同一代中数字越大，性能越强，不过，不同代产品之间，性能是不能直接相比的，比如 12 代的 i5 在理论性能上是强于 10 代 i7 的。"7700"中的第一位数"7"代表这款 CPU 的代数，说明其已经发展到第七代了，数字越大越新；"700"这三位数字代表 Intel SKU 型号划分。一般来说 Core i7 有固定的几个 SKU，比方说 700；Core i5 有 600/500/400；Core i3 有 300/100；等等。一般来说，数字越大说明隶属的 Core 系列越高级，同级别下比较，数字越大频率越高，换句话说，其性能也就越强，比方说 Core i5-8600 默认 3.1 GHz，睿频 4.3 GHz，比 Core i5-8500 默认 3.0 GHz，睿频 4.1 GHz 要强。带"K"表示不锁频，可以配合 Z 系列主板进行超频操作，适合会超频的用户使用。

图 1-3-4　INTEL® CORE™ i7-7700K 处理器芯片

CPU 的性能指标直接决定了由它构成的微型计算机系统性能指标。CPU 的性能指标主要包括字长、主频、外频、倍频系数和前端总线频率。CPU 的字长（位数）通常表示 CPU 内部数据总线宽度或位数，是 CPU 数据处理能力的重要性能指标，字长有 8 位、16 位、32 位、64 位等，如某一类计算机的字由 4 个字节组成，则字的长度为 32 位，相应的计算机称为 32 位机。CPU 主频也叫 CPU 的工作频率或 CPU 内部总线频率，是 CPU 内核（整数和浮点运算器）电路的实际运行频率，也是 CPU 自身工作频率，时钟主频以 MHz（兆赫兹）或 GHz（吉赫兹）为单位来度量；CPU 外频是指 CPU 从主板上获得的工作频率，是由主板上晶体振荡电路为 CPU 提供的基准时钟频率，是主板的工作频率；CPU 倍频系数指 CPU 主频和外频之间的对比关系，CPU 主频=CPU 外频×倍频系数。前端总线（Front Side Bus，FSB）指主板芯片组中的北桥芯片与 CPU 之间数据传输的通道，也称 CPU 的外部总线。

2. 存储器

存储器分为两大类：一类是设在主机中的内部存储器，叫主存储器（简称主存，又称内存），用于存放当前正在执行的程序和程序所需的数据，属于临时存储器；另一类是属于计算机外部设备的存储器，叫辅助存储器（简称辅存，又称外存），用来存放计算机暂时不执行的程序和数据，属于永久性存储器。当计算机需要外存中的某一程序或数据时，首先要调入主存，然后再运行。

微型计算机的内存储器是集成度高、容量大、体积小、功耗低的半导体存储器。内存储器根据信息存取方式不同分为随机存取存储器（Random Access Memory，RAM）和只读存储器（Read-Only Memory，ROM）两类。

对于存储器来说，存储器可容纳的二进制信息量称为存储容量。一个二进制位（bit）是构成存储器的最小单位。实际上，存储器是由许许多多个二进制位的线性排列构成的。为了存取到指定位置的数据，通常将每8位二进制位组成一个存储单元，称为字节（Byte），并给每个字节编上一个号码，称为地址（Address）。字节是存储器度量存储容量的基本单位，因此，常用的存储容量单位有：B（字节）、KB（千字节）、MB（兆字节）和GB（吉字节）。它们之间的关系为：

1 B=8 个二进制位（bit）

1 KB=1024 B=2^{10} B

1 MB=1024 KB=2^{20} B

1 GB=1024 MB=2^{30} B

1 TB=1024 GB=2^{40} B

（1）主存储器。

主存储器分为随机存取存储器和只读存储器。

① 随机存取存储器。

随机存取存储器也叫读写存储器。随机存取存储器中存储当前使用的程序、数据、中间结果和与外存交换的数据，CPU根据需要可以直接读、写随机存取存储器中的内容。

随机存取存储器（RAM）分为两种主要类型：静态RAM（SRAM）和动态RAM（DRAM）。SRAM使用触发器（flip-flops）来存储数据，每个触发器可以存储一位信息。这种存储器以其高速特性而著称，通常用于CPU的L1和L2缓存，因为它们需要快速访问数据。然而，SRAM的成本相对较高，部分原因是其制造过程更为复杂。

与SRAM不同，DRAM使用电容来存储数据，每个电容可以存储一位信息。由于电容会自然放电，DRAM需要定期刷新以维持数据，这就是它被称为动态存储器的原因。尽管DRAM的速度通常比SRAM慢，但通过采用如DDR（Double Data Rate）等技术，其速度得到了显著提升。此外，DRAM的成本相对较低，且容量较大，这使得它成为大多数计算机系统和智能手机中使用的主存储器。随着技术的发展，DDR内存已经发展到DDR4甚至更高版本，提供了更高的性能和能效。

随机存取存储器的特点是：可以读出，也可以改写。读取时不损坏原有存储的内容，只有写入时才修改原来所存储的内容。断电后，存储的内容立即消失。由于随机存取存储器的这一特点，所以也称它为临时存储器。目前微机内存大小一般有8 GB、16 GB，甚至更多，图1-3-5所示DDR4 8GB的内存。

图 1-3-5　随机存储器

② 只读存储器。

顾名思义，对只读存储器只能作读出操作而不能作写入操作。只读存储器中的信息是在制造时用专门设备一次写入的。只读存储器常用来存放固定不变重复执行的程序，如存放汉字库、各种专用设备的控制程序等。只读存储器中存储的内容是永久性的，即使关机或掉电也不会消失。随着半导体技术的发展，已经出现了多种形式的只读存储器，如在主板上的 ROM 里面固化了一个基本输入/输出系统（BIOS），其主要作用是完成对系统的加电自检、系统中各功能模块的初始化、系统的基本输入/输出的驱动程序及引导操作系统。

（2）辅助存储器。

辅助存储器主要由磁表面存储器和光盘存储器等设备组成。磁表面存储器可分为磁盘、磁带两大类。常见的辅助存储器有硬盘、光碟、磁带、U 盘等。

与主存相比，这类存储器的特点是存储量大、价格较低，而且在断电的情况下也可以长期保存信息，所以又称为永久性存储器。下面简单介绍硬盘、光盘和移动存储器。

① 硬盘。

硬盘（hard disk）是计算机系统中的重要部件，它不仅要存储用户的数据，还要存储操作系统及其运行数据，并担负系统缓存的任务，是极其重要的设备。

按照存储介质类型可以分为 HDD、SSD 和 HHD 三种：HDD 是英文 Hard Disk Drive 的简称，也就是传统的温彻斯特硬盘；SSD 是英文 Solid State Drive 的简称，即固态硬盘，是用固态电子存储芯片阵列制成的硬盘；HHD 是英文 Hybrid Hard Drive 的简称，是同时采用前两种存储介质的混合硬盘。

硬盘的接口类型有 IDE、SATA、mSATA、M.2、M.2（NVMe）、PCIe 等。IDE 接口是硬盘与主板间传输数据的接口，它是一个硬盘驱动器接口技术的标准，属于早期的硬盘接口技术。SATA 接口是目前应用最多的硬盘接口，SATA 3.0 接口最大的优势就是成熟。HDD 硬盘及普通 2.5 英寸（1 英寸=2.54 cm）SSD 硬盘都使用这种接口，理论传输带宽 6 Gb/s。虽然比起新接口的 32 Gb/s 带宽差很多，但普通 2.5 英寸 SSD 并没这么高的需求，能达到 500 MB/s 的读写速度就够用了。mSATA 接口，全称为迷你版 SATA 接口（mini-SATA），是早期为了更适应于超极本这类超薄设备的使用场景，针对这些便携设备开发的，可以把它看作标准 SATA 接口的 mini 版。它在物理接口（也就是接口类型）上跟 mini PCI-E 接口是一样的。M.2 接口是 Intel 推出的一种替代 mSATA 的新的接口规范，也就是曾经提出的 NGFF（Next Generation Form Factor）。M.2（NVMe）的 NVMe（Non-Volatile Memory express）指非易失性内存主机控制器接口规范，是一个逻辑设备接口规范，是与 AHCI 类似的、基于设备逻辑接口的总线传输协议规范（相当于通信协议中的应用层），用于访问通过 PCI-Express（PCIe）总线附加的非易失性内存介质，但是其理论上不一定要求 PCIe 总线协议。如图 1-3-6 所示分别为 SATA 硬盘、SATA 接口及 PCIe 接口。

当我们在传统 SATA 硬盘中进行数据操作时，数据会先从硬盘读取到主存，再将数据提取至 CPU 内部进行计算，计算后写入主存，存储至硬盘中；而 PCIe 则不一样了，数据直接通过总线与 CPU 直连，省去了内存调用硬盘的过程，传输效率与速度都成倍提升。很显然，PCIe SSD 传输速度远远大于 SATA SSD。

  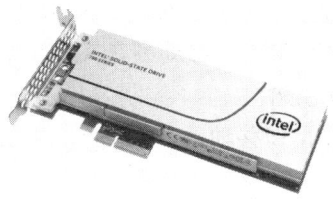

（a）SATA 硬盘　　　　（b）SATA 接口　　　　（c）PCIe 接口

图 1-3-6　硬盘及接口

② 光盘。

光盘（optical disk）存储器是一种利用激光技术存储信息的装置。光盘是一种大容量辅助存储器，但需要有光盘驱动器配合使用。根据性能和用途的不同，光盘主要分成以下几种类型：

只读型光盘（CD-ROM）：CD-ROM 是一种标准的只读存储介质，其数据在制造过程中一次性写入，用户无法修改。这种光盘具有 650MB 的存储容量，广泛应用于存储视频、音频、软件和多媒体内容。CD-ROM 的数据传输速率以倍速表示，24 倍速的传输速率可达 3 600 kb/s，适合于需要快速数据访问的应用场景。

一次写入型光盘（CD-R）：CD-R 允许用户通过专用的光盘刻录机进行一次性写入，写入后数据无法擦除或修改。这种光盘适用于存储重要且不需要更改的文档和数据。CD-R 的刻录速度通常较慢，以确保数据的准确性和完整性，而读盘速度则可以达到 6 倍速或 8 倍速。

可重写光盘（CD-RW）：CD-RW 提供了一种灵活的存储解决方案，允许用户多次重写数据。这种光盘可以反复使用，具有长达 50 年的数据保存期，并且可以承受高达一万次的擦写循环。尽管 CD-RW 的速度较慢，且初次投资成本较高，但其高容量和随机存取能力使其成为需要频繁更新数据的应用的理想选择。

DVD-ROM：作为 CD-ROM 的后继产品，DVD-ROM 提供了更大的存储容量，单面单层的容量为 4.7GB，单面双层和双面双层的容量分别可达 7.5GB 和 17GB。DVD-ROM 采用较短的激光波长，提高了存储密度，同时保持与 CD-ROM 的向下兼容性。其数据传输速率为 1.3MB/s，适合于需要大容量存储和快速数据访问的场合。

光盘和光驱的外观图 1-3-7 所示。

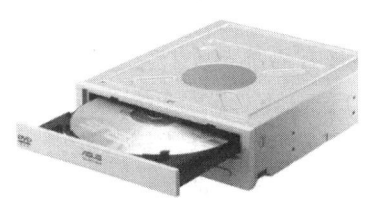

图 1-3-7　光盘和光驱

③ 移动存储器。

随着微型计算机在家庭中的普及，产生了越来越多的文件交流，为了便于计算机里面的数据"移动"起来，移动的存储器应运而生。目前市面上有两种移动存储器：一种称为 U 盘的电子存储器，采用闪存制作而成；另一种是移动硬盘，内装一个 3.5 或 2.5 英寸硬盘。

U 盘：由于 U 盘在便携性、容量、速度、安全性、美观时尚等方面有着更好的表现，因此已经基本上一统大局，成为时下最流行的小容量移动存储设备。

移动硬盘：移动硬盘采用电脑外设标准接口（USB/IEE1394），一般使用笔记本硬盘加上带有 USB/IEE1394 控制芯片及外围电路板的配套硬盘盒构成。

U 盘和移动硬盘如图 1-3-8 所示。

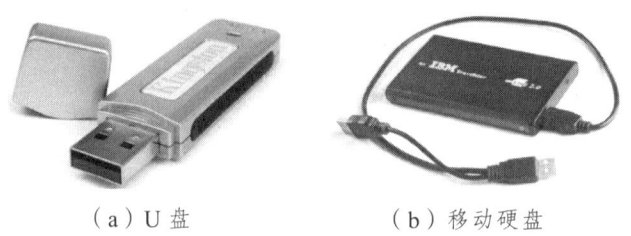

（a）U 盘　　　　　　（b）移动硬盘

图 1-3-8　U 盘和移动硬盘

3. 输入设备

输入是指利用某种设备将数据转换成计算机可以接受的编码的过程，所使用的设备称为输入设备。输入设备现在已有很多种类，这里仅介绍最常用的几种输入设备。

（1）键盘。

键盘（Keyboard）是用户与计算机进行交流的主要工具，是计算机最重要的输入设备，也是微型计算机必不可少的外部设备。键盘实际上是组装在一起的一组按键矩阵。当按下一键时就产生与该键对应的二进制代码，并通过接口送入给计算机，同时将按键字符显示在屏幕上。键盘通常包括数字键、字母键、符号键、功能键和控制键等，并分放在一定的区内。目前，微型计算机上流行的 101 键的标准键盘如图 1-3-9 所示。

图 1-3-9　键盘

盘面上共分 5 个区域：英文键盘区、功能键盘区、数字键盘区、方向键盘区和指示区。英文键盘区，又称为主键盘区，具有标准英文打字机键盘的格式和一些特殊的字符，如 Ctrl（控制）键、Shift（上下档切换）键、Tab（制表）键、Caps Lock（大小写锁定）键、Backspace（退格）键和 Enter（回车）键。回车键主要作为输入数据和命令的确认。功能键盘区，位于英文键盘区的上方，由 F1～F12 共 12 个功能键组成。数字键盘区位于键盘的右侧，称为小键盘区，主要是一些数字键及一些运算操作键。方向键盘区，位置在英文键盘区和数字键盘区的中间,主要由上、下、左、右、Home、End、Page Up、Page Down 等功能键组成。指示区在键盘的右上方,有 3 个指示灯,它们分别是小键盘数字键锁定指示灯 Num Lock,大写字母锁定指示灯 Caps Lock 和滚动锁定指示灯 Scroll Lock。灯亮时表示锁定相应的功能,灯灭时功能解除。

(2)鼠标。

鼠标(Mouse)又称为鼠标器,也是微型计算机上常用的一种输入设备,是控制显示屏上光标移动位置的一种指点式设备。在软件支持下,通过鼠标器上的按钮,可向计算机发出输入命令,或完成某种特殊的操作。它不单可用于光标定位,还可用来选择菜单、命令和文件,故能减少击键次数,简化操作过程。鼠标在 Windows 环境下的应用软件中是最常用的。

目前常用的鼠标有机械式和光电式两类。机械式鼠标通过底部的橡胶球捕捉移动。当鼠标在桌面上移动时,橡胶球随之滚动,通过内部的机械结构将物理位移转换为电信号。这些信号随后被传输给计算机,计算机处理后使光标在屏幕上同步移动。机械式鼠标适用于普通桌面环境。光电式鼠标使用内置的光电探测器追踪移动。它不需要反光板,但需在有纹理或图案的表面上使用,以提供足够的光学对比。鼠标底部的光源[如 LED(发光二极管)]照亮表面,图像传感器捕捉由表面产生的图像变化。微处理器分析这些图像,计算鼠标在 X 轴和 Y 轴上的移动,并将数据转换成电信号,通过 USB 等接口传输给计算机。光电式鼠标以其无需机械部件、精确快速的特点,提供流畅的光标控制体验。

鼠标接口有 4 种:串行接口(RS-232C 标准接口)、专用鼠标器端口(PS/2)、USB 接口和无线接口,目前常用的鼠标器接口多采用 USB 接口或无线接口,图 1-3-10 分别为 USB 接口和无线接口的鼠标。

图 1-3-10 鼠标

(3)其他输入设备。

键盘和鼠标器是微机中最常用的输入设备。此外,图形扫描仪、条形码阅读器、光学字符阅读器(OCR)、手写笔、触摸屏、声音输入设备(麦克风)和图像输入设备(数码相机)等也是常见的输入设备。

4.输出设备

输出设备的任务是将计算机处理的中间结果或最终结果转换成人们能够识别的数字、字符、表格、图形和图像等媒体形式,或者传送到中央处理器之外的介质上保存起来,以便以后使用。计算机中最常见的输出设备是显示器和打印机。

（1）显示器。

显示器也叫监视器，是微机中最重要的输出设备之一，也是人机交互必不可少的设备。显示器用于微机或终端，可显示多种不同的信息，显示器的外观如图 1-3-11 所示。

图 1-3-11　显示器

① 显示器的分类。

显示器根据其技术原理、显示特性和应用场景的不同，可以大致分为几类。CRT（阴极射线管）显示器、LCD（液晶显示）显示器、OLED（有机发光二极管）显示器。此外，还有曲面显示器和 4K 显示器等，它们提供了更广阔的视野和更清晰的图像细节，适用于特定的高要求应用场景。显示器的分类多种多样，每种类型都有其独特的特点和适用场景，用户可以根据自己的需求选择适合的显示器。

显示器的尺寸是以显示屏的对角线长度来衡量的，常见的有 23 英寸（1 英寸=2.54 cm）、27 英寸等。

② 显示器的主要性能。

在选择和使用显示器时，应该先了解显示器的主要特性。

分辨率：屏幕上图像的分辨率或清晰度取决于能在屏幕上独立显示的点的直径，这种独立显示的点称作像素（Pixel）。分辨率就是指构成图像的像素和，即屏幕包含的像素多少。它一般表示为水平分辨率（一个扫描行中像素的数目）和垂直分辨率（扫描行的数目）的乘积。比如 1 024×768，表示水平方向最多可以包含 1 024 个像素，垂直方向是 768 像素，屏幕总像素的个数是它们的乘积。分辨率越高，画面包含的像素数就越多，图像越细腻清晰。常见的显示器分辨率有 1 024×768、1 920×1 080（全高清分辨率）、2 560×1 440（2K 分辨率）以及 3 840×2 160（4K 分辨率）等几种。

点距：指一种给定颜色的一个发光点与离它最近的同色发光点之间的距离，与分辨率不同，这种距离不能用软件来更改。点距是显示器非常重要的一个硬件指标。在任何相同分辨率下，点距越小，显示图像越清晰、细腻，分辨率和图像质量也就越高。

灰度：即光点亮度的深浅变化层次，可以用颜色表示。灰度和分辨率决定了显示图像的质量。

尺寸：显示器尺寸有 21 英寸、23 英寸、24 英寸和 27 英寸等。

③ 显示卡。

显示器是通过"显示器接口"（简称显示卡）与主机连接的，所以显示器必须与显示卡匹配。显示卡主要由显示控制器、显示存储器和接口电路组成。显示卡的发展经历了 MDA、CGA、EGA、VGA 等阶段，目前常用的显示接口包括 HDMI、DisplayPort、DVI 和 Thunderbolt 等，它们支持更高的分辨率和刷新率，以满足现代显示技术的需求。

（2）打印机。

打印机是微机的重要输出设备之一，它的作用是将计算机的信息打印到纸张上供人阅读和保存。打印机类型很多，按打印工作方式分，打印机可以分为串行打印机和行式打印机。串行打印机是逐字打印成行的。行式打印机则是一次输出一行，因此它比串行打印机要快。按打印原理分，打印机可分为击打式打印机和非击打式打印机。击打式打印机中有如字符式打印机和针式打印机（点阵打印机），目前，普遍使用的是针式打印机。非击打式打印机种类很多，有静电打印机、喷墨打印机、激光打印机等。目前，常用的是喷墨打印机和激光打印机。

由于击打式打印机依靠机械动作实现打印，因此打印速度慢，噪声大，打印质量差。而非击打式打印机打印过程中无机械击打动作，速度快，噪声小，打印质量好。

目前使用最多的是针式打印机、喷墨打印机和激光打印机。

① 针式打印机。

针式打印机属于击打式打印机，其字符是以点阵的形式构成的，由数根钢针打印出来。针数越多，点阵越大，打印字符就愈清晰、美观。打印英文、数字用 7~9 针即可，打印汉字通常需要 16~24 针。针式打印机的消耗材料便宜，性能价格比较合理，缺点是速度慢、噪声大。

② 喷墨打印机。

喷墨打印机类似于针式打印机，但它用很细的墨水喷头代替打印针，将墨水喷在纸上印出字符或图形。喷墨打印机以其较低的初始成本、出色的色彩表现、广泛的纸张兼容性和较快的打印速度受到用户欢迎，但同时也面临耗材成本较高、打印头堵塞以及墨水兼容性等挑战。用户在选择时应综合考虑打印需求、预算和维护成本，以确保选购的打印机能够满足其长期的工作和创作需求。

③ 激光打印机。

激光打印机属非击打式打印机，融合了复印机、计算机和激光技术的优势。它以速度快、稳定性高、耐用性强和相对较低的耗材成本而受到青睐。然而，激光打印机也存在一些不足之处，包括较高的初始购买成本、对纸张质量的较高要求，以及在运行过程中可能产生的辐射和噪声问题。用户在选择激光打印机时，应权衡这些因素，确保所选设备能够满足其特定的打印需求和预算考量。

5．总　线

上面介绍了微型计算机的几种硬件的基本功能，但这些部件只有有机地连接在一起才能协调地工作。

总线技术是目前微型计算机中广泛使用的连接技术。所谓总线（Bus）就是系统部件之间传送信息的公共通道，各部件由总线连接并通过它传递数据和控制信号。计算机中的五大组成部件需要通过总线联结在一起才能构成一个完整的硬件系统。

根据所连接部件的不同，总线可分为内部总线和系统总线。

（1）内部总线，也叫片总线，是同一部件内部的连接总线，内部总线位于集成芯片内部。

（2）系统总线，是同一台计算机的各部件之间相互连接的总线。系统总线又分为数据总线、地址总线和控制总线，分别传递数据、传递地址和控制信号。三者在物理上做在一起，工作时各司其职。

① 数据总线（data bus）用于各部件之间传输数据信息，数据可向两个方向传送，属于双向总线。

② 地址总线（address bus）用于传输通信所需的地址，用以指明数据的来源和目的，是单向总线。

③ 控制总线（control bus）用于传送 CPU 对存储器或 I/O 设备的控制命令和 I/O 设备对 CPU 的请求信号，使微型计算机各部件能协调工作。

微型计算机采用标准总线结构，使整个系统中各部件之间相互关系变为面向总线的单一关系。凡符合总线标准的功能部件和设备可以互换和互联，提高了微型计算机系统的通用性和可扩充性。

总线既可以单向传送数据，也可以双向传送数据，并能在多个设备之间选择出唯一的源地址和目的地址。不能把总线只看作是多股导线，因为它还包括相应的控制和驱动电路。总线在发展过程中形成了许多标准，如 ISA、EISA、PCI 和 AGP 总线等。

6．主　板

总线体现在硬件上就是计算机的主板，它也是配置计算机的主要硬件之一。主板也叫系统板或母板，在计算机诞生后，主板一直是其主要组成部分。它的主要组件包括：CMOS、基本输入输出系统（Basic Input/Output System，BIOS）、高速缓冲存储器、主存插槽、CPU 插槽、键盘接口、软盘驱动器接口、硬盘驱动器接口、总线扩展插槽（ISA、PCI 等扩展槽）、串行接口（COM1、COM2）、并行接口（打印机接口 LPT1）等，如图 1-3-12 所示。主板的主要指标包括所用的芯片组工作的稳定性和速度，提供插槽的种类和数量等

图 1-3-12　微型计算机主板

三、计算机软件系统的组成

1. 计算机软件系统的定义

计算机软件系统是指一组相互关联的计算机程序和数据,旨在协同工作以完成特定的任务或提供特定的功能。软件可以被视为用户与计算机硬件之间的接口,它充当了用户和硬件之间的中介,使用户能够与计算机进行交互和控制硬件资源。

具体来说,计算机软件具有以下功能:

用户接口:软件提供了用户与计算机之间的交互界面,使用户能够以可理解和友好的方式与计算机进行通信。这包括图形用户界面(Graphical User Interface,GUI)、命令行界面(Command Line Interface,CLI)和其他形式的用户界面。

资源管理:软件负责管理计算机硬件资源,如处理器、主存、存储设备、输入/输出设备等。它协调了这些资源的分配和使用,以便不同的应用程序能够共享和访问它们。

执行任务:软件包含了一系列指令和算法,可以执行各种任务,从简单的数学计算到复杂的数据处理和图形渲染。它们使计算机能够执行用户或应用程序的指令。

数据管理:软件允许用户和应用程序创建、读取、写入和管理数据。这包括文件系统、数据库管理系统和数据存储方面的功能。

错误处理和安全性:软件可以检测错误并采取相应的措施来保护计算机和数据的安全。这包括防病毒软件、防火墙和错误处理机制。

总的来说,软件充当了用户和计算机硬件之间的"翻译官"和协调者,使用户能够以更高层次的抽象方式与计算机交互,而不必直接处理硬件的复杂性。因此,可以说软件是用户与硬件之间的接口界面,它极大地简化了计算机使用和编程的过程。

2. 计算机软件系统的分类

计算机软件系统通常被分为系统软件和应用软件两大类。

(1)系统软件(System Software)。

系统软件是指控制和协调计算机及其外部设备,支持应用软件的开发和运行的软件。其主要的功能是进行调度、监控和维护系统等。系统软件是用户和裸机的接口。系统软件一般包括操作系统、语言编译程序、数据库管理系统和服务程序等,使计算机能够执行各种任务。主要的系统软件包括:

操作系统(Operating System):计算机系统的核心组成部分,负责管理硬件资源,如处理器、内存、磁盘和输入/输出设备。常见的操作系统包括 Windows、macOS、Linux、统信 UOS 等。

系统驱动程序(Device Drivers):用于与硬件设备通信,使操作系统能够正确地控制和使用各种硬件。

引导加载程序(Bootloader):负责在计算机启动时加载操作系统,使计算机能够开始运行。

系统库(System Libraries):这些库提供了一组常用的功能和例程,供应用程序使用。它们包括数学库、文件 I/O 库、网络库等。

虚拟机监视器(Hypervisor):用于在一台物理计算机上运行多个虚拟操作系统实例,从而实现虚拟化。

（2）应用软件（Application Software）：

应用软件是为了满足用户具体需求而开发的软件，它们利用系统软件提供的运行环境来执行特定任务或提供特定功能。主要的应用软件包括：

办公套件（Office Suite）：包括文字处理、电子表格、演示文稿和电子邮件等应用程序，如 Microsoft Office、WPS Office、Libre Office 等。

图形和多媒体软件（Graphics and Multimedia Software）：用于图像编辑、视频编辑、音频处理和动画制作等用途的软件，如 Adobe Photoshop、Adobe Premiere、Audacity 等。

娱乐软件（Entertainment Software）：包括电子游戏、媒体播放器和娱乐应用程序，如 Steam、网易云音乐、腾讯视频等。

生产力工具（Productivity Tools）：用于项目管理、时间管理、笔记记录等的工具，如 Evernote、Trello、Microsoft To Do 等。

专业软件（Professional Software）：用于特定行业或领域的专业软件，如 CAD 软件、医学图像处理软件、会计软件等。

网络浏览器（Web Browsers）：用于浏览互联网和访问网页的应用程序，如 Google Chrome、Mozilla Firefox、Microsoft Edge 等。

这些是一些常见的系统软件和应用软件的子类别，实际上，软件领域非常广泛，涵盖了各种不同类型的应用程序和工具，以满足不同用户的需求。

3. 操作系统（Operating System）

操作系统（Operating System）是一种系统软件，它充当了用户和计算机硬件之间的接口，负责管理和协调硬件资源，并提供了一个运行环境，以便其他软件（应用程序）能够顺利运行。操作系统在计算机系统中起到了至关重要的作用，以下介绍操作系统的功能和分类：

（1）操作系统的功能。

操作系统具有多种功能，以支持计算机系统的正常运行和管理硬件资源，以下是操作系统的主要功能：

进程管理：创建、调度、终止进程（程序的执行实例）；提供进程间通信和同步机制；分配和管理计算机资源，如 CPU 时间和内存。

文件系统管理：创建、读取、写入、删除和管理文件；提供文件访问权限控制和数据安全性。

设备管理：管理硬件设备，如磁盘驱动器、打印机、网络接口卡等；提供设备驱动程序以便应用程序与硬件通信。

用户界面：提供用户与计算机之间的交互方式，如图形用户界面（GUI）或命令行界面（CLI）。

网络支持：提供网络连接和通信的支持，以便计算机能够与其他计算机或设备交换数据。

错误处理和安全性：监测和处理系统错误和异常情况；提供用户认证、访问控制和数据加密，确保系统的安全性。

资源分配和调度：确保各个进程公平地共享计算机资源，如 CPU 和主存；使用调度算法来决定哪个进程应该获得 CPU 时间。

系统性能监测和优化：收集性能数据，帮助管理员了解系统的健康状况；调整系统参数以优化性能和资源利用率。

总的来说，操作系统是计算机系统的核心组成部分，它协调了各种硬件和软件组件，使计算机能够高效、稳定地运行，并提供了用户友好的接口，以便用户可以轻松地与计算机互动。

（2）操作系统的分类。

操作系统可以根据其设计和用途进行不同的分类，以下是一些常见的操作系统分类：

单用户操作系统（Single-User OS）：设计用于支持一台计算机上的单个用户。它们通常用于个人计算机和移动设备，如 Windows、macOS 和 iOS。

多用户操作系统（Multi-User OS）：允许多个用户同时访问计算机，并在同一时间共享资源。它们通常用于服务器和大型计算机系统，如 Linux 和 UNIX。

单任务操作系统（Single-Tasking OS）：一次只能执行一个任务或应用程序。这种类型的操作系统在早期计算机上较为常见。

多任务操作系统（Multi-Tasking OS）：能够同时执行多个任务或应用程序，通过分时处理（Time-Sharing）或并行处理来实现。大多数现代操作系统都属于这一类别，如 Windows、Linux 和 macOS。

实时操作系统（Real-Time OS）：专注于处理具有时间限制的任务，如航空航天、医疗设备、工业自动化等领域。它们需要确保任务在规定的时间内完成。

四、多媒体计算机技术

多媒体计算机技术涉及到处理和操作多媒体数据（如图像、音频、视频等）的计算机技术领域。这项技术的发展使计算机能够更好地创建、编辑、存储、传输和呈现多媒体内容，广泛应用于各种领域，包括娱乐、教育、广告、医疗、通信等。

1. 多媒体的含义

多媒体（Multimedia）是一个由两个词组成的术语，其中"多"表示"多个"，而"媒体"指的是不同的媒介或信息载体。因此，多媒体指的是在一个信息系统或作品中，同时使用多种不同的媒介或形式来传达信息、表达思想或提供娱乐等。

多媒体通常包括以下不同类型的媒介和元素：

文本：书写的字母、数字和符号，可以用来传达语言和文字信息。

图像：静态图像、照片、图表、图标等可视元素，用来呈现视觉信息。

音频：声音、音乐、语音、音效等声音元素，用来传达声音和听觉信息。

视频：连续的图像帧和音频，通常用来展示运动图像和动态场景。

动画：通过连续的图像或帧来创造运动或变化，可以是二维或三维的。

互动元素：包括按钮、链接、表单等，使用户能够与多媒体内容进行互动和参与。

多媒体应用软件：用于创建、编辑、播放和呈现多媒体内容的计算机程序，如图像编辑软件、音频编辑软件、视频编辑软件等。

多媒体技术的发展使我们能够更富有创意地将不同的媒体元素结合在一起，以创建丰富的、多感官的体验。它应用广泛，包括数字媒体、网络内容、娱乐、教育、广告、游戏、虚拟现实（VR）、增强现实（AR）等各个领域。多媒体的目标是通过多种媒介形式传达信息，使信息更具吸引力、易于理解和有趣。

2. 多媒体计算技术

多媒体计算技术仍在不断发展，随着硬件性能的提升和创新的出现，它在各个领域都具有重要的应用前景，可以提供更富有创意和互动性的多媒体体验。以下是多媒体计算技术的一些关键方面：

图像处理：图像处理技术涉及对图像进行数字化和处理，这包括图像压缩、分割、增强、滤波、特征提取等操作。图像处理应用广泛，包括数字摄影、医学图像分析、图像识别和计算机视觉等领域。

音频处理：音频处理技术涉及对声音信号的采样、编码、压缩和处理。音频处理应用包括音乐制作、语音识别、音频合成、降噪和音频增强等。

视频处理：视频处理技术涉及对视频图像序列的采样、编码、压缩、编辑和流媒体传输。视频处理应用广泛，包括视频编辑、视频游戏、视频会议和流媒体等。

三维图形和计算机图形学：三维图形技术用于创建和渲染三维图形，用于视频游戏、虚拟现实、电影特效等；计算机图形学研究如何表示、存储和处理图形数据，以及如何实现视觉效果。

多媒体编解码：多媒体编解码技术用于将多媒体数据从一种格式转换为另一种格式，以及对多媒体数据进行压缩和解压缩。常见的多媒体编解码标准包括JPEG（图像）、MP3（音频）和H.264（视频）等。

多媒体存储和传输：多媒体数据通常需要存储在各种媒体（硬盘、光盘、云存储）上，并通过网络进行传输，包括数据存储、流媒体传输、网络协议和云存储技术等。

用户界面和交互设计：多媒体应用通常需要精心设计的用户界面，以提供用户友好的交互方式；这包括图形用户界面（GUI）、虚拟现实（VR）、增强现实（AR）等。

多媒体应用领域：多媒体计算机技术应用于各种领域，如娱乐（电影、电视、游戏）、教育（电子教材、在线教育）、医疗（医学影像处理）、广告和社交媒体等。

多媒体安全性和版权保护：保护多媒体内容的安全性和版权是一个重要的问题，包括数字版权管理（DRM）和水印技术等。

任务一　基础训练

（1）计算机软件系统包括（　　　）。

A. 系统软件和应用软件　　　　　　B. 编辑软件和应用软件

C. 数据库软件和工具软件　　　　　D. 程序和数据

（2）静态RAM的特点是（　　　）。

A. 在不断电的条件下，信息在静态RAM中保持不变，故而不必定期刷新就能永久保存信息

B. 在不断电的条件下，信息在静态 RAM 中不能永久无条件保持，必须定期刷新才不致丢失信息

C. 在静态 RAM 中的信息只能读不能写

D. 在静态 RAM 中的信息断电后也不会丢失

（3）CPU 的主要组成：运算器和（　　）。

A. 控制器　　　　　B. 存储器　　　　　C. 寄存器　　　　　D. 编辑器

（4）下列关于计算机的叙述中，不正确的一条是（　　）。

A. "裸机"就是没有机箱的计算机

B. 所有计算机都是由硬件和软件组成的

C. 计算机的存储容量越大，处理能力就越强

D. 各种高级语言的翻译程序都属于系统软件

（5）下列叙述中，正确的说法是（　　）。

A. 编译程序、解释程序和汇编程序不是系统软件

B. 故障诊断程序、排错程序、人事管理系统属于应用软件

C. 操作系统、财务管理程序、系统服务程序都不是应用软件

D. 操作系统和各种程序设计语言的处理程序都是系统软件

（6）下列有关计算机性能的描述中，不正确的是（　　）。

A. 一般而言，主频越高，速度越快

B. 内存容量越大，处理能力就越强

C. 计算机的性能好不好，主要看主频是不是高

D. 内存的存取周期也是计算机性能的一个指标

（7）下列叙述中，错误的是（　　）。

A. 内存储器一般由 ROM、RAM 和高速缓存（Cache）组成

B. RAM 中存储的数据一旦断电就全部丢失

C. CPU 不可以直接存取硬盘中的数据

D. 存储在 ROM 中的数据断电后也不会丢失

（8）计算机的操作系统是（　　）。

A. 计算机中使用最广泛的应用软件　　　　B. 计算机系统软件的核心

C. 微机的专用软件　　　　　　　　　　　D. 微机的通用软件

（9）在计算机中，既可作为输入设备又可作为输出设备的是（　　）。

A. 显示器　　　　　B. 磁盘驱动器　　　　C. 键盘　　　　　D. 打印机

（10）下面关于 USB 的叙述中，错误的是（　　）。

A. USB 的中文名为"通用串行总线"

B. USB2.0 的数据传输率高于 USB1.0

C. USB 具有热插拔与即插即用的功能

D. USB 接口连接的外部设备（如移动硬盘、U 盘等）必须另外供应电源

任务二　社会实践

到市场上或者网上了解 Intel、AMD、飞腾（PHYTIUM）、龙芯（Loongson）所生产的当前主流 CPU 的结构、标志、品牌、型号、外形及价格，并完成表 1-3-1。

表 1-3-1　当前主流 CPU 调研情况

型号	主频	FSB	缓存及容量	接口类型	工作电压	市场价格

模块二　操作系统基础

操作系统是管理计算机硬件与软件资源的计算机程序。操作系统需要处理如管理与配置主存、决定系统资源供需的优先次序、控制输入设备与输出设备、操作网络与管理文件系统等基本事务。操作系统也提供一个让用户与系统交互的操作界面。当前主流的桌面操作系统是微软（Microsoft）公司发布的 Windows 系列（Windows 10、Windows 11），苹果公司发布的用于 Mac 电脑系列的 macOS，Linux 发行版如 Ubuntu、UOS、中标麒麟 Neokylin、Deepin 等。本模块重点介绍 Windows 10 和 UOS 的基本操作和使用。

 学习目标

1. 了解和熟悉 Windows 10 基本操作；
2. 掌握 Windows 10 操作窗口、对话框的基本方法；
3. 掌握 Windows 10 文件管理、系统管理、系统备份与还原的相关操作；
4. 了解国产操作系统的发展现状；
5. 掌握统信 UOS 的安装部署；
6. 熟悉统信 UOS 的基本操作。

项目一 Windows 10 操作系统

一、Windows 10 操作系统的基本概念和基本操作

1. 认识 Windows 10 操作系统

Windows 10 是微软开发的一款操作系统,它是 Windows NT 操作系统家族的主要版本之一,于 2015 年 7 月 29 日发行。Windows 10 引入了许多新功能和改进,旨在提高用户体验、性能、安全性和多媒体功能。虽然微软于 2021 年 10 月 5 日发行了 Windows 11,但是 Windows 10 仍是主流的 Windows 操作系统系列版本,故本书以 Windows 10 为主介绍 Windows 操作系统的操作。Windows 10 的一些重要认识:

统一的操作系统:Windows 10 被设计为可以在各种设备上运行,包括台式机、笔记本电脑、平板电脑、智能手机和 Xbox 游戏机。这意味着用户可以在不同设备之间实现无缝的一致性体验。

开始菜单的回归:Windows 10 引入了经典的"开始"菜单,将 Windows 7 风格的开始菜单与 Windows 8 引入的磁贴界面结合在一起,以更好地满足不同用户的需求。

Cortana(小娜)虚拟助手:Windows 10 集成了 Cortana,这是微软的虚拟助手,类似于苹果的 Siri。用户可以使用语音命令或文本输入来与 Cortana 互动,执行各种任务,如搜索、设置提醒和发送消息等。

Microsoft Edge 浏览器:Windows 10 引入了全新的 Web 浏览器,名为 Microsoft Edge。它代替了旧版的 Internet Explorer,并提供更快的性能、更好的网页兼容性以及许多新的功能,如注释和屏幕截图工具。

多任务视图:Windows 10 引入了多任务视图,允许用户更轻松地管理多个应用程序和虚拟桌面,以提高工作效率。

Xbox 整合:Windows 10 允许与 Xbox 游戏机进行整合,用户可以流式传输 Xbox 游戏到 PC,并在 Windows 10 上玩游戏,也可以与 Xbox Live 在线游戏社区互动。

安全性增强:Windows 10 引入了许多新的安全功能,包括 Windows Defender 防病毒程序、BitLocker 加密和 Windows Hello 生物识别技术,以提供更好的数据和身份保护。

自动更新:Windows 10 引入了自动更新机制,使操作系统保持最新状态并获得最新的修复程序和安全补丁。

应用商店:Windows 10 拥有 Windows Store,允许用户从商店中下载和安装应用程序、游戏和媒体内容。

不断演进:微软采用了"Windows 作为服务"的模式,持续更新和改进 Windows 10,而不再发布全新版本。这意味着用户将获得持续的功能改进和安全更新。

需要注意的是,由于 Windows 10 发布后的更新和改进,可能会出现不同的版本,如 Windows 10 家庭版、Windows 10 专业版、Windows 10 企业版等,每个版本面向不同的用户和企业需求。

2. Windows 10 的启动与退出

（1）Windows 10 的启动。

开启计算机主机箱和显示器的电源开关，Windows 10 将载入主存，接着开始对计算机的主板和主存等进行检测。系统启动完成后将进入 Windows 10 欢迎界面，若只有一个用户且没有设置用户密码，则直接进入系统桌面。如果系统存在多个用户或设置了用户密码，则需要选择用户并输入正确的密码才能进入系统。

（2）Windows 10 的退出。

计算机操作结束后需要退出 Windows 10，退出的方法是保存文件或数据，关闭所有打开的应用程序；然后单击"开始⊞"按钮，在打开的"开始"菜单中单击"电源"按钮，再在打开的列表中选择"关机"选项即可，如图 2-1-1 所示。成功关闭计算机后，再关闭显示器的电源。

图 2-1-1　关闭计算机

3. Windows 10 的桌面组成

桌面是电脑登录到 Windows 之后看到的主屏幕区域，是用户主要的工作平台。打开程序或文件夹时，它们便会出现在桌面上。可以将一些常用的程序快捷方式、文件或文件夹放置在桌面，并且随意对其进行排列。

启动 Windows 10 后，用户在屏幕上即可看到 Windows 10 桌面。由于 Windows 10 有多种不同的版本，其桌面样式也略有不同，下面将以 Windows 10 专业版为例来介绍其桌面组成。在默认情况下，Windows 10 的桌面是由桌面图标、桌面区和任务栏 3 个部分组成，如图 2-1-2 所示。

（1）桌面区：在 Windows 10 中打开的所有程序和窗口等都会呈现在它上面。

（2）桌面图标：Windows 10 的桌面图标可代表程序、文件、文件夹、快捷方式或其他项目。程序或文件的快捷图标左下角有一个小箭头。默认情况下，桌面上仅显示"回收站"这一个系统图标。双击桌面上的某个图标可以打开该图标对应的窗口或程序。

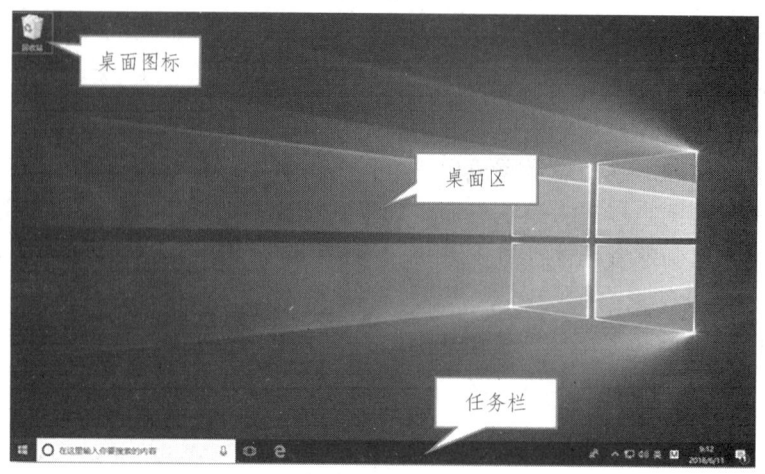

图 2-1-2 Windows 10 的桌面

（3）任务栏：用于快速启动要执行的任务或切换任务。默认情况下，任务栏位于桌面的最底端，其左侧的图标依次为"开始⊞"按钮、"搜索◯"按钮、"任务视图▢"按钮和锁定在任务栏上的程序图标，中部为任务图标，右侧是通知区，最右侧是"显示桌面"按钮，如图 2-1-3 所示。

图 2-1-3 任务栏

① 任务图标：用户每执行一项任务，系统都会在任务栏的中间区域放置一个与该任务相关的图标。单击不同图标，可在各任务之间切换。

② 通知区：显示了当前时间、扬声器、后台运行的应用程序等图标。单击、双击或右击通知区中的图标可分别执行不同的操作。

③ 锁定的图标：将一些常用程序的启动图标锁定到任务栏中，单击图标即可打开相应的程序。

④ "显示桌面"按钮：单击该按钮可快速显示桌面。

二、Windows 10 程序的启动与窗口操作

1. Windows 10 的程序启动

启动应用程序有多种方法，比较常用的是在桌面上双击应用程序的快捷方式图标和在"开始"菜单中选择启动的程序。单击桌面任务栏左下角的"开始⊞"按钮，即可打开"开始"菜单，计算机中几乎所有的应用都可在"开始"菜单中启动。"开始"菜单是操作计算机的重要门户，即使是桌面上没有显示的文件或程序，通过"开始"菜单也能轻松找到相应的程序。"开始"菜单主要组成部分如图 2-1-4 所示。以打开"写字板"程序为例，有以下步骤：

步骤 1：单击桌面任务栏左侧的"开始⊞"按钮，打开"开始"菜单。它使用英文字母与拼音对菜单进行分组，并在右侧有一个磁贴风格的区域，以动态方块的形式呈现各种应用程

序、快捷方式等。

步骤2：在"开始"菜单中找到以字母W开头的"Windows附件"文件夹，然后单击将其展开，从中选择"写字板"选项，即可启动该应用程序，如图2-1-5所示。

图2-1-4 认识"开始"菜单

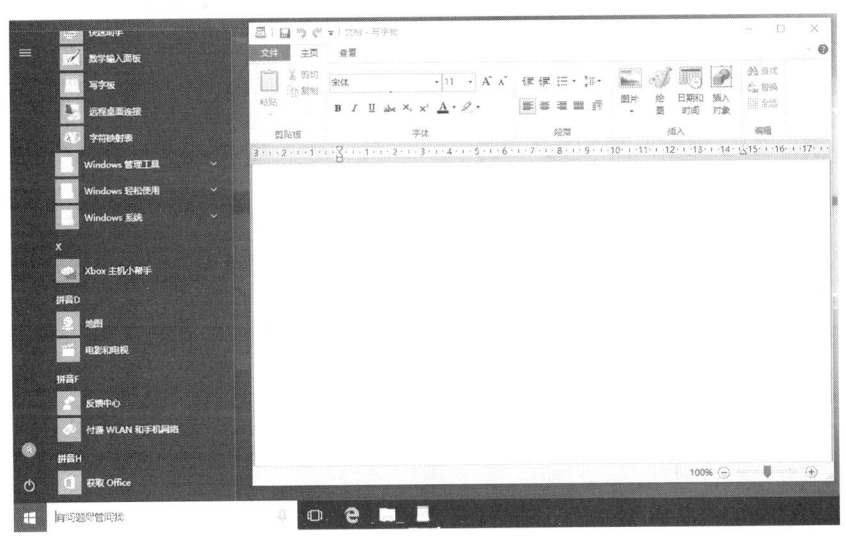

图2-1-5 "Windows附件"文件夹及"写字板"应用程序界面

"开始"菜单各个部分的作用介绍如下：

高频使用区：根据用户使用程序的频率，Windows会自动将使用频率较高的程序显示在该区域中，以便用户能快速地启动所需程序。

所有程序区：选择"所有程序"命令，原本的"高频使用区"将显示计算机中已安装的所有程序的启动图标或程序文件夹，选择某个选项可启动相应的程序，此时"所有程序"命令也会变为"返回"命令。

搜索区：在"搜索"区的文本框中输入关键字后，系统将搜索计算机中所有与关键字相关的文件和程序等信息,搜索结果将显示在上方的区域中,单击即可打开相应的文件或程序。

切换"开始"菜单:如果用户不适应 Windows 10 的"开始"菜单,可单击"切换"按钮,在打开的列表中选择相应选项后,切换至 Windows 7 系统的菜单样式。

账户设置:单击"账户"图标,可以在打开的列表中进行账户注销、账户锁定和更改用户设置等 3 种操作。

文件资源管理器:主要用来组织和操作系统中的文件或文件夹。通过使用资源管理器可以方便地完成新建文件、选择文件、移动文件、复制文件、删除文件以及重命名文件等操作。

Windows 设置:用于设置系统信息,包括网络和 Internet、个性化、更新和安全、Cortana、设备、隐私以及应用等。

系统控制区:显示了"此电脑""控制面板""安装与卸载软件"等系统选项,选择相应的选项可以快速打开或运行程序,便于用户管理计算机中的资源。

2. Windows 10 的窗口操作

在 Windows 10 中启动应用程序或打开文件夹时,会在屏幕上划定一个矩形区域,这个矩形区域便是窗口。在 Windows 10 中对各种资源的管理和使用都是在窗口中进行的,如图 2-1-6 所示。

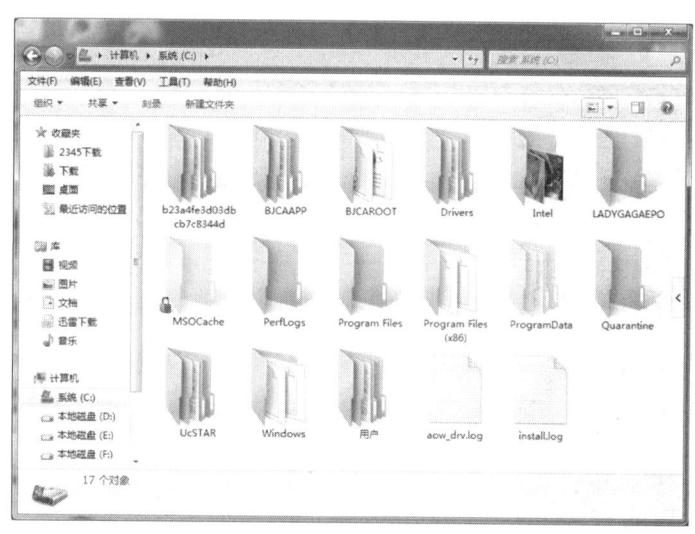

图 2-1-6　Windows 10 的窗口

在 Windows 10 中,几乎所有的操作都要在窗口中完成,在窗口中的相关操作一般是通过鼠标和键盘来进行的,下面以"计算机"窗口为例,介绍窗口的组成并掌握其操作的方法。

(1) Windows 10 的窗口组成。

用户双击桌面上的"此电脑"图标[①],将打开"此电脑"窗口,如图 2-1-7 所示,这是一

[①] 注意:Windows 10 默认桌面只有一个"回收站"图标,要想通过双击桌面图标的方式打开"此电脑"窗口,需要先将该图标添加到桌面上。方法为在桌面上的空白区域单击鼠标右键,在弹出的快捷菜单选择"个性化"选项,打开"个性化"窗口,单击"主题"选项卡,在右侧的"相关的设置"栏中单击"桌面图标设置"超链接,在打开的"桌面图标设置"对话框中单击选中"计算机"复选框,最后单击"确定"按钮,即可将"此电脑"图标添加到 Windows 10 桌面上。

个典型的 Windows 10 窗口，各个组成部分的作用介绍如下。

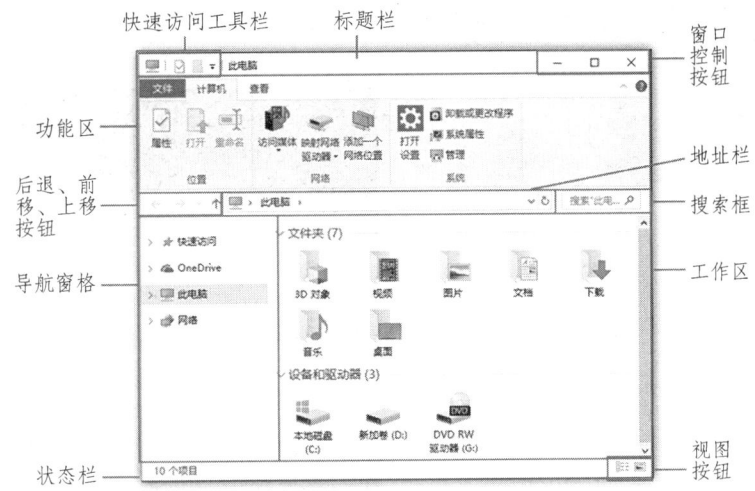

图 2-1-7 "计算机"窗口

标题栏：标题栏位于窗口顶部，左侧有一个控制窗口大小和关闭窗口的"文件资源管理器"按钮，紧邻该按钮右侧的是一个快速访问工具栏，通过该工具栏可以快速实现设置所选项目属性和新建文件夹等操作，最右侧是窗口最小化、窗口最大化和关闭窗口的按钮。

功能区：功能区是以选项卡的方式显示的，其中存放了各种操作命令，要执行功能区中的操作命令，只需单击对应的操作名称即可。

地址栏：显示当前窗口文件在系统中的位置。其左侧包括"后退"按钮 ← 、"前进"按钮 → 和"上移"按钮 ↑ ，用于打开最近浏览过的窗口。

搜索框：用于快速搜索计算机中的文件。

导航窗口：单击可快速切换或打开其他窗口。

工作区：用于显示当前窗口中存放的文件和文件夹内容。

状态栏：用于显示当前窗口所包含项目的个数和项目的排列方式。

（2）最大化或最小化窗口。

单击窗口右上方的"最大化"按钮 □ ，可以使窗口填满整个屏幕。最大化显示窗口后，单击"还原"按钮 ❐ ，即可取消最大化显示，还原窗口到原来的大小。

若要调整窗口的大小，则将鼠标指针移动到窗口的任意边框或角。当鼠标指针变成双箭头时，拖动边框或四角缩小或放大窗口即可。隐藏窗口又称为"最小化"窗口。单击窗口右上方"最小化"按钮 — ，窗口会从桌面中消失，并在任务栏上显示任务按钮。

如果希望将窗口从桌面和任务栏中删除，可以通过关闭窗口实现。单击窗口右上角的"关闭"按钮 × ，即可将窗口关闭。

（3）移动和调整窗口大小。

打开窗口后，有些窗口会遮盖屏幕上的其他窗口内容，为了查看被遮盖的部分，需要适当移动窗口的位置或调整窗口大小。可将桌面上的当前窗口移至桌面的左侧位置，呈半屏显示，再调整窗口的宽度，具体步骤如下：

步骤 1：在窗口标题栏上按住鼠标左键不放，拖动窗口，将窗口向上拖动到屏幕顶部时，窗口会最大化显示；向屏幕最左侧或最右侧拖动时，窗口会半屏显示在桌面左侧或右侧。这里拖动当前窗口到桌面最左侧后再释放鼠标，窗口会以半屏状态显示在桌面左侧，如图 2-1-8 所示。

图 2-1-8　将窗口移至桌面左侧变成半屏显示

步骤 2：将指针移至窗口的外边框上，当指针变为 ⇔ 时，按住鼠标左键不放拖动到所需大小时释放鼠标，即可调整窗口大小。

（4）排列窗口。

用户可以在桌面上按喜欢的任何方式排列窗口，或是通过 Windows 自动排列窗口。自动排列方式可分为层叠窗口、堆叠显示窗口和并排显示窗口 3 种。

层叠窗口：在打开多个窗口时，右击任务栏空白处，在弹出的快捷菜单中选择"层叠窗口"命令，这时窗口将以层叠方式排列。

堆叠显示窗口：右击任务栏空白处，在弹出的快捷菜单中选择"堆叠显示窗口"命令，窗口将竖排堆叠显示。

并排显示窗口：右击任务栏空白处，在弹出的快捷菜单中选择"并排显示窗口"命令，窗口将并排显示。

（5）切换窗口。

无论打开多少个窗口，当前窗口只有一个，且所有的操作都是针对当前窗口进行的。如果要将某个窗口切换成当前窗口，除了可以通过单击窗口进行切换外，在 Windows 10 中还提供了以下 3 种切换方法：

① 通过任务栏中的按钮切换：将指针移至任务栏左侧按钮区中的某个任务图标上，此时将展开所有打开的该类型文件的缩略图，单击某个缩略图即可切换到该窗口，在切换时其他同时打开的窗口将自动变为透明效果，如图 2-1-9 所示。

② 按"Alt+Tab"组合键切换：按"Alt+Tab"组合键后，屏幕上将出现任务切换栏，系统当前打开的窗口都以缩略图的形式在任务切换栏中排列出来，此时按住"Alt"键不放，再反复按"Tab"键，将显示一个强调色方框，并在所有图标之间轮流切换，当方框移动到需要的窗口图标上后释放"Alt"键，即可切换到该窗口。

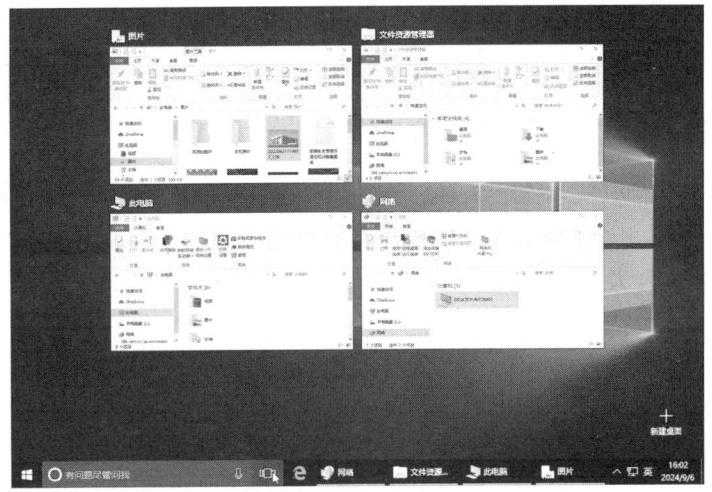

图 2-1-9　通过任务栏中的按钮切换

③ 按"Win+Tab"组合键切换：按"Win+Tab"组合键后，屏幕上将出现操作记录时间线，系统当前和稍早前的操作记录都以缩略图的形式在时间线中排列出来，若想打开某一个窗口，可将指针定位至要打开的窗口中，如图 2-1-10 所示，当窗口呈现强调色边框后单击鼠标左键即可打开该窗口。

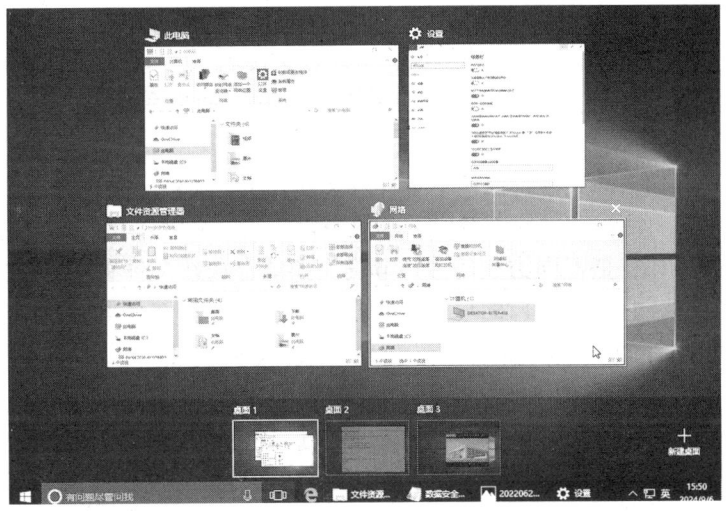

图 2-1-10　按"Win+Tab"组合键切换

（6）关闭窗口。

对窗口的操作结束后应关闭窗口，关闭窗口有以下 5 种方法：

① 单击窗口标题栏右上角的"关闭"按钮×。

② 在窗口的标题栏上单击鼠标右键，在弹出的快捷菜单中选择"关闭"命令。

③ 将鼠标指针移动到任务栏中某个任务缩略图上，单击其右上角的按钮。

④ 将鼠标指针移动到任务栏中需要关闭窗口的任务图标上，单击鼠标右键，在弹出的快捷菜单中选择"关闭窗口"命令或"关闭所有窗口"命令。

⑤ 按"Alt+F4"组合键。

三、Windows 10 的文件和文件夹管理

文件和文件夹的管理操作是电脑的基本操作。本节将学习如何管理电脑中的文件和文件夹，其中包括认识"计算机"窗口和资源管理器，以及查看、创建、移动文件和文件夹等。

1. 文件/文件夹概念

在 Windows 10 中，文件和文件夹的操作和管理是很重要的基础概念，电脑几乎所有的操作都会涉及文件和文件夹，下面就来认识一下文件和文件夹，介绍一下文件和文件夹的浏览与搜索操作。

（1）认识文件和文件夹。

文件是拥有名称的一组信息，它可以表示的对象范围非常宽广，存储在外部介质中。系统和用户都可以将有一定独立功能的程序模块（一组数据）命名为一个文件。例如用户的一个 C 源程序、一个目标代码程序、系统中的库程序和各种系统程序、一篇文章等都可以构成一个文件。操作系统中负责管理和存取文件信息的软件机构称为文件管理系统。文件管理系统为用户提供了一个简便、统一的存取和管理信息的方法，用户可以通过文件名或按照文件的逻辑结构，使用简单而直观的操作，存取所需要的信息，从而使用户摆脱了存储介质的特性及输入/输出的指令。

Windows 10 中，在系统已经设置了显示文件扩展名的情况下，我们在电脑中看到的文件通常具有文件扩展名，用于指示文件类型。例如，图片文件以 JPEG 格式保存时，文件扩展名为 jpg。所有文件的标识都由两部分组成：图标和文件名。其中，文件名由文件主名和扩展名两部分组成，两者之间用一个小圆点（分隔符）分开。如果系统设置隐藏了文件扩展名，则不显示扩展名，只显示文件图标和文件主名。

理解了什么是电脑中的文件，也就不难理解文件夹了。文件夹是用来分类存放文件，协助人们管理电脑文件的。每一个文件夹对应一小块磁盘空间。它就像我们日常用于存储档案的档案柜中的众多抽屉一样，把不同类别的文件分门别类地存放在文件夹中，以方便查找和使用。当打开一个文件夹时，它会以窗口的形式显示在桌面上；关闭文件夹时，则会变成一个图标。

文件夹一般由图标和名称两部分组成。一个文件夹中不仅可以装入一个或多个文件，还可以装入一个或多个子文件夹。而这些子文件夹中又可以装一个或多个文件或子文件夹。

用户在对文件进行操作时，除了要知道文件名外，还需要指出文件所在的盘符和文件夹，即文件在计算机中的位置。标记这个位置的这一系列字符称为文件路径。文件路径包括相对路径和绝对路径两种。其中，相对路径是以"."（表示当前文件夹）、".."（表示上级文件夹）或文件夹名称（表示当前文件夹中的子文件名）开头；绝对路径是指文件或目录在硬盘上存放的绝对位置，如"D:\图片\标志.jpg"，表示"标志.jpg"文件是在 D 盘的"图片"文件夹中。用户在 Windows 10 中单击地址栏的空白处，即可查看打开的文件夹的路径。

（2）文件的命名、类型及通配符。

为了区分不同的文件，必须给每个文件命名，计算机对文件实行按名存取的操作方式。文件名是文件存在的标识，操作系统根据文件名来对其进行控制和管理。不同的操作系统对文件命名的规则略有不同，即文件名的格式和长度因系统而异。例如：UNIX/LINUX 系统区分文件名的大小写，而有些系统则不区分，如 MS-DOS 和 Windows。

硬盘操作系统（Disk Operating System，DOS）规定文件名由文件主名和扩展名组成，文件主名由 1~8 个字符组成，扩展名由 1~3 个字符组成，主名和扩展名之间由一个小圆点隔开，一般称为 8.3 规则。

文件主名和扩展名可以使用的字符如下。

① 英文字母——A~z（大小写等价）。

② 数字——0~9。

③ 汉字。

④ 特殊符号——$、#、&、@、(、)、-、[、]、^、~ 等。

⑤ 空格符、各种控制符和\、/、*、?、"、<、>、| 不能用在文件名中，因为这些字符已作他用。

Windows 系统从 Windows 95 版本开始突破了 DOS 对文件命名规则的限制，允许使用长文件名，其主要命名规则如下：

① 文件名最长可以使用 255 个字符。

② 可以使用扩展名，扩展名用来表示文件类型，也可以使用多间隔符的扩展名。如 win.ini.txt 是一个合法的文件名，但其文件类型由最后一个扩展名决定。

③ 文件名中允许使用空格，但不允许使用下列字符（英文输入法状态）——<、>、/、\、|、:、"、*、?。

④ Windows 系统对文件名中字母的大小写在显示时有不同，但在使用时不区分。

文件扩展名是用来区分文件的属性的。在 Windows 系统中，对于不同的文件扩展名由其相关联的程序进行打开，这些扩展名除了如 txt 等是原来就有的以外，其余一般是安装软件时被注册到系统中的。若将文件扩展名改为系统不认知的扩展名，可以看到图标也同时发生了变化，变为不可知，在打开时会提示选择其打开程序。但是对于如 doc 格式的 Word 文件，由于是微软开发的，保持了很好的兼容性，系统在感知时并不只检查扩展名，还检查其文件内部格式标识，所以即使将 "doc" 改为其他字符，在装了 Word 的系统中，系统仍能够使其关联到 Word 进行打开。

文件名通配符是一个键盘字符，Windows 操作系统定义了两个通配符，即星号 "*" 和问号 "?"，其中 "?" 代替所在位置上的任一字符，如：P?A.doc。

2. 文件和文件夹的管理操作

文件夹是存放文件的场所。在 Windows 10 中，文件夹由一个黄色的 图标和名称组成。为了方便管理文件，用户可以创建不同的文件夹，将文件分门别类地存放在文件夹中。文件夹中除了可以包含文件外，也可以包含其他文件夹。

文件和文件夹的管理操作主要包括文件及文件夹的新建、查看、复制、移动、删除和重命名等，通过执行这些管理操作，可以使得电脑中的文件和文件夹井然有序。

（1）新建与重命名。

新建文件和文件夹的操作可以通过右键快捷菜单进行，也可以通过执行菜单命令实现。新建与重命名文件或文件夹的具体操作步骤如下：

步骤 1：打开要创建文件或文件夹的目录，在空白处右击，在弹出的快捷菜单中选择"新建"命令—"文件夹"子命令，即可新建一个文件夹。这时将在窗口中显示一个新建的文件夹，默认名称为"新建文件夹"，名称处于可更改状态。

步骤 2：重命名文件夹。按"Ctrl+Shift"组合键切换到合适的输入法，为文件夹重新设置一个合适的名字。在任意其他位置单击即可确认文件夹重命名。或者，选择需要重命名的文件或文件夹，在其上单击鼠标右键，在弹出的快捷菜单中选择"重命名"命令，此时要重命名的文件名称呈可编辑状态，在其中输入新的名称后，按回车键即可。

（2）多种选择方式。

要对文件或文件夹进行复制、移动等管理操作，需要先将其选中。用户可以选择一个、多个或者一组不相邻的文件或文件夹。

选择单个文件或文件夹：单个文件或文件夹的选择很简单，只需单击要选择的文件或文件夹即可。此时被选中的文件或文件夹上显示蓝色的阴影。

选择多个相邻的文件或文件夹：一种方法是先选中要选择的第一个文件或文件夹，然后按住"Shift"键的同时单击要选择的最后一个文件或文件夹，即可将相邻的多个文件或文件夹选中。另一种方法是在要选择的文件或文件夹区域的左上角按住鼠标左键，然后拖动鼠标至该区域右下角的文件或文件夹处，释放鼠标后即可将其选中。

选择多个不相邻的文件或文件夹：先选中第一个要选择的文件或文件夹，然后按住"Ctrl"键，依次单击要选择的文件或文件夹，即可将多个不相邻的文件或文件夹选中。再次单击，即取消选择。

选择全部文件或文件夹：如果有必要选择全部的文件或文件夹，可以选择"主页"下拉菜单中"选择"选项卡中的"全选选择"命令，或按"Ctrl+A"组合键。

反向选择文件或文件夹：在对文件或文件夹进行操作时，可能需要选择大部分不连续的文件。如果使用上面的方法，不太方便操作。这时，我们可以先将少数不选择的文件或文件夹选中。在"主页"下拉菜单中的"选择"选项卡中单击"反向选择"命令，这样，将会取消选择当前所选的文件或文件夹，而选中没有被选择的文件或文件夹，如图 2-1-11 所示。

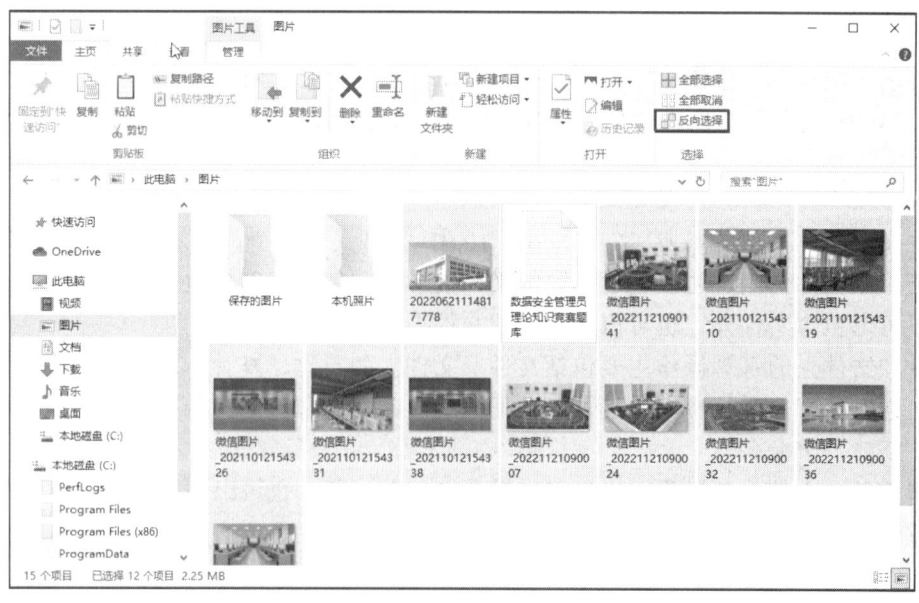

图 2-1-11　反向选择文件或文件夹

（3）移动与复制。

在整理文件或文件夹的过程中，用户经常需要将某个文件或文件夹移动到其他位置，这时就需要执行移动操作。移动文件或文件夹用的是"剪切"命令，执行完移动操作后，原位置的文件或文件夹就会消失，出现在目标位置。

移动文件或文件夹的具体操作步骤如下：

步骤1：选中要移动的文件或文件夹，在其上单击鼠标右键，在弹出的快捷菜单中选择"剪切"命令，或按"Ctrl+X"组合键，或在"主页"下拉菜单中的"剪贴板"选项卡中单击"剪切"按钮。

步骤2：执行完"剪切"命令后，可以看到文件或文件夹呈虚显。

步骤3：打开要移动到的目标文件夹。选择"编辑"菜单"粘贴"命令，或按"Ctrl+V"组合键。

步骤4：此时，可以看到文件或文件夹已经移至目标文件夹中。

在电脑操作过程中很有可能会出现一些误操作，致使文件被破坏甚至丢失。为避免造成麻烦，甚至是不可挽回的损失，可以将文件备份到相对安全的地方，这就用到了文件或文件夹的复制操作。复制文件或文件夹就是指保留原文件、文件夹不改变，在电脑中重新生成一个与原文件内容完全一样的文件、文件夹。

上面介绍的移动文件或文件夹的方法，同样也可以用来执行"复制"操作；也可以在"主页"选项卡的"组织"项中单击"复制到"命令，具体操作步骤如下：

步骤1：选中要复制的文件夹，打开"主页"选项卡。选择组织项中的"复制到"命令，这时文件夹将被复制到桌面上，如图2-1-12所示。

步骤2：跳转到要复制到的目标位置，即可看到文件夹已经显示在目标文件夹中。

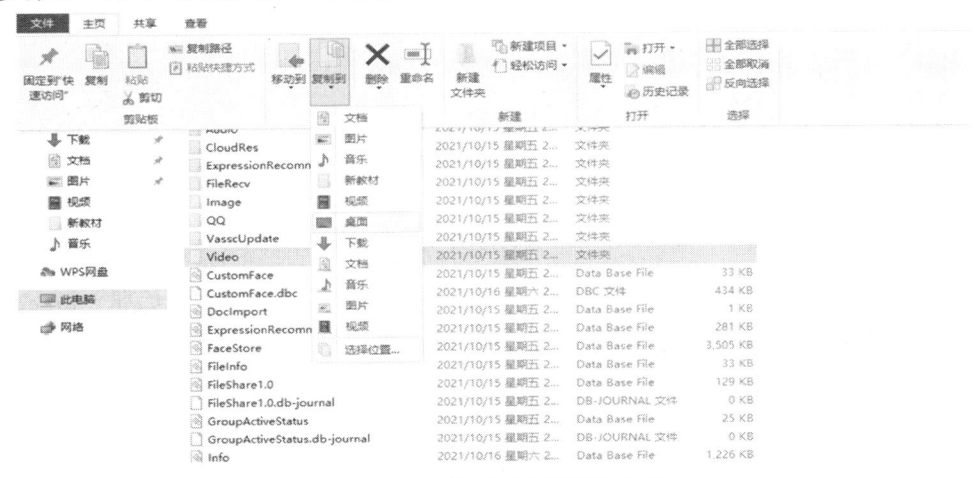

图 2-1-12　执行"复制到"操作

（4）删除与回收站。

对于已经不再使用的文件或文件夹，可以将其删除，这样就可以释放出电脑中更多的磁盘空间。删除文件时，可以通过以下3种方法来实现。

方法1：选中要删除的文件或文件夹，打开"主页"下拉菜单中的"组织"项，单击选择"删除"命令。

方法 2：利用右键菜单删除。右击要删除的文件或文件夹，在弹出的快捷菜单中选择"删除"命令；单击"确认删除对话框"中的"确认"按钮，即可将文件或文件夹从当前位置删除到回收站。

方法 3：按 Delete 键删除。选择要删除的文件或文件夹，按 Delete 键，即可将其删除到回收站。

回收站是 Windows 操作系统用来存放被删除文件的场所，上述这些删除操作只是将文件或文件夹删除到了回收站中，并没有真正从硬盘中删除，从而保证了文件的可恢复性，避免因误删除给用户带来麻烦。如果要将文件或文件夹彻底从电脑中删除，可以在执行上面的删除操作的同时按住"Shift"键，这样被删除的文件或文件夹就不会放入回收站，而是从电脑硬盘中彻底删除。

删除到回收站中的文件或文件夹，以后如果需要重新使用，可以从回收站中还原到原来的位置。具体操作步骤如下：

方法 1：双击桌面上的"回收站"图标，打开"回收站"窗口，选中需要还原的文件，单击"回收站工具"中的"还原选定的项目"按钮。这时可以发现此文件在回收站中已经消失，如图 2-1-13 所示。

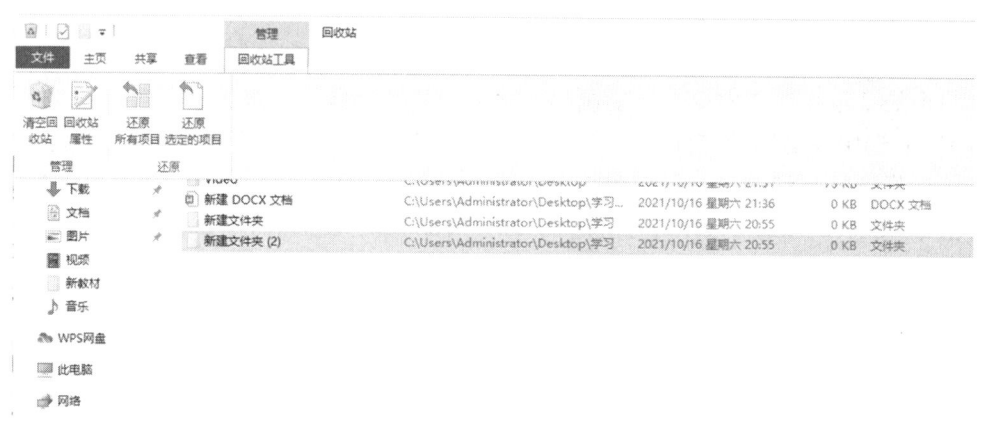

图 2-1-13 单击"还原选定的项目"按钮进行还原

方法 2：在回收站中右击要恢复的文件，在弹出的快捷菜单中选择"还原"命令，也可以执行"还原"操作。

设置回收站空间限制。默认情况下，每个硬盘分区中都会划出一部分磁盘空间供回收站使用，对于这个空间的大小，用户可自行调整。需要注意的是在删除文件时，如果文件的大小大于该分区所设置的回收站的最大值，将无法把删除的文件放进回收站，而只能将它直接从磁盘中删除；如果分区中的回收站空间的最大值过大，又会浪费过多的空闲空间，因此用户可根据实际需要来调整各个分区的回收站空间限制。具体操作步骤如下：

步骤 1：在桌面"回收站"图标上单击鼠标右键，在弹出的快捷键菜单中选择"属性"命令，打开回收站"属性"对话框，如图 2-1-14 所示。

步骤 2：选取要设置的分区，然后在"最大值"文本框输入该分区用于回收站的大小，所有分区设置完毕后，单击"确定"按钮，如图 2-1-15 所示。

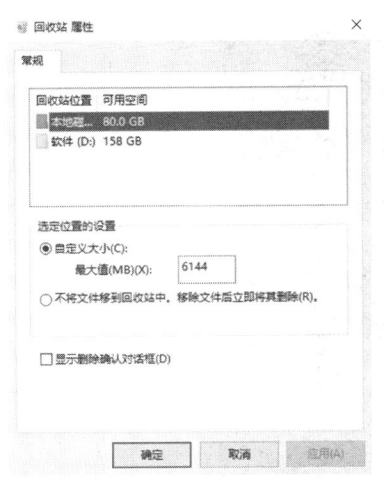 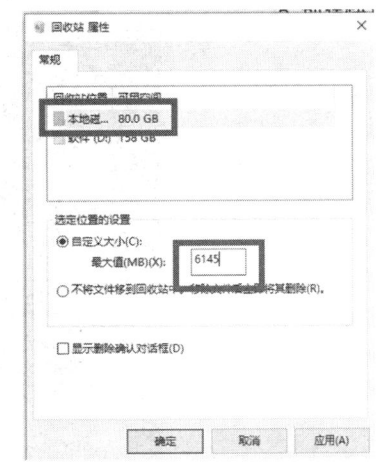

图 2-1-14　打开回收站"属性"对话框　　图 2-1-15　调整各分区上回收站的最大值

（5）创建快捷方式。

用户可以将最近经常查看的文件或文件夹添加桌面快捷方式，需要用时直接双击快捷方式即可打开。创建快捷方式的具体操作步骤如下：

步骤 1：鼠标右击要创建快捷方式的文件或文件夹，在弹出的快捷菜单中选择"发送到"—"桌面快捷方式"命令。

步骤 2：这时，即可在桌面上创建一个快捷方式。双击快捷方式可以快速打开该文件或文件夹。

（6）查看文件或文件夹。

电脑中存放的数目众多的文件和文件夹通过"此电脑"窗口和"Windows 文件资源管理器"来查看和管理。在实际的使用功能上，"Windows 文件资源管理器"和"此电脑"窗口区别不大，都是用来管理系统资源的，也可以说都是用来管理文件的。

① 通过"Windows 文件资源管理器"查看文件和文件夹。

在 Windows 10 中，文件资源管理器是管理计算机中文件、文件夹等资源最重要的工具。可以利用它查看本地计算机中的所有资源，特别是它提供的树形文件系统结构，使用户能更清楚、更直观地认识计算机中的文件和文件夹。另外，在文件资源管理器中还可以对文件和文件夹进行各种操作，如打开、复制和移动等。

单击"开始"按钮，在"开始"菜单中打开"Windows 系统"，在下拉菜单中选择"文件资源管理器"命令，即可打开"Windows 文件资源管理器"窗口，用户可以在该窗口中对整个电脑库中存储的文件进行访问和管理，如图 2-1-16 所示。

② 通过"此电脑"窗口查看文件和文件夹。

Windows 10 中，在桌面上双击"此电脑"图标或在单击"开始"按钮，在"开始"菜单中打开"Windows 系统"，在下拉菜单中选择"此电脑"命令，都可以打开"此电脑"窗口。在该窗口中可以浏览计算机中的内容。"此电脑"窗口的左窗格树形结构中显示的目录有"快速访问""桌面""下载""文档"等，用户可通过该树形结构在相应的窗口中来回切换，如图 2-1-17 所示。

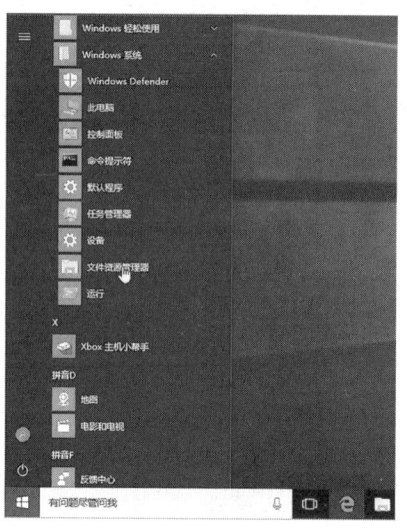

图 2-1-16　Windows 文件资源管理器

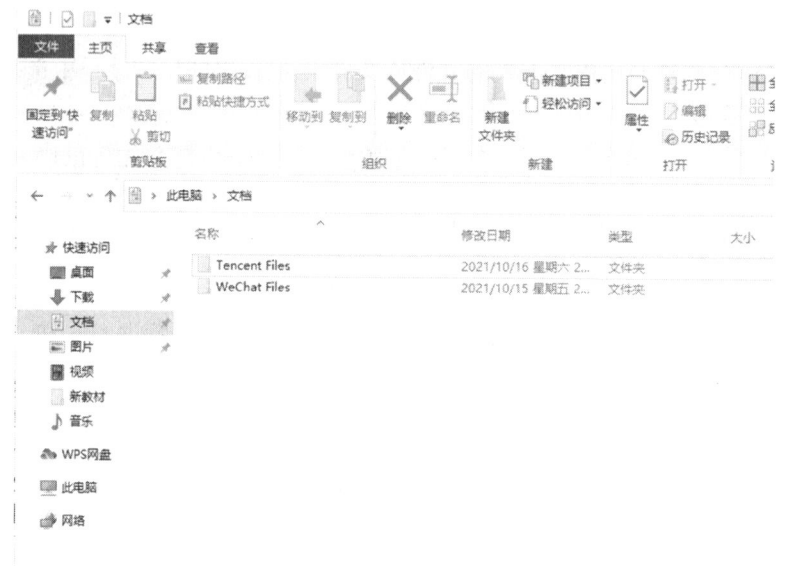

图 2-1-17　"此电脑"窗口

(7) 搜索文件或文件夹。

如果用户不知道文件或文件夹在磁盘中的位置，可以使用 Windows 10 的搜索功能来查找。例如，搜索 D 盘中关于"六一儿童节"的视频文件。

步骤 1：在资源管理器中打开"本地磁盘（D：）"窗口。

步骤 2：在窗口地址栏后面的搜索框中单击鼠标，激活"搜索工具搜索"选项卡，然后在"优化"组中单击"类型"下拉按钮；在打开的下拉列表中选择"视频"选项，如图 2-1-18 所示。

步骤 3：在搜索框中输入关键字"六一儿童节"，稍后系统会自动在搜索范围内搜索所有文件信息，并在文件显示区中显示搜索结果，如图 2-1-19 所示。

图 2-1-18 选择文件类型

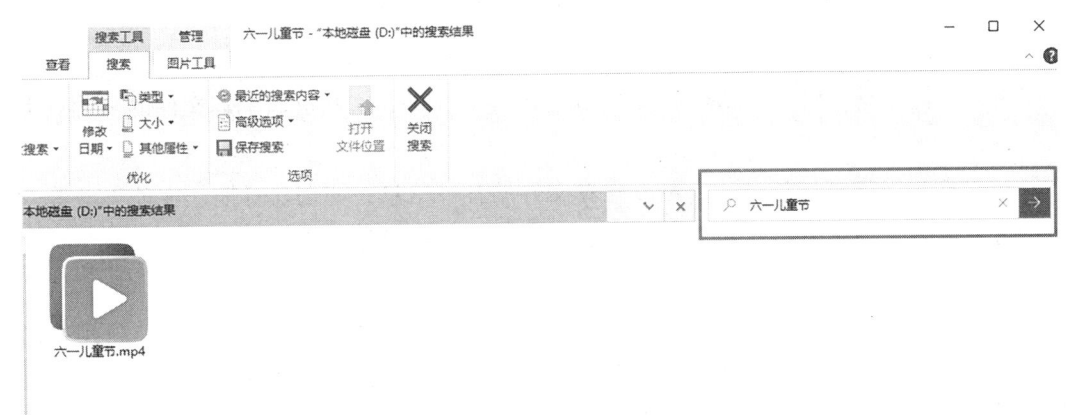

图 2-1-19 搜索文件

步骤 4：根据需要，可以在"优化"组中选择"修改日期""大小""其他属性"选项来设置搜索条件，以缩小搜索范围。

（8）更改视图方式。

当用户打开一个文件夹时，为了能更清楚快捷地了解里面包含的内容，可以按照自己的需要来选择文件的视图方式。文件夹的视图方式是指在 Windows 文件资源管理器或"此电脑"窗口中图标的显示方式。

在"Windows 文件资源管理器"或"此电脑"窗口中"查看"组的"布局"选项卡中可以更改视图方式，如图 2-1-20 所示。

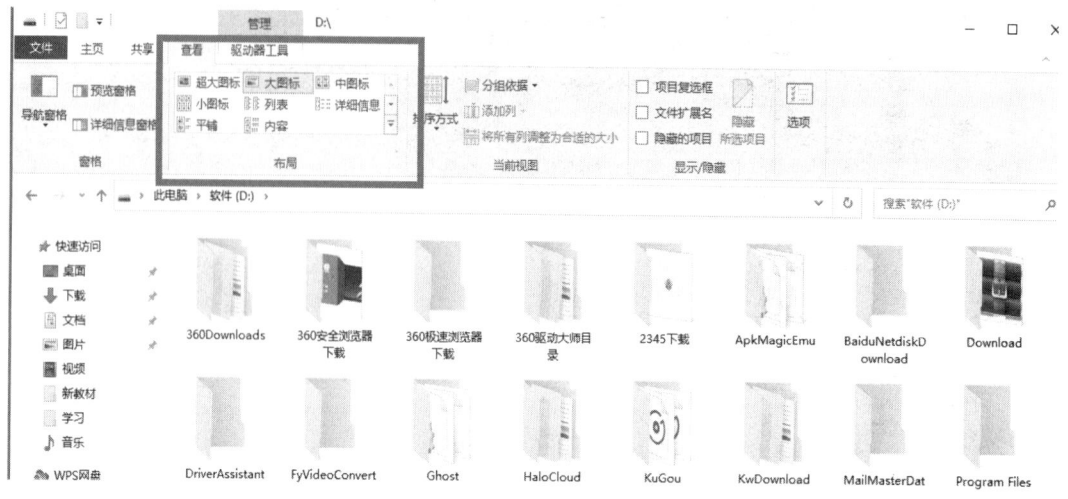

图 2-1-20 更改视图方式

各种视图的效果特点如下：

超大图标：以超大图标显示，方便浏览文件内容，尤其对于图片，可以浏览缩略图。

大图标：以大图标显示，可以粗略查看文件的内容。

中等图标：以中等图标显示，可以在窗口中更多地显示文件。

小图标：以小图标显示，不显示文件缩略图，只显示文件类型的图标。

列表：文件以列表的形式进行排列，适合文件较多时查看。

平铺：平铺显示，以 Windows 默认的标准来查看文件，这样可以了解文件的名称、类型和大小。

详细信息：以详细信息显示，可以查看文件的各种信息，如创建日期、文件类型等。

内容：以内容显示，将显示文件名称、类型、大小以及作者名称等。

（9）文件排序和分组。

在同一个文件夹中，如果存放了数目较多的文件或子文件夹，可能无法快速找到自己需要的文件，这时可以通过对文件或文件夹进行排序整理来查找。文件的排序是指在显示窗口中排列文件图标的顺序，用户可以根据设置文件名、文件大小、创建日期等信息对文件进行排序。

通过快捷菜单进行排序具体操作步骤如下：

步骤 1： 在"此电脑"窗口中，用户可以通过右键快捷菜单选择排序方式。在"此电脑"窗口中显示出要排序的文件，在窗口空白处右击，在弹出的快捷菜单中选择"排序方式"命令，展开子菜单。在其中可以设置按名称、大小和类型等排序。

步骤 2： 用户还可以设置文件是升序或降序排列方法。在"排序方式"子菜单中选择"更多"命令，打开"选择详细信息"对话框。在列表框中用户可以添加所显示文件的详细信息，如图 2-1-21 所示。

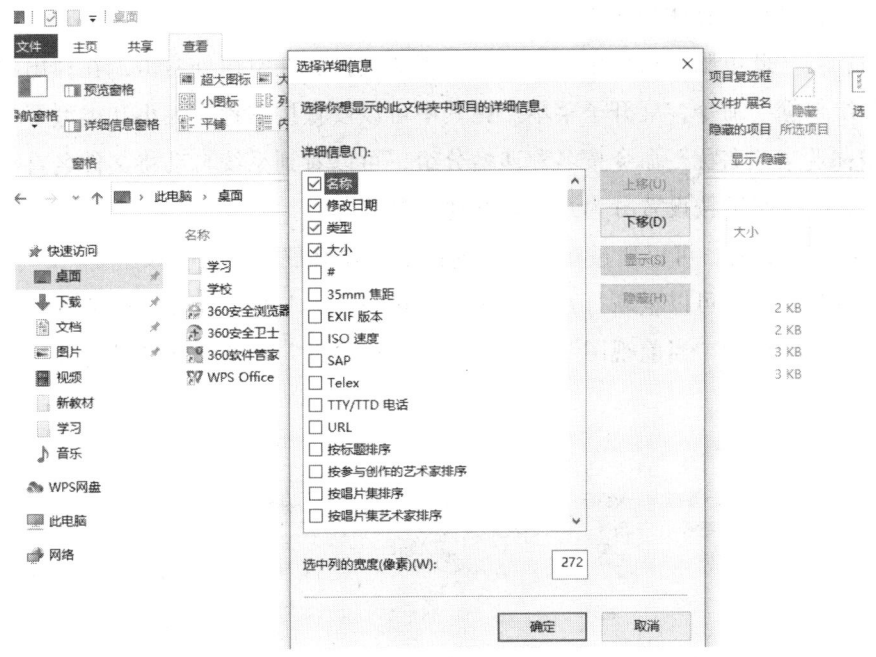

图 2-1-21 "选择详细信息"对话框

通过"查看"选项卡中的"详细信息"菜单中的排序按钮对文件进行排序，如图 2-1-22 所示。

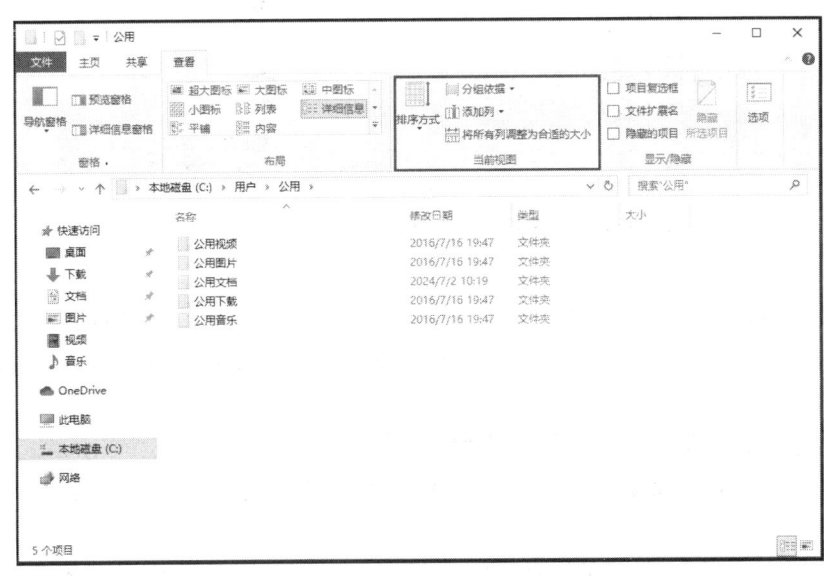

图 2-1-22 "查看"选项卡中的"详细信息"菜单

（10）文件分组。

除了可以按照名称、类型、大小等标准对文件进行排序外，将文件分组显示，也是便于查询和管理的一种方法。按照一定的标准对文件进行分组后，文件将更加清晰明了地显示在窗口中。

- 061 -

将文件进行分组的具体操作步骤如下：

步骤 1：在"此电脑"窗口中显示出要分组的文件，在空白处右击，在弹出的快捷菜单中选择"分组依据"命令，展开子菜单。在其中可以设置按名称、大小和类型等分组。

步骤 2：选中"名称"命令按名称递增分组，可以看到系统自动将文件名首字符是数字的分为一组，是字母的按设置分为几段，并递增排列。

步骤 3：分组之后，可以通过双击每组前面的按钮来展开或折叠该组。

如果要取消分组，可以重新打开右键菜单，选择"无"命令，即可取消分组。也可以通过"查看"选项卡中的"当前视图"菜单中的"分组依据"按钮对文件进行分组，如图 2-1-23 所示。

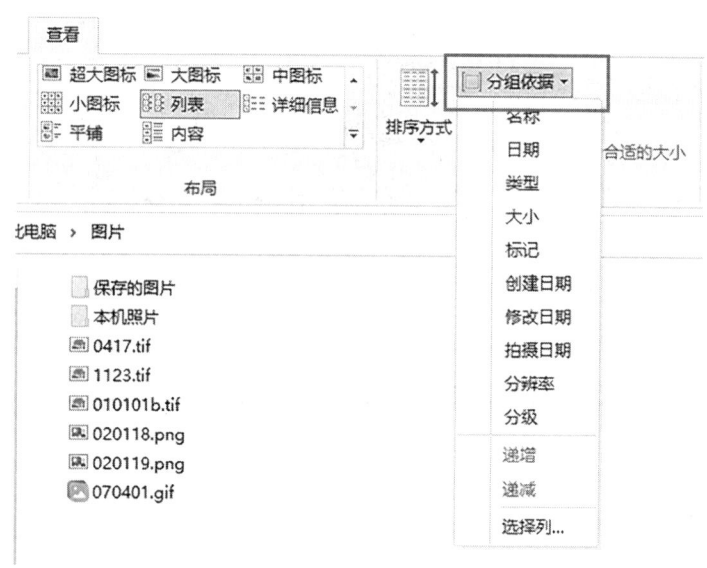

图 2-1-23 "查看"选项卡中的"当前视图"菜单

（11）设置与查看。

文件或文件夹的属性包括名称、大小、创建时间、显示的图标、共享设置以及加密等。用户可以根据需要来设置文件或文件夹的属性，或者进行安全性设置，以确保自己的文件不被他人查看或修改。

查看文件或文件夹属性的具体操作步骤如下：

步骤 1：直接查看。将鼠标指针移到要查看的文件或文件夹上，即可自动显示相关的信息。

步骤 2：打开右键菜单。在要查看的文件上右击，在弹出的快捷菜单中选择"属性"命令。

步骤 3：打开属性对话框。这时将打开属性对话框，可以看到有关文件的属性信息。

单击"此电脑"窗口中的"文件"下拉按钮，在弹出的下拉列表框中的"打开"选项中单击"属性"，也可以打开属性对话框。如图 2-1-24 所示。

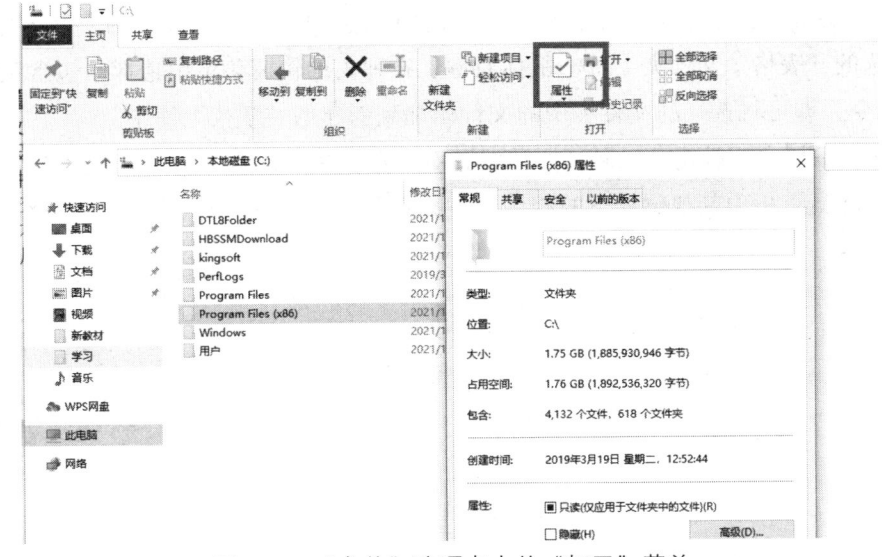

图 2-1-24 "文件"选项卡中的"打开"菜单

3. 库的使用

在 Windows 10 中,库的功能类似于文件夹,但它只是提供管理文件的索引,即用户可以通过库来直接访问,而不需要通过保存文件的位置去查找,所以文件并没有真正地被存放在库中。Windows 10 系统中自带了视频、图片、音乐和文档等多个库,用户可将这类常用文件资源添加到库中,根据需要也可以新建库文件夹。下面将新建"办公"库,将"表格"文件夹添加到"办公"库中。具体操作步骤如下:

步骤 1:打开"此电脑"窗口,在导航窗格中单击"库"图标,打开库,此时在右侧窗口中将显示所有库,双击各个库文件夹便可打开进行查看。

步骤 2:在"主页"选项卡的"新建"组中单击"新建项目"下拉按钮,在打开的下拉列表中选择"库"选项,然后输入库的名称"学校",按回车键,即可新建一个库,如图 2-1-25 所示。

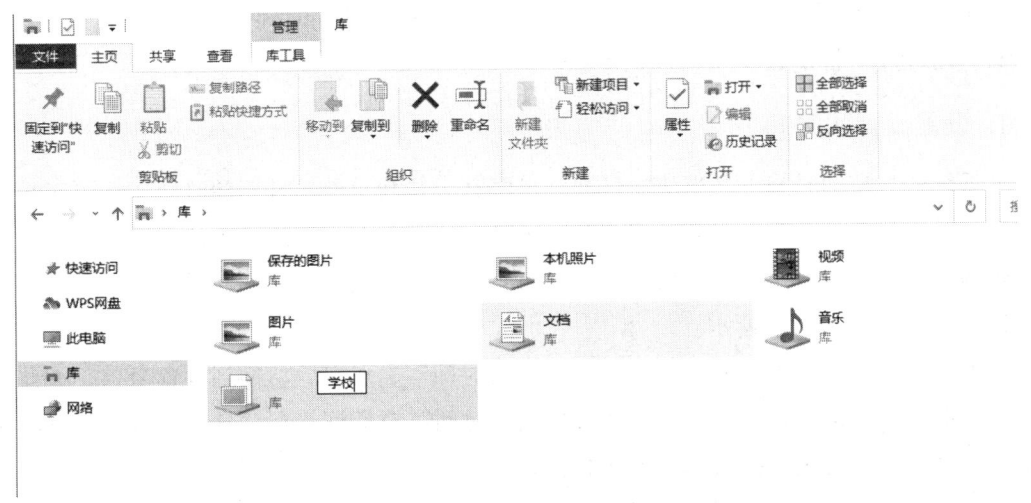

图 2-1-25 新建库

步骤 3：在导航窗格中选择"G：\办公"文件夹，选择要添加到库中的"表格"文件夹，然后在所选的"表格"文件夹上单击鼠标右键，在弹出的快捷菜单中选择"包含到库中"—"学校"命令，即可将选择的文件夹中的文件添加到新建的"学校"库中。

步骤 4：添加成功后就可以通过"学校"库来查看文件，效果如图 2-1-26 所示。用同样的方法还可将计算机中其他位置下的相关文件分别添加到库中。

图 2-1-26　查看添加到库中的文件

四、Windows 10 的系统管理

在 Windows 10 中可对系统进行管理，如设置系统的日期和时间、系统个性化设置、安装和卸载应用程序、管理磁盘等。

1. 设置日期和时间

若系统的日期和时间不是当前的日期，可将其设置为当前的日期和时间，还可对日期的格式进行设置。下面将对系统的日期和时间进行设置，并对日期的显示格式进行更改。

步骤 1：在电脑桌面右下角会显示时间与日期。移动鼠标指针到此时间与日期后右键弹出快捷菜单，如图 2-1-27 所示。

步骤 2：在快捷菜单中选择点击"调整日期/时间"，点击后切换到设置窗口，在此窗口栏中对日期和时间进行相关设置。打开"日期和时间"对话框，在"日期和时间"选项卡中单击"更改日期和时间"按钮，如图 2-1-28 所示。

图 2-1-27 调整日期/时间

图 2-1-28 日期和时间进行相关设置

步骤 3：点击日期和时间下方的"更改"按钮，点击之后会弹出更改日期和时间。这里是手动调整的。如图 2-1-29 所示。

步骤 4：单击相关设置中的"日期、时间和区域格式设置"，在弹出的对话框中，可对数据格式进行修改。如图 2-1-30 所示。

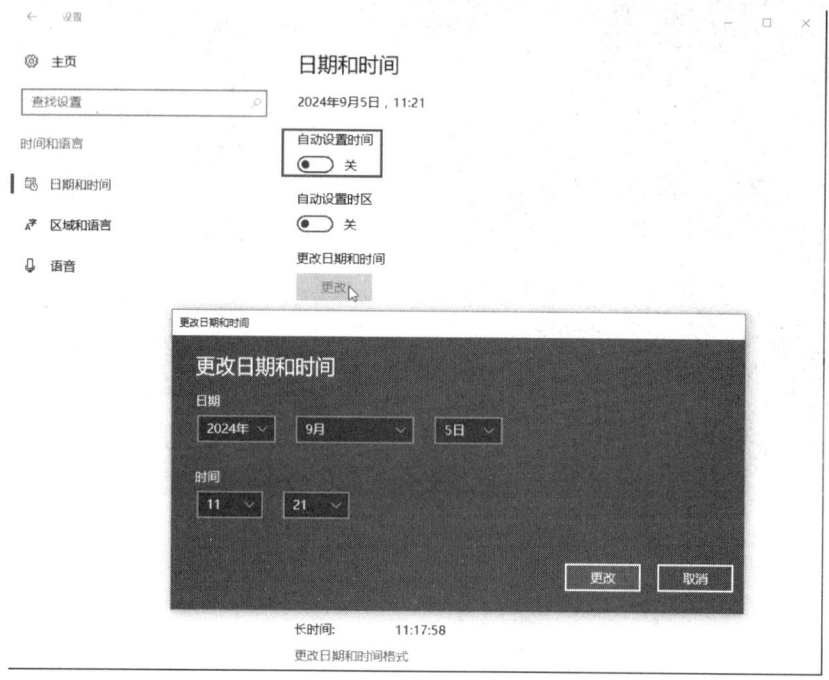

图 2-1-29　手动调整日期和时间

图 2-1-30　修改数据格式

2. Windows 10 个性化设置

Windows 10 的性能越来越好，使用人群也越来越多，为了让系统操作起来更加方便、快捷，用户可以根据自己使用计算机的习惯对系统进行个性化设置，包括桌面背景、颜色、锁屏界面、开始菜单等。

对 Windows 10 进行个性化设置的方法为在系统桌面上的空白区域单击鼠标右键，在弹出的快捷菜单中选择"个性化"命令，进入个性化设置界面，如图 2-1-31 所示，单击相应的按钮便可进行个性化设置。

单击"背景"按钮：在背景界面中用户可以更改图片，选择图片契合度，设置纯色或者幻灯片放映等参数。

单击"颜色"按钮：在颜色界面中，用户可以为 Windows 10 选择不同的颜色，也可以单击"自定义颜色"按钮，在打开的对话框中自定义喜欢的主题颜色。

单击"锁屏界面"按钮：在锁屏界面中，用户可以选择系统默认的图片，也可以单击"浏览"按钮，将本地图片设置为锁屏界面。

单击"主题"按钮：在主题界面中，用户可以自定义主题的背景、颜色、声音及鼠标指针样式等项目，最后保存主题。

单击"开始"按钮：在开始界面中，用户可以设置"开始"菜单栏显示的应用。

单击"任务栏"按钮：用户可以设置任务栏中屏幕上的显示位置和显示内容等。

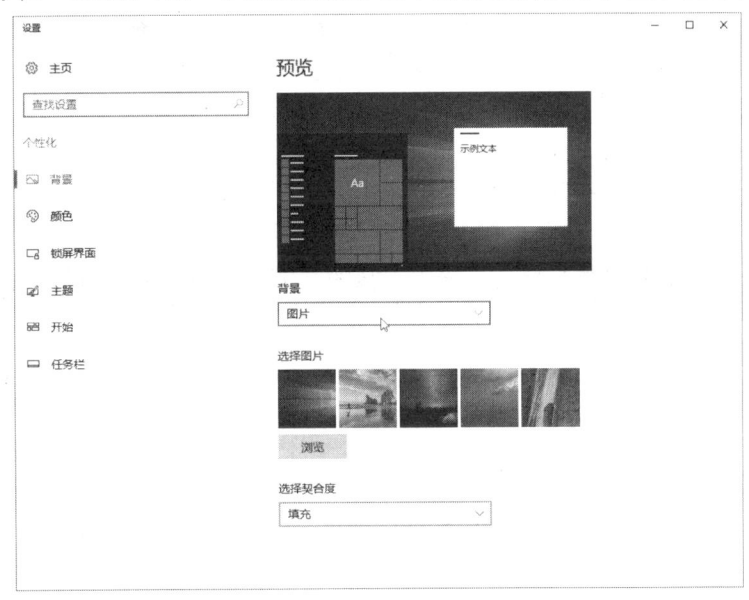

图 2-1-31　个性化设置界面

3. 分区管理

用户可对磁盘进行分区管理，可在程序向导的帮助下进行创建简单卷、删除简单卷、扩展磁盘分区、压缩磁盘分区、更改驱动器号和路径等操作。

（1）创建简单卷。

下面在"磁盘管理"窗口中新增一个磁盘。

步骤 1：双击桌面上的"此电脑"图标，打开"此电脑"窗口，在"计算机"选项卡的"系统"组中单击"管理"按钮，打开"计算机管理"窗口，再选择"磁盘管理"选项，即可打开"磁盘管理"窗口，如图 2-1-32 所示。

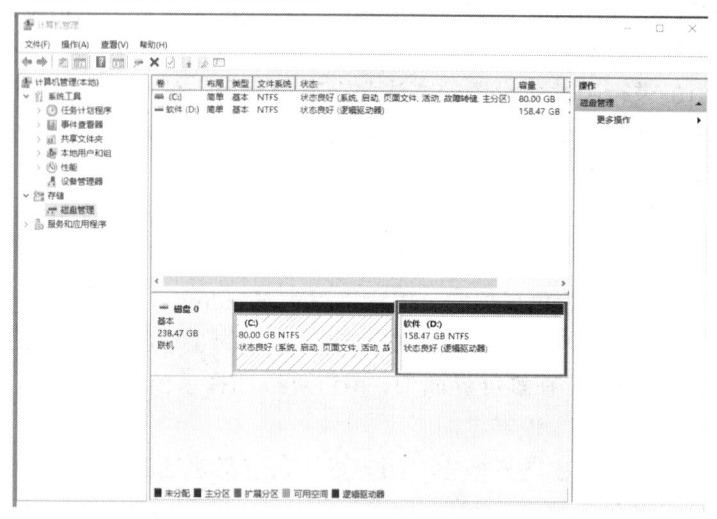

图 2-1-32　打开"磁盘管理"窗口

步骤 2：在动态磁盘上创建压缩卷，然后单击压缩后的可用空间，一般显示为绿色，然后选择"操作"命令—"所有任务"子命令—"新建简单卷"子命令，或在要创建简单卷的动态磁盘的可分配空间上单击鼠标右键，在弹出的快捷菜单中选择"新建简单卷"命令，打开"新建简单卷向导"对话框然后单击"下一步"按钮；在该对话框中指定卷的大小，并单击"下一步"按钮，如图 2-1-33 所示。

步骤 3：分配驱动器号和路径后，继续单击"下一步"按钮，如图 2-1-34 所示。

步骤 4：设置所需参数，格式化新建分区后，继续单击"下一步"按钮，如图 2-1-35 所示。

步骤 5：显示设定的参数，单击"完成"按钮，完成"创建新建卷"的操作。

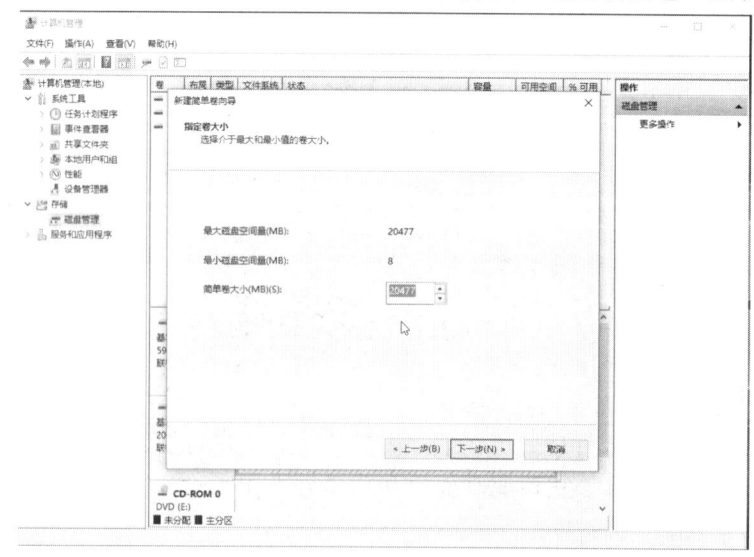

图 2-1-33　指定新建卷的大小

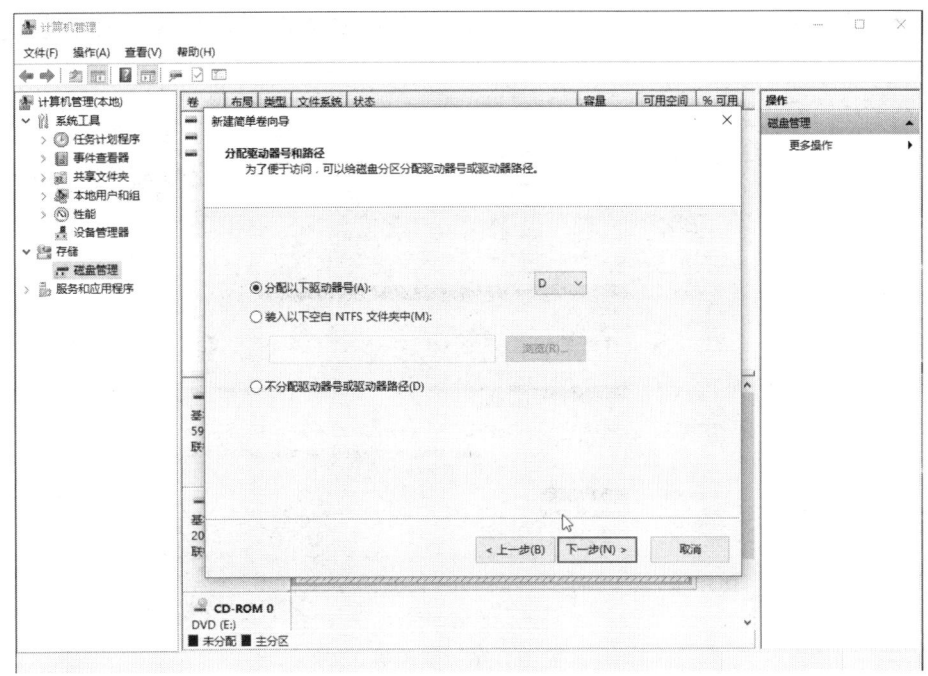

图 2-1-34 分配驱动器号和路径

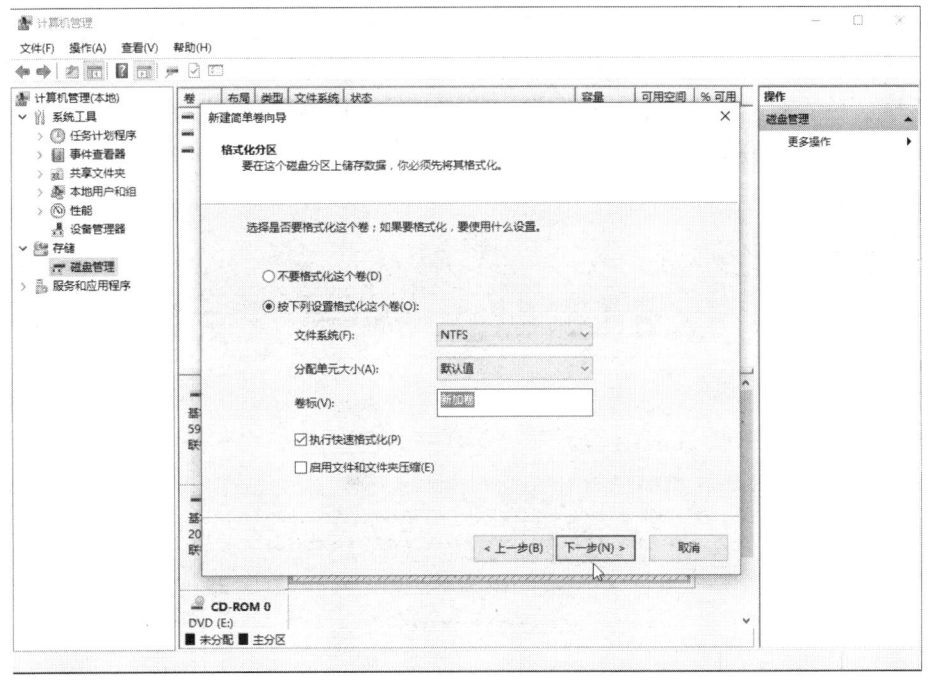

图 2-1-35 格式化分区

（2）删除简单卷。

步骤 1：打开"磁盘管理"窗口，在需要删除的简单卷上单击鼠标右键，在弹出的快捷菜单中选择"删除卷"命令，或选择"操作"命令—"所有任务"子命令—"删除卷"子命令，系统将打开提示对话框。

步骤 2：单击"是"按钮完成卷的删除，删除后原区域显示为可用空间，如图 2-1-36 所示。

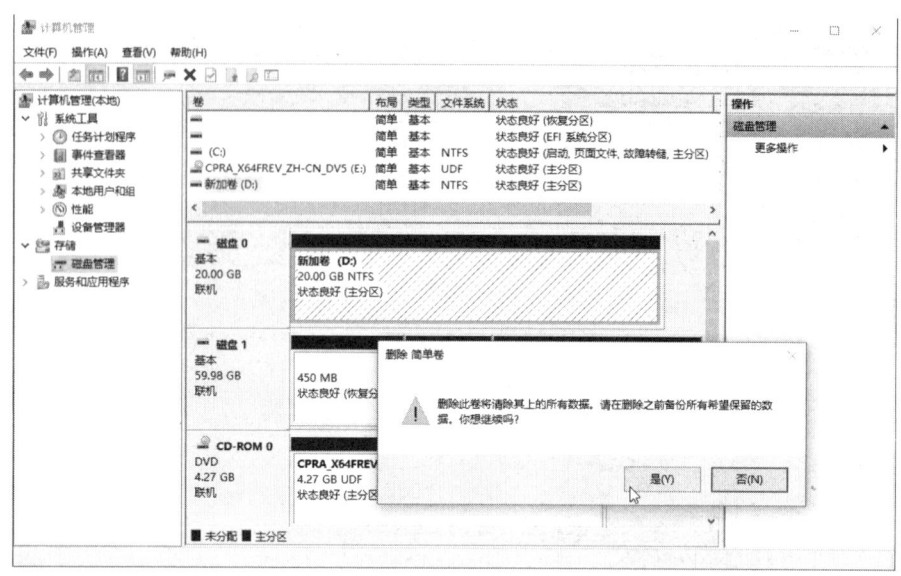

图 2-1-36　删除卷

（3）压缩磁盘分区。

步骤 1：打开"磁盘管理"窗口，在需要压缩的卷上单击鼠标右键，在弹出的快捷菜单中选择"压缩卷"命令，或选择"操作"命令—"所有任务"子命令—"压缩卷"子命令，打开"压缩"对话框，在"压缩"对话框中指定"输入压缩空间量"参数。

步骤 2：单击"压缩"按钮完成压缩，如图 2-1-37 所示。压缩后的磁盘分区将变成"可用空间"。

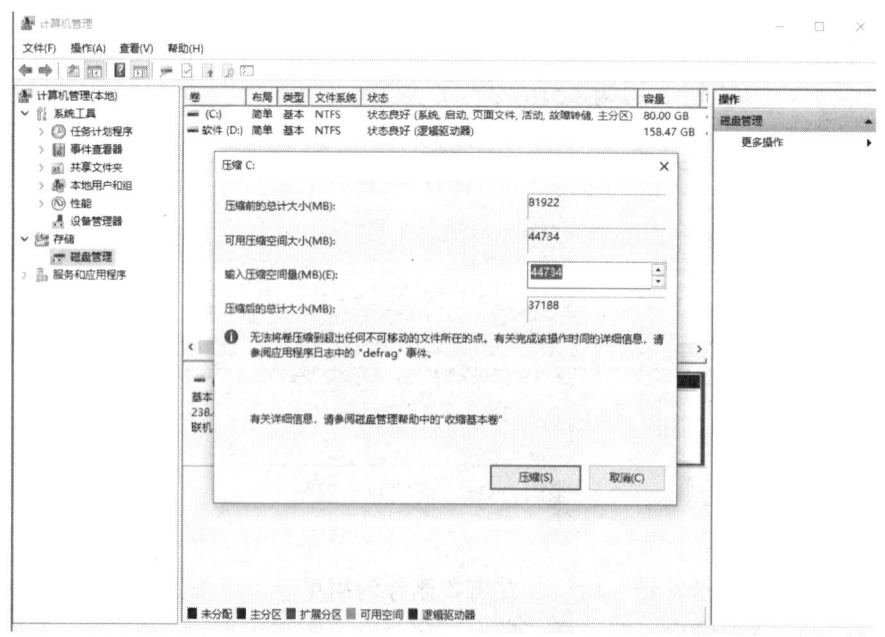

图 2-1-37　设置压缩参数

(4)扩展磁盘分区。

步骤 1：打开"磁盘管理"窗口，在需要扩展的卷上单击鼠标右键，在弹出的快捷菜单中选择"扩展卷"命令，或选择"操作"命令—"所有任务"子命令—"扩展卷"子命令，打开"扩展卷向导"对话框，单击"下一步"按钮，指定选择磁盘的"空间量"参数，如图 2-1-38 所示。

步骤 2：单击"下一步"按钮，单击"完成"按钮，退出扩展卷向导。此时，磁盘的容量将把"可用空间"扩展进来。

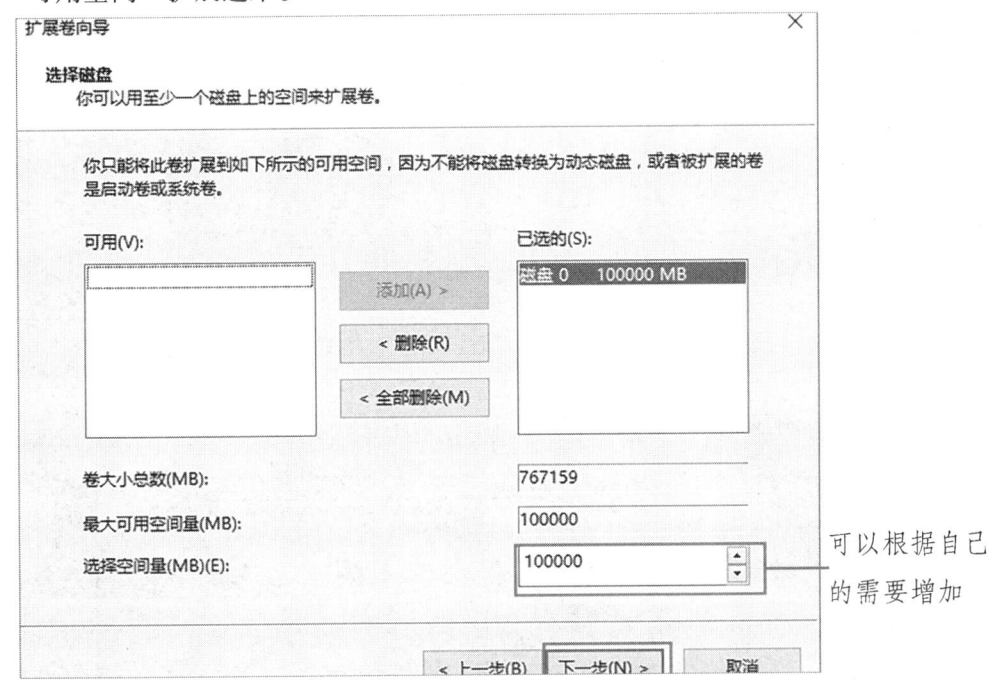

图 2-1-38　确定待扩展空间

4. 格式化磁盘

格式化磁盘可通过以下两种方法实现。

（1）通过"资源管理器"窗口。

步骤 1：在"资源管理器"窗口中选择需要格式化的磁盘，单击鼠标右键。

步骤 2：在弹出的快捷菜单中选择"格式化"命令，打开格式化对话框，如图 2-1-39 所示，进行格式化设置后单击"开始"按钮即可。

（2）通过"磁盘管理"工具。

步骤 1：打开"磁盘管理"窗口，在需要格式化的磁盘上单击鼠标右键。

步骤 2：在弹出的快捷菜单中选择"格式化"命令，或选择"操作"命令—"所有任务"子命令—"格式化"子命令，打开"格式化"对话框，如图 2-1-40 所示。

步骤 3：在对话框中设置格式化限制和参数，然后单击"确定"按钮，完成格式化操作。

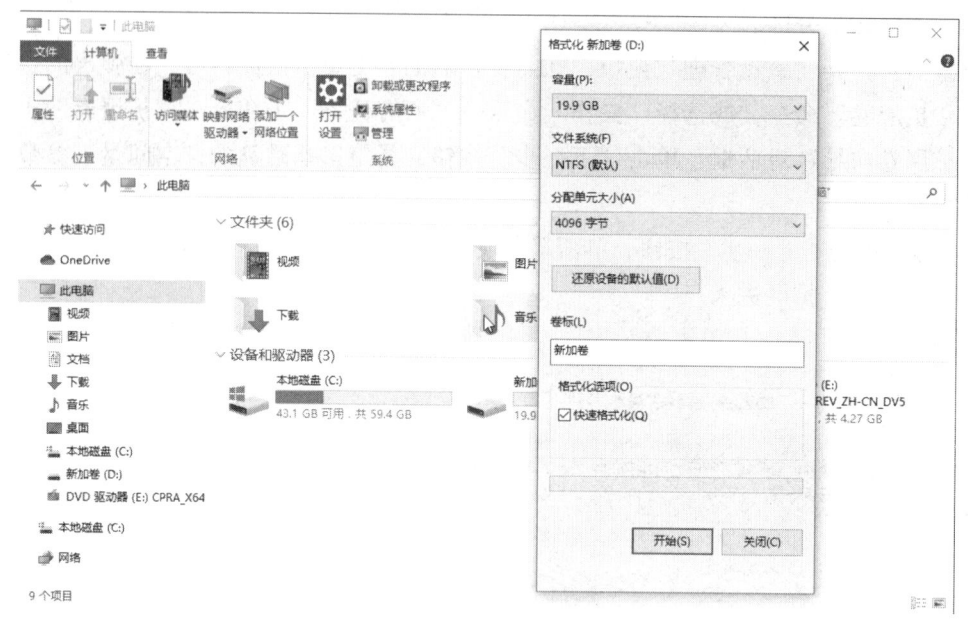

图 2-1-39 通过"资源管理器"窗口格式化磁盘

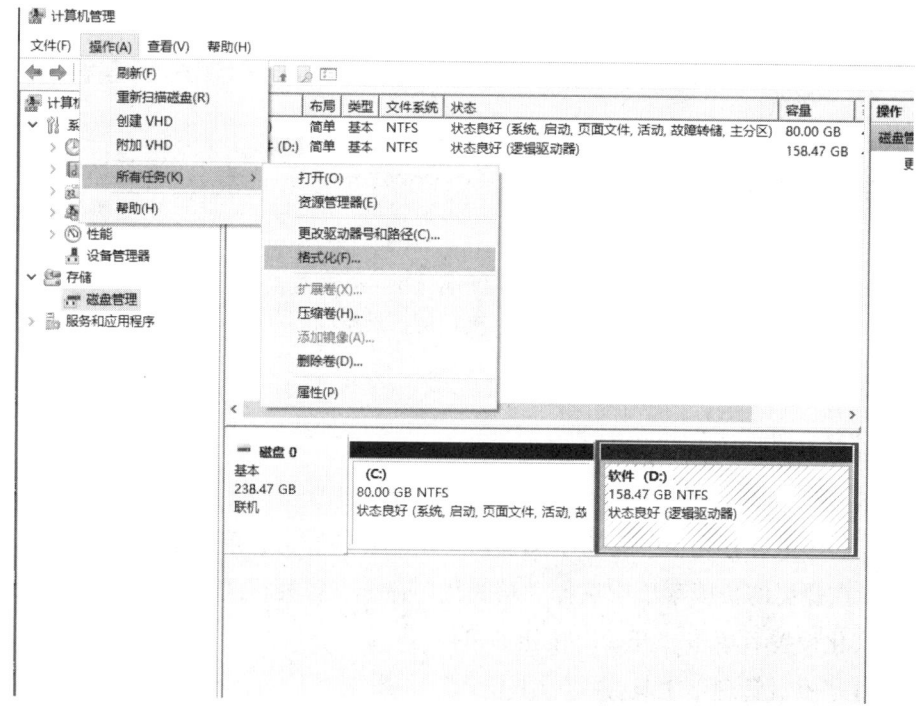

图 2-1-40 通过"磁盘管理"窗口格式化磁盘

5. 整理磁盘碎片

计算机使用一段时间后,系统运行速度会慢慢降低,其中有一部分原因是系统磁盘碎片太多,整理磁盘碎片可以让系统运行更流畅。对磁盘碎片进行整理是指系统将碎片文件与文件夹的不同部分移动到卷上的相邻位置，使其在一个独立的连续空间中。对磁盘进行碎片整理需要在"磁盘碎片整理程序"窗口中进行。

以整理 C 盘中的碎片的过程为例，步骤如下：

步骤 1：点击"开始"，选择"Windows 管理工具"，选择"碎片整理和优化驱动器"命令，打开"优化驱动器"对话框。

步骤 2：选择要整理的 C 盘，单击"分析"按钮，开始对所选的磁盘进行分析；

步骤 3：当分析结束后，单击"优化"按钮，开始对所选的磁盘进行碎片整理，如图 2-1-41 所示。在"优化驱动器"对话框中，还可以同时选择多个磁盘进行分析和优化。

图 2-1-41 对 C 盘进行碎片整理

五、Windows 10 系统的备份与还原

用户在使用计算机时最怕系统出现问题，经常重装系统也很麻烦，那么如何在 Windows 10 中对自己当前的系统做好备份，以便需要的时候进行恢复呢？下面将详细地介绍 Windows 10 系统的备份和还原方法。

1. 备份 Windows 10 操作系统

虽然 Windows 10 在性能方面有了较大的提升，但也可能存在不稳定性，所以最好定期对系统进行备份操作。

Windows 10 系统的备份过程如下：

步骤 1：打开"控制面板"窗口，单击"系统和安全"超链接，在打开的界面中单击"备份和还原"超链接。

步骤 2：在打开的"备份和还原"窗口中单击"设置备份"超链接，如图 2-1-42 所示。

图 2-1-42　准备备份系统

步骤 3：在打开的窗口中提供了多种备份文件的保存位置，可以是本机计算机磁盘，也可以是 DVD 光盘，甚至可以将备份保存到 U 盘等设备中，这里选择本机计算机磁盘，如图 2-1-43 所示。

步骤 4：依次单击"下一步"按钮，确认备份信息无误后，单击"保存设置并运行备份"按钮，如图 2-1-44 所示。

步骤 5：稍后，系统将开始执行备份操作，如图 2-1-45 所示，待 Windows 备份完成后，将自动弹出提示对话框，单击"关闭"按钮完成备份操作。

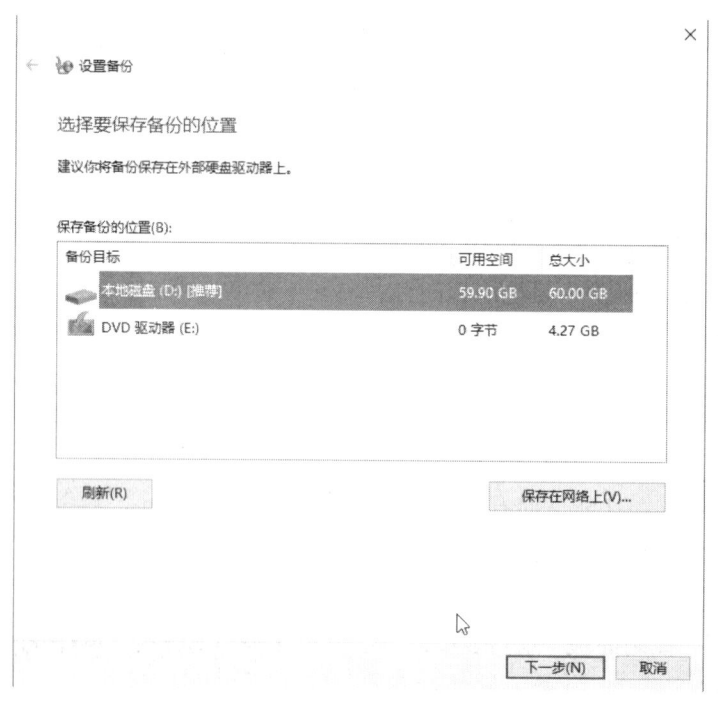

图 2-1-43　选择保存备份的位置

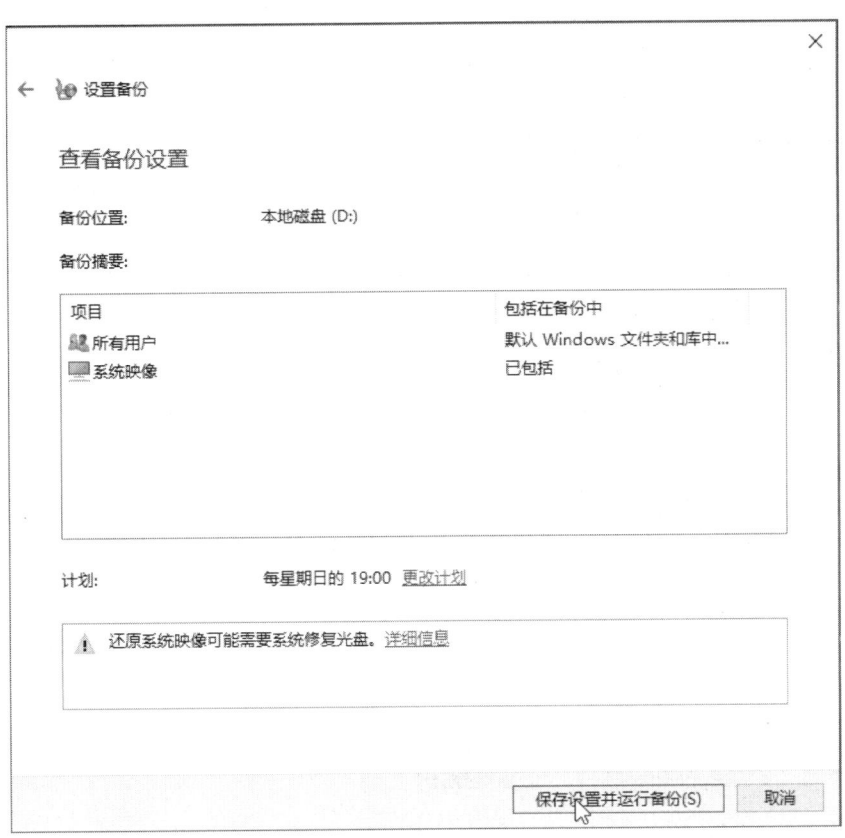

图 2-1-44 开始备份系统

图 2-1-45 显示备份进度

2. 还原 Windows 10 操作系统

如果出现磁盘数据丢失或操作系统崩溃的现象，可以通过控制面板来还原以前备份的数据。Windows 10 系统进行还原的过程如下：

步骤 1：在"控制面板"窗口中单击"系统和安全"超链接，在打开的界面中单击"从备份还原文件"超链接。

步骤 2：在打开的界面中单击"还原我的文件"按钮，打开"还原文件"对话框，单击"浏览文件夹"按钮，在打开的"浏览文件夹或驱动器的备份"对话框中选择已保存的 C 盘备份，然后单击"添加文件夹"按钮。

步骤 3：返回"还原文件"对话框，其中显示了需要还原的文件夹，单击"下一步"按钮，如图 2-1-46 所示。

步骤 4：在打开的窗口中选择还原文件的保存位置后，单击"还原"按钮，如图 2-1-47 所示。稍后，系统将开始执行还原操作，并显示成功还原文件的信息，最后单击"完成"按钮。

图 2-1-46　添加要还原的文件夹

图 2-1-47 在原始位置还原文件

六、Windows 10 的网络功能

如今网络技术应用得越来越广泛，通过网络功能可以实现文件、外部设备和应用程序的共享，还可在网上与其他用户进行交流等。

1. 网络软硬件的安装

要想使用 Windows 10 的网络功能，不仅要安装相应硬件，还须安装与配置相应的驱动程序。若安装 Windows 10 之前已完成了网络硬件的物理连接，Windows 10 安装程序一般可以自动帮助用户完成所有必要的网络配置，但仍有需要用户对网络进行自主配置的情况。

（1）网卡的安装与配置。

打开机箱，将网卡插入到计算机主板上相应的扩展槽中，便可完成网卡的安装。若安装专为 Windows 10 而设计的即插即用型网卡，Windows 10 将会在启动时自动检测并进行配置。Windows 10 在配置过程中，若未找到对应的驱动程序，会提示插入包含网卡驱动程序的盘片。

（2）IP 地址的配置。

下面以通过手动设置 IP 地址为例，介绍将主机的 IP 地址设置为"192.168.0.5"的步骤。

步骤 1：单击 Windows 10 桌面左下角的"开始"按钮，在打开的"开始"菜单中选择"控制面板"选项,打开"控制面板"窗口,单击"网络和 Internet"超链接,在打开的界面中单击"网络和共享中心"超链接。

步骤 2:打开"网络和共享中心"窗口,单击窗口左侧的"更改适配器设置"超链接,在打开的窗口中选择"以太网"选项,在其上单击鼠标右键,在弹出的快捷菜单中选择"属性"命令。

步骤 3:打开"以太网属性"对话框,单击选中"Internet 协议版本 4(TCP/IPv4)"复选框,然后单击"属性"按钮,打开"Internet 协议版本 4(TCP/IPv4)属性"对话框。

步骤 4:单击选中"使用下面的 IP 地址"单选项,在"IP 地址"栏中输入"192.168.0.5",在"子网掩码"栏中输入"255.255.255.0",在"默认网关"和"首选 DNS 服务器"栏中分别输入"192.168.0.1",单击"确定"按钮完成属性设置,如图 2-1-48 所示。

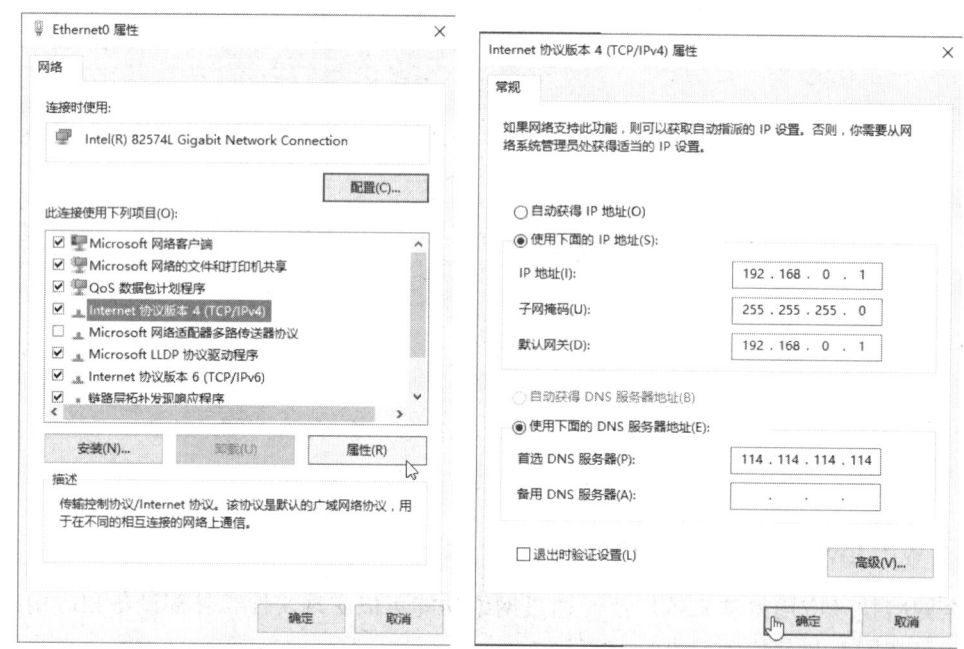

图 2-1-48　IP 地址的配置

2. 资源共享

计算机中的资源共享包括存储资源共享、硬件资源共享和程序资源共享。

存储资源共享:共享计算机中的软盘、光盘与硬盘等存储介质,可提高存储效率,使数据的提取与分析更方便。

硬件资源共享:对打印机、扫描仪等外部设备的共享,可提高外部设备的使用效率。

程序资源共享:共享网络中的各种程序资源。

3. 查看网络中其他计算机

当同一网络中的计算机较多时,单个查找自己所需访问的计算机十分麻烦,因此,Windows 10 提供了快速查找计算机的方法。打开任意窗口,选择窗口左下方的"网络"选项,如图 2-1-49 所示,即可完成网络中计算机的搜索,在右侧双击所需访问的计算机即可。

图 2-1-49　查看网络中的其他计算机

任务一　基础训练

（1）下列关于 Windows 10 窗口的表述，错误的是（　　）。

A. 每当用户启动一个程序、打开一个文件或文件夹时都将打开一个窗口

B. 在窗口标题栏上按住鼠标左键不放，拖动窗口，将窗口向上拖动到屏幕顶部时，窗口会以半屏状态显示

C. 按"Alt+F4"组合键可以关闭当前窗口

D. 在 Windows 10 中可以对多个窗口进行层叠、堆叠和并排等操作

（2）在 Windows 10 中，下列叙述错误的是（　　）。

A. 可支持鼠标操作

B. 可同时运行多个程序

C. 不支持即插即用网卡

D. 桌面上可同时容纳多个窗口

（3）在 Windows 10 中，选择多个连续的文件或文件夹，应首先选择第一个文件或文件夹，然后按（　　）键不放，再单击最后一个文件或文件夹。

A. Tab　　　　　B. Alt　　　　　C. Shift　　　　　D. Ctrl

（4）对文件或文件夹进行各种基本操作前，要先选中文件或文件夹，下列操作中不能选中文件夹的是（　　）。

A. 在窗口空白处按住鼠标左键不放，并拖曳鼠标框选需要选择的多个对象，再释放鼠标左键即可

B. 用鼠标选中第一个选择对象，按住"Shift"键不放，再单击最后一个选择对象，可选中两个对象之间的所有对象

C. 按住"Ctrl"键不放，再依次单击所要选择的文件或文件夹，可选中多个不连续的文件或文件夹

D. 直接按"Ctrl+Z"组合键，或选择"编辑"命令—"全选"子命令，可以选择当前窗口中的所有文件或文件夹

任务二　文件操作

（1）管理 E 盘中的文件及文件夹。

先在 E 盘中创建一个名为"图片文档"的文件夹，然后通过复制、移动、重命名、删除等操作，对磁盘中的文件或文件夹进行分类整理，并放置到相应的文件夹中。

（2）浏览和搜索计算机中的文件。

通过"此电脑"窗口查看各磁盘下的文件内容，可通过不同的视图方式进行查看，并删除不需要的文件，最后搜索计算机中格式为".xlsx"的文件。

（3）管理文件或文件夹，具体要求如下：

① 在计算机 D 盘中新建"FENG""WARM"和"SEED"3 个文件夹，再在"FENG"文件夹中新建"WANG"子文件夹，在该子文件夹中新建一个"JIM.txt"文件。

② 将"WANG"子文件夹中的"JIM.txt"文件复制到"WARM"文件夹中。

③ 将"WARM"文件夹中的"JIM.txt"文件删除。

任务三　软件安装

1. 任务背景

随着自动化技术的普及，越来越多的工作被机器所取代。这些工作往往需要大量的重复性劳动，而编程正是实现自动化的关键。编程能力已经成为许多职业的必备技能。无论是从事 IT 行业的工程师，还是从事其他行业的人员，都需要具备一定的编程能力。

2. 任务描述

Visual Studio Code（简称"VS Code"）是微软在 2015 年 4 月 30 日"Build 开发者大会"上正式宣布的一个运行于 Windows、macOS 和 Linux 之上的，针对于编写现代 Web 和云应用的跨平台源代码编辑器。它具有对 JavaScript，TypeScript 和 Node.js 的内置支持，并具有丰富的其他语言（例如 C++，C#，Java，Python，PHP，Go）和运行时（例如.NET 和 Unity）扩展的生态系统。安装和部署编程的集成开发环境，是编程的第一步。

3. 任务步骤

（1）下载 Visual Studio Code 的安装包；

（2）运行 Visual Studio Code 安装程序，完成在本机的部署；

（3）选择自己感兴趣开发语言，编写一段"Hello World"的程序。

项目二　统信操作系统

当前我国经济正由高速增长转变为高质量发展，网络安全对于保障国家安全以及保障经济发展有着重大的意义，已得到越来越多的关注。网络安全需要自主可控的基础软件的支撑，而基础软件却是我国网信领域的一大短板。长期以来，我国的基础软件基本上被国外公司所垄断，这与之前"造不如买，买不如租"的思想影响有关，从而浪费了许多发展基础软件的宝贵时间，因此现在必须急起直追，把损失的时间补回来。

近年来，国家制定一系列规划，在战略层面上非常重视发展国产基础软件，并提供多方政策的扶持，重视人才培养与产业链的建设。在这些政策的引导下，中国的基础软件正迎来最好的发展时机，而真用、能用、好用的国产操作系统也逐渐走出特定领域，走向普通消费者。

统信软件技术有限公司（简称"统信软件"）成立于 2019 年 11 月，公司目前由武汉深之度科技有限公司和武汉诚迈科技有限公司等组建。

统信软件基于 Linux 内核采用同源异构技术打造了统信 UOS。统信 UOS 同时支持 4 种 CPU 架构（AMD64、ARM64、MIPS64、SW64）和七大 CPU 平台（龙芯、飞腾、海思麒麟、申威、鲲鹏、兆芯、海光），提供高效简洁的人机交互、美观易用的桌面应用和安全稳定的系统服务，是一款真正可用并且好用的操作系统。统信 UOS 具备六大统一特性：版本统一、文档统一、平台统一、开发接口统一、标准规范统一、应用商店和仓库统一。同时统信 UOS 还具备突出的安全特性，不仅在系统安全方面经过专业设计和论证，而且与国内各大安全厂商深入合作，可以进行安全漏洞扫描及修复，大幅提升了操作系统安全保护能力，打造出统信 UOS 坚固的安全防线。统信 UOS 在产品功能方面还通过分区策略、限制 sudo 使用、商店应用安全策略、安全启动以及开发者模式等安全策略，进一步保障操作系统的安全和稳定。

一、统信桌面操作系统概述

1. 统信桌面操作系统

统信桌面操作系统是统信软件为个人和企事业单位等用户推出的一款美观、易用、安全、稳定的桌面操作系统产品。该产品可支持龙芯、飞腾、海思麒麟、申威、鲲鹏、兆芯、海光等国产 CPU 平台，适配联想、华为、清华同方、长城、曙光、航天科工、浪潮等主流整机和外设品牌产品，能够满足用户的办公、娱乐、沟通需求。统信桌面操作系统以全新的交互设计和界面风格为用户提供高效、便捷的使用体验，如图 2-2-1 所示。统信桌面操作系统还可根据用户的需求提供个性化的产品服务，包括 Windows 桌面替代方案、办公自动化方案、虚拟电子教室等。

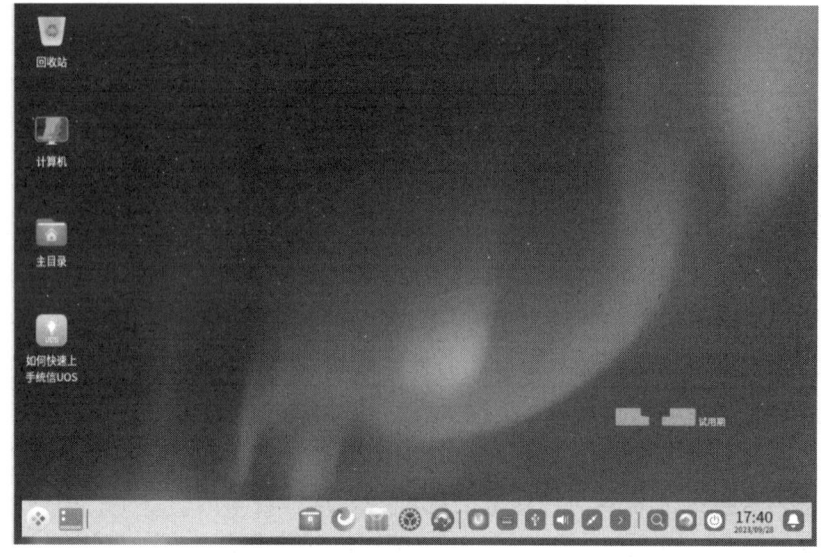

图 2-2-1 统信桌面操作系统

统信桌面操作系统具有以下优点：
（1）美观的桌面风格，符合用户的操作习惯。
（2）自主研发的桌面环境。
（3）独创的控制中心系统管理界面。
（4）大量高质量的桌面应用程序，如应用商店、语音助手、安全中心等。
（5）基于 DeepinWine 技术，可运行大量的 Windows 平台软件。
（6）基于开源内核构建，自主开发图形环境，完全可控。
（7）内置防火墙、多等级权限控制等安全机制。
（8）面向全球的安全补丁升级体系。
（9）获得中华人民共和国工业和信息化部测试认证，符合安全可靠环境电子公文的要求。

2. 统信 UOS 与 Linux

统信 UOS 实际上是基于 Linux 发展而来的。开发操作系统是一项异常庞大且非常耗时的工程，仅 Linux 内核就有近 30 年的开发历史。同时 Linux 内核又是一个著名的开源项目，任何人都可以访问并使用，本身具有强大的开发团体。基于 Linux 开发的操作系统"统治"了几乎从移动设备到主机的全部领域，如基于 Linux 内核开发的 Android 智能手机操作系统。Linux 内核就是统信软件当下最好的选择，可以省时又省力地使用 Linux 内核作为 UOS 的核心，无须开发新的操作系统内核。除此之外，从零打造操作系统主要的问题在于生态建设的时间问题。操作系统本身只是一个承载平台，用户感兴趣的实际上是运行在操作系统之上的应用软件和操作系统对相关硬件的支持。如果新的操作系统打造出来了，但是不能支撑应用软件的迁移与正常运行，或不能使用相关的硬件，那操作系统就失去了存在的意义。操作系统如果要支撑应用软件与硬件，就涉及"拔出萝卜带出泥"的问题，需要兼容大批接口、已有软件和硬件。因此，基于现有系统开发的操作系统可以有效地利用成熟的软、硬件与接口，这在初期显得更为重要。

二、统信 UOS 的安装

1. 安装准备

安装统信桌面操作系统前,需要准备安装操作系统的物理机器、镜像文件,并将镜像文件制作成安装介质。统信桌面操作系统支持光盘、U 盘和网络等安装方式,本节将以 U 盘安装为例,介绍安装前的准备工作。

(1)获取镜像。

请从官方渠道获取镜像,进入统信软件官网(https://www.chinauos.com/),选择产品——统信桌面操作系统,下载最新版本的统信桌面操作系统镜像文件。

(2)制作启动盘。

获取镜像文件后,需要将镜像文件制作成系统安装启动盘。统信 UOS 操作系统已经预装集成了启动盘制作工具,可以在启动器中打开启动盘制作工具,将镜像文件制作成系统启动盘。

获取启动盘工具:Windows 系统可以从光盘镜像中解压启动盘制作工具到电脑中使用。或者访问官网下载指定版本的启动盘制作工具来使用。

2. 安装统信桌面操作系统

本节以 U 盘引导为例,详细介绍如何安装统信 UOS 操作系统。

(1)启动引导。

安装系统前,需要修改主板设置,将"第一启动选项"设置为"从 USB 启动"。首先要进入固件管理界面,不同类型计算机,进入 BIOS 的快捷键也不同,建议到对应品牌的官网查找,表 2-2-1 所示内容仅作参考。

表 2-2-1 BIOS 进入方式

机器类型	快捷键
一般台式机	Delete 键
一般笔记本	F2 键
惠普笔记本	F10 键
联想笔记本	F12 键

步骤 1:开启需要安装统信桌面操作系统的计算机,按启动快捷键(如 F2 键),进入 BIOS 界面,将"第一启动选项"设置为"从 USB 启动",并保存设置(不同的主板设置方式会有区别)。

步骤 2:插入作为启动盘的 U 盘,重启计算机,设备将从 U 盘引导进入统信 UOS 操作系统安装界面。

(2)系统安装。

步骤 1:安装引导界面。

系统安装程序启动后会进入安装引导界面,安装引导菜单中默认选中第一项"Install UOS

desktop 20",如图 2-2-2 所示。按下回车键或等待 5 秒可自动进入安装界面。

图 2-2-2 安装引导选项

步骤 2：选择内核版本。

图 2-2-3 所示统信桌面操作系统 V20（1060 版本）自带双内核：4.19 内核和 5.10 内核。程序默认安装 4.19 版本内核；若需要安装 5.10 版本内核，可以进入引导菜单中的"Other Options"选项，选择内核版本。

图 2-2-3 选择内核版本

（3）选择语言。

安装程序第一步是选择语言，系统安装程序会根据配置语言显示界面文字，默认语言为简体中文，如图 2-2-4 所示。

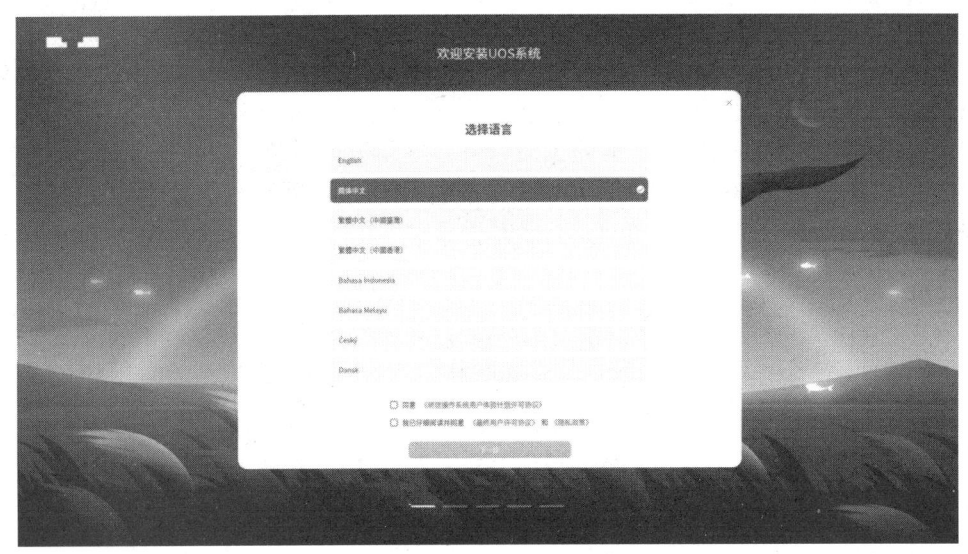

图 2-2-4　选择语言

步骤 1：阅读许可协议。

在选择语言界面，选择需要安装的语言（以简体中文为例），并勾选"我已仔细阅读并同意《最终用户许可协议》和《隐私政策》"，"同意《统信操作系统用户体验计划许可协议》"可以选择性勾选，不影响系统安装。

步骤 2：镜像校验。

点击"下一步"进入镜像校验步骤，此时会校验当前镜像的完整性和安全性，镜像校验通过后才可进入下一步安装环节，请耐心等待片刻，如图 2-2-5 所示。

图 2-2-5　校验镜像

（4）退出安装。

在系统安装界面单击右上角的关闭按钮，会弹出关闭窗口，并显示相关提示信息，此时可以选择继续安装操作或终止安装操作，如图 2-2-6 所示。

进入确认安装前可随时退出安装程序，退出后所有操作均不会生效，不会修改或删除用户的数据。

取消：返回到单击关闭按钮之前的页面，可以继续进行系统安装操作。

确定：退出安装并关闭计算机。在系统安装之前，如果用户需要退出安装器，界面右上角都会显示关闭按钮，用户可以随时终止系统安装而不会对当前磁盘和系统产生任何影响。

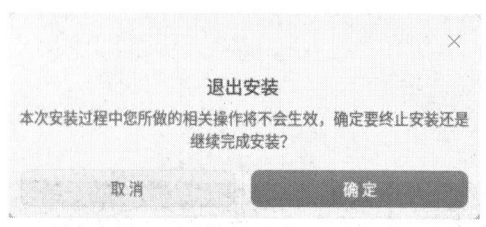

图 2-2-6　退出安装

（5）选择安装方式。

选择语言后进入安装导航页，统信桌面操作系统安装器提供 2 种安装方式：全盘安装和手动安装，如图 2-2-7 所示。

全盘安装模式：无需用户手动创建分区，可以为用户自动分区。

手动安装模式：需要用户自行配置各分区大小和格式等信息。该方式需要用户对系统分区配置有一定了解。用户可根据需要选择适合的方式来安装系统。

图 2-2-7　安装方式

选择硬盘，进入全盘安装页面后，安装器会自动检测当前挂载的磁盘，如图 2-2-8 所示。全盘安装要求磁盘空间达到 64 GB 及以上，若磁盘空间不足 64 GB，无法使用全盘安装自动分区，请退回上一步，选择手动安装方式。

图 2-2-8　全盘安装

若只有一块磁盘时，选择磁盘后会自动为磁盘分区，将磁盘空间分配为"系统空间"和"数据空间"，点击系统空间右边的"编辑"按钮，可以调整"系统空间"的大小，如图 2-2-9 所示，用户可根据自身使用系统的需要，调整合适的系统空间。

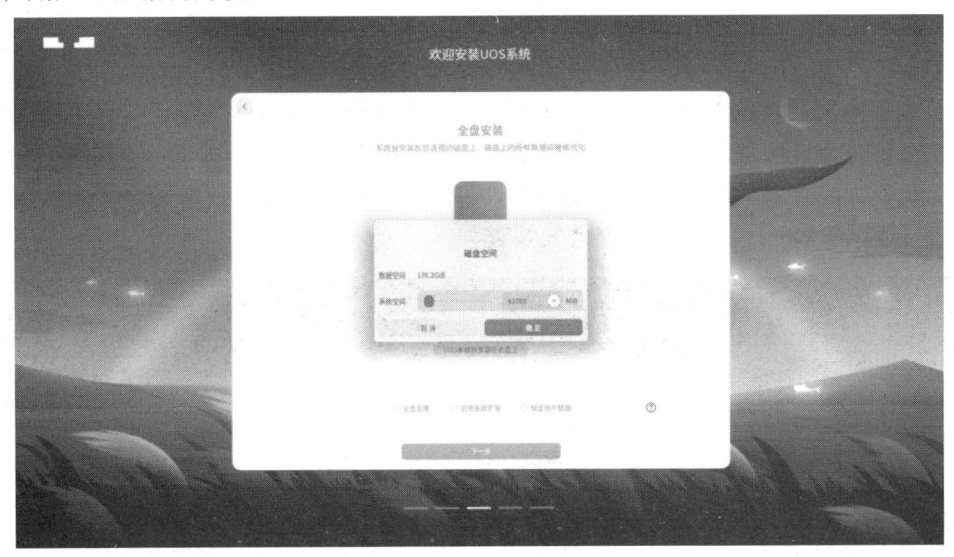

图 2-2-9　调整系统空间

此时的数据空间大小对应系统中的/data 分区大小，系统空间指除/data 分区外其他系统运行所需分区空间的总和，包括根分区、备用根分区、/efi、/boot、/swap、/recovery 等，系统空间大小并非等于"系统盘"的大小。

（6）创建账户。

完成系统磁盘配置后进入创建账户步骤，用户需要设置用户头像、用户名、主机名、用户密码等，如图 2-2-10 所示。

图 2-2-10 创建账户

默认系统语言为第一步所选语言,默认键盘布局根据所选语言自动匹配。默认时区为中国北京(UTC+8),点击窗口左下角第二个时区按钮,进入时区设置界面,用户可以在地图上单击选择自己所在地区,会自动获取所选城市的时区。点击"确定",会将所选时区设置为系统时区。

(7)准备安装。

创建账户完成后进入准备安装界面,此时提供"创建初始化备份"的勾选项,如图 2-2-11 所示。为保障您的系统具备初始化恢复能力及其他备份还原功能,建议勾选"创建初始化备份",安装时会自动备份出厂状态并保存在/recovery 分区中。

准备安装阶段会展示即将执行的分区操作,并会提醒用户做好数据备份,确认相关信息后,点击"继续安装",系统正式进入安装过程。

图 2-2-11 准备安装

（8）正在安装。

确认安装后，系统将自动开始安装，在安装过程中，安装界面显示着当前的安装阶段、安装进度，并循环展示此版本系统的新功能和亮点功能，如图 2-2-12 所示。安装过程不可退出，请不要操作计算机，耐心等待。

图 2-2-12　安装过程

（9）安装结果。

安装成功后，进入安装成功的界面如图 2-2-13 所示，点击"立即重启"，系统会重新启动并进入统信操作系统桌面。为保证顺利进入系统，点击立即重启后，请尽快拔出启动 U 盘。

图 2-2-13　安装成功

如果系统安装失败了，会出现安装失败提示信息和服务与支持二维码，可以扫描二维码上报错误问题。还可以将错误日志导出，保存到存储设备中，提供给技术支持工程师为用户分析失败原因。保存日志只能存储到外置 U 盘或硬盘,不能保存到当前系统盘和系统安装引导盘。

3. 登录系统

系统安装完成后,重启进入登录界面,如图 2-2-14 所示。输入用户密码即可进入系统,您可以开始体验统信桌面操作系统。

图 2-2-14 登录界面

进入系统后,为保障您能使用统信 UOS 桌面操作系统完整的功能,需要进行系统激活。

三、统信 UOS 基本操作

1. 登　　录

(1) 图形登录。

启动计算机后进入 GRUB 登录系统界面,如图 2-2-15 所示。

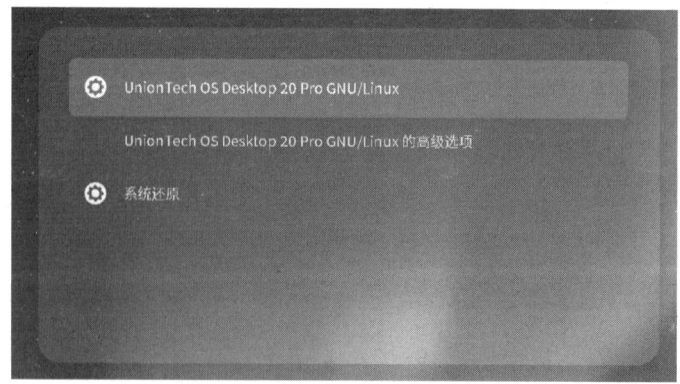

图 2-2-15　GRUB 登录系统界面

统信 UOS 默认选择进入系统。所有用户都必须经过验证才能登录系统。当系统启动后，系统会提示您输入用户名和密码，即安装系统时所创建的用户名和密码，输入正确的用户名和密码即可登录桌面。

（2）远程登录。

统信 UOS 默认支持通过 ssh 方式在远程客户端登录服务器。如远程服务器为统信服务器操作系统（ip 为 10.1.11.246），本地客户端为统信桌面操作系统，执行远程登录的命令如下：

UOS@UOS-pc: ~ $ ssh testuser2@10.1.11.246

testuser2@10.1.11.246's password:

testuser2@uos-wnx: ~ $

2. 锁　屏

锁屏是为了保护用户数据，锁屏之后需要使用用户密码进行登录。可以自定义自动锁屏的时间，操作步骤如下：

步骤 1：在桌面任务栏中，单击"控制中心"图标，打开"控制中心"界面，如图 2-2-16 所示。

图 2-2-16　"控制中心"界面

步骤 2：选择"电源管理"菜单—"使用电源"子菜单，可以设置关闭显示器的时间、电脑进入待机模式的时间、自动锁屏时间，如图 2-2-17 所示。

图 2-2-17 "电源管理"界面

3. 注 销

（1）图形登录方式注销。

注销可以清除当前登录的用户信息，注销计算机后您可以使用其他账户进行登录。在桌面任务栏中，单击"电源"按钮 ⏻。进入"注销"界面，单击"注销"按钮 ⏻，登出系统，如图 2-2-19 所示。

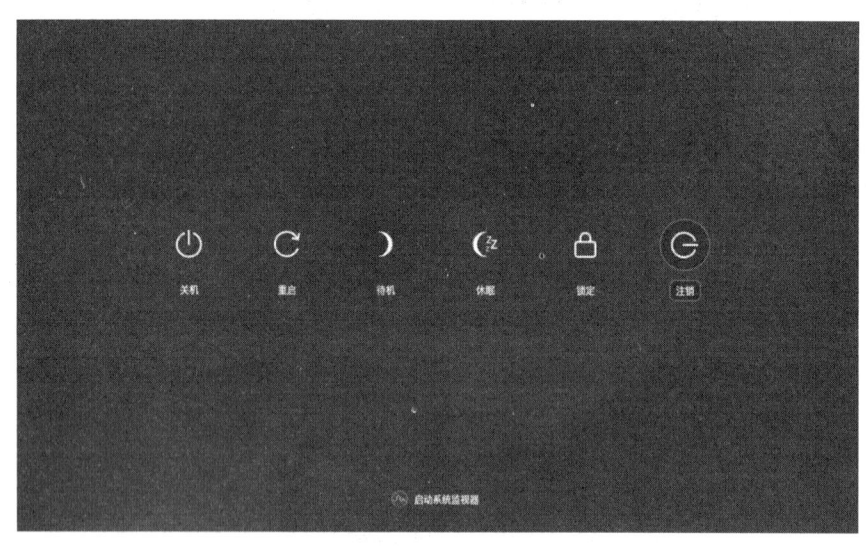

图 2-2-18 "注销"界面

（2）远程登录注销。

在本地通过 ssh 登录远程服务器后，执行 logout 命令，该用户将注销登录，系统断开链接。

testuser2@uos-wnx: ~ $ logout
Connection to 10.1.11.246 closed.

用户须重新登录才能使用系统。

（3）系统关机或重启。

在桌面任务栏中，单击"电源"按钮⏻。进入"关机"界面，单击"关机"按钮⏻或"重启"按钮↻，即可关闭系统或者重启系统，如图2-2-18所示。

（4）启动级别（切换）。

使用"Ctrl+Alt+T"组合键打开终端，执行 sudo init 3，系统进入到黑屏无图形化界面。使用"Ctrl+Alt+F2"组合键可以切换到字符行界面，在字符行界面，执行 sudo init 5 可切换到图形化界面，如图2-2-19所示。

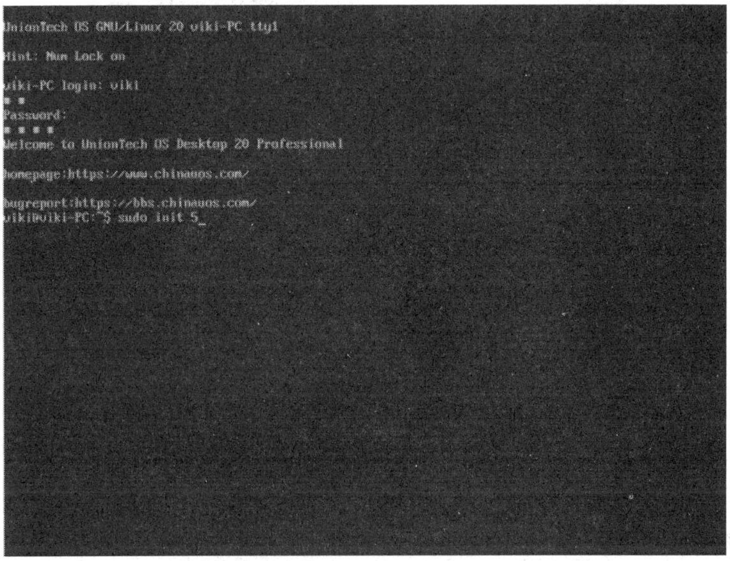

图 2-2-19　启动级别设置

4．桌面操作

桌面是登录后看到的主屏幕区域。在桌面上，可以新建文件夹或文档、排列文件、打开终端、设置热区、设置壁纸和屏保等，还可以通过"发送到桌面"指令向桌面添加应用的快捷方式。

（1）新建文件夹或文档。

在桌面新建文件夹或文档，也可以对文件进行常规操作，和在文件管理器中一样。

新建文件夹：在桌面上，点击鼠标右键，点击"新建文件夹"命令，输入新建文件夹的名称。

新建文档：在桌面上，点击鼠标右键，点击"新建文档"，选择新建文档的类型，输入新建文档的名称。

管理文件夹或文档：在桌面文件夹或文档上，点击鼠标右键，可以使用文件管理器的相关功能，如打开方式、复制、剪切、重命名、删除、压缩/解压缩等功能。

（2）设置排列方式。

在桌面上，点击鼠标右键，选择"排序方式"子菜单，如图 2-2-20 所示：

选择"名称"，将按文件的名称顺序显示；

选择"大小"，将按文件的大小顺序显示；

选择"类型"，将按文件的类型顺序显示；

选择"修改时间"，文件将按最近一次的修改日期顺序显示。

也可以勾选"自动排列"，桌面图标将从上往下，从左往右按照当前排序规则排列，并且有图标被删除时后面的图标会自动向前填充。

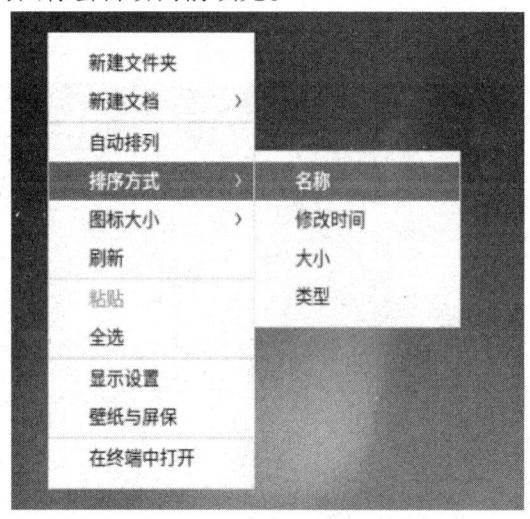

图 2-2-20 设置桌面排序方式

（3）调整图标大小。

在桌面上，点击鼠标右键，选择"图标大小"子菜单，如图 2-2-21 所示，选择一个合适的图标大小。也可以用"Ctrl+="或鼠标滚动来调整桌面和启动器中的图标大小。

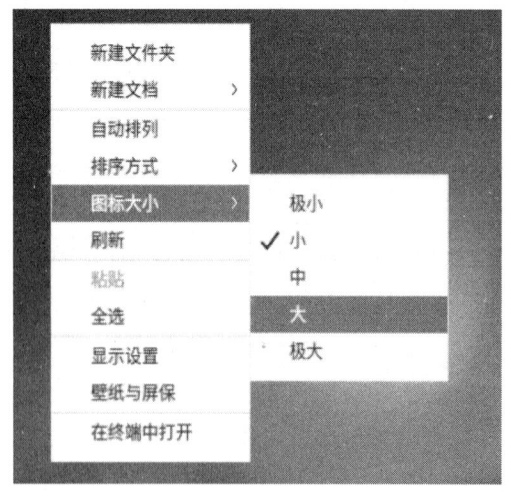

图 2-2-21 设置桌面图标大小

（4）设置显示器。

在桌面任务栏中，单击"控制中心"图标，打开"控制中心"界面。从这里可以快速进入控制中心来设置显示器的缩放比例、分辨率和亮度等。如设置分辨率，可以选择"显示"菜单—"分辨率"子菜单，如图 2-2-22 所示，可自行选择一种分辨率。

图 2-2-22　设置显示分辨率

5. 任务栏

任务栏（图 2-2-23）是指位于桌面底部的长条，主要由启动器、应用用程序图标、托盘区、系统插件等组成。在任务栏，您可以打开启动器、显示桌面、进入工作区，对其上的应用程序进行打开、新建、关闭、强制退出等操作，还可以设置输入法，调节音量，连接 Wi-Fi，查看日历，进入关机界面等。

图 2-2-23　任务栏

（1）认识任务栏图标。

任务栏图标包括启动器图标、应用程序图标、托盘区图标、系统插件图标等，具体说明见表 2-2-2。

表 2-2-2　任务栏图标说明

图标	说明	图标	说明
	启动器：点击查看所有已安装的应用		桌面：显示桌面
	文件管理器：点击查看磁盘中的文件、文件夹		浏览器：点击打开网页
	商店：可搜索安装应用软件		控制中心：点击进入系统设置
	服务与支持：可以搜索、查阅文档中心等		授权管理
	输入法设置		磁盘列表
	音量设置		网络设置
	全局搜索		桌面智能助手
	屏幕键盘：点击使用虚拟键盘		电源管理
	通知中心：显示所有系统和应用的通知		回收站

（2）切换显示模式。

任务栏提供两种显示模式：时尚模式和高效模式，如图 2-2-24 所示。两种模式下的应用窗口激活效果显示不同。可以通过以下操作来切换显示模式：右键单击任务栏，在"模式"子菜单中选择一种显示模式。

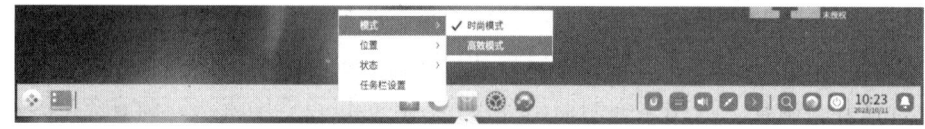

图 2-2-24　切换显示模式

（3）显示/隐藏任务栏。

任务栏可以隐藏，以便最大程度地扩展桌面的可操作区域。右键单击任务栏。在"状态"子菜单中可以：

选择"一直显示"，任务栏将会一直显示在桌面上。
选择"一直隐藏"，任务栏将会隐藏起来，只有在鼠标移至任务栏区域时才会显示。
选择"智能隐藏"，当占用任务栏区域时，任务栏自动隐藏。

6. 启动器

启动器帮助您管理系统中已安装的所有应用，在启动器中使用分类导航或搜索功能可以快速找到您需要的应用程序。

（1）切换模式。

启动器有全屏和小窗口两种模式。点击启动器界面右上角的缩放图标来切换模式，如图 2-2-25 所示。

两种模式均支持搜索应用、设置快捷方式等操作。小窗口模式还支持快速打开文件管理器，控制中心和进入关机界面等功能。

 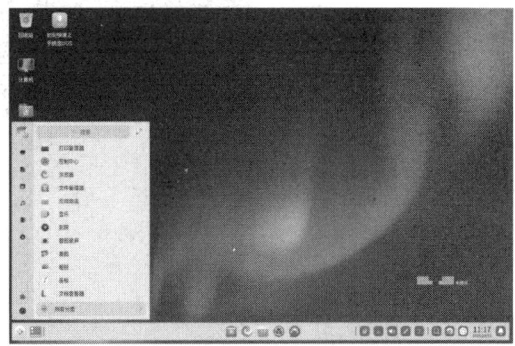

图 2-2-25　启动器模式切换

（2）创建快捷方式。

将应用发送到桌面或任务栏上，可以方便后续的操作。在启动器中，右键单击应用图标，图 2-2-26 所示：

选择"发送到桌面"，在桌面创建快捷方式。

选择"发送到任务栏"，将应用固定到任务栏。

也可以从启动器拖拽应用图标到任务栏上放置。但是当应用处于运行状态时您将无法拖拽固定，此时您可以右键单击任务栏上的应用图标，选择"驻留"将应用固定到任务栏，以便下次应用时从任务栏上快速打开。

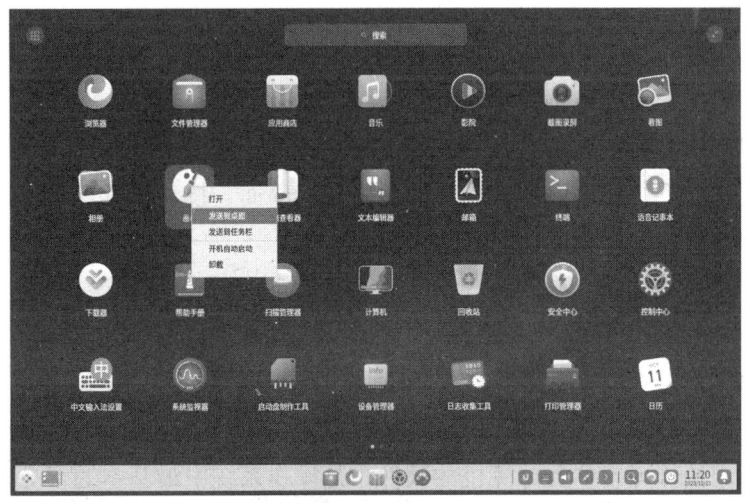

图 2-2-26　创建快捷方式

7. 安装应用

如果启动器中没有需要的应用，可以在应用商店一键下载安装，如图 2-2-27 所示。

图 2-2-27　应用商店

8. 运行应用

对于已经创建了桌面快捷方式或固定到任务栏上的应用，您可以通过以下途径来打开应用：

方法 1：双击桌面图标，或右键单击桌面图标选择"打开"。
方法 2：直接点击任务栏上的应用图标，或右键单击任务栏上的应用图标选择"打开"。
方法 3：在启动器中，直接点击应用图标打开，或右键单击应用图标选择"打开"。

对于经常使用的应用，可以在启动器中，右键单击应用图标选择"开机自动启动"。

9. 卸载应用

对于不再使用的应用，您可以选择将其卸载，以节省硬盘空间，具体步骤如下：
（1）在启动器中，右键单击应用图标，如图 2-2-26 所示。
（2）点击"卸载"。

在"时尚模式"下，还可以在启动器的全屏模式界面，按住鼠标左键不放，将应用图标拖拽到任务栏的回收站中卸载应用。

四、统信 UOS 常用指令

1. bash 与终端

（1）bash 简介。

操作系统的内核管理着整台计算机的硬件，是操作系统中最基本的部分。内核处于系统的底层，是不能让普通用户随意操作的，以避免误操作导致系统崩溃。这就需要一个专门的程序，让它接受用户输入的命令，然后根据指令去调用对应的应用程序，接着该应用程序直接与内核沟通，最后让内核完成相应的操作。这个提供指令入口的程序就叫 Shell，bash 就是 Shell 程序用得较广泛的一种。

（2）终端简介。

终端用来让用户输入数据至计算机，然后显示其计算结果。很多个用户通过终端去访问一台计算机用的是普通的终端，而专门管理那些机器的系统管理员用的终端则被叫作控制台。键盘与显示器既可以被认为是控制台，也可以被认为是普通的终端。

（3）终端模拟器简介。

随着计算机的升级，现在已经很少见到专门的终端硬件了，取而代之的则是键盘与显示器。但是有些不兼容图形接口的命令行程序并不能直接读取键盘输入，也没办法把计算结果显示在显示器上，于是就有了"终端模拟器"来专门模拟传统终端。

对于那些命令行程序，终端模拟器会模拟成一个传统终端设备；对于现代的图形接口，终端模拟器会模拟成一个图形用户界面，又称图形用户接口。

一个终端模拟器的标准工作流程从捕获键盘输入开始，将输入发送给命令行程序（程序会认为这是从一个"真正的终端设备"输入的），拿到命令行程序的输出结果之后，调用图形接口，将输出结果输出至显示器。

终端模拟器有很多，如 GNOME terminal 和 Konsole，统信 UOS 的终端应用也是终端模拟器。

2. 使用终端与 tty

（1）使用终端。

统信 UOS 的终端程序，中文名为终端，英文名为 terminal。单击屏幕左下角的"启动器"按钮，进入启动器界面，在启动器中通过浏览或搜索查找"终端"应用，单击打开"终端"，输入命令后，按回车键确认即可执行命令。

（2）使用 tty。

tty 是终端设备的总称，同时也是命令，用于显示终端机连接标准输入设备的文件名称，tty 相关的命令如表 2-2-3 所示。

表 2-2-3 tty 终端命令

命令	说明
tty -s, --silent, --quiet	什么也不显示，只返回退出状态值
tty --help	显示次帮助信息并退出
tty --version	显示版本信息并退出
tty	输出 "/dev/pts/0"，就是当前连接的终端对应的文件描述符号

3. 基本的 Shell 操作

通过 Shell 可以进行文件管理、文字处理、程序执行、网络配置、服务启停等操作。

（1）查看文件内容的命令。

通过 Shell 查看文件内容的命令包括 cat 命令、head 命令以及 tail 命令，详细说明如表 2-2-4 所示。

表 2-2-4 查看文件内容的命令

命令	说明
cat	查看文件内容、创建文件、合并文件、追加文件内容等
head	显示指定文件开头某个数量的文字区块，默认显示文本文件的前 10 行
tail	和 head 命令功能相似，不同的是 tail 命令默认显示文本的最后 10 行；tail 命令还可用于跟踪文件实时内容更改，尤其适合用于查看日志文件

（2）文件和目录操作命令。

通过 Shell 创建目录和调整目录下的文件的相关命令包括 mkdir 命令、cp 命令、mv 命令、rm 命令、touch 命令、diff 命令、tar 命令、zip 命令、unzip 命令以及 echo 命令，详细说明如表 2-2-5 所示。

表 2-2-5 文件和目录操作命令

命令	说明
mkdir	创建目录
cp	将文件或文件夹从当前目录复制到另一个目录
mv	移动文件和重命名文件
rm	删除目录和其中的内容
touch	快速创建一个空文件
diff	逐行比较两个文件的内容，输出不匹配的行
tar	将文件或文件夹打包压缩、解压
zip	将文件压缩到 zip 存档中
unzip	从 zip 存档中提取压缩文件
echo	将数据写入文件中

（3）提取、排序以及筛选数据操作命令。

通过 Shell 进行提取、排序以及筛选数据操作的相关命令包括 grep 命令和 sudo 命令，详细说明如表 2-2-6 所示。

表 2-2-6 提取、排序和筛选数据操作命令及说明

命令	说明
grep	在文件中搜索内容
sudo	可以执行超级用户权限的命令，不建议在日常中使用此命令

(4)基本终端导航命令。

基本终端导航命令包括 ls 命令、cd 命令、du 命令、pwd 命令、df 命令、man 命令、rmdir 命令等,详细说明如表 2-2-7 所示。

表 2-2-7 基本终端导航命令

命令	说明
ls	查看目录的内容
cd	在终端中切换目录
du	显示目录或文件的大小,也可以显示指定的目录或文件所占用的磁盘空间。如果要以人们容易看懂的 kB、MB、GB 等单位显示,可以在命令行中添加-h 参数
pwd	显示当前工作目录的绝对路径
df	获取有关操作系统磁盘空间使用情况的报告,以百分比和 kB 表示
man	查看 Linux 中的指令帮助、配置文件帮助和编程帮助等信息
rmdir	删除目录,但是仅允许删除空目录
kill	终止无响应的程序,它将向运行异常的应用发送特定信号,并指示该应用自行终止。kill 命令总共可以使用 64 个信号,但是通常只使用 2 个信号,即 SIGKILL(9)和 SIGTERM(15)
ping	检查计算机与服务器的连接状态
uname	输出计算机 Linux 操作系统信息,如计算机名称的详细信息、操作系统、内核等。用带有参数-a 的命令(即 uname -a),可输出计算机操作系统的所有信息
top	显示正在运行进程的列表、每个进程使用的 CPU 数量以及内存情况,常用于监视系统资源使用情况
history	查看历史记录
find	搜索文件和目录

(5)文件权限命令。

在 Linux 中,所有文件均归特定用户所有,使用文件权限命令可更改文件和目录权限,文件权限命令包括 chown 命令和 chmod 命令,详细说明如表 2-2-8 所示。

表 2-2-8 文件权限命令

命令	说明
chown	更改或转让文件所有权给指定的用户名
chmod	更改文件和目录的读取、写入以及执行权限

任务一　基础训练

（1）树形目录结构的第一级称为目录树的（　　　　）。（填空题）

（2）统信 UOS 通过（　　　）来管理系统的基本设置：包括账号管理、网络设置、日期和时间、个性化设置、屏幕显示设置、系统和应用更新升级等更多设置。（填空题）

（3）卸载一款软件的办法是（　　）。

A. 在软件商店里面卸载

B. 在控制中心卸载

C. 在桌面上右击软件直接卸载

D. 在桌面上右击软件属性卸载

（4）下列选项在统信 UOS 里面说法错误的是（　　）。

A. 可以自定义快捷键

B. 无法自定义快捷键

C. 系统里面有自带的快捷键

D. 系统里面既有自带的快捷键又可以自定义快捷键

（5）下面哪几个快捷键可以在统信 UOS 操作系统下进行截图？（　　）

A. Ctrl+Alt+A　　　　　　　　　　　B. Ctrl+PrtSc

C. PrtSc　　　　　　　　　　　　　D. Alt+PrtSc

（6）勾选（　　）可以将桌面上的文件或文件夹按照音乐、视频、图片、文档、应用、其他、文件夹这几个类型自动归类到相应的文件夹。

A. 排序方式　　　　　　　　　　　　B. 自动整理

C. 题自动排序　　　　　　　　　　　D. 显示设置

（7）正式激活操作系统的方式是（　　）。

A. 试用期激活　　　　　　　　　　　B. 网络激活

C. 输入激活码激活　　　　　　　　　D. 导入激活文件激活

（8）在手动进行分区的时候，（　　）挂载点是必须的。

A. 根分区　　　　　　　　　　　　　B. /tmp 分区

C. /etc 分区　　　　　　　　　　　　D. /uos 分区

（9）手动修改系统的时间日期需要提前做的一个操作是（　　）。

A. 关闭"自动同步配置"　　　　　　　B. 关闭"24 小时制"

C. 添加系统时区　　　　　　　　　　D. 重启系统

（10）满足安装统信 UOS 的磁盘空间有（　　）。

A. 64 MB　　　　　　　　　　　　　B. 70 GB

C. 65 GB　　　　　　　　　　　　　D. 100 kB

（11）保证一台新的统信 UOS 能访问互联网，手动配置网络需要进行（　　）的设置。

A. IP 地址　　　　　　　　　　　　　B. 子网掩码

C. 网关　　　　　　　　　　　　　　D. DNS

（12）统信 UOS 安装完软件包后，桌面不显示，可以在（　　）捉到并打开。
  A. 任务栏　　　　　　　　　　　　　B. 启动器
  C. 控制中心　　　　　　　　　　　　D. 账户
（13）安装完统信 UOS 之后，应用商店无法安装软件的解决办法是（　　）。
  A. 激活操作系统　　　　　　　　　　B. 在终端执行"sudo apt update"
  C. 重启计算机　　　　　　　　　　　D. 多打开几遍应用程序
（14）下面哪个选项是在控制中心没有的？（　　）
  A. 声音　　　　　　　　　　　　　　B. 启动器
  C. 电源管理　　　　　　　　　　　　D. 系统信息
（15）下面哪种工具可以一步最小化所有桌面打开的程序？（　　）
  A. 显示桌面　　　　　　　　　　　　B. 多任务视图
  C. 启动器　　　　　　　　　　　　　D. 程序最小化按键

任务二　UOS 系统安装

任务步骤：

（1）检查主机是否安装了 VMware Workstation 相关软件，如未安装，请获取 VMware Workstation 相关软件，进行安装；

（2）请从统信官方获取最新版的统信 UOS 镜像；

（3）通过互联网，了解 VMware Workstation 下安装 UOS 的方法和步骤；

（4）为 VMware Workstation 下创建的虚拟机安装统信 UOS 系统；

（5）登录安装好的 UOS 系统，完成用户的创建、修改密码、启动级别、显示设置、命令行终端的基本操作。

模块三　Office 基础

　　Office 软件一般指办公软件套装。目前应用比较广泛的 Office 软件有 Microsoft Office 和 WPS Office，常用组件有文字、表格和幻灯片等。本模块重点介绍 Microsoft Office 软件中的 Word、Excel、PowerPoint 三个常用的组件，同时还简要介绍了 WPS Office 的基本功能和操作。

学习目标

1. 了解 Word、Excel、PowerPoint 的基础知识；
2. 掌握 Word 2016 的文本编辑和排版操作；
3. 掌握 Word 2016 的表格应用方法；
4. 熟悉 Word 2016 的图文混排操作；
5. 掌握 Word 2016 的页面格式设置方法；
6. 掌握 Excel 2016 的数据与编辑操作；
7. 掌握 Excel 2016 的公式与函数的使用方法；
8. 熟悉 Excel 2016 的数据管理操作；
9. 掌握 Excel 2016 的图表的使用方法；
10. 掌握 PowerPoint 2016 演示文稿的编辑与设置方法；
11. 掌握 PowerPoint 2016 幻灯片动画效果的设置操作；
12. 熟悉 WPS Office 的基本操作。

项目一　Word 2016 基本操作

一、Word 2016 入门

Word 是目前应用最广泛的文字处理软件，其提供了许多便于操作的文档编辑功能，受到办公人员的青睐，在文字办公等领域发挥着重要的作用。下面将讲解 Word 2016 的相关知识。

1. Word 2016 简介

Word 2016 主要用于文本处理工作，可创建和制作具有专业水准的文档，能轻松、高效地组织和编写文档，其主要功能包括：强大的文本输入与编辑功能、各种类型的多媒体图文混排功能、精确的文本校对审阅功能，以及文档打印功能等。Word 2016 在拥有旧版本的功能的基础上，还增加了图标、搜索框、垂直和翻页，以及移动页面等新功能。

2. Word 2016 的启动

启动 Microsoft Office 各组件的方法基本类似，下面以启动 Word 2016 为例对常用的几种方法进行介绍。

方法 1：通过"开始"菜单启动。单击桌面左下角的"开始"按钮；再在打开的"开始"菜单中选择"所有程序"命令—"Word"子命令，如图 3-1-1 所示。

方法 2：通过任务栏图标启动。单击任务栏中的快捷启动图标可启动相应的组件。采用此方法需要先在任务栏中固定快捷启动图标，具体方法为在"开始"菜单中的"所有程序"命令—"Word"子命令上单击鼠标右键；再在弹出的快捷菜单中选择"固定到任务栏"命令，如图 3-1-2 所示。此时，单击任务栏中的 Word 图标，即可启动程序。

方法 3：双击文档启动：若计算机中保存了某个组件生成的文档，双击该文档即可启动相应的组件并打开该文档。

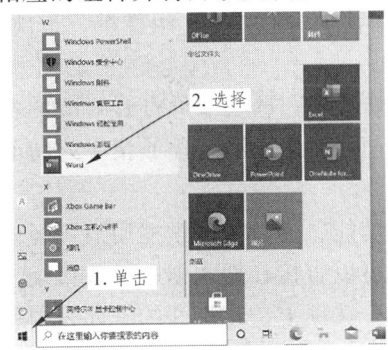

图 3-1-1　通过"开始"菜单启动 Word 2016　　图 3-1-2　创建 Word 2016 任务栏快捷启动图标

3. Word 2016 的窗口组成

启动 Word 2016 后，在打开的界面中将显示最近使用的文档信息并提示用户创建一个新文档，选择要创建的文档类型后，进入 Word 2016 的操作界面，如图 3-1-3 所示。下面对 Word

2016 操作界面中的主要组成部分进行介绍。

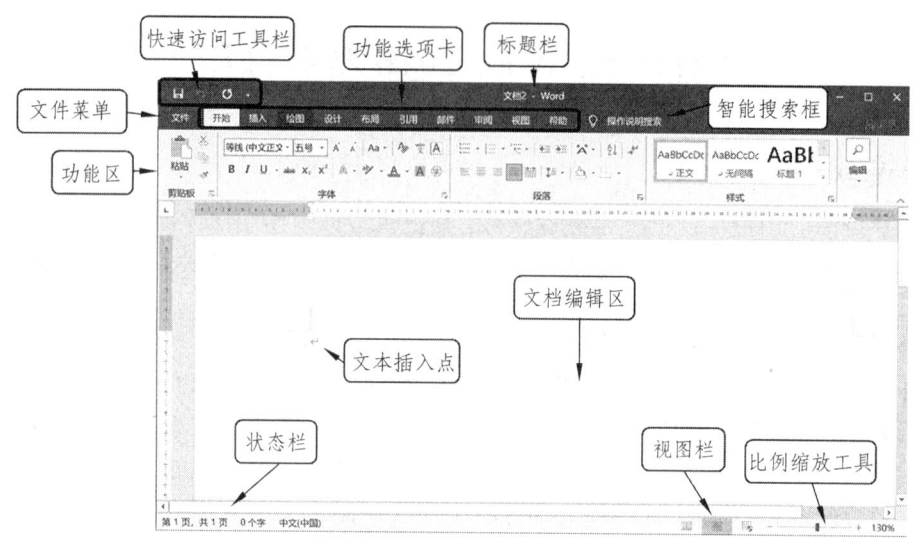

图 3-1-3　Word 2016 操作界面

标题栏：标题栏位于 Word 2016 操作界面的最顶端，包括文档名称、"功能区显示选项"按钮（可对功能选项卡和命令区进行显示和隐藏操作）和右侧的"窗口控制"按钮组（包含"最小化"按钮、"最大化"按钮和"关闭"按钮），可最大化、最小化和关闭窗口。

快速访问工具栏：快速访问工具栏中显示了一些常用的工具按钮，默认按钮有"保存"按钮、"撤销键入"按钮、"重复键入"按钮。用户还可自定义按钮，只需单击该工具栏右侧的"自定义快速访问工具栏"按钮，在打开的下拉列表中选择相应选项即可。默认情况下，Word 2016 软件的快速访问工具栏显示在功能选项卡的上方，用户可单击"自定义快速访问工具栏"按钮，在打开的下拉列表中选择"在功能区下方显示"选项，将快速访问工具栏显示在功能区的下方。

"文件"菜单：主要用于执行与该组件相关文档的新建、打开、保存、共享等基本命令，菜单最下方的"选项"命令可打开"Word 选项"对话框，在其中可对 Word 组件进行常规、显示、校对、自定义功能区等多项设置。

功能选项卡：Word 2016 默认包含了 9 个功能选项卡，单击任一选项卡可打开对应的功能区，单击其他选项卡可分别切换到相应的选项卡，每个选项卡中分别包含了相应的功能集合。

智能搜索框：智能搜索框是 Word 2016 软件新增的一项功能，通过该搜索框用户可轻松找到相关的操作说明。比如，需要在文档中插入目录时，便可以直接在搜索框中输入目录，此时会显示一些关于目录的信息，将鼠标指针定位至"目录"选项上，在打开的子列表中就可以快速选择自己想要插入的目录的形式，如图 3-1-4 所示。

文档编辑区：文档编辑区指输入与编辑文本的区域，对文本进行的各种操作都显示在该区域中。新建一篇空白文档后，在文档编辑区的左上角将显示一个闪烁的光标，称为文本插入点，该光标所在位置便是文本的起始输入位置。

状态栏：状态栏位于操作界面的最底端，主要用于显示当前文档的工作状态，包括当前页数、字数、输入状态等，右侧依次显示视图切换按钮和显示比例调节滑块。

图 3-1-4　使用智能搜索框快速插入目录

4. Word 2016 的视图方式

Word 2016 主要有 5 种视图方式，分别为页面视图、阅读版式视图、Web 版式视图、大纲视图和草稿视图，可在"视图"选项卡中选择所需的视图方式，也可在视图栏中选择。

页面视图：页面视图是默认的视图模式，在该视图中文档的显示与实际打印效果一致。

阅读版式视图：单击"阅读视图"按钮可切换至阅读视图模式，在该视图中，文档的内容根据屏幕的大小，以适合阅读的方式进行显示，单击视图切换按钮组中的"页面视图"按钮或直接按"Esc"键，可返回页面视图。

Web 版式视图：单击"Web 版式视图"按钮可切换至 Web 版式视图，在该视图中，文本与图形的显示与在 Web 浏览器中的显示一致。

大纲视图：单击"大纲"按钮可切换至大纲视图，在该视图中，根据文档的标题级别显示文档的框架结构，单击"关闭大纲视图"按钮图，可关闭大纲视图返回页面视图。

草稿视图：单击"草稿"按钮可切换至草稿视图，该视图简化了页面的布局，主要显示文本及其格式，适合对文档进行输入和编辑操作。

5. Word 2016 的文档操作

Word 2016 中的文档操作主要包括新建文档、保存文档、打开文档、关闭文档、打印文档等。

（1）新建文档。

新建文档的方式有"新建空白文档"和"根据模板新建文档"两种，下面分别进行介绍。

新建空白文档，启动 Word 2016 后，软件会自动新建一个名为"文档 1"的空白文档，除此之外，新建空白文档还有以下几种方法。

方法 1：通过"新建"命令新建。选择"文件"菜单—"新建"命令，在界面右侧显示了空白文档和带模板的文档样式；这里直接选择"空白文档"选项就可以新建空白文档，如图 3-1-5 所示。

方法 2：通过快速访问工具栏新建。单击"自定义快速访问工具栏"按钮，在打开的下拉列表中选择"新建"选项，然后单击快速访问工具栏中的"新建"按钮。

方法 3：通过快捷键新建。直接按"Ctrl+N"组合键。

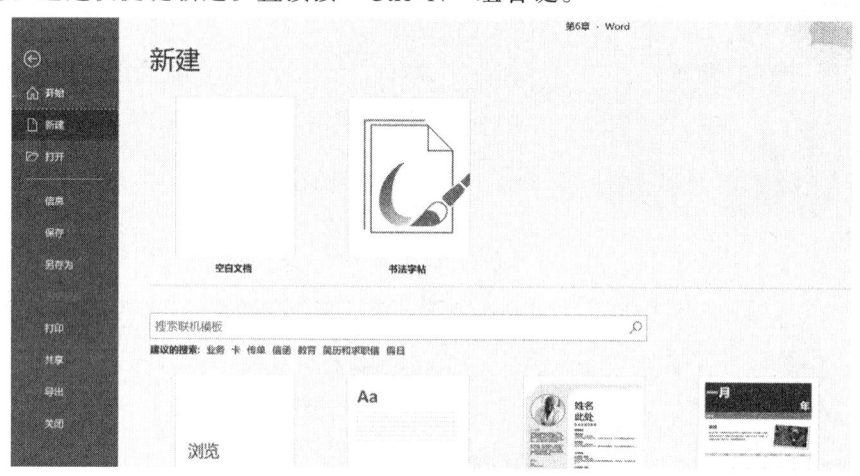

图 3-1-5　新建空白文档

根据模板新建文档是指利用 Word 2016 提供的某种模板来创建具有一定内容和样式的文档。

【例 3-1】根据 Word 2016 提供的"精美简历"模板创建文档。

步骤 1：如图 3-1-6 所示，选择"文件"菜单—"新建"命令，在界面右侧选择"精美简历"选项。

图 3-1-6　选择样本模板

步骤 2：在打开的提示对话框中单击"创建"按钮，如图 3-1-7 所示。

步骤 3：此时，Word 2016 将自动从网络中下载所选的模板，稍后将根据所选模板创建一个新的 Word 文档，且模板中包含了已设置好的内容和样式，如图 3-1-8 所示。

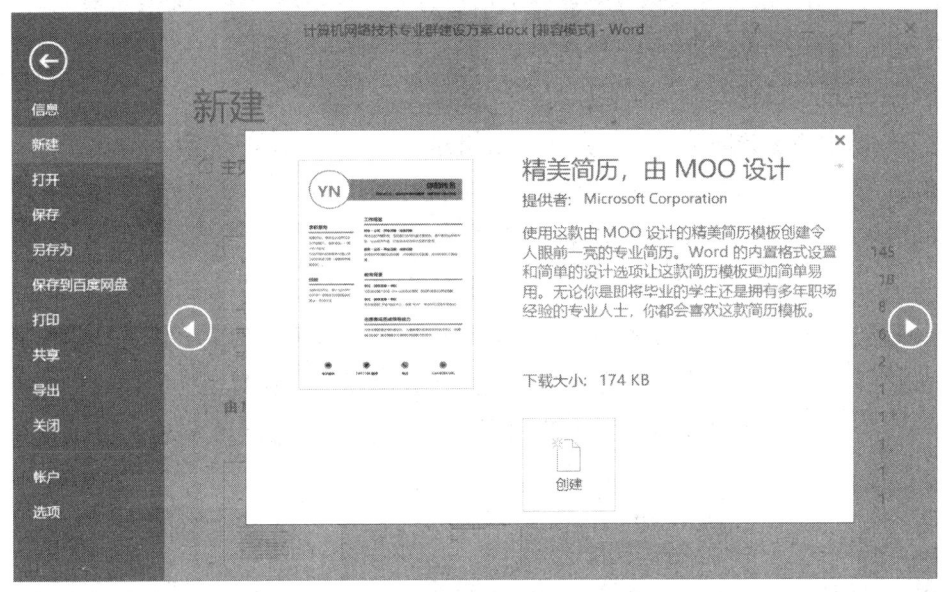

图 3-1-7 创建文档

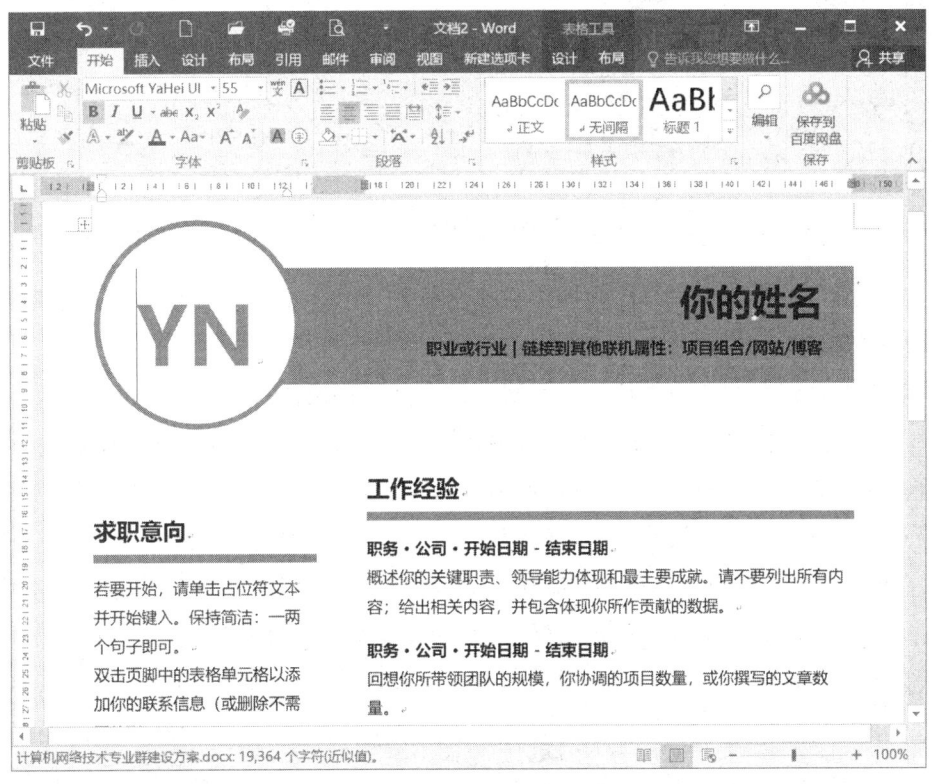

图 3-1-8 根据模板创建的文档效果

（2）保存文档。

保存文档是指将新建的文档、编辑过的文档保存到计算机中，便于后续查看和使用。Word 2016中保存文档的方法可分为保存新建的文档、另存文档和自动保存文档3种。

保存新建文档的方法主要有以下3种。

方法1：通过"保存"命令保存。选择"文件"菜单—"保存"命令。

方法2：通过快速访问工具栏保存。单击快速访问工具栏中的"保存"按钮。

方法3：通过快捷键保存。按"Ctrl+S"组合键。

如果是第一次对新建的文档进行保存，执行以上任意操作后，都将打开"另存为"窗口，如图3-1-9所示，在该窗口的"另存为"列表中提供了"最近""OneDrive-个人""这台电脑""添加位置""浏览"等5种保存方式，默认选择"最近"的保存位置，单击右侧最近使用的文件夹便可打开"另存为"对话框，如图3-1-10所示，在对话框的地址栏中可选择和设置文档的保存位置，在"文件名"下拉列表框中可设置文档保存的名称，完成后单击"保存"按钮。

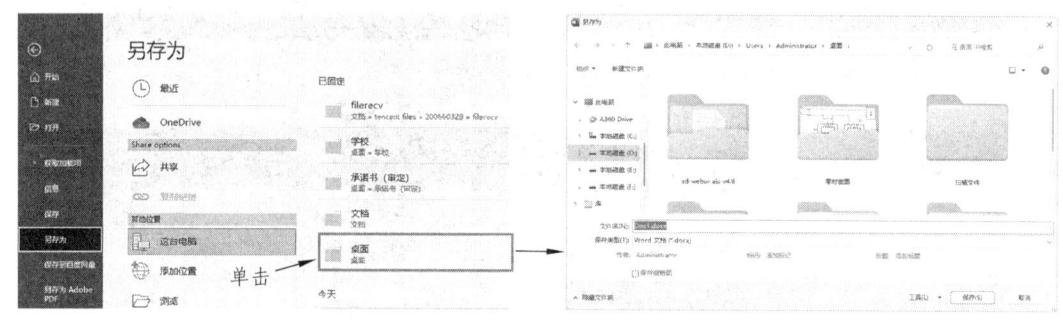

图3-1-9　选择保存方式　　　　图3-1-10　保存文档

如果文档已经保存，再执行保存操作时不会打开"另存为"对话框，而是直接替换之前保存的文档内容。

如果需要对已保存的文档进行备份，则可以选择另存操作，方法为选择"文件"菜单—"另存为"命令，在打开的"另存为"窗口中按保存新建的文档的方法操作即可。

设置自动保存后，Word 2016将按设置的间隔时间自动保存文档，以免遇到"死机"或突然断电等意外情况时丢失文档数据。设置方法是选择"文件"菜单—"选项"命令，打开"Word选项"对话框，选择左侧列表框中的"保存"选项，单击选中"保存自动恢复信息时间间隔"复选框；并在右侧的数值框中设置自动保存的时间间隔，如"10分钟"，如图3-1-11所示，完成后确认操作即可。

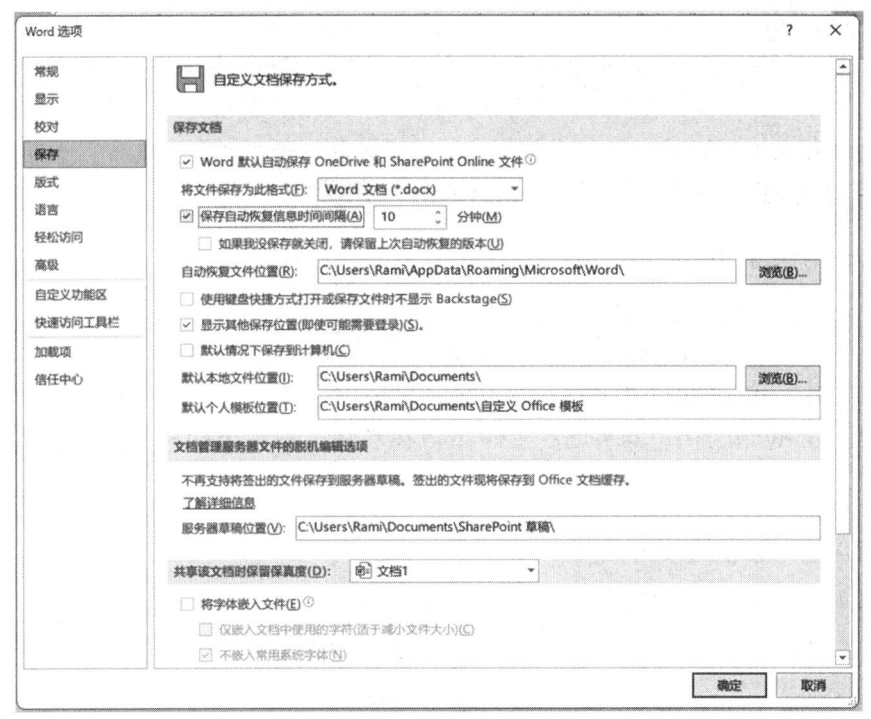

图 3-1-11 设置自动保存文档时间间隔

（3）打开文档。

打开文档有以下几种常用方法。

方法 1：通过"打开"命令打开。选择"文件"菜单—"打开"命令。

方法 2：通过快速访问工具栏打开。单击快速访问工具栏中的"打开"按钮。

方法 3：通过快捷键打开。按"Crl+O"组合键。

执行以上任意操作后，都将打开"打开"窗口，如图 3-1-12 所示，在"打开"列表中提供了"最近""OneDrive-个人""这台电脑""添加位置""浏览"等 5 种打开方式，默认显示"最近"打开过的文档，也可以单击"浏览"按钮，打开"打开"对话框，如图 3-1-13 所示，在其中选择当前计算机中所保存的文档，然后单击"打开"按钮进行打开。

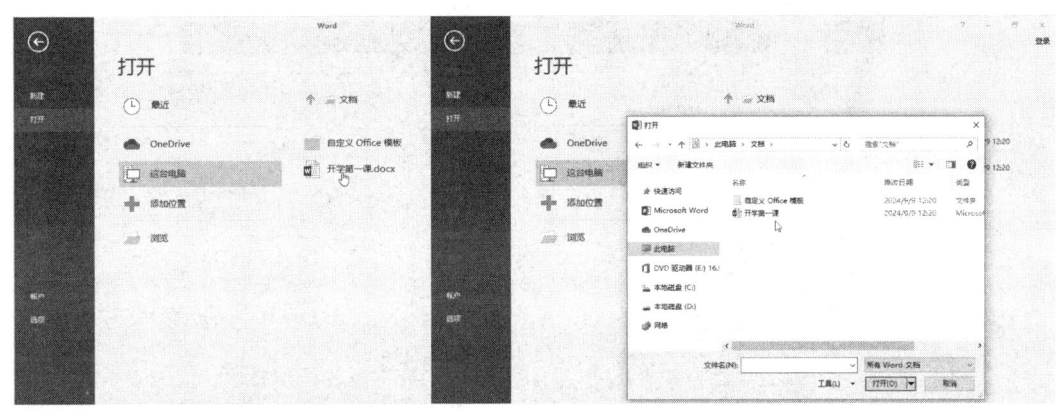

图 3-1-12　选择打开方式　　　　　图 3-1-13　选择要打开的文档

（4）关闭文档。

关闭文档是指在不退出 Word 2016 的前提下，关闭当前正在编辑的文档，方法为选择"文件"菜单—"关闭"命令。当关闭未保存的文档时，Word 会自动打开"提示"对话框，询问关闭前是否保存文档。这时，单击"保存"按钮可保存后关闭文档；单击"不保存"按钮可不保存直接关闭文档；单击"取消"按钮则取消关闭操作。

6. Word 2016 的退出

退出 Word 2016 的方法主要有以下几种。

方法 1：单击标题栏右侧的"关闭"按钮。

方法 2：确认 Word 2016 操作界面为当前活动窗口，然后按"Alt+F4"组合键。

方法 3：在 Word 2016 的标题栏上单击鼠标右键，在弹出的快捷菜单中选择"关闭"命令。

二、Word 2016 的文本编辑

创建或打开一篇文档后，便可通过 Word 2016 对文档内容进行编辑，如输入文本、选择文本、插入与删除文本、移动与复制文本，以及查找与替换文本等。

1. 输入文本

创建文档后就可以在文档中输入文本，Word 的即点即输功能可帮助用户轻松在文档中的不同位置输入需要的文本。

【例 3-2】下面在 Word 2016 中输入"学习计划"等文本。

步骤 1：将鼠标指针移至文档上方的中间位置，当鼠标指针变成"Ⅰ"形状时双击鼠标，将文本插入点定位到此处。

步骤 2：将输入法切换至中文输入法，输入文档标题"学习计划"文本。

步骤 3：将指针移至文档标题下方左侧需要输入文本的位置，此时指针变成"Ⅰ"形状，双击鼠标将文本插入点定位到此处，如图 3-1-14 所示。

步骤 4：输入正文文本，按回车键换行，使用相同的方法输入其他的文本，完成学习计划的其余文本内容的输入，效果如图 3-1-15 所示。

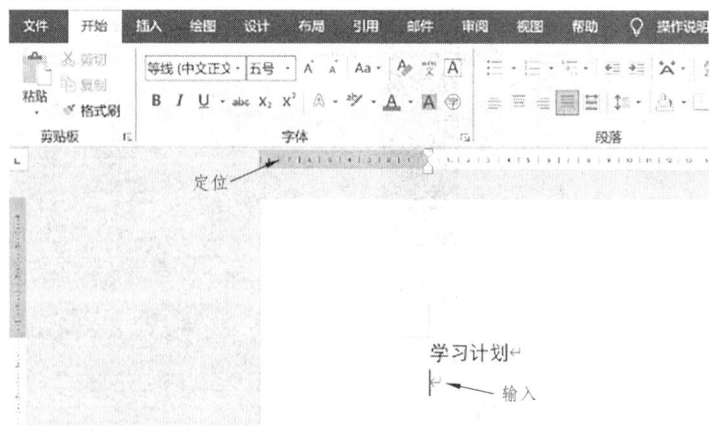

图 3-1-14　定位文本插入点

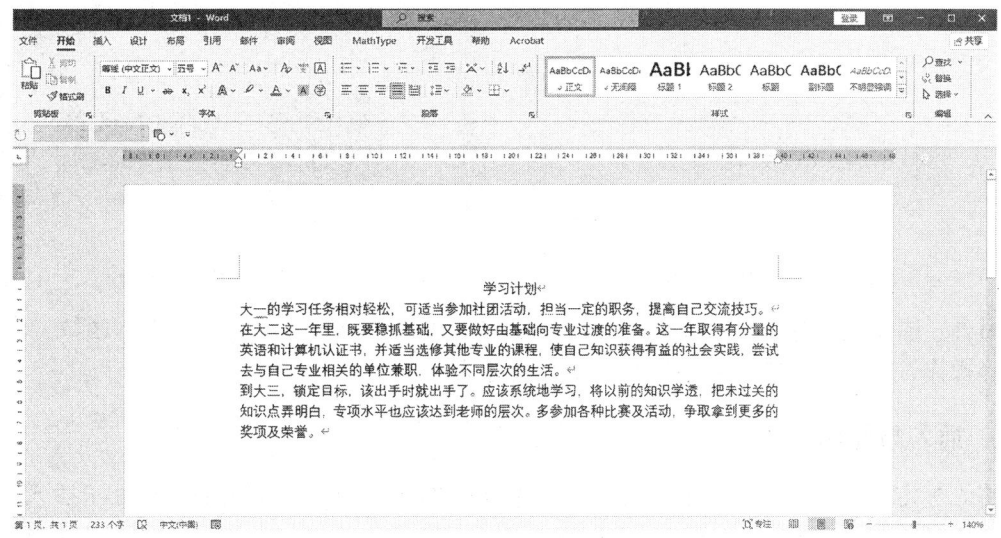

图 3-1-15　输入正文部分

2. 选择文本

当需要对文档内容进行修改、删除、移动与复制等编辑操作时，用户必须先选择要编辑的文本。选择文本主要包括选择任意文本，选择一行文本、选择一段文本、选择整篇文档等多种方式，具体方法介绍如下。

选择任意文本：在需要选择的文本的开始位置单击后按住鼠标左键不放并拖动到文本结束处释放鼠标，选择后的文本呈灰底黑字显示，如图 3-1-16 所示。

选择一行文本：除了用选择任意文本的方法拖动选择一行文本外，还可将鼠标指针移动到该行左边的空白位置，当指针变成形状时单击鼠标左键，即可选择整行文本，如图 3-1-17 所示。

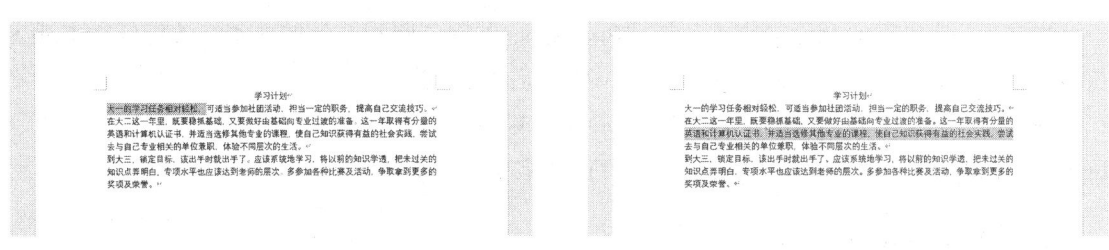

图 3-1-16　选择任意文本　　　　　　　　图 3-1-17　选择一行文本

选择一段文本：除了用选择任意文本的方法拖动选择一段文本外，还可将指针移动到段落左边的空白位置，当指针变为形状时双击鼠标；或在该段文本中任意一点连续单击鼠标 3 次，即可选择该段文本，如图 3-1-18 所示。

选择整篇文档：将鼠标指针移动到文档左边的空白位置，当鼠标指针变成白色中空形，连续单击鼠标 3 次；或将鼠标指针定位到文本的起始位置，按住"Shift"键不放，然后单击文本末尾位置；或直接按"Ctrl+A"组合键，选择整篇文档，如图 3-1-19 所示。

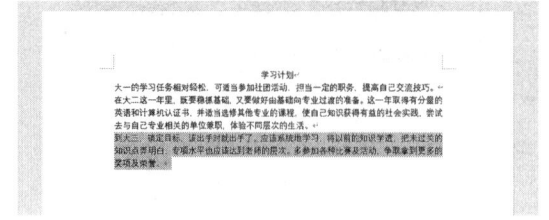
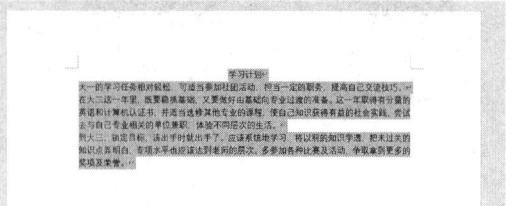

图 3-1-18　选择一段文本　　　　　　　图 3-1-19　选择整篇文档

另外，选择部分文本后，按住"Ctrl"键不放，可以继续选择不连续的文本区域。若要取消选择操作，可用鼠标在选择对象以外的任意位置单击即可。

3. 插入与删除文本

将光标定位至 Word 文档中，光标将呈不断闪烁的状态，表示当前文档处于插入状态，可直接在插入点处输入文本，光标将随该处文本后面的内容自动向后移动，如图 3-1-20 所示。

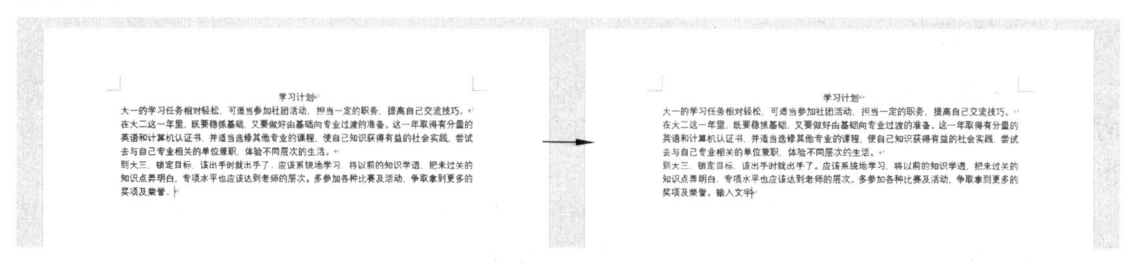

图 3-1-20　插入文本

如果文档中输入了多余或重复的文本，可使用删除操作将不需要的文本从文档中删除，主要有以下两种方法。

方法 1：选择需要删除的文本，按"BackSpace"键可删除选择的文本。若定位文本插入点后，按"BackSpace"键则可删除文本插入点前面的字符。

方法 2：选择需要删除的文本，按"Delete"键也可删除选择的文本。若定位文本插入点后，按"Delete"键则可删除文本插入点后面的字符。

4. 复制与移动文本

若要输入与文档中已有内容相同的文本，可使用复制操作。若要将所需文本内容从一个位置移动到另一个位置，可使用移动操作，下面具体进行介绍。

（1）复制文本。

复制文本是指在目标位置为原位置的文本创建一个副本，复制文本后，原位置和目标位置都将存在该文本。复制文本的方法有多种，下面分别进行介绍。

方法 1：选择所需文本后，在"开始"选项卡—"剪贴板"组中单击"复制"按钮复制文本，定位到目标位置后在"开始"选项卡—"剪贴板"组中单击"粘贴"按钮粘贴文本。

方法 2：选择所需文本后，在其上单击鼠标右键，在弹出的快捷菜单中选择"复制"命令，定位到目标位置后单击鼠标右键，在弹出的快捷菜单中单击"粘贴选项"命令中的"保留源格式"按钮粘贴文本。

方法 3：选择所需文本后，按"Ctrl+C"组合键复制文本，定位到目标位置后按"Ctrl+V"组合键粘贴文本。

方法 4：选择所需文本后，按住"Ctrl"键不放，将其拖动到目标位置即可。

（2）移动文本。

移动文本是指将选择的文本移动到另一个位置，原位置将不再保留该文本，主要有以下4种操作方法。

方法 1：选择要移动的文本后单击鼠标右键，在弹出的快捷菜单中选择"剪切"命令，定位文本插入点，单击鼠标右键，在弹出的快捷菜单中单击"粘贴选项"命令中的"保留源格式"按钮，即可移动文本。

方法 2：选择要移动的文本；在"开始"选项卡—"剪贴板"组中单击"剪切"按钮；定位到目标位置后，在"开始"选项卡—"剪贴板"组中单击"粘贴"按钮，即可发现原位置的文本在粘贴处显示，如图 3-1-21 所示。

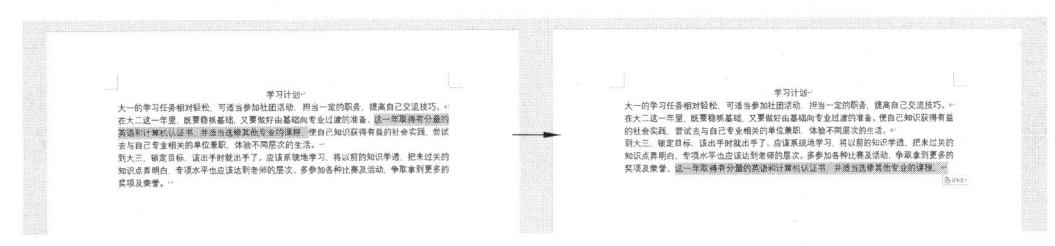

图 3-1-21　剪切并粘贴文本

方法 3：选择要移动的文本，按"Ctrl+X"组合键，将文本插入点定位到目标位置，按"Ctrl+V"组合键粘贴文本。

方法 4：选择要移动的文本，将鼠标指针移动到选择的文本上，按住鼠标左键不放拖动到目标位置后释放鼠标。

5. 查找与替换文本

当文档中出现某个多次使用的文字或短句错误时，可使用查找与替换功能来检查和修改错误部分，以节省时间并避免遗漏。

【例3-3】将"招聘启事"文档中的"赵萍"替换为"招聘"。

步骤 1：将文本插入点定位到文档中，在"开始"选项卡—"编辑"组中单击"替换"按钮，或按"Ctrl+H"组合键，如图 3-1-22 所示。

步骤 2：打开"查找和替换"对话框，分别在"查找内容"和"替换为"文本框中输入"赵萍"和"招聘"，如图 3-1-23 所示。

步骤 3：单击图 3-1-23 中的"查找下一处"按钮，即可看到文档中所找到的第一个"赵萍"文本呈选中状态显示。

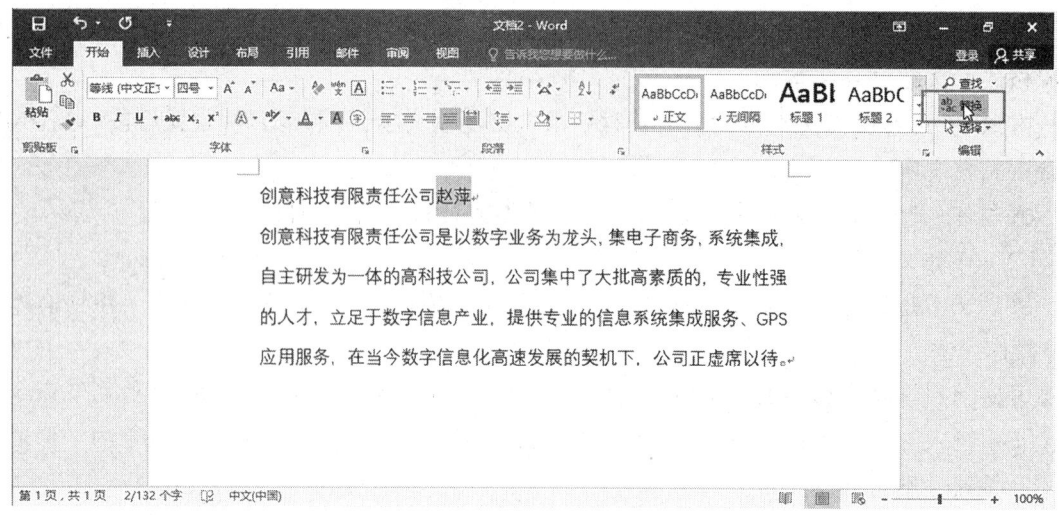

图 3-1-22 单击"替换"按钮

图 3-1-23 "查找和替换"对话框

步骤 4：如图 3-1-24 所示，继续单击"查找下一处"按钮，直至出现对话框提示"已完成对文档的搜索"，单击"确定"按钮；或返回"查找和替换"对话框，单击"全部替换"按钮。

步骤 5：打开提示对话框，提示完成替换的次数，直接单击"确定"按钮即可完成替换，最后单击"关闭"按钮，如图 3-1-25 所示，完成文本的查找与替换操作。

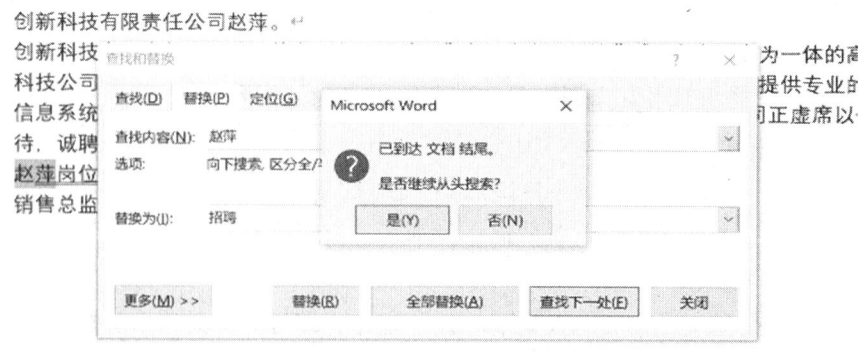

图 3-1-24 提示完成文档的搜索

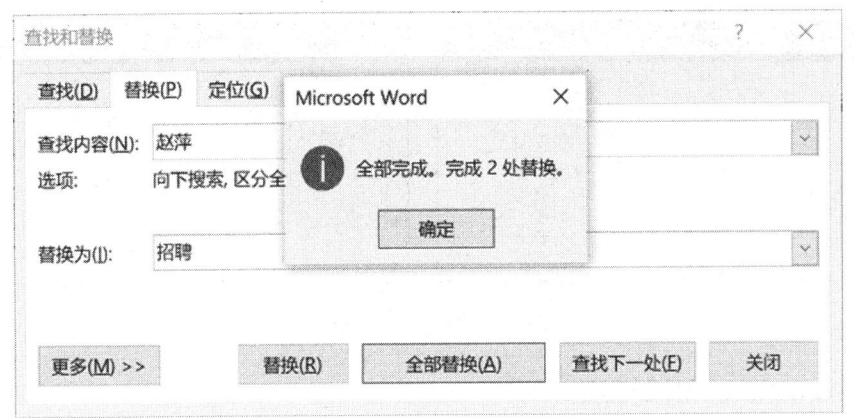

图 3-1-25　提示完成替换

步骤 6：此时在文档中即可看到"赵萍"已被全部替换为"招聘"文本，如图 3-1-26 所示。

> 创新科技有限责任公司招聘。
> 创新科技有限责任公司是以数字业务为龙头，集电子商务、系统集成、自主研发为一体的高科技公司。公司集中了大批高素质的、专业性强的人才，立足于数字信息产业，提供专业的信息系统集成服务、GPS 应用服务。在当今数字信息化高速发展的时机下，公司正虚席以待，诚聘天下英才。
> 招聘岗位。
> 销售总监……1 人

图 3-1-26　查看替换文本效果

6. 撤销与恢复操作

Word 2016 有自动记录功能，在编辑文档时执行了错误操作后可进行撤销，同时也可恢复被撤销的操作。

【例 3-4】将"学习计划"文档中的"学习计划"修改为"计划"，然后撤销操作。

步骤 1：将文档标题"学习计划"修改为"计划"。

步骤 2：单击快速访问工具栏中的"撤销键入"按钮，如图 3-1-27 所示，即可恢复到将"学习计划"修改为"计划"前的文档效果。

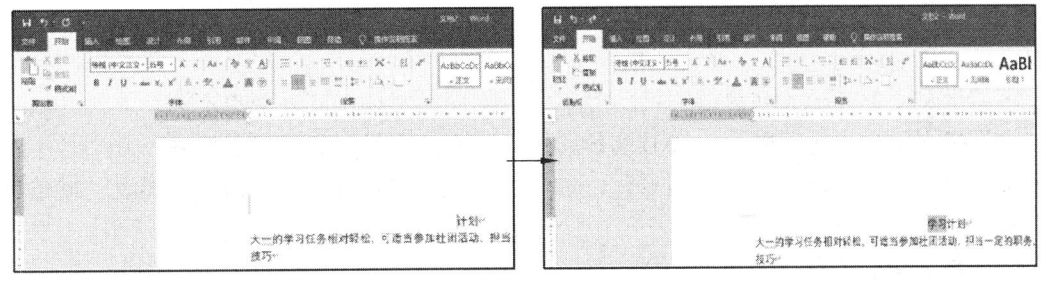

图 3-1-27　撤销操作

步骤 3：单击"恢复"按钮，或按"Ctrl+Y"组合键，如图 3-1-28 所示，便可以恢复到撤销操作前的文档效果。

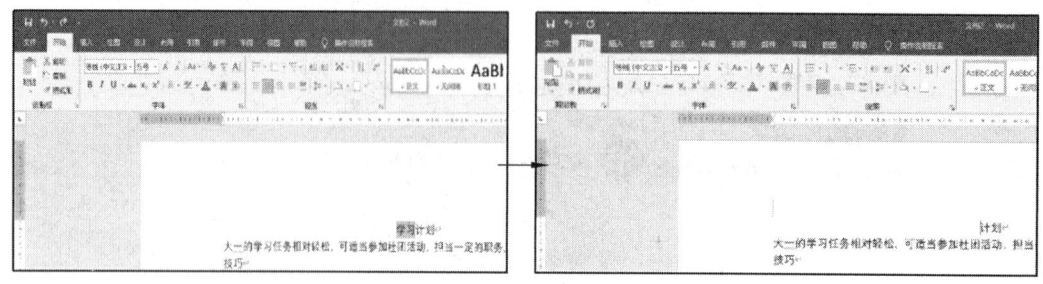

图 3-1-28　恢复操作

三、Word 2016 文档排版

对 Word 文档进行排版主要是设置 Word 的文档格式，包括设置字符和段落格式、设置边框与底纹、设置项目符号和编号、应用格式刷、设置样式与模板、创建目录，以及设置特殊格式等。

1. 设置字符格式

Word 文档中的文本内容包括汉字、字母、数字、符号等，设置字体格式即更改文本的字体、字号、颜色等，通过这些设置可以使文字效果更突出，文档更美观。在 Word 2016 中设置字符格式可通过以下方法完成。

（1）通过浮动工具栏设置。

选择一段文本后，所选文本的右上角将会自动显示一个浮动工具栏，该浮动工具栏最初为半透明状态显示，将鼠标指针指向该工具栏时会清晰地完全显示。浮动工具栏中包含常用的设置选项，单击相应的按钮或选择相应选项即可对文本的字符格式进行设置，如图 3-1-29 所示。其中部分选项含义如下。

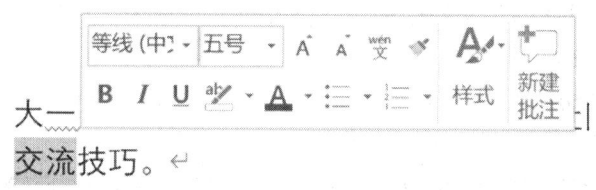

图 3-1-29　浮动工具栏

字体指文字的外观，如黑体、楷体等字体，不同的字体，其外观也不同。

字号指文字的大小，默认为五号。其度量单位有"字号"和"磅"两种，其中"字号"越大文字越小，最大的字号为"初号"，最小的字号为"八号"；"磅"则相反，磅值越大文字越大。

（2）通过功能区设置。

在 Word 2016 默认功能区的"开始"选项卡—"字体"组中可直接设置文本的字符格式，包括字体、字号、颜色、字形等，如图 3-1-30 所示。

选择需要设置字符格式的文本后，在"字体"组中单击相应的按钮或选择相应的选项即可进行相应设置。"字体"组中还包括以下设置选项。

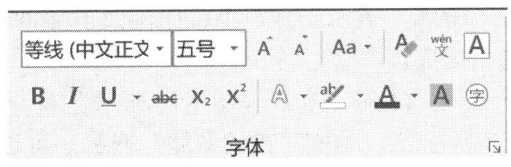

图 3-1-30 "字体"组

"文本效果和版式"按钮：单击 按钮，可在打开的下拉列表中选择需要的文本效果，如阴影、发光、映像等效果。

"下标"与"上标"按钮：单击 按钮将选择的字符设置为下标效果；单击 x^2 按钮将选择的字符设置为上标效果。

"更改大小写"按钮：在编辑英文文档时，可能需要转换字母大小写，单击"字体"组的 按钮，打开的下拉列表中提供了句首字母大写、每个单词首字母大写、切换大小写等转换选项。

"带圈字符"按钮：单击 按钮可以在字符周围设置圆圈或边框，达到强调的效果。

（3）通过"字体"对话框设置。

在"开始"选项卡—"字体"组中单击其右下角的"展开"按钮或按"Ctrl+D"组合键，打开"字体"对话框。在"字体"选项卡中可设置字体格式，如字体、字形、字号、字体颜色、下划线等，还可即时预览设置字体后的效果，如图 3-1-31 所示。

在"字体"对话框中单击"高级"选项卡，可以设置字符间距、缩放、字符位置等，如图 3-1-32 所示。

图 3-1-31 "字体"选项卡　　　　图 3-1-32 "高级"选项卡

"高级"选项卡中常用设置选项的功能如下。

缩放：默认字符缩放是 100%，表示正常大小，比例大于 100%时得到的字符趋于宽扁，小于 100%时得到的字符趋于瘦高。

位置：指字符在文本行的垂直位置，包括"上升"和"下降"两种。

间距：Word 中的字符间距包括"加宽"或"紧缩"两种，可设置加宽或紧缩的具体值。当末行文字只有 1、2 个字符时可通过"紧缩"将其调到上一行。

在 Word 中，浮动工具栏主要用于快捷设置所选文本的字符格式及段落格式，"字体"组主要用于对所选文本的字体格式进行设置，其选项要比浮动工具栏多，但不能对段落进行设置，而"字体"对话框则拥有比前两种方法更多的设置功能。

2. 设置段落格式

段落是指文字、图形及其他对象的集合。回车符"↵"是段落的结束标记。通过设置段落格式，如设置段落对齐方式、缩进、行间距、段间距等，可以使文档的结构更清晰，层次更分明。

（1）设置段落对齐方式。

段落对齐方式主要包括左对齐、居中对齐、右对齐、两端对齐、分散对齐等几种，设置方法有以下几种。

方法 1：选择要设置的段落，在"开始"选项卡—"段落"组中单击相应的对齐按钮，即可设置文档段落的对齐方式，如图 3-1-33 所示。

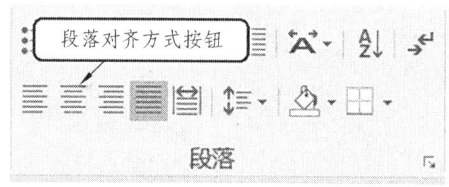

图 3-1-33　设置段落对齐方式

方法 2：选择要设置的段落，在浮动工具栏中单击相应的对齐按钮，可以设置段落对齐方式。

方法 3：选择要设置的段落，单击"段落"组右下方的"展开"按钮，打开"段落"对话框，在该对话框中的"对齐方式"下拉列表中设置段落对齐方式。

（2）设置段落缩进。

段落缩进包括左缩进、右缩进、首行缩进、悬挂缩进和对称缩进 5 种，一般利用标尺和"段落"对话框来设置，其方法分别如下。

方法 1：利用标尺设置[①]。拖动水平标尺中的各个缩进滑块，可以直观地调整段落缩进。其中▽表示首行缩进，△表示悬挂缩进，▭表示左缩进，如图 3-1-34 所示。

方法 2：利用对话框设置。选择要设置的段落，单击"段落"组右下方的"展开"按钮，打开"段落"对话框，在该对话框中的"缩进"栏中进行设置。

---

① Word 2016 中默认不显示标尺，因此在使用标尺前需要进行手动显示，方法为在"视图"选项卡—"显示"组中单击选中"标尺"复选框即可。

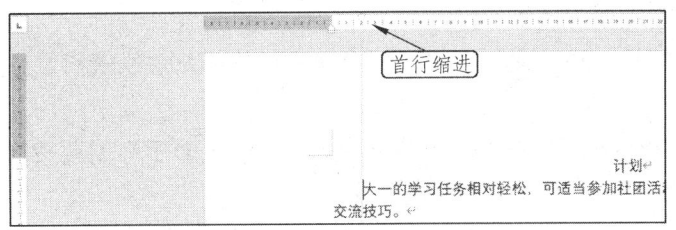

图 3-1-34 利用标尺设置段落缩进

（3）设置行间距和段落间距。

合适的间距可使文档一目了然，可根据需要设置行间距和段落前后间距，方法如下。

方法 1：选择段落，在"开始"选项卡—"段落"组中单击"行和段落间距"按钮，如图 3-1-35 所示为在打开的下拉列表中可选择"1.5 倍行距"等行距倍数选项。

方法 2：选择段落，打开"段落"对话框，在"间距"栏中的"段前"和"段后"数值框中输入值，在"行距"下拉列表框中选择相应的选项，即可设置段落间距和行间距，如图 3-1-35 所示。

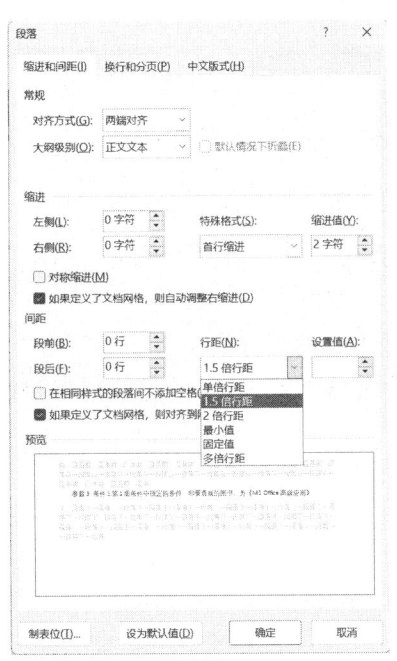

图 3-1-35 "段落"对话框

3. 设置边框与底纹

为了提升文档的美观度，或达到突出重点的目的，在 Word 文档中可以为字符和段落设置边框和底纹。

（1）为字符设置边框与底纹。

在"开始"选项卡—"字体"组中单击"字符边框"按钮，即可为选择的文本设置字符边框，在"字体"组中单击"字符底纹"按钮即可为选择的文本设置字符底纹。

（2）为段落设置边框与底纹。

若输入的文本都是一种样式，会使画面看起来很单一，为段落设置边框与底纹可使文档的效果更加美观。

【例 3-5】为文档的标题行添加浅绿色的底纹，为"1.大学生创业贷款的概念"下方的整段文本添加边框和"白色，背景 1，深色 15%"的底纹。

步骤 1：选择标题行，在"段落"组中单击"底纹"按钮右侧的下拉按钮；在打开的下拉列表中选择"浅绿"选项，如图 3-1-36 所示。

步骤 2：选择标题"1.大学生创业贷款的概念"下方的整个段落；然后在"段落"组中单击"下框线"按钮右侧的下拉按钮；在打开的下拉列表中选择"边框和底纹"选项，如图 3-1-37 所示。

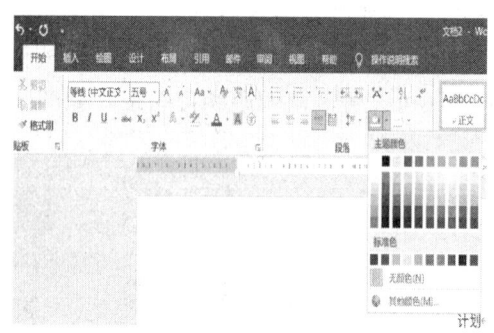 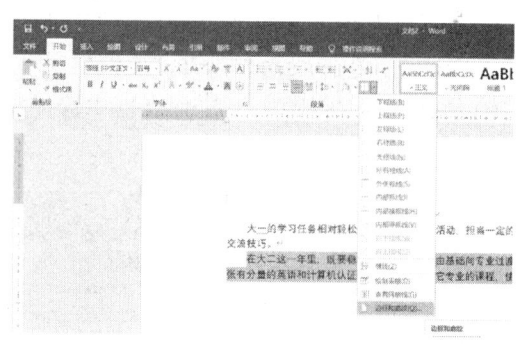

图 3-1-36　在"段落"组中设置底纹　　　　图 3-1-37　选择"边框与底纹"选项

步骤 3：在打开的"边框和底纹"对话框中单击"边框"选项卡，在"设置"栏中选择"方框"选项，在"样式"列表框中选择"▭▭▭▭"选项；单击"底纹"选项卡，在"填充"下拉列表框中选择"白色，背景 1，深色 15%"选项；单击"确定"按钮。在文档中设置边框与底纹后的效果如图 3-1-38 所示。完成后用相同的方法为其他段落设置边框与底纹样式。

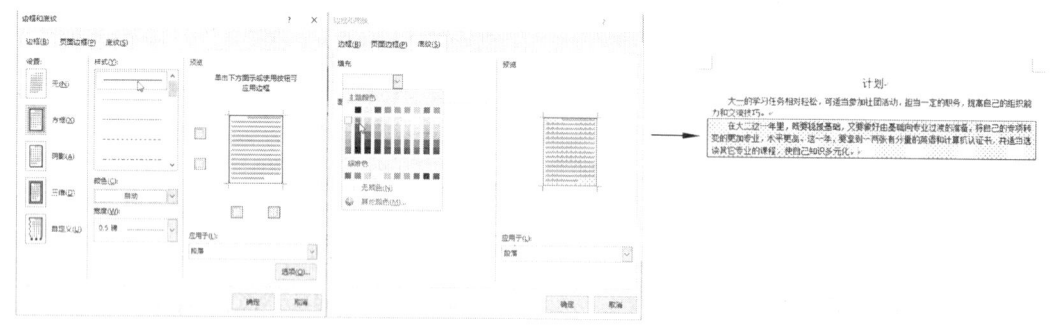

图 3-1-38　通过对话框设置边框与底纹

4. 设置项目符号和编号

使用项目符号与编号功能，可为属于并列关系的段落添加●、★等项目符号，也可添加"1.2.3."或"A.B.C."等编号，还可组成多级列表，使文档层次分明、条理清晰。

(1)添加项目符号。

选择需要添加项目符号的段落,在"开始"选项卡—"段落"组中单击"项目符号"按钮右侧的下拉按钮,在打开的下拉列表中选择一种项目符号样式即可。

(2)自定义项目符号。

Word 2016 中默认的项目符号样式共 7 种,根据需要还可自定义项目符号。

【例 3-6】下面将在"大学生创业贷款"文档中自定义项目符号。

步骤 1:选择需要添加自定义项目符号的段落,在"开始"选项卡—"段落"组中单击"项目符号"按钮右侧的下拉按钮;在打开的下拉列表中选择"定义新项目符号"选项,如图 3-1-39 所示,打开"定义新项目符号"对话框。

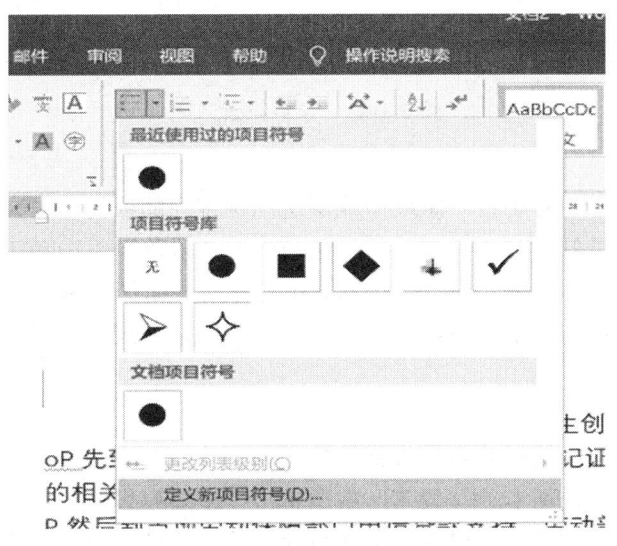

图 3-1-39 选择"定义新项目符号"选项

步骤 2:在"项目符号字符"栏中单击"图片"按钮,打开"插入图片"界面,其中提供了 3 种不同的图片选择方式,这里单击"从文件"栏中的"浏览"按钮;在打开的"插入图片"对话框中选择要插入的图片样式,如图 3-1-40 所示,然后单击"插入"按钮。

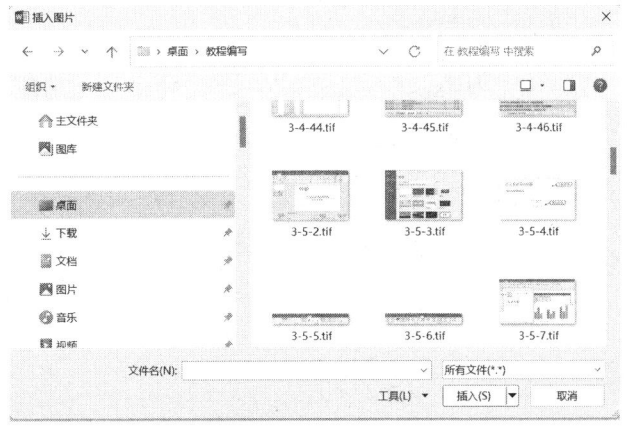

图 3-1-40 自定义项目符号

步骤 3:返回"定义新项目符号"对话框,在"对齐方式"下拉列表中选择项目符号的对齐方式,此时可以在下面的预览窗口中预览设置效果,如图3-1-41所示。最后单击"确定"按钮即可查看定义后的效果。

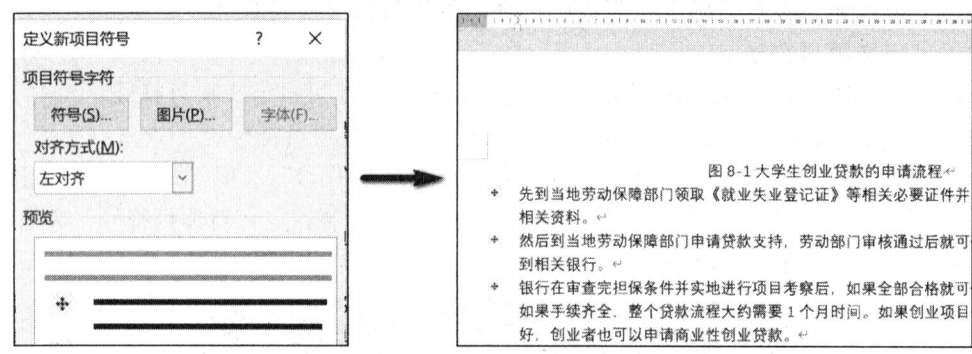

图3-1-41　预览设置效果

（3）添加编号。

在制作办公文档时,对于按一定顺序或层次结构排列的项目,可以为其添加编号。操作方法为选择要添加编号的文本,在"开始"选项卡—"段落"组中单击"编号"按钮右侧的下拉按钮,即可在打开的"编号库"下拉列表中选择需要添加的编号,如图3-1-42所示。另外,在"编号库"下拉列表中还可选择"定义新编号格式"选项来自定义编号格式,其方法与自定义项目符号相似。

（4）设置多级列表。

多级列表主要用于编制需要各种级别的编号的文档,设置多级列表的方法为选择需要设置的段落,在"开始"选项卡—"段落"组中单击"多级列表"按钮，在打开的下拉列表中选择一种编号的样式即可。对段落设置多级列表后默认各段落标题级别是相同的,看不出级别效果,可以依次在下一级标题编号后面按一下"Tab"键,对当前内容进行降级操作。

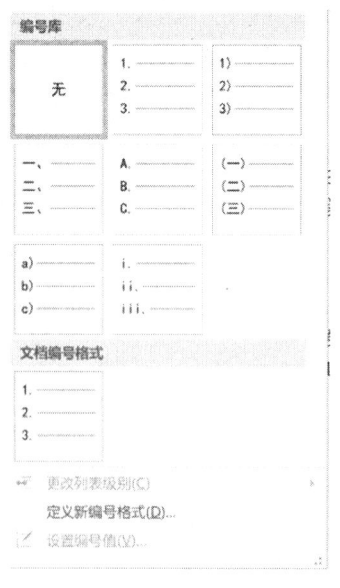

图3-1-42　添加编号

5. 应用格式刷

使用格式刷能快速地将文本中的某种格式应用到其他的文本上。具体操作方法为：选择设置好样式的文本；在"开始"选项卡—"剪贴板"组中单击"格式刷"按钮；将鼠标指针移动到文本编辑区,当鼠标指针呈刷子形状时,按鼠标左键拖动便可为选择的文本应用样式,如图 3-1-43 所示。或单击"格式刷"按钮后,将鼠标指针移动至某一行文本前,当鼠标指针呈刷子形状时，便可为该行文本应用文本样式。

使用格式刷时，单击按钮，则在使用一次后自动关闭；双击按钮，则可多次重复进行格式复制操作，直到再次单击"格式刷"按钮或按"Esc"键可关闭格式刷功能。

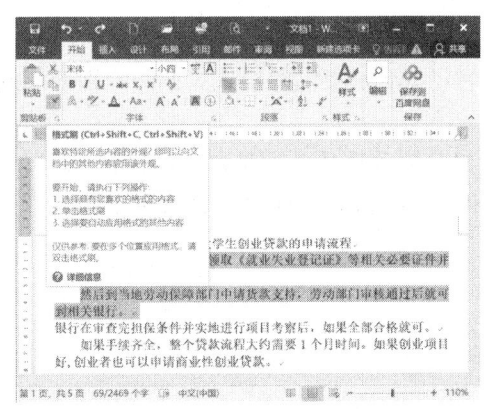 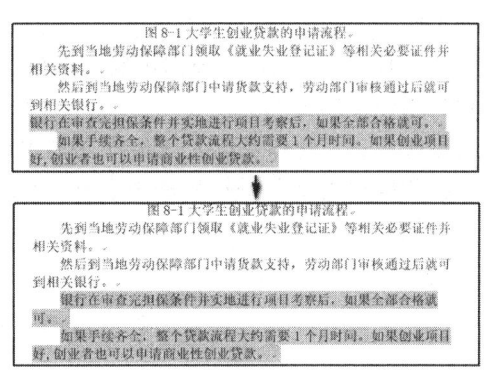

图 3-1-43　使用格式刷

6. 应用样式与模板

样式与模板是 Word 中常用的排版功能，下面介绍样式与模板的相关知识。

（1）样式。

样式是指一组已经命名的字符和段落格式，它设定了文档中标题、题注以及正文等各个文本元素的格式。用户可以将一种样式应用于某个段落或段落中选择的字符上。下面介绍在 Word 2016 中新建样式、应用样式和修改样式的方法。

新建样式：在文档中为文本或段落设置好所需要的格式后，先选择所需文本，再在"开始"选项卡—"样式"组中单击"样式"下拉列表框右侧的下拉按钮，在打开的下拉列表中选择"创建样式"选项；打开"根据格式设置创建新样式"对话框，在"名称"文本框中输入样式的名称；单击"确定"按钮，如图 3-1-44 所示。

应用样式：将文本插入点定位到要设置样式的段落中或选择要设置样式的字符或词组，在"开始"选项卡—"样式"组中单击"样式"下拉列表框右侧的下拉按钮，在打开的下拉列表中选择需要应用的样式对应的选项即可。

修改样式：在"开始"选项卡—"样式"组中单击"样式"列表框右侧的下拉按钮，在打开的下拉列表中需进行修改的样式选项上单击鼠标右键,在弹出的快捷菜单中选择"修改"命令，此时将打开"修改样式"对话框，在其中可重新设置样式的名称和格式。

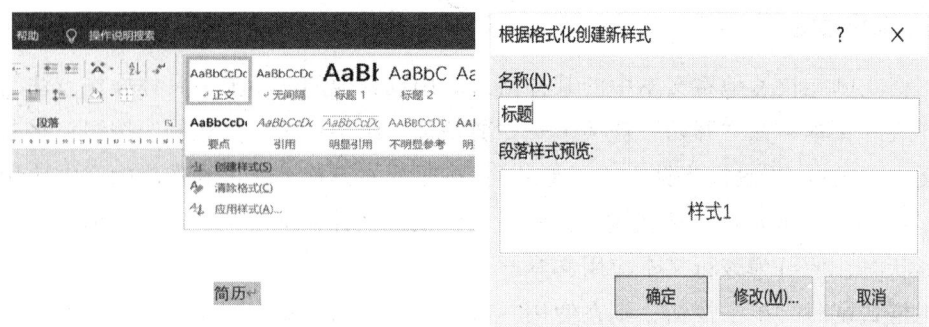

图 3-1-44 创建样式的过程

（2）模板。

Word 2016 的模板是一种固定样式的框架，包含了 Word 预设的样式，下面分别介绍新建模板和套用模板的方法。

新建模板：打开想要作为模板使用的 Word 文档，然后打开"另存为"对话框，设置好文件名；在"保存类型"下拉列表中选择"Word 模板（*.docx）"选项；最后单击"保存"按钮即可，如图 3-1-45 所示。

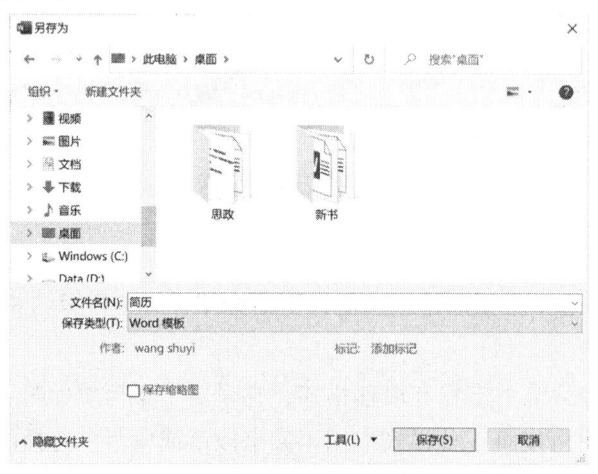

图 3-1-45 新建模板

套用模板：选择"文件"菜单—"新建"命令，单击右侧"新建"列表中的"个人"选项卡，其中显示了可用的模板信息，单击要套用的模板名称即可在 Word 中快速新建一个与模板样式一模一样的文档。

7. 创建目录

对于设置了多级标题样式的文档，可通过索引和目录功能提取目录。具体方法为：打开设置了多级标题的文档，然后将文本插入点定位于文档中要显示目录的位置，在"引用"选项卡—"目录"组中单击"目录"下拉按钮，在打开的下拉列表中选择"自定义目录"选项，打开"目录"对话框，如图 3-1-46 所示。在"目录"对话框中可以设置目录的显示级别、制表符、前导符的样式，是否显示页码和页码的对齐方式等参数，完成设置后单击"确定"按钮，返回文档编辑区即可查看插入的目录。

在 Word 文档中插入目录时，一定要确保所编辑的文档已经添加了相应的标题样式，否则目录是无法正常插入的。

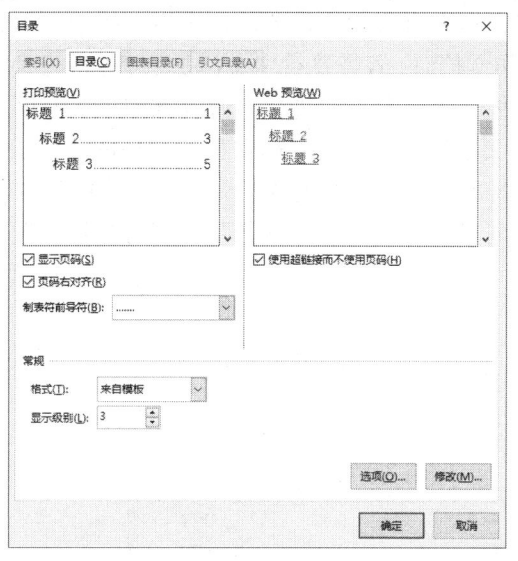

图 3-1-46　"目录"对话框

8．设置特殊格式

特殊格式包括首字下沉、带圈字符、双行合一和给中文加拼音等，主要用于制作一些有特殊要求的文档。

首字下沉：首字下沉即设置段落中的第一个字突出显示，这种方法通常用于报刊和杂志中。选择要设置首字下沉的段落，在"插入"选项卡—"文本"组中单击"首字下沉"下拉按钮，在打开的列表中选择所需的样式即可。

带圈字符：带圈字符是字符的一种特殊形式，用于表示强调，如已注册商标符号"®"、数字符号"①"等，都可使用带圈字符来制作。选择要设置带圈字符的单个文本，在"字体"组中单击"带圈字符"按钮，在打开的"带圈字符"对话框中设置字符的样式、圈号等参数即可，如图 3-1-47 所示。

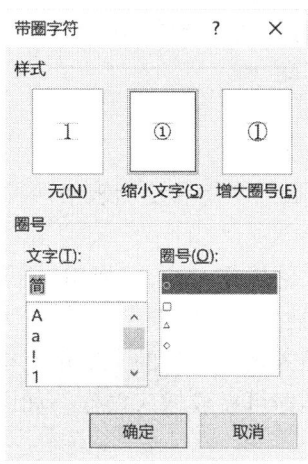

图 3-1-47　设置带圈字符

双行合一：双行合一指将两行文字显示在一行文字的空间中，选择文本后，在"开始"选项卡—"段落"组中单击"中文版式"按钮，在打开的下拉列表中选择"双行合一"选项，在打开的"双行合一"对话框中进行相应设置后，单击"确定"按钮即可。

给中文加拼音：在制作文档时，若需要给中文添加拼音，可先选择需要添加拼音的文本，在"开始"选项卡—"字体"组中单击"拼音指南"按钮要，打开"拼音指南"对话框，如图 3-1-48 所示。在"基准文字"下方的文本框中显示选择的要添加拼音的文字，在"拼音文字"下方的文本框中显示基准文字栏中对应的拼音，在"对齐方式""偏移量""字体""字号"列表框中可调整拼音的显示方式，在"预览"框中可显示设置后的效果。

图 3-1-48　给中文加拼音

四、Word 2016 的表格应用

表格是一种可视化的交流模式，是一种组织整理数据的手段，由多条在水平方向和垂直方向平行的直线构成，其中直线交叉形成了单元格；水平方向的一排单元格称为行，垂直方向的一排单元格称为列。表格是文本编辑过程中的一种非常有效的工具，可以将杂乱无章的信息管理得井井有条，从而提高文档内容的可读性。下面讲解在 Word 2016 中使用表格的方法。

1. 创建表格

在 Word 中创建表格主要包括插入表格和绘制表格两种方式。

（1）插入表格。

根据插入表格的行列数和个人的操作习惯，可使用以下两种方法来实现表格的插入操作。

方法 1：快速插入表格。在"插入"选项卡—"表格"中单击"表格"按钮；再在打开的下拉列表中将鼠标指针移动到"插入表格"栏的某个单元格上，此时呈黄色边框显示的单元格为将要插入的单元格，单击鼠标即可完成插入操作，如图 3-1-49 所示。

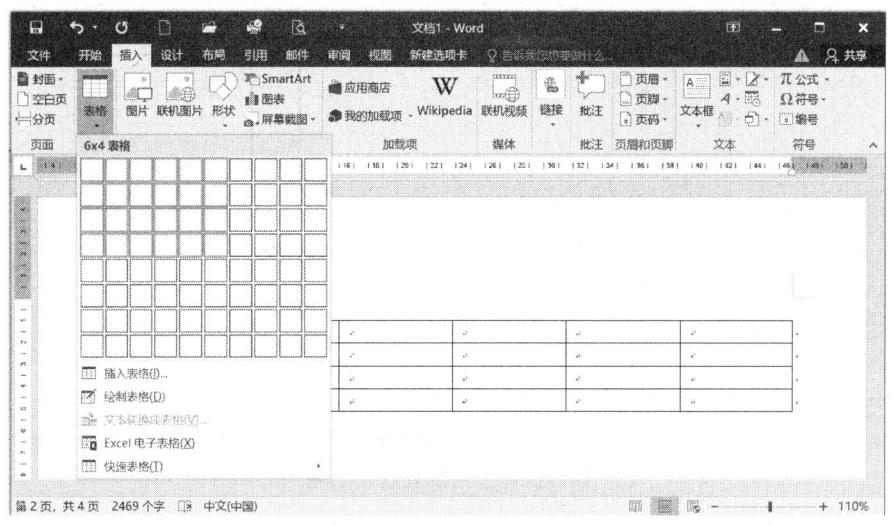

图 3-1-49 快速插入表格

方法 2：通过对话框插入表格。在"插入"选项卡—"表格"组中单击"表格"下拉按钮，在打开的下拉列表中选择"插入表格"选项，此时将打开"插入表格"对话框，在其中设置表格尺寸和单元格宽度后，单击"确定"按钮即可，如图 3-1-50 所示。

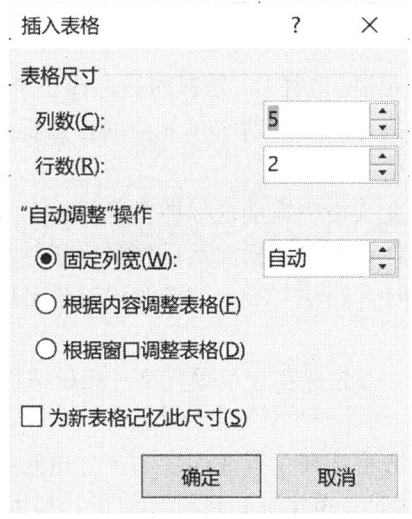

图 3-1-50 "插入表格"对话框

（2）绘制表格。

对于一些结构不规则的表格，可以通过绘制表格的方法进行创建。

【例 3-7】使用鼠标绘制一个横列两竖行的表格。

步骤 1：在"插入"选项卡—"表格"组中单击"表格"按钮，在打开的下拉列表中选择"绘制表格"选项。

步骤 2：此时光标将变为 ✎ 形状，在文档编辑区拖动鼠标即可绘制表格外边框。

步骤 3：在外边框内拖动鼠标绘制行线和列线。

步骤 4：表格绘制完成后，按"Esc"键退出绘制状态即可，整个过程如图 3-1-51 所示。

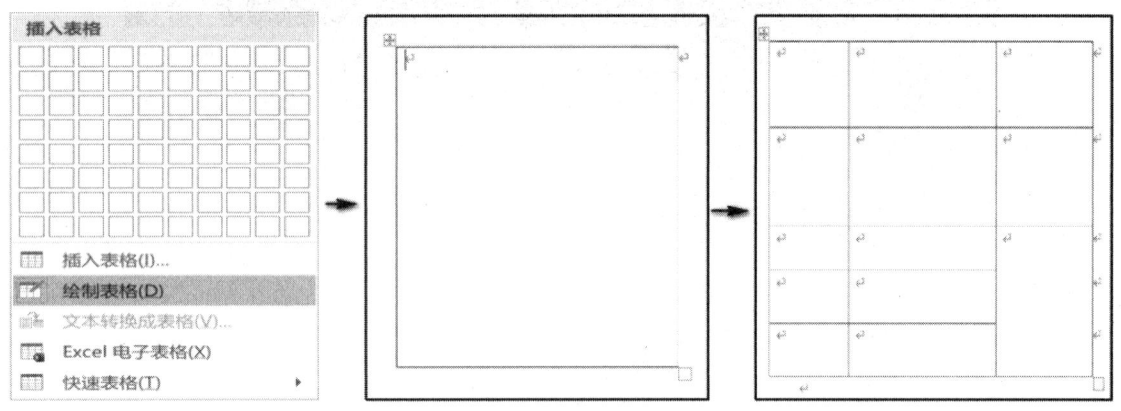

图 3-1-51　绘制表格的过程

在 Word 中绘制表格时，功能区会出现"表格工具设计"选项卡，在其中的"边框"组中提供了相应的参数，可用于对绘制的表格进行相应设置。

2. 编辑表格

表格创建后，可根据实际需要对其现有的结构进行调整，其中涉及表格的选择和布局等操作，下面分别进行介绍。

（1）选择表格。

选择表格主要包括选择单元格、选择行、选择列和选择整个表格等内容，具体方法如下。

选择单个单元格：将鼠标指针移动到所选单元格的左边框偏右位置，当其变为 ➥ 形状时，单击鼠标即可选择该单元格。

选择连续的多个单元格：在表格中拖动鼠标即可选择拖动起始位置处和释放鼠标位置处的所有连续单元格。另外，选择起始单元格，然后将鼠标指针移动到目标单元格的左边框偏右位置，当指针变为 ➥ 形状时，按住"Shift"键的同时单击鼠标也可选择这两个单元格及其之间的所有连续单元格。

选择不连续的多个单元格：首先选择起始单元格，然后按住"Ctrl"键不放，依次选择其他单元格即可。

选择行：按拖动鼠标的方法可选择一行或连续的多行单元格。另外，将鼠标指针移至所选行左侧，当其变为 ⬈ 形状时，单击鼠标可选择该行。利用"Shift"键和"Ctrl"键可实现连续多行和不连续多行的选择操作，方法与单元格的操作类似。

选择列：按拖动鼠标的方法可选择一列或连续多列的单元格。另外，将鼠标指针移至所选列上方，当其变为 ⬇ 形状时，单击鼠标可选择该列。利用"Shift"键和"Ctrl"键可实现连续多列和不连续多列的选择操作，方法也与单元格操作类似。

选择整个表格：按住"Ctrl"键不放，利用选择单个单元格、单行或单列的方法即可选择整个表格。另外，将鼠标指针移至表格区域，此时表格左上角将出现 ⊞ 图标，单击该图标也可选择整个表格，如图 3-1-52 所示。

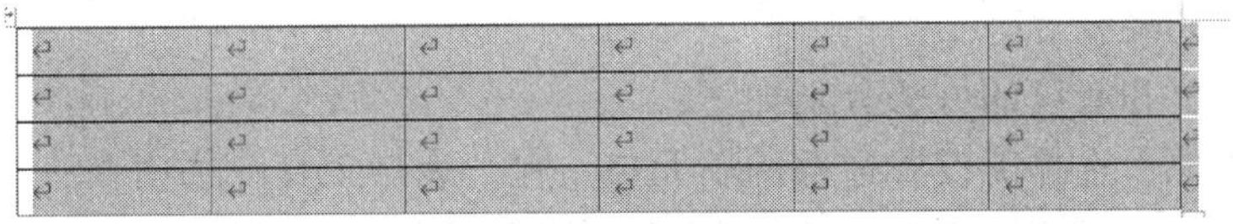

图 3-1-52　选择整个表格

（2）布局表格。

布局表格主要包括插入、删除、合并和拆分等内容，布局方法为选择表格中的单元格、行或列，在"表格工具布局"选项卡中利用"行和列"组与"合并"组中的相关参数进行设置即可，如图 3-1-53 所示。其中各参数的作用介绍如下。

"删除"按钮：单击该按钮，可在打开的下拉列表中执行删除单元格、行、列或表格的操作。当删除单元格时，会打开"删除单元格"对话框，要求设置单元格删除后剩余单元格的调整方式，如右侧单元格左移、下方单元格上移等。

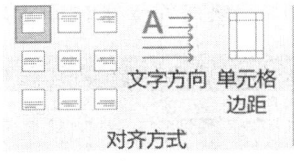

图 3-1-53　布局表格的各种参数

"在上方插入"按钮：单击该按钮，可在所选行的上方插入新行。
"在下方插入"按钮：单击该按钮，可在所选行的下方插入新行。
"在左侧插入"按钮：单击该按钮，可在所选列的左侧插入新列。
"在右侧插入"按钮：单击该按钮，可在所选列的右侧插入新列。
"合并单元格"按钮：单击该按钮，可将所选的多个连续的单元格合并为一个新的单元格。
"拆分单元格"按钮：单击该按钮，将打开"拆分单元格"对话框，在其中可设置拆分后的列数和行数，单击"确定"按钮后即可将所选的单元格按设置的参数拆分。
"拆分表格"按钮：单击该按钮，可在所选单元格处将表格拆分为两个独立的表格。需要注意的是，Word 只允许对表格进行上下拆分，不能进行左右拆分。

3. 设置表格

对于表格中的文本而言，可按设置文本和段落格式的方法对其格式进行设置。此外，还可对数据对齐方式、表格样式、边框和底纹等进行设置。

（1）设置数据对齐方式。

单元格对齐方式是指单元格中文本的对齐方式，设置方法为选择需设置对齐方式的单元格，在"表格工具"选项卡—"布局"组中选择"对齐方式"中相应按钮，如图 3-1-54 所示。如果想改变单元格中的文字方向，则需单击该组中的"文字方向"按钮，而单击"单元格边距"按钮，则可以打开"表格选项"对话框，调整单元格数据的上、下、左、右边距。

图 3-1-54　"对齐方式"组

（2）设置边框和底纹。

设置单元格边框和底纹的方法分别如下：

设置单元格边框：选择需设置边框的单元格，在"表格工具"选项卡—"设计"组中选择"边框"中的"边框样式"下拉按钮，在打开的下拉列表中选择相应的边框样式。

设置单元格底纹：选择需设置底纹的单元格，在"表格工具"选项卡—"设计"组中选择"表格样式"中的"底纹"下拉按钮，在打开的下拉列表中选择所需的底纹颜色。

（3）套用表格样式。

使用 Word 2016 提供的表格样式，可以简单、快速地完成表格的设置和美化操作。套用表格样式的方法为选择表格，在"表格工具"选项卡—"设计"组中选择"表格样式"中的下拉按钮，在打开的列表中选择所需的表格样式，即可将其应用到所选表格中。

如果用户对于 Word 提供的表格样式不满意，单击"表格样式"右下方的下拉按钮后，在打开的列表中选择"新建表格样式"选项，在打开的"根据格式化创建新样式"对话框中可以自定义新建样式的名称、样式类型和边框样式等属性，最后单击"确定"按钮保存新建的样式。

（4）设置行高和列宽。

设置表格行高和列宽的常用方法有如下两种。

方法 1：拖动鼠标设置。将鼠标指针移至行线或列线上，当其变为形状或形状时，拖动鼠标即可调整行高或列宽。

方法 2：精确设置。选择需调整行高或列宽的行或列，在"表格工具"选项卡—"布局"组中的"单元格大小"里设置"高度"数值或"宽度"数值，可精确地设置行高或列宽。

五、Word 2016 的图文混排

如果简单地编辑和排版不能达到文档所需的效果，为了使文档的效果更美观，可以在文档中添加和编辑图片、形状、艺术字等对象。

1. 文本框操作

文本框是一种图形对象，它作为存放文字的容器，可以定位在页面上任何位置，并可随意调整其大小。用户可以在文档中绘制文本框，并将它们链接起来。文本框可分为横排文本框和竖排文本框。

利用文本框可以排版出特殊的文档版式，在文本框中可以输入文本，也可以插入图片。在文档中插入的文本框可以是 Word 自带样式的文本框，也可以是手动绘制的横排或竖排文本框。

（1）插入文本框。

打开要编辑的文档，在"插入"选项卡—"文本"组中单击"文本框"下拉按钮，如图 3-1-55 所示；打开的下拉列表中提供了不同的文本框样式，如图 3-1-56 所示，选择其中的某一种样式即可将文本框插入到文档中，然后在文本框中直接输入需要的文本内容即可。

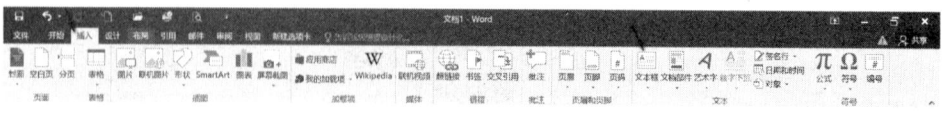

图 3-1-55　"文本框"按钮

图 3-1-56 插入文本框

（2）链接文本框。

在使用 Word 制作手抄报、宣传册等文档时，往往会使用多个文本框进行版式设计。通过在多个 Word 文本框之间创建链接，可以在当前文本框中充满文字后自动转入所链接的下一个文本框中继续输入文字。具体步骤如下：

步骤 1：打开 Word 文档窗口，并插入多个文本框。调整文本框的位置和尺寸，并单击选中第 1 个文框。

步骤 2：在打开"形状格式"选项卡中，单击"文本"分组中的"创建链接"按钮，如图 3-1-57 所示。

步骤 3：鼠标指针变成水杯形状，将水杯状的鼠标指针移动到准备链接的下一个文本框内部，鼠标指针变成倾斜的水杯形状，单击鼠标左键即可创建链接。

图 3-1-57　创建文本框链接

2. 图片操作

在 Word 中插入图片，可以使文档达到图文并茂的效果。

（1）插入图片。

在 Word 2016 中插入图片的方法：将文本插入点定位到需插入图片的位置，在"插入"选项卡—"插图"组中单击"图片"按钮，打开"插入图片"对话框，在其中选择需插入的图片后，单击"插入"按钮即可。

（2）调整图片大小、位置和角度。

将图片插入到文档中后，单击选择图片，此时利用图片四周出现的控制点便可实现对图片的基本调整。

调整大小：将鼠标指针移动到图片边框上出现的 8 个控制点之一，当其变为双向箭头形状时，按住鼠标左键不放并拖动鼠标即可调整图片大小。其中四个角上的控制点可等比例调整图片的高度和宽度，不至于使图片变形；四条边中间的控制点可单独调整图片的高度或宽度，但图片会出现变形效果。

调整位置：选择图片后，将鼠标指针定位到图片上，按住鼠标左键不放并拖动到文档中的其他位置，释放鼠标即可调整图片位置。

调整角度：调整角度即旋转图片，选择图片后将鼠标指针定位到图片上方出现的 控制点上，按住鼠标左键不放并拖动鼠标即可旋转图片。

（3）裁剪与排列图片。

将图片插入到文档中以后，可根据需要对图片进行裁剪和排列操作，使其能更好地配合文本所要表达的内容。

裁剪图片：选择图片，在"图片格式"选项卡—"大小"组中单击"裁剪"按钮，将鼠标指针定位到图片上出现的裁剪边框线上；按住鼠标左键不放并拖动鼠标；释放鼠标后按回车键或单击文档其他位置即可完成裁剪，如图 3-1-57 所示。

图 3-1-57　裁剪图片的过程

排列图片：设置图片周围文本的环绕方式。选择图片，在"图片格式"选项卡—"排列"组中单击"环绕文字"按钮，在打开的下拉列表中选择所需环绕方式对应的选项即可。插入的图片默认应用的是"嵌入型"的效果。

（4）美化图片。

Word 2016 提供了强大的美化图片功能，选择图片后，在"图片格式"选项卡—"调整"组和"图片样式"组中可进行各种美化操作，如图 3-1-58 所示。其中部分参数的作用分别如下。

"校正"按钮：单击该按钮后，可在打开的下拉列表中选择 Word 预设的各种锐化和柔化，以及亮度和对比度效果。

"颜色"按钮：单击该按钮后，可在打开的下拉列表中设置不同的饱和度和色调。

"艺术效果"按钮：单击该按钮后，可在打开的下拉列表中选择 Word 预设的不同艺术效果。

"图片样式"下拉列表框：在该下拉列表框中可快速为图片应用某种已设置好的图片样式。

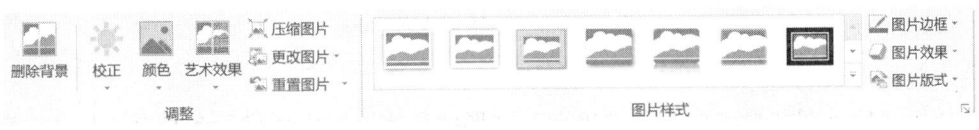

图 3-1-58　美化图片的各种参数

3. 形状操作

形状具有一些独特的性质和特点。Word 2016 提供了大量的形状，编辑文档时合理地使用这些形状，不仅能提高效率，而且能提升文档的质量。

（1）插入形状。

在"插入"选项卡—"插图"组中单击"形状"下拉按钮，在打开的下拉列表中选择某种形状对应的选项，此时可执行以下任意一种操作完成形状的插入。

方法 1：单击鼠标将插入默认尺寸的形状。

方法 2：在文档编辑区中拖动鼠标，至适当大小后释放鼠标可插入任意大小的形状。

（2）调整形状。

选择插入的形状，可按调整图片的方法对形状的大小、位置、角度进行调整。除此以外，还可根据需要更改形状或编辑形状顶点。

更改形状：选择形状；在"形状格式"选项卡—"插入形状"组中单击"编辑形状"按钮；在打开的下拉列表中选择"更改形状"命令；在打开的列表框中选择需更改形状对应的选项即可，如图 3-1-59 所示。

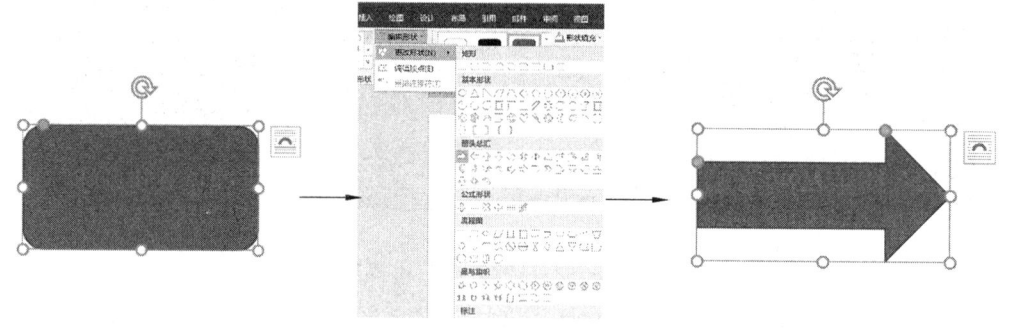

图 3-1-59　更改形状的过程

编辑形状顶点：选择形状后，在"形状格式"选项卡—"插入形状"组中单击"编辑形状"按钮，在打开的下拉列表中选择"编辑顶点"选项，此时形状边框上将显示多个黑色顶点，选择某个顶点拖动，可调整顶点位置，拖动顶点两侧的白色控制点可调整顶点所连接线段的形状，如图 3-1-60 所示。按"Esc"键可退出编辑。

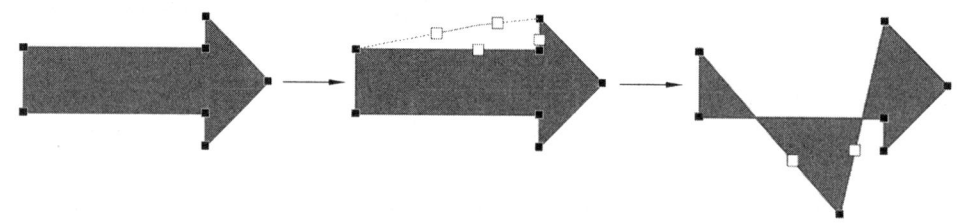

图 3-1-60　编辑顶点的过程

（3）美化形状。

选择形状后，在"形状格式"选项卡—"形状样式"组中可进行各种美化操作，其中部分参数的作用分别如下。

"样式"下拉列表框：在该下拉列表框中可快速为形状应用 Word 2016 主题和预设的样式效果。

"形状填充"按钮：单击该按钮后，可在打开的下拉列表中设置形状的填充颜色，包括渐变填充、纹理填充和图片填充等多种效果可供选择。

"形状轮廓"按钮：单击该按钮后，可在打开的下拉列表中设置形状边框的颜色、粗细和边框样式。

"形状效果"按钮：单击该按钮后，可在打开的下拉列表中设置形状的各种效果，如阴影效果、发光效果等。

（4）为形状添加文本。

除线条和个别形状外，其他形状中都可添加文本。选择形状，在其上单击鼠标右键，在弹出的快捷菜单中选择"添加文字"命令。此时形状中将出现文本插入点，输入需要的内容即可。

4. 艺术字操作

在文档中插入艺术字，可呈现出不同的效果，达到增强文字观赏性的目的。

（1）插入艺术字。

插入艺术字的方法与插入文本框类似。在"插入"选项卡—"文本"组中单击"艺术字"按钮打开下拉列表，列表中提供了 15 种艺术字样式；选择一种样式后，在文档中文本插入点处自动添加一个带有默认文本样式的艺术字文本框，在其中输入所需文本内容即可，如图 3-1-61 所示。

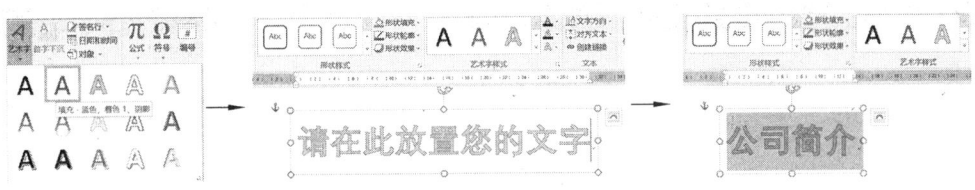

图 3-1-61　插入艺术字的过程

（2）编辑与美化艺术字。

由于艺术字相当于预设了文本格式的文本框，因此艺术字的编辑与美化操作与文本框完全相同，这里重点介绍更改艺术字形状的方法，此方法对文本框也同样适用：选择艺术字，在"形状格式"选项卡—"艺术字样式"组中单击"文本效果"按钮，在打开的下拉列表中选择"转换"选项，再在打开的子列表中选择某种形状对应的选项即可。

六、Word 2016 的页面格式设置

Word 文档页面格式设置通常是对整个文档进行的设置，包括页面大小、页边距、页眉、页脚、页码、水印和边框，以及分栏和分页等。

1. 设置纸张大小、页面方向和页边距

默认的 Word 页面大小为 A4（21 cm×29.7 cm），页面方向为纵向，页边距为普通，在"布局"选项卡—"页面设置"组中单击相应的按钮便可进行修改，相关介绍如下。

单击"纸张大小"按钮：在打开的下拉列表框中选择一种页面选项，或选择"其他纸张大小"选项，在打开的"页面设置"对话框中输入文档宽度和高度的值。

单击"页面方向"按钮：在打开的下拉列表中选择"横向"选项，可以将页面设置为横向。

单击"页边距"按钮：在打开的下拉列表框中选择一种页边距选项，或选择"自定义页边距"选项，在打开的"页面设置"对话框中可设置上、下、左、右页边距的值。

2. 设置页眉、页脚和页码

根据文档的浏览习惯，页眉一般就是指文档中每个页面顶部区域内的对象，常用于补充说明一些附加信息，如公司标识、文档标题、文件名和作者姓名等。

（1）创建页眉。

在 Word 2016 中创建页眉的方法为：在"插入"选项卡—"页眉和页脚"组中单击"页眉"按钮，在打开的下拉列表中选择某种预设的页眉样式选项，然后在文档中按所选的页眉样式输入所需的内容即可。

（2）编辑页眉。

若需要自行设置页眉的内容和格式，则可在"插入"选项卡—"页眉和页脚"组中单击"页眉"按钮，在打开的下拉列表中选择"编辑页眉"选项，此时将进入页眉编辑状态，利用功能区的"页眉和页脚设计"选项卡便可对页眉内容进行编辑，如图 3-1-62 所示。其中部分参数的作用分别如下。

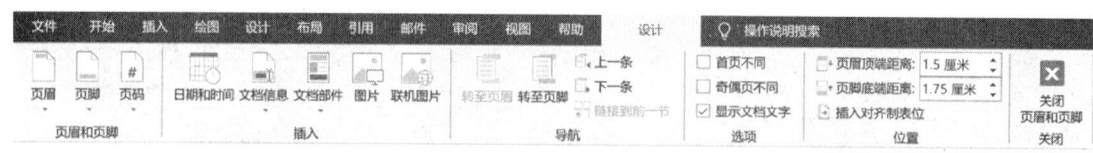

图 3-1-62　用于页眉编辑的各个参数

"日期和时间"按钮：单击该按钮，可在打开的"日期和时间"对话框中设置所插入日期和时间的显示格式。

"文档部件"按钮：单击该按钮，可在打开的下拉列表中选择需插入的与本文档相关的信息，如标题、单位和发布日期等。

"图片"按钮：单击该按钮，可在打开的对话框中选择页眉中使用的图片。

"首页不同"复选框：单击选中该复选框，可使文档第一页不显示页眉页脚。

"奇偶页不同"复选框：单击选中该复选框，可单独设置文档奇数页和偶数页的页眉页脚。

（3）创建与编辑页脚。

页脚一般位于文档中每个页面的底部区域，也用于显示文档的附加信息，如日期、公司标识、文件名和作者名等，但最常见的是在页脚中显示页码。创建页脚的方法为：在"插入"选项卡—"页眉和页脚"组中单击"页脚"按钮，在打开的下拉列表中选择某种预设的页脚样式选项，然后在文档中按所选的页脚样式输入所需的内容即可，操作与创建过程与页眉相似。

（4）插入页码。

页码用于显示文档的页数，可根据实际情况，首页不显示页码。

【例 3-8】下面在"公司员工手册"文档中插入"普通数字 2"样式页码，具体操作如下。

步骤 1：打开"公司员工手册"文档，在"插入"选项卡—"页眉和页脚"组中单击"页码"按钮，在打开的下拉列表中选择"设置页码格式"选项，打开"页码格式"对话框。

步骤 2：在"页码编号"栏中单击选中"起始页码"单选项，在"起始页码"数值框中输入数值"1"，其他设置保持默认，如图 3-1-63 所示，单击"确定"按钮。

步骤 3：在页脚编辑区双击鼠标左键，激活"页眉和页脚设计"选项卡，在"页眉和页脚设计"选项卡—"选项"组中选中"首页不同"复选框。

步骤4：在"页眉和页脚设计"选项卡—"页眉和页脚"组中单击"页码"按钮，在打开的下拉列表中选择"页面底端"命令—"普通数字2"子命令，如图3-1-64所示。

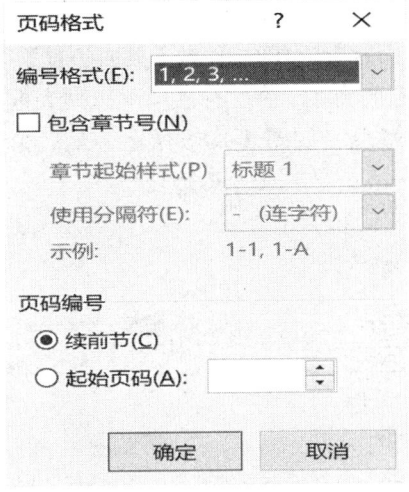

图 3-1-63　设置起始页码

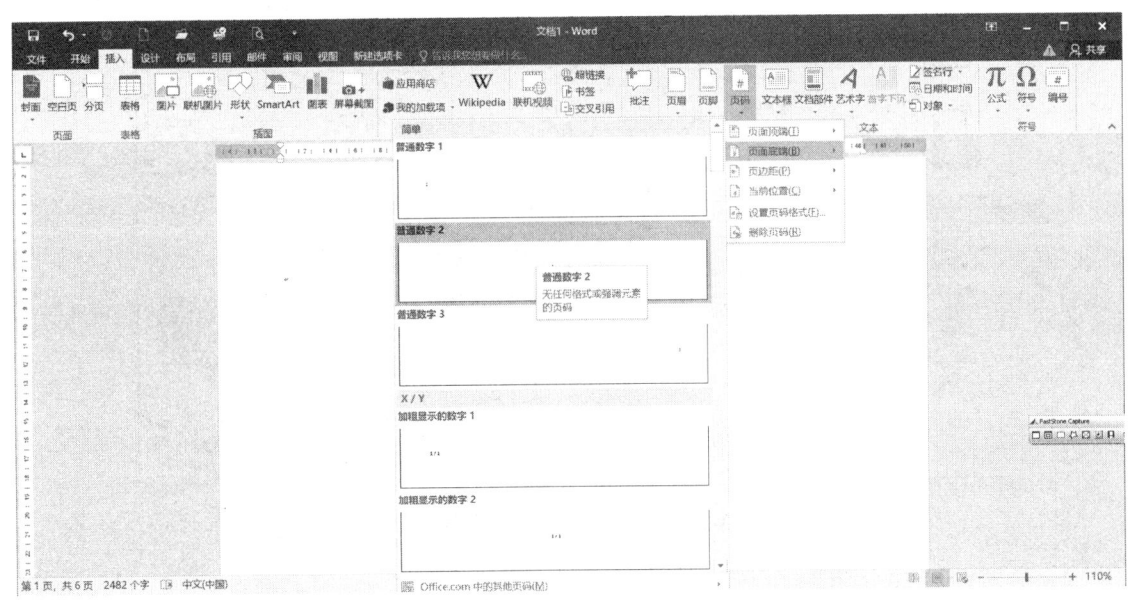

图 3-1-64　添加页码

3. 设置水印、颜色与边框

为了使制作的文档更加美观，还可为文档添加水印，并设置页面颜色和边框。

（1）设置页面水印。

制作办公文档时，为表明公司文档的所有权和出处，可为文档添加水印背景，如添加"机密1"水印等。添加水印的步骤是：在"设计"选项卡—"页面背景"组中单击"水印"按钮，在打开的下拉列表中选择一种水印效果即可。

（2）设置页面颜色。

在"设计"选项卡—"页面背景"组中单击"页面颜色"按钮，在打开的下拉列表中选择一种页面背景颜色即可。

（3）设置页面边框。

在"设计"选项卡—"页面背景"组中单击"页面边框"按钮，打开"边框和底纹"对话框，在"设置"栏中选择边框的类型，在"样式"下拉列表框中可选择边框的样式，在"颜色"下拉列表中可设置边框的颜色，如图3-1-65所示，最后单击"确定"按钮应用设置。

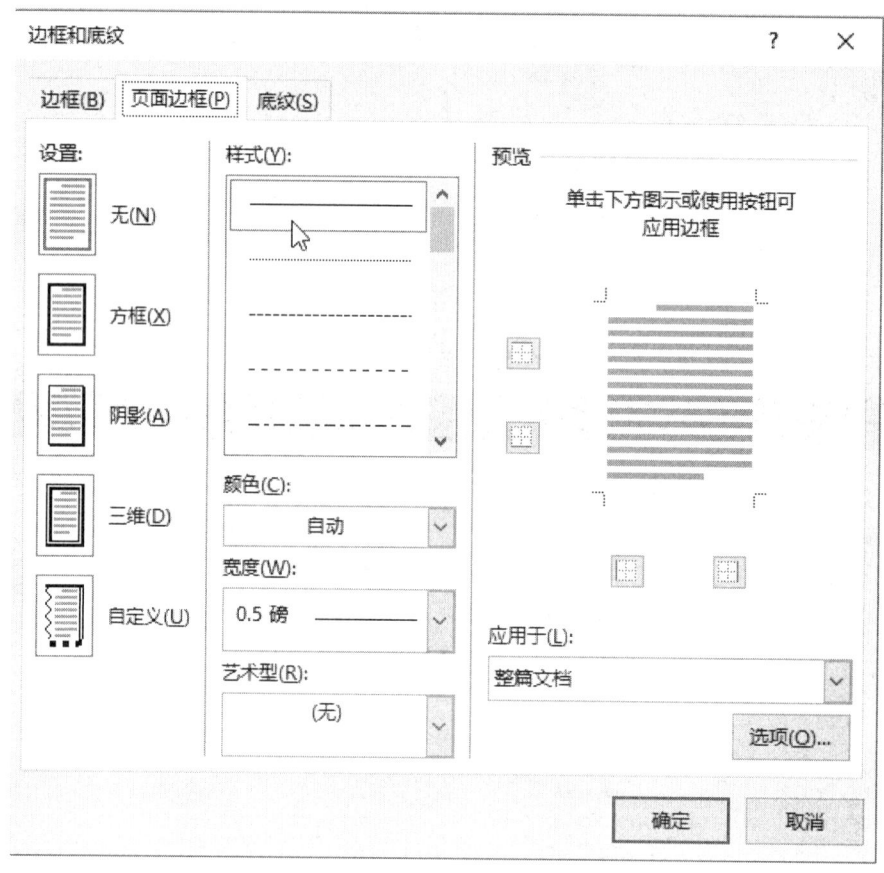

图 3-1-65 "边框和底纹"对话框

4. 设置分栏与分页

在 Word 2016 中，可将文档设置为多栏预览，还能通过分隔符自动进行分页。

（1）设置分栏。

在"布局"选项卡—"页面设置"组中单击"栏"按钮，在打开的下拉列表中选择分栏的数目，或在打开的下拉列表中选择"更多栏"选项，打开"栏"对话框；在"预设"栏中可选择预设的栏数，或在"栏数"数值框中输入设置的栏数；在"宽度和间距"栏中可设置栏之间的宽度与间距。

（2）设置分页。

设置分页可通过分隔符实现，分隔符主要用于标识文本分隔的位置。

【例 3-9】在文档中通过分页符为文档分页。

步骤 1：打开"招工协议书"文档（请扫描二维码获取资源），将文本插入点定位到文本"招工协议书"之后，在"布局"选项卡—"页面设置"组中单击"分隔符"按钮；在打开的下拉列表中的"分页符"栏中选择"分页符"选项，如图 3-1-66 所示。

资源获取

步骤 2：在文本插入点所在位置将显示插入的分页符，此时，"招工协议书"之后的内容将从下一页开始。

步骤 3：将文本插入点定位到文本"具体条款如下："之后，在"布局"选项卡—"页面设置"组中单击"分隔符"按钮，在打开的下拉列表中的"分节符"栏中选择"下一页"选项，如图 3-1-67 所示。

步骤 4：在"具体条款如下："之后将插入分页符，"具体条款如下："之后的内容将从下一页开始。

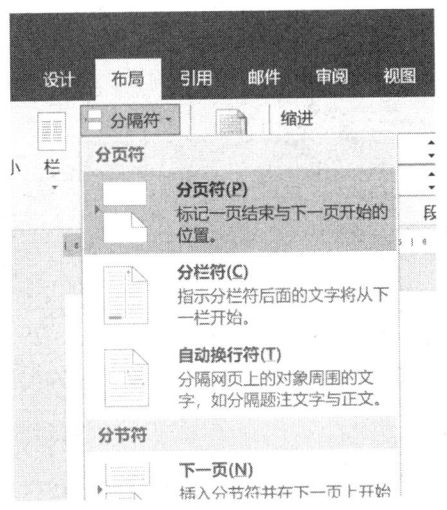

图 3-1-66　插入分页符

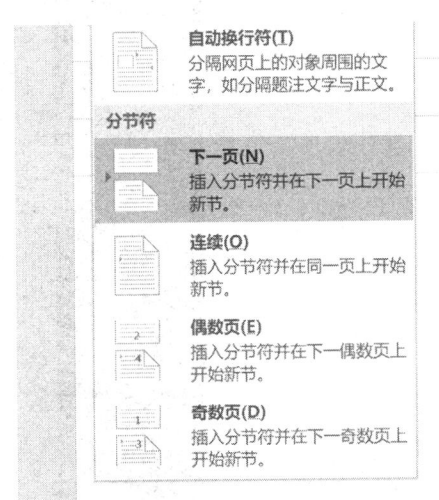

图 3-1-67　插入分节符

默认情况下，分隔符是不显示的，需要用户手动设置。显示分隔符的方法为：在"开始"选项卡—"段落"组中单击"显示/隐藏编辑标记"按钮。当该按钮呈选择状态时，将显示分隔符；反之，就不显示分隔符。

5. 打印预览与打印

打印文档之前，应对文档内容进行预览，通过预览效果来对文档中不妥的地方进行调整，直到预览效果符合需要后，再按需设置打印份数、打印范围等参数，并最终执行打印操作。

（1）打印预览。

打印预览是指在计算机中预先查看打印的效果，可以避免打印出不符合需求的文档，导致浪费。预览文档的方法为选择"文件"菜单—"打印"命令，在右侧的界面中即可显示文档的打印效果。利用界面底部的参数可辅助预览文档内容，各参数的作用分别如下。

"页数"栏：在其中的文本框中直接输入所需预览内容所在的页数，按回车键或单击其他空白区域即可跳转至该页面；也可通过单击该栏两侧的"上一页"按钮和"下一页"按钮逐页预览文档内容。

"显示比例"栏：单击该栏左侧的"显示比例"按钮，可在打开的"显示比例"对话框中快速设置需要显示的预览比例；拖动该栏中的滑块可直观调整预览比例；单击该栏右侧的"缩放到页面"按钮，可快速将预览比例调整为显示整页文档的比例。

（2）打印文档。

预览无误后，便可进行打印设置并打印文档。首先，将打印机正确连接到计算机上，然后打开需打印的文档，选择"文件"菜单—"打印"命令，在右侧的"份数"数值框中设置打印份数，在"设置"栏中分别设置打印方向、打印纸张的大小、单面或双面打印、打印顺序以及打印页数等参数，如图 3-1-68 所示。如果想设置更加详细的打印参数，则需单击页面右下角的"页面设置"超链接，在打开的"页面设置"对话框中进行设置。完成设置后，单击"打印"按钮即可打印文档。

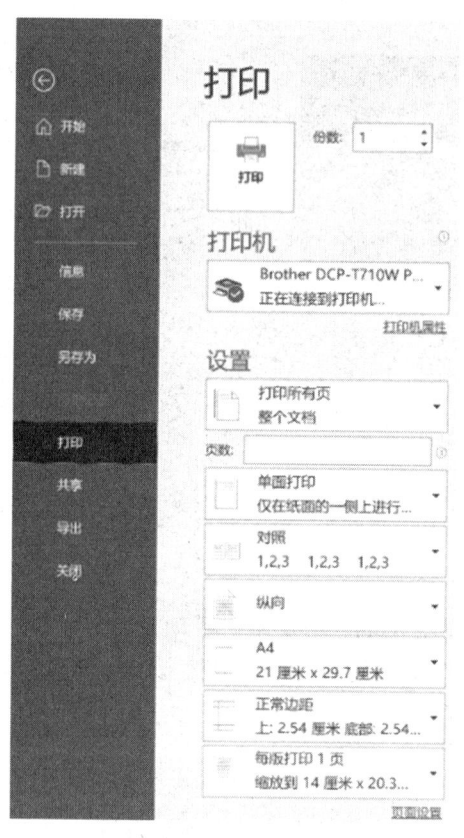

图 3-1-68　设置打印参数

任务一　制作"欣赏"文档

资源获取

本案例将制作"欣赏"文档（请扫描二维码获取资源），包括新建文档、输入文本、设置文本格式、设置段落格式和添加图片、批注等操作，样文和具体要求如下。

欣 赏

欣赏，未必要登临山巅。流岚飞雾，峰峙崖端，山后叠山，海上升月，都让人心旷神怡。浩叹天宇广袤、神州万象。欣赏，也未必要置身影院。飞瀑轰谷，烈马长啸，耕牛欢哞，鸟鸣啁啾，皆让人流连忘返。陶醉于鼓瑟吹笙、转轴拔弦。真正善于欣赏的人，无处不可以欣赏，上坡时的蹬足、逆流中的奋篙、盲人挪动的拐杖，乃至一块丑石、一截根木……真正善于欣赏的人，无时不可以欣赏：公鸡的雄唱，纤夫的浑号、列车 开启时的引笛，乃至夕晖里的一阵夯声、婴儿的一夜长啼、水田上的一片蛙鼓……

善于欣赏顽童，功在他独具慧眼。

善于欣赏根木，高在他独运匠心。

善于欣赏嚎啕中的悲壮，他必定饱经沧桑。

善于欣赏残缺中的奇美，他必定深谙花好月圆。

只是欣赏花容玉颜，山盟海誓、是欣赏者的浅薄。

只是欣赏俯首贴耳、拍马溜须、是欣赏者的低劣。

只是欣赏金钱，难保证他的人格。

只是欣赏顺达，断不定他的挫折更多。

平庸者的欣赏只在有字处读书有声中听乐。

深刻者的欣赏在于欣赏纹络里镌刻的思想无声处滚动的惊雷。

要善于欣赏他人——善于欣赏对手，他才可以襟怀磊落、避短扬长。

更要善于欣赏自己——善于欣赏自己，他才可以临危不惧，棋出高筹。

船欣赏了帆，船以远行；箭欣赏了弓，箭以远射。

更多地欣赏生活，生活更多地欣赏他。

善于欣赏，便是善于真正地生活。

图 3-1-69　文字录入效果

文稿设置要求：

（1）新建文档，以自己的学号和姓名命名，并保存在桌面，先将光标定位至文档中合适的位置输入文本“欣赏”，如图 3-1-69 所示。

技能竞赛

欣 赏

欣赏，未必要登临山巅。流岚飞雾，峰峙崖端，山后叠山，海上升月，都让人心旷神怡。浩叹天宇广袤、神州万象。欣赏，也未必要置身影院。飞瀑轰谷，烈马长啸，耕牛欢哞，鸟鸣啁啾，皆让人流连忘返。陶醉于鼓瑟吹笙、转轴拔弦。真正善于欣赏的人，无处不可以欣赏，上坡时的蹬足、逆流中的奋篙、盲人挪动的拐杖，乃至一块丑石、一截根木……真正善于欣赏的人，无时不可以欣赏：公鸡的雄唱，纤夫的浑号、列车 开启时的引笛，乃至夕晖里的一阵夯声、婴儿的一夜长啼、水田上的一片蛙鼓……

善于欣赏顽童，功在他独具慧眼。

善于欣赏根木，高在他独运匠心。

善于欣赏嚎啕中的悲壮，他必定饱经沧桑。

善于欣赏残缺中的奇美，他必定深谙花好月圆。

只是欣赏花容玉颜，山盟海誓、是欣赏者的浅薄。

只是欣赏俯首贴耳、拍马溜须、是欣赏者的低劣。

只是欣赏金钱，难保证他的人格。

只是欣赏顺达，断不定他的挫折更多。

平庸者的欣赏只在有字处读书有声中听乐。

深刻者的欣赏在于欣赏纹络里镌刻的思想无声处滚动的惊雷。

要善于欣赏他人——善于欣赏对手，他才可以襟怀磊落、避短扬长。

更要善于欣赏自己——善于欣赏自己，他才可以临危不惧，棋出高筹。

船欣赏了帆，船以远行；箭欣赏了弓，箭以远射。

更多地欣赏生活，生活更多地欣赏他。

善于欣赏，便是善于真正地生活。

青山

图 3-1-70　页眉页脚和水印

（2）在"页面设置"中设置"纸张大小"为自定义纸张大小，宽为 19 cm，高为 27 cm，设置页边距四边各为 2 cm。

（3）为文档添加文字页眉"技能竞赛"，设置为隶书，小四，红色，居中；为页脚添加类型为"X/Y"的页码，黑体，小四，居中；为文档添加"绿水青山"的文字水印，设置水印为隶书、字号"自动"、红色（半透明）、斜式输出，如图 3-1-70 所示。

（4）设置标题为字符间空一个字符，二号黑体、缩放比例 150%、居中，段后间距 1 行；正文第一段字体设置为楷体，字号小四，其他段落为宋体，字号小四。

（5）设置所有段落首行缩进 2 个字符，行距为"固定值 20 磅"，如图 3-1-71 所示。

（6）正文第一段设置上下边框线，线型为双波线；正文第二到第八段设置淡蓝色底纹。

（7）正文第一段分栏，预设置偏左格式；栏数 2 栏，第一栏 13 个字符，间距 3 个字符，加分隔线，如图 3-1-72 所示。

（8）利用"查找和替换"对话框，将文中所有"山盟海誓"替换为"海誓山盟"，"浅薄"替为"肤浅"。

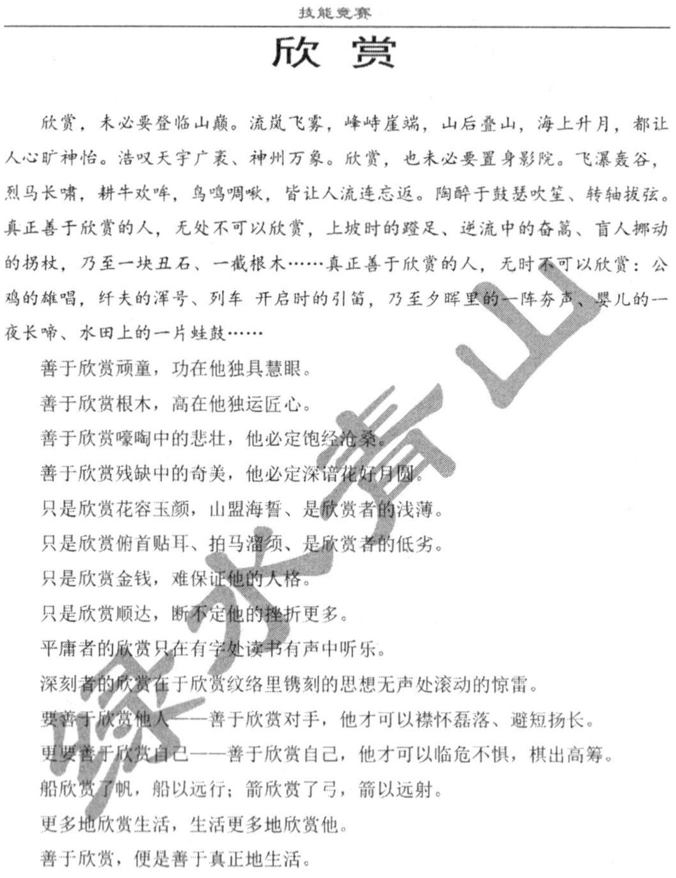

图 3-1-72 字符段落格式设置

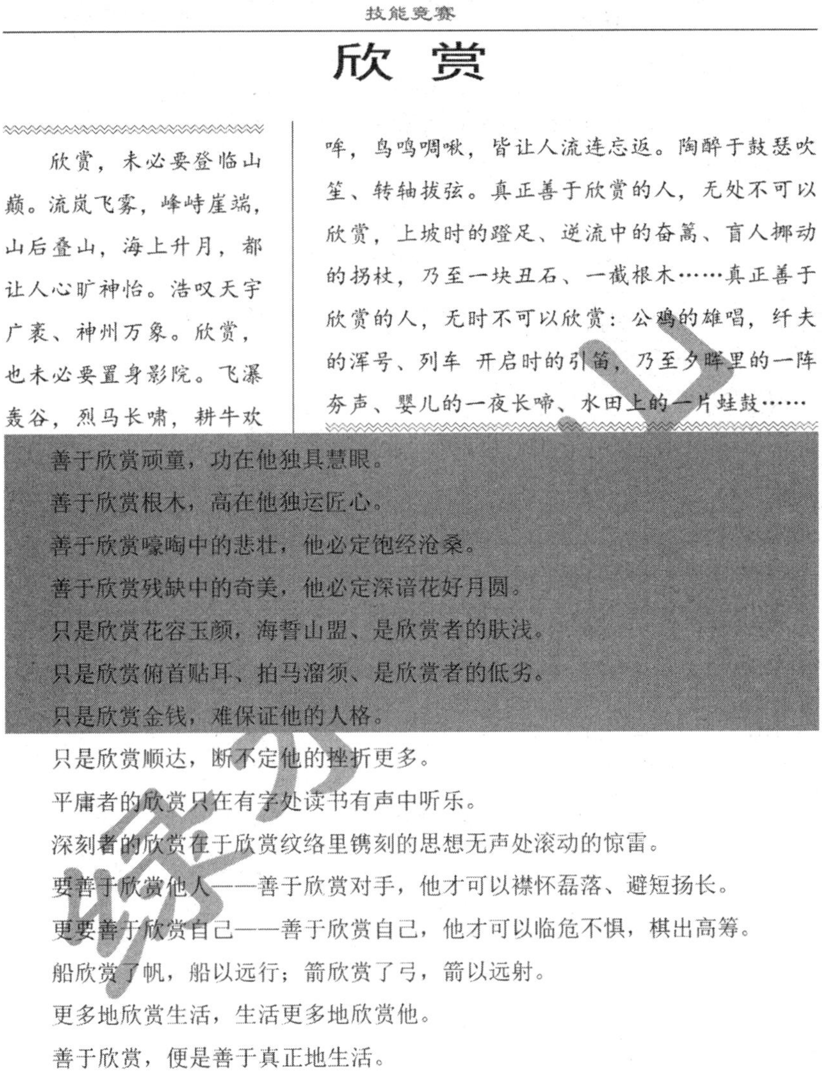

欣 赏

欣赏，未必要登临山巅。流岚飞雾，峰崎崖端，山后叠山，海上升月，都让人心旷神怡。浩叹天宇广袤、神州万象。欣赏，也未必要置身影院。飞瀑轰谷，烈马长啸，耕牛欢哞，鸟鸣啁啾，皆让人流连忘返。陶醉于鼓瑟吹笙、转轴拨弦。真正善于欣赏的人，无处不可以欣赏：上坡时的蹬足、逆流中的奋篙、盲人挪动的拐杖，乃至一块丑石、一截根木……真正善于欣赏的人，无时不可以欣赏：公鸡的雄唱、纤夫的浑号、列车开启时的引笛，乃至夕晖里的一阵夯声、婴儿的一夜长啼、水田上的一片蛙鼓……

善于欣赏顽童，功在他独具慧眼。

善于欣赏根木，高在他独运匠心。

善于欣赏嚎啕中的悲壮，他必定饱经沧桑。

善于欣赏残缺中的奇美，他必定深谙花好月圆。

只是欣赏花容玉颜、海誓山盟、是欣赏者的肤浅。

只是欣赏俯首贴耳、拍马溜须、是欣赏者的低劣。

只是欣赏金钱，难保证他的人格。

只是欣赏顺达，断不定他的挫折更多。

平庸者的欣赏只在有字处读书有声中听乐。

深刻者的欣赏在于欣赏纹络里镌刻的思想无声处滚动的惊雷。

要善于欣赏他人——善于欣赏对手，他才可以襟怀磊落、避短扬长。

更要善于欣赏自己——善于欣赏自己，他才可以临危不惧，棋出高筹。

船欣赏了帆，船以远行；箭欣赏了弓，箭以远射。

更多地欣赏生活，生活更多地欣赏他。

善于欣赏，便是善于真正地生活。

图 3-1-72　分栏底纹格式设置

（9）设置文档最后一段"善于欣赏，便是善于真正地生活。"为艺术字，样式为第二行第二列；字体为华文新魏，加粗，字号25；"文本效果/转换"为"波形：上"；阴影为"外部/偏移/下"；环绕方式为上下型环绕。

（10）在文档第二段到第六段右侧插入图片（自选），调整图片宽度为 4 cm，高度为 5 cm，四周型环绕，右对齐。

（11）设置页面边框为三维、双线型、橙色、1.5磅宽度。

（12）为正文标题"欣赏"新建批注"善于欣赏，便是善于真正地生活！"，并突出显示为粉红，如图 3-1-73 所示。

技能竞赛

欣 赏

批注 [W用1]: 善于欣赏，便是善于真正地生活！

欣赏，未必要登临山巅。流岚飞雾，峰峭崖端，山后叠山，海上升月，都让人心旷神怡。浩叹天宇广袤、神州万象。欣赏，也未必要置身影院。飞瀑壑谷，烈马长啸，耕牛欢哞，鸟鸣蝉啾，皆让人流连忘返。陶醉于鼓瑟吹笙、转轴拨弦。真正善于欣赏的人，无处不可以欣赏，上坡时的蹬足、逆流中的奋篙、盲人挪动的拐杖，乃至一块丑石、一截根木……真正善于欣赏的人，无时不可以欣赏：公鸡的雄唱、纤夫的浑号、列车开启时的引笛，乃至夕晖里的一阵笋声、婴儿的一夜长啼、水田上的一片蛙鼓……

善于欣赏顽童，功在他独具慧眼。
善于欣赏根木，高在他独运匠心。
善于欣赏嚎啕中的悲壮，他必定饱经沧桑。
善于欣赏残缺中的奇美，他必定深谙花好月圆。
只是欣赏花容玉颜、海誓山盟，是欣赏者的肤浅。
只是欣赏俯首贴耳、拍马溜须，是欣赏者的低劣。
只是欣赏金钱，难保证他的人格。
只是欣赏顺达，断不定他的挫折更多。
平庸者的欣赏只在有字处读书有声中听乐。
深刻者的欣赏在于欣赏纹络里镌刻的思想无声处滚动的惊雷。
要善于欣赏他人——善于欣赏对手，他才可以襟怀磊落、避短扬长。
更要善于欣赏自己——善于欣赏自己，他才可以临危不惧，棋出高筹。
船欣赏了帆，船以远行；箭欣赏了弓，箭以远射。
更多地欣赏生活，生活更多地欣赏他。

善于欣赏，便是善于真正地生活。

图 3-1-73 最终效果

项目二　Word 2016 的高级应用

一、公式编辑

文档中有时需要建立数学公式，Word 提供了"公式编辑器"，可以方便地完成插入数学公式的操作。

1. 插入公式

（1）插入内置公式。

步骤 1：打开 Word 文档窗口，切换到"插入"选项卡。

步骤 2：在"符号"分组中单击"公式"下拉三角按钮，在打开的内置公式列表中选择需要的公式（如"二次公式"）即可，如图 3-2-1 所示。

在当前计算机处于联网状态时，如果在 Word 提供的内置公式中找不到用户需要的公式，则可以在公式列表中指向"Office.com 中的其他公式"选项（图 3-2-2），并在打开的来自 Office.com 的更多公式列表中选择所需的公式。

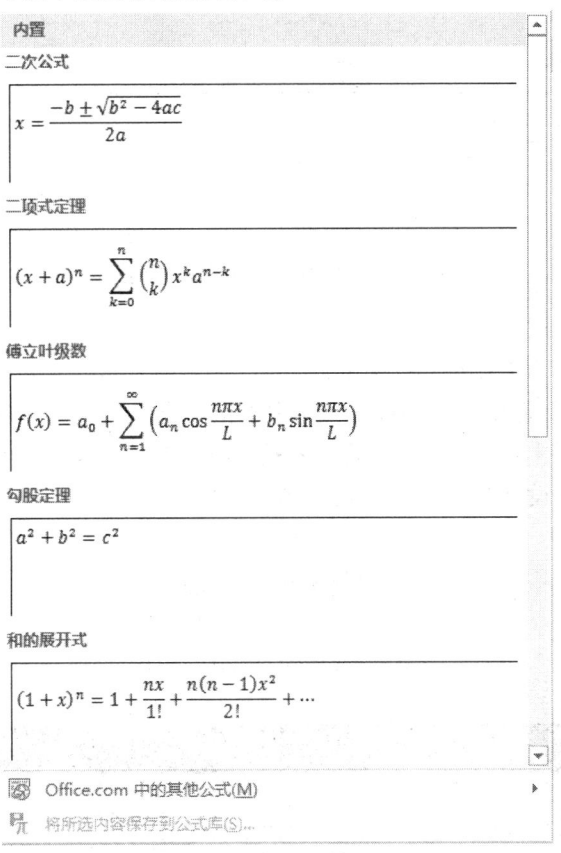

图 3-2-1　"内置公式"

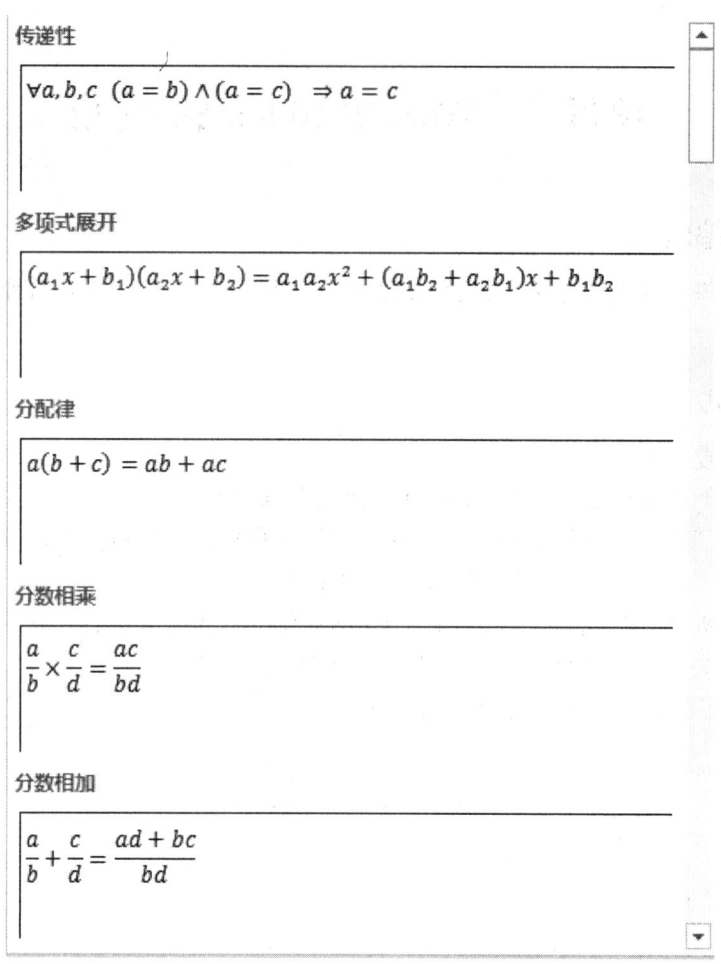

图 3-2-2 "Office.com"中的公式

（2）创建自定义公式。

步骤 1：将光标置于要插入公式的位置。

步骤 2：在"插入"选项卡—"符号"组中单击"公式"下拉三角按钮，单击"插入新公式"。在工作区显示如图所示"在此处键入公式"控件（图 3-2-3）。利用"公式工具"的"设计"选项卡，可以定义设计各种复杂公式（图 3-2-4）。

图 3-2-3 "键入公式"控件

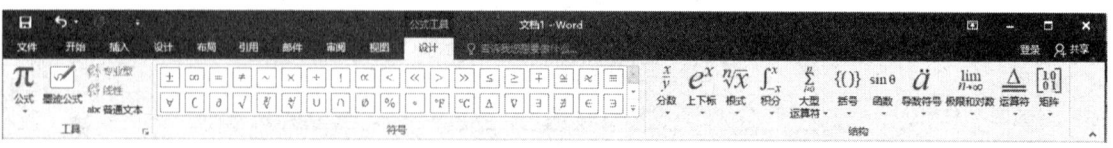

图 3-2-4 "公式工具"的"设计"选项卡

步骤 3：插入公式，如图 3-2-5 所示 。

步骤 4：单击公式控件右侧的下拉箭头，可将编辑的公式"另存为新公式"，如图 3-2-6 所示。

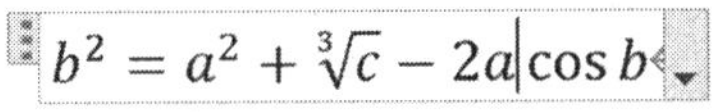

$$b^2 = a^2 + \sqrt[3]{c} - 2a\cos b$$

图 3-2-5　自定义公式 　　　　　图 3-2-6　另存为新公式

2. 编辑公式

所编辑的公式有两种分类，分别是行间公式和独立公式。这两种公式在显示上有一定的差别。独立公式一般是单独占一行，并居中的；而行间公式是嵌入文本中的。相对于独立公式，行间公式的大小一般要小些。比如：$a^2 + b^2 = c^2$，这个就是行间公式，而

$$d = \sqrt{(x_2 - x_1)^2 + (y_2 - y_1)^2}$$

就是独立公式。

所编辑的公式还有另外两种分类，分别是专业型和线性。当选中一个公式时右击，在弹出来的菜单中可以看到。

我们所编辑出来的公式都是专业型的，也就是上面所看到的形式。如果选中"线性"，那么就变成：$d = √((〖x\_2 − x\_1〗)^2 + (y\_2 − y\_1)^2)$ 了。线性的表达式，有助于我们看他人编写的公式，另外与我们直接编写公式时也非常接近。

二、邮件合并

所谓邮件合并就是在 Word 文档的固定内容中，插入一组变化的数据域，如 Word 表格、Excel 表格、Access 数据表等，从而批量生成需要的邮件合并文档。因此，要使用邮件合并功能，首先要建立两个文档：主文档和数据源，然后在主文档中插入相关的信息。

【例 3-10】以创建学生成绩通知单为例，介绍邮件合并的具体操作。

步骤 1：创建主文档。

启动 word，打开一个空白的 word 文档，制作一张如图 3-2-7 所示的没有具体数据的"学生成绩通知单"（模板）的文档。

_____同学及家长：

您好！

现将2021-2022学年成绩反馈给您，请家长在意见反馈栏填写您的意见，假期结束时将此通知由学生带回报到注册，谢谢！

姓名		学号	
考试科目	成绩	学分	
布线工程			
路由交换			
操作系统			

图 3-2-7　主文档

设计好的成绩单（模板）必须处于打开状态，不能关闭。此时设置的主文档格式也将决定各个副本的显示和打印效果；为了节约用纸，也可将页面分为两栏或者多栏。

步骤2：创建数据源。

启动 Excel，建立含有"学生考试成绩表"的工作簿，如图 3-2-8 所示

	A	B	C	D	E	F	G	H	I	J	K	L	M
1	姓名	学号	布线工程(BX)	(BX)学分	路由交换(LY)	(LY)学分	操作系统(XY)	(XY)学分	网络工程(WG)	(WG)学分	信息技术(XX)	(XX)学分	总学分
2	学生1	06171901	98	4	85	4	96	4	85	4	76	4	20
3	学生2	06171902	86	4	93	4	75	4	91	4	80	4	20
4	学生3	06171903	2	4	67	4	49	4	72	4	42	4	20
5	学生4	06171904	83	4	34	4	75	4	61	4	23	4	20
6	学生5	06171905	49	4	15	4	64	4	17	4	94	4	20
7	学生6	06171906	85	4	20	4	43	4	79	4	70	4	20
8	学生7	06171907	35	4	82	4	24	4	37	4	14	4	20
9	学生8	06171908	45	4	44	4	43	4	1	4	59	4	20
10	学生9	06171909	41	4	5	4	30	4	18	4	31	4	20
11	学生10	06171910	1	4	56	4	10	4	87	4	84	4	20
12	学生11	06171911	85	4	15	4	58	4	86	4	28	4	20

图 3-2-8　数据源

数据源是一个文件，该文件包含了合并文档各个副本中的数据。把数据源看作一维表格，则其中的每一列对应一类信息，在邮件合并中称为合并域，如成绩表中的学生姓名；其中的每一行对应合并文档某副本中需要修改的信息，如成绩表中某学生的姓名、学号、操作系统等信息。完成合并后，该信息被映射到主文档对应的域名处。

步骤3：合并数据源到主文档。

① 切换至"邮件"选项卡—"开始邮件合并"组，单击"开始邮件合并"按钮，在弹出的下拉列表中指向"邮件合并分布向导"，然后单击"邮件合并分布向导"，则右窗格显示"邮件合并"。

② 在"邮件合并"窗格中选择正在使用的文档类型为"信函"。

③ 单击"下一步：开始文档"，在选择开始文档时使用系统默认的"使用当前文档"，单击"下一步：选取收件人"，在"选择收件人"中选择"使用现有列表"，单击"浏览"，出现"选择数据源"窗口，在此窗口中选择要用的数据源。

④ 单击"打开"，则弹出如图 3-2-9 所示对话框。如果数据源在"Sheet2$"或者"Sheet3$"中，那么选择的时候就选择数据源所在的那一个工作表。在没有选择数据源之前，"邮件合并"工具栏上只有前两个按钮是可用的，其他按钮均暂时不可用的。

⑤ 选择工作表，单击"确定"，弹出邮件合并收件人，单击"确定"。

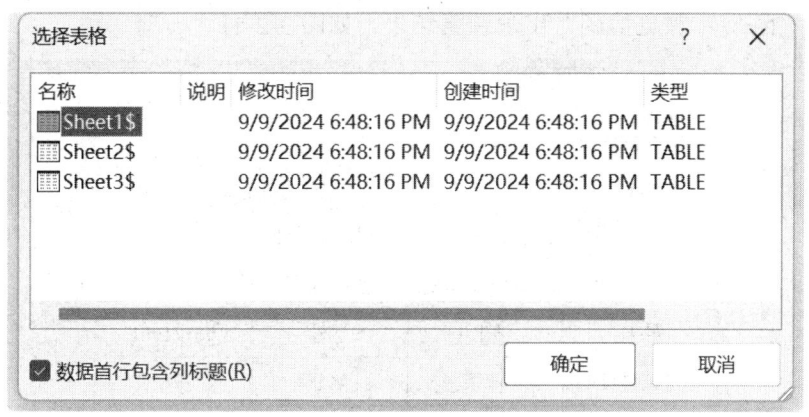

图 3-2-9 "选择表格"对话框

步骤 4：在"成绩单"中插入合并域。

在已经打开的"成绩单"（模板）中插入数据源的合并域，具体操作如下：

① 单击"下一步 撰写信函"，将插入点放在"成绩单"（模板）的"横线"上，单击"邮件"选项卡—"编写和插入域"组中的"插入合并域"按钮，打开"插入合并域"下拉菜单，选择"姓名"，此时在"成绩单"（模板）的"横线"上面就会插入域"姓名"。

② 重复①中的操作，用同样的方法在成绩单的对应位置插入其他的域。所有域插入完成后，得到成绩单的结果。

步骤 5：调整、设置各项参数。

如果文档中要插入的内容，Excel 工作表中没有与之相匹配的记录时，单击"邮件"选项卡"编写和插入域"分组"规则"按钮，选择"如果……那么……否则"选项，在弹出的"插入 Word 域：IF"对话框中设置各项参数值。

① 在邀请函中会写到×××先生或女士，但 Excel 工作表中只有男女供用户提取，此时就单击"邮件"选项卡—"编写和插入域"组的"规则"按钮，选择"如果……那么……否则"选项，在弹出的"插入 Word 域：IF"对话框中设置各项参数值，如图 3-2-10 所示。

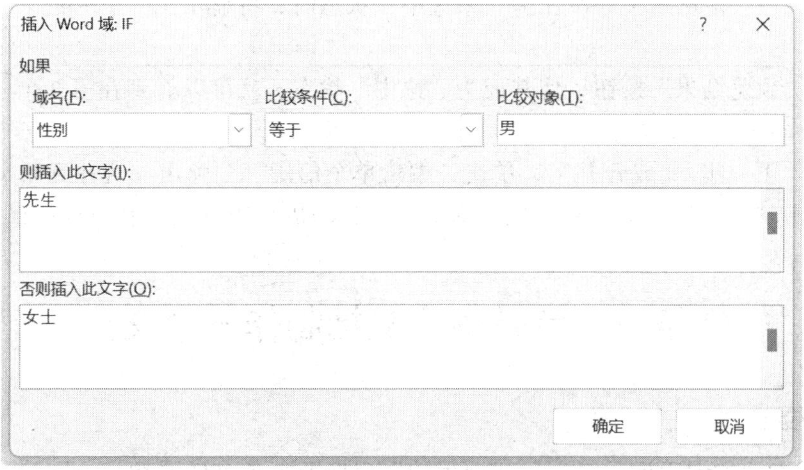

图 3-2-10 "插入域"对话框

② 单击"下一步 预览信函"出现预览结果，如图 3-2-11。

<u>学生 1</u> 同学及家长：

您好！

现将 2023-2024 学年成绩反馈给您，请家长在意见反馈栏填写你的意见，假期结束时将此通知由学生带回报到注册，谢谢！

姓名	学生1	学号	06171901
考试科目	成绩	学分	备注
布线工程	98	4	
路由交换	85	4	
操作系统	96	4	

图 3-2-11 预览结果

③ 单击"邮件合并"窗格中的"上一记录"按钮或"下一记录"按钮，可以查看其他记录的数据；单击"首记录"按钮，可以显示第一条记录的数据；单击"尾记录"按钮，可以显示最后一条记录的数据。

步骤 6：在一页中放置多个"成绩单"。

如果在一页内放置两份"成绩单"，就可以节省纸张，具体操作如下：

① 把整个"成绩单"（包括前面的标题）复制一份，再把插入点定位到文档的最后位置，粘贴一次，得到第 2 个"成绩单"。

② 将插入点放在第 2 个"成绩单"的首行处（必须在第 2 个成绩单中所有数据域的前面）。

③ 单击"邮件"选项卡"编写和插入域"分组中的"规则"按钮，在弹出的菜单中选择"下一记录"，当"预览结果"按钮为"未选中"状态时，将显示出"下一记录"的域"下一记录"。

④ 单击"预览结果"按钮，使其成为"选中"状态，就可以看到在第 2 个"成绩单"中已显示出下一条记录的数据了。

⑤ 单击"下一步 完成合并"，单击"编辑单个信函"会弹出"合并到新文档"，选择"全部"，单击"确定"。最后将生成的新文档让打印机打印输出或者保存后供下次打印。

任务一　合并多个文档制作一个文集

1. 任务要求

在制作某专业的课程标准时，每门课程的课程标准由各个任课教师分别编写，现要将所有老师编写的课程标准合并成一本"专业课程标准文集"，并要求文集具体格式如下：

（1）每门课的课程标准（即每篇文章）另起一页。
（2）文集前面有目录，目录列出每门课的题目和起始页码。
（3）每页上有"课标"字样。

2．操作方法

具体操作步骤如下：

步骤1：将多个文件合并至一个文档。

① 新建一个空白文档。

② 选择"插入"选项卡—"文本"分组中的"对象"下拉列表里的"文件中的文字"命令，如图3-2-12所示。

③ 打开"插入文件"对话框，如图3-2-13所示。

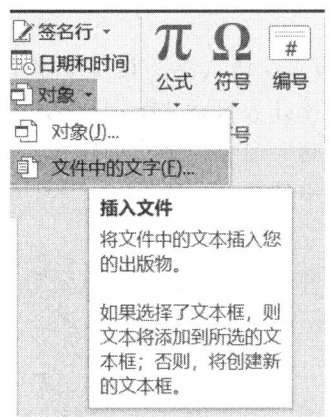

图 3-2-12　插入文本按钮

④ 选中第一文件，按住键盘上的"Shift"键的同时，单击最后一个文件，单击"插入"即可。如果对插入文档有顺序要求，可分多次逐个插入文档。

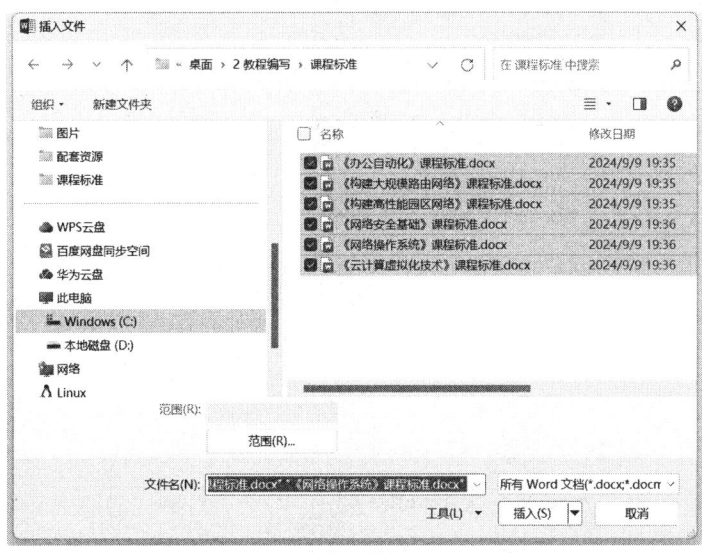

图 3-2-13　"插入文件"对话框

步骤2：插入分页符。

① 将光标置于每门课程标准的末尾。

② 单击"插入"选项卡—"页面"组中的"分页"按钮；或单击"布局"选项卡—"页面设置"分组中的"分隔符"—"分页符"—"分页符"按钮，即可实现每篇文章另起一页。

步骤3：制作目录。

（1）制作目录前的准备。

首先，应该确定制作几级目录。本案例考虑制作2级目录，各课程名称的课程标准为一级目录；每个标准里包含的各大项为二级目录。

（2）目录格式设置。

目录格式设置有两种方式，用户可以选中要设置的目录，单击"开始"选项卡—"样式"组，选择其中某个标题样式；或者在"段落"组中单击展开按钮（或在所选段落单击鼠标右键）打开"段落"对话框。

本案例在"段落"对话框中设置1级大纲，具体操作步骤如下：

① 选中课程标准名称，如"《办公自动化》课程标准"。

② 单击鼠标右键，选择"段落"命令，弹出如图3-2-14对话框。

③ 在"大纲级别"下拉列表中选择"1级"。

④ 单击"确定"。

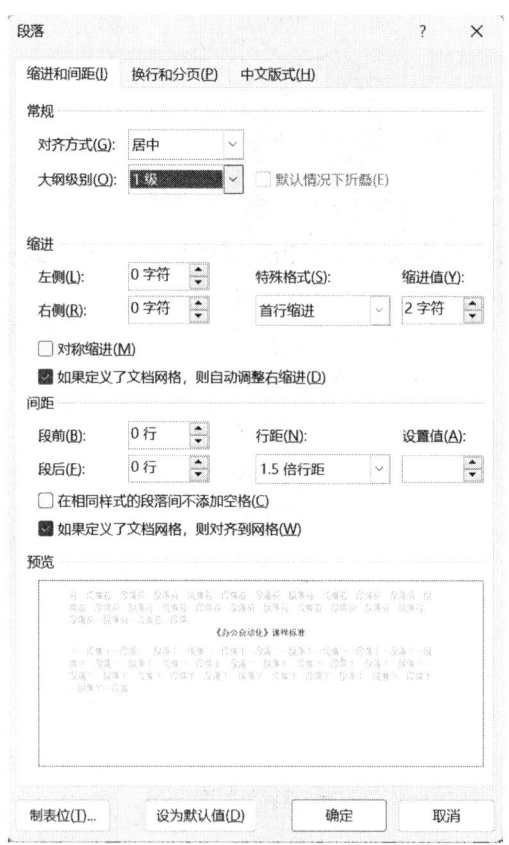

图3-2-14 设置"大纲级别"

2级大纲级别设置可如法炮制，对重复性操作，可借助"格式刷"完成。

将各大纲级别设置好后，在"导航窗格"中可以浏览文档中的标题列表，如图3-2-15所示。

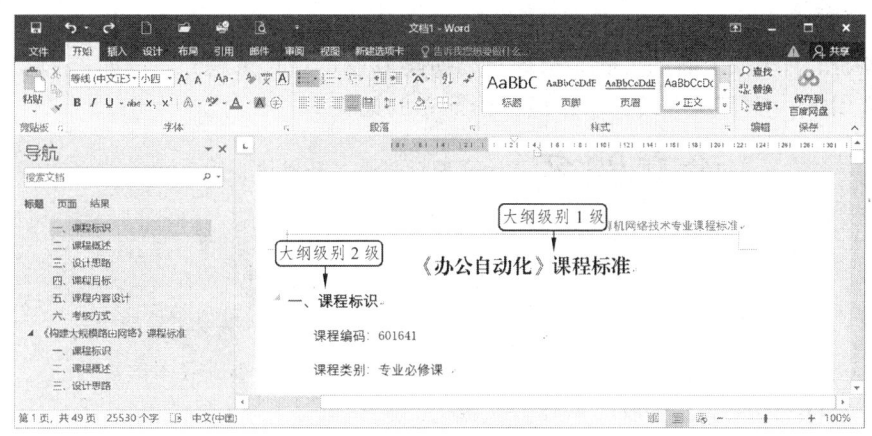

图 3-2-15　大纲级别设置完成

（3）生成目录。

① 将光标置于要放置目录的位置。

② 单击"引用"选项卡的"目录"下拉按钮，在下拉列表中"自动生成目录"选择一种样式即可，如图3-2-16所示。

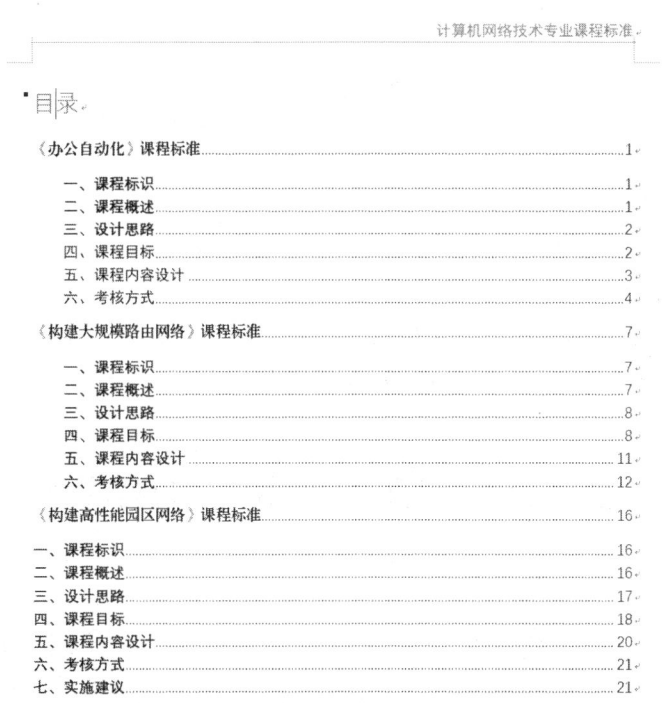

图 3-2-16　生成的目录效果

③ 如果后续目录有所变动，只需要单击"更新目录"按钮即可。

任务二　学术论文 Word 排版

1. 任务要求

使用 Word 创建一个新的文档，根据自己所学专业特点自选题目，例如："信息技术在教育领域的应用"，按下列格式要求排版一份简单的论文。

论文题名（论文题目，小二号黑体、居中）

第一作者[1,2(指导者单位)]　　其他作者[2]

([1]作者单位　单位所在城市，邮编)

(作者名称，四号仿宋、居中；作者单位，小五号仿宋、居中)

摘　要（小五号黑体）：中文摘要通常在 150~200 字之间。（小五号宋体）

关键词（小五号黑体）：一般选 4~8 个关键词。

引　言（小五号黑体、段前段后各 0.5 行）

正文内容。字体：小五号宋体，单倍行距"1"，两端对齐。

1　一级标题（小五号黑体、段前段后各 0.5 行）

正文内容。字体：小五号宋体，单倍行距"1"，两端对齐。

1.1　二级标题（小五号楷体）

正文内容。字体：小五号宋体，单倍行距"1"，两端对齐。

1.1.1　三级标题（小五号楷体）

正文内容。字体：小五号宋体，单倍行距"1"，两端对齐。

[参　考　文　献]（小五号黑体、居中）

2. 进阶要求

编制时，还应做到以下几点：

（1）设计页眉，应包含论文标题和章节名称；设计页脚，应包含页码。

（2）根据标题样式自动生成目录。

（3）使用 Word 的审阅工具进行文档校对，包括语法和拼写检查。

（4）将最终文档保存为 Word 格式，并导出为 PDF 格式。

任务三　"美丽家乡"图文混排

1. 任务要求

制作一个类似图 3-2-18 所示的"美丽家乡"宣传画报，内容和版式可自拟，但应包含以下几点：

（1）文中有艺术字和竖排文字。

（2）文档由五部分组成，各部分由不同的文本框构成。

（3）文中插入了图片，并裁剪图片为一定形状。

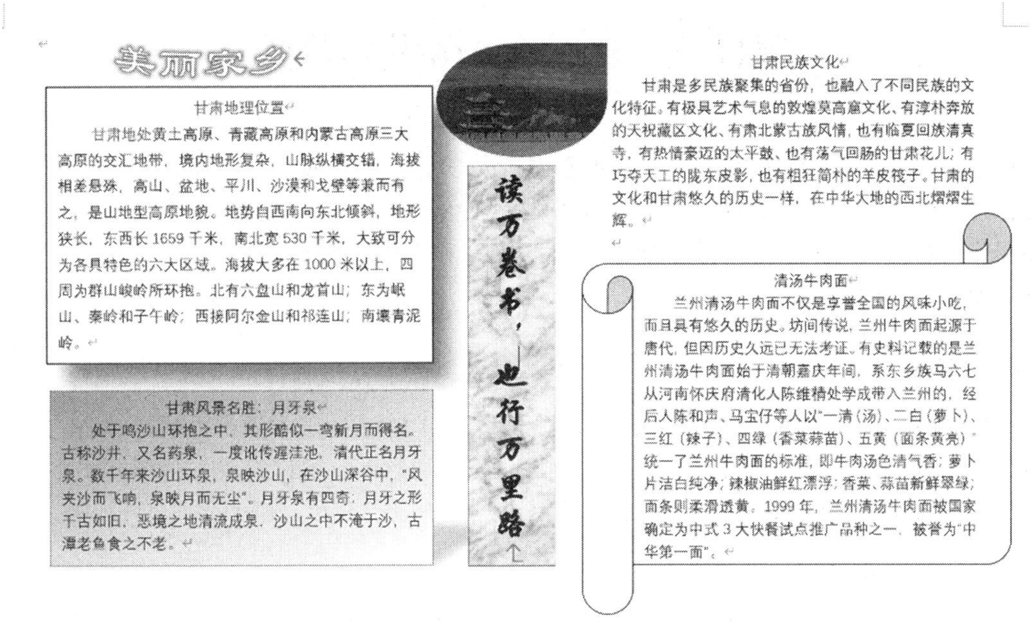

图 3-2-17　宣传报刊

2．操作步骤

以图 3-2-18 为例，介绍操作步骤。先将纸张方向设置为横向，大小为 A4，为以后文字、图形、图像排版做好准备，然后将光标移到文档首部。

步骤 1：制作艺术字。

① 插入艺术字内置库中第二行第四列艺术字样式，内容为"美丽家乡"。

② 设置字体为"隶书"，字号为"小一"并"加粗"。

③ 设置"下翘"的文本效果。

步骤 2：制作有关自己家乡地理环境、历史文化、风景名胜、地方特产的文本框。

① 插入形状效果为"预设 4"的简单文本框，设置"形状轮廓"为 0.75 磅的实线。

② 在文本框中录入家乡地理环境介绍的文字内容，可通过拖动调整文本框的大小和位置。

③ 根据需要，给文字内容添加美观的字形字号等内容。

④ 按上述方法制作有关历史文化、风景名胜、地方特产内容的文本框，设置文本框的形状轮廓，并拖动鼠标调整至合适位置。

步骤 3：制作中间竖排文本框。

① 按照上述例子，利用"绘制竖排文本框"命令，绘制内容为"读万卷书，也行万里路"的竖排文字。

② 设置文字为合适美观的字号、字体等，并利用"形状填充"添加背景纹理。

步骤 4：插入图片。

① 插入一张"四周型环绕"的有关家乡的图片。

② 将其裁剪成泪滴形状，并调整其大小和位置。

项目三　Excel 2016 基本操作

Excel 是微软公司推出的 Office 办公组件之一，是一款功能十分强大的数据编辑与处理软件，可以将庞大复杂的数据转换为比较直观的表格或图表。本项目主要介绍 Excel 2016 的相关操作，包括 Excel 2016 的基本操作、数据与编辑、单元格格式设置、公式与函数、数据管理、图表和打印等内容。

一、Excel 2016 入门

作为 Microsoft Office 软件的主要组件之一，Excel 2016 的基本操作方法与 Word 2016 基本类似，但很多地方也独具特色。下面主要对 Excel 的启动、窗口组成、视图方式、工作簿操作、工作表操作、单元格操作和 Excel 的退出等知识进行介绍。

1. Excel 2016 简介

Excel 2016 是一款主要用于制作电子表格、完成数据运算、进行数据统计和分析的软件。它被广泛地应用于管理、统计、财经、金融等众多领域。通过 Excel 2016，用户可以轻松快速地制作出各种统计报表、工资表、考勤表等表格，还可以灵活地对各种数据进行整理、计算、汇总、查询和分析，即使在面对大量数据时，也能通过 Excel 提供的各种功能来快速提高办公效率。图 3-3-1 所示即为使用 Excel 制作的产品销售统计表。

某某企业产品销售统计表

产品名称	产品编号	产品规格	重量	出厂年份	单价	销售	折扣率	预计销售额	实际销售额	完成情况	差额
357g特制熟饼	Xlwm2012001	375g×84饼/件	357	2018	¥ 791.83	91	5%	¥ 85,000.00	¥ 68,455.43	未完成	¥ 16,544
358g特制熟饼	Xlwm2012002	500g×9罐/件	500	2018	¥ 556.45	87	3%	¥ 45,000.00	¥ 46,958.82	完成	
500g藏品普洱	Xlwm2012003	400g×84片/件	400	2018	¥ 1,016.54	89	3%	¥ 90,000.00	¥ 87,757.90	未完成	¥ 2,242
357g金尊熟饼	Xlwm2012004	250g×80块/件	250	2018	¥ 791.84	76	7%	¥ 55,000.00	¥ 57,168.68	完成	
500g茶王春尖散茶	Xlwm2012005	500g×24坨/件	500	2018	¥ 567.12	100	9%	¥ 60,000.00	¥ 52,742.16	未完成	¥ 7,257
500g传统香竹茶	Xlwm2012006	400g×84片/件	400	2018	¥ 577.85	79	5%	¥ 45,000.00	¥ 41,541.67	未完成	¥ 3,458
400g茶王春尖青饼	Xlwm2012007	400g×84片/件	400	2018	¥ 642.55	92	5%	¥ 51,000.00	¥ 98,765.56	完成	
400g金印珍藏青饼	Xlwm2012008	400g×84片/件	400	2018	¥ 794.45	74	11%	¥ 60,000.00	¥ 34,567.98	未完成	¥ 25,432
400g精英珍藏青饼	Xlwm2012009	400g×84片/件	400	2019	¥ 663.46	61	5%	¥ 40,000.00	¥ 87,654.78	完成	
357g特制熟饼	Xlwm2012010	250g×80块/件	250	2019	¥ 953.26	74	9%	¥ 62,000.00	¥ 67,904.32	完成	
358g特制熟饼	Xlwm2012011	500g×9罐/件	500	2019	¥ 984.44	77	5%	¥ 85,000.00	¥ 54,689.78	未完成	¥ 30,310
500g藏品普洱	Xlwm2012012	375g×84饼/件	375	2019	¥ 631.35	60	5%	¥ 43,000.00	¥ 98,659.09	完成	
357g金尊熟饼	Xlwm2012013	375g×84饼/件	375	2019	¥ 545.78	58	11%	¥ 33,000.00	¥ 43,276.01	完成	
500g茶王春尖散茶	Xlwm2012014	375g×84饼/件	375	2019	¥ 995.17	71	5%	¥ 50,000.00	¥ 92,187.34	完成	
500g传统香竹茶	Xlwm2012015	375g×84饼/件	375	2019	¥ 856.56	96	5%	¥ 560,000.00	¥ 67,521.09	未完成	¥ 492,478
400g茶王春尖青饼	Xlwm2012016	500g×9罐/件	500	2019	¥ 930.96	79	9%	¥ 70,000.00	¥ 39,352.74	未完成	¥ 30,647
400g金印珍藏青饼	Xlwm2012017	250g×80块/件	250	2019	¥ 535.63	78	5%	¥ 40,000.00	¥ 66,079.54	完成	
400g精英珍藏青饼	Xlwm2012018	500g×9罐/件	500	2019	¥ 930.96	84	9%	¥ 60,000.00	¥ 55,083.87	未完成	¥ 4,916

图 3-3-1　Excel 制作的统计表示例

2. Excel 2016 的启动

启动 Excel 2016 的方法与启动 Word 2016 类似，用户可以根据需要选择最适合、最快捷的方式，下面简单介绍启动 Excel 2016 的常用方法。

方法 1： 选择“开始”菜单—“所有程序”命令—“Excel”子命令。

方法 2： 在任务栏中单击 Excel 2016 图标。

方法 3： 双击使用 Excel 2016 创建的工作簿，可启动 Excel 2016 并打开该工作簿。

3. Excel 2016 的窗口组成

Excel 2016 的操作界面与 Word 2016 的操作界面大致相似，由快速访问工具栏、标题栏、"文件"菜单、功能选项卡、功能区、编辑栏和工作表编辑区等部分组成，如图 3-3-2 所示。下面主要介绍编辑栏和工作表编辑区的作用。

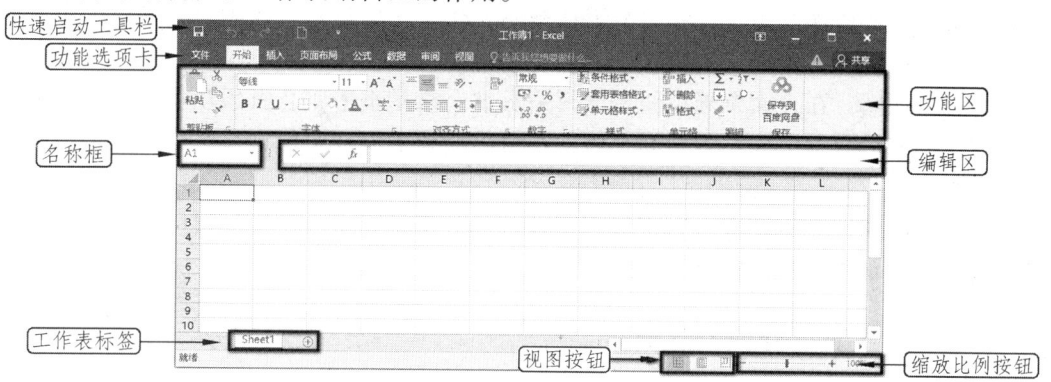

图 3-3-2　Excel 2016 操作界面

（1）编辑栏。

编辑栏主要用于显示和编辑当前活动单元格中的数据或公式。在默认情况下，编辑栏中会显示名称框、"插入函数"按钮和编辑区等部分，但在单元格中输入数据或插入公式与函数时，编辑栏中的"取消"按钮和"输入"按钮也将显示出来。

名称框：用来显示当前单元格的地址和函数名称，或定位单元格。例如，在名称框中输入"B5"后，按回车键将直接定位并选择 B5 单元格。

"取消"按钮：单击该按钮表示取消输入的内容。

"输入"按钮：单击该按钮表示确定并完成输入。

"插入函数"按钮：单击该按钮，将快速打开"插入函数"对话框，在其中可选择相应的函数插入到单元格中。

编辑框：显示单元格中输入或编辑的内容，也可选择单元格后，直接在编辑框中进行输入和编辑的操作。

（2）工作表编辑区。

工作表编辑区是 Excel 编辑数据的主要场所，表格中的内容通常显示在工作表编辑区中，用户的大部分操作也需要通过工作表编辑区进行。工作表编辑区主要包括行号与列标、单元格和工作表标签等部分。

行号与列标：行号用 1，2，3 等阿拉伯数字标识，列标用 A，B，C 等大写英文字母标识。一般情况下，单元格地址由"列标+行号"的形式组成，如位于 A 列 1 行的单元格，表示为 A1 单元格。

工作表标签：用来显示工作表的名称。Excel 2016 默认工作簿只包含一张工作表，单击"新工作表"按钮，将新建一张工作表。当工作簿中包含多张工作表后，便可单击任意一个工作表标签进行工作表之间的切换操作。

4. Excel 2016 的视图方式

在 Excel 2016 中，可根据需要在操作界面状态栏中单击视图按钮组中相应的按钮，或在"视图"选项卡—"工作簿视图"组中单击相应的按钮来切换视图，方便用户在不同视图模式中查看和编辑表格。下面分别介绍每个工作簿视图的作用。

普通视图：普通视图是 Excel 中的默认视图，用于正常显示工作表，在其中可以执行数据输入、数据计算和图表制作等操作。

页面布局视图：在页面布局视图中，每一页都会显示页边距、页眉和页脚，用户可以在此视图模式下编辑数据、添加页眉和页脚，还可以拖动上方或左侧标尺中的浅蓝色控制条设置页面边距。

分页预览视图：分页预览视图可以显示蓝色的分页符，用户可以用鼠标拖动分页符以改变显示的页数和每页的显示比例。

5. Excel 2016 的工作簿及其操作

在使用 Excel 2016 编辑和处理数据之前，首先应该新建工作簿，在工作簿中处理完数据后，需保存工作簿。此外，常见的工作簿操作还包括打开和关闭等。

（1）新建工作簿。

工作簿即 Excel 文件，也称电子表格。在默认情况下，新建的工作簿以"工作簿 1"命名，若继续新建工作簿则以"工作簿 2""工作簿 3"……命名，名称一般会显示在 Excel 操作界面的标题栏中。新建工作簿的方法较多，下面主要对常用的几种方法进行介绍。

方法 1：启动 Excel 2016 时，将自动新建一个名为"工作簿 1"的空白工作簿。

方法 2：在需新建工作簿的桌面或文件夹空白处单击鼠标右键，在弹出的快捷菜单中选择"新建"命令—"Microsoft Excel 工作表"子命令，可新建一个名为"新建 Microsoft Excel 工作表"的空白工作簿。

方法 3：启动 Excel 2016，选择"文件"菜单—"新建"命令，在打开的"新建"列表框中选择"空白工作簿"选项即可新建一个空白工作簿。此时，若在"新建"列表框中选择其他选项，可创建带模板的工作簿，如选择"学生课程安排"选项，在打开的对话框中单击"新建"按钮，即可创建一个已设置好表格内容的工作簿。

（2）保存工作簿。

编辑工作簿后，需要对工作簿进行保存操作。经过编辑的工作簿，可根据需要直接进行保存，也可通过另存为操作将编辑过的工作簿保存为新的文件。操作方法与 Word 2016 类似，下面分别简单介绍保存和另存为工作簿的操作方法。

直接保存：在快速访问工具栏中单击"保存"按钮，或按"Ctrl+S"组合键，或选择"文件"菜单—"保存"命令，在打开的"另存为"列表框中选择不同的保存方式进行保存，如图 3-3-3 所示。如果是第一次进行保存操作，将打开"另存为"对话框，在该对话框中可设置文件的保存位置，在"文件名"输入框中可输入工作簿名称，设置完成后单击"保存"按钮即可完成保存操作；若已保存过工作簿，则不会再打开"另存为"对话框，直接完成保存。

另存为：如果需要将编辑过的工作簿保存为新文件，可选择"文件"菜单—"另存为"命令，在打开的"另存为"列表框中选择所需的保存方式进行工作簿的保存即可。

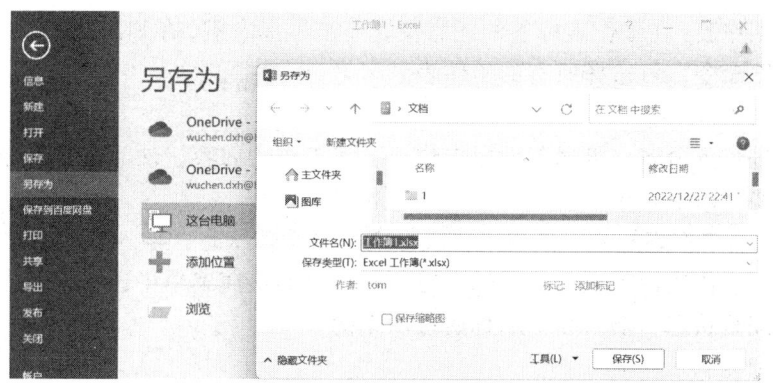

图 3-3-3 另存为工作簿

（3）打开工作簿。

对工作簿进行查看和再次编辑时，需要打开工作簿，操作方法也与 Word 2016 类似，下面对打开工作簿的常用方法进行介绍。

方法 1：选择"文件"菜单—"打开"命令，或按"Ctrl+O"组合键，打开"打开"列表框，其中显示了最近编辑过的工作簿和打开过的文件夹.若是打开最近使用过的工作簿，只需选择"工作簿"列表框中的相应文件即可；若是想打开计算机中保存的工作簿，则需单击"浏览"按钮，在打开的"打开"对话框中选择要打开的工作簿，单击"打开"按钮，即可打开所选择的 Excel 工作簿。

方法 2：打开工作簿所在的文件夹，双击工作簿，可直接将其打开。

（4）关闭工作簿。

在 Excel 2016 中，常用的关闭工作簿的方式也与 Word 2016 类似，主要有以下两种：

方法 1：选择"文件"菜单—"关闭"命令。

方法 2：按"Ctrl+W"组合键。

6. Excel 2016 的工作表及其操作

工作表是显示和分析数据的场所，主要用于组织和管理各种数据信息。工作表存储在工作簿中，在默认情况下，一份工作簿中只包含一张工作表，并以"Sheet1"进行命名，用户也可根据需要对工作表进行删除和添加。在编辑工作表的过程中，还可以进行选择、重命名、插入、移动和复制，以及删除工作表等操作。下面对工作表的基本操作分别进行介绍。

（1）选择工作表。

选择工作表是一项非常基础的操作，包括选择一张工作表、选择连续的多张工作表、选择不连续的多张工作表和选择所有工作表等。

选择一张工作表：单击相应的工作表标签，即可选择该工作表。

选择连续的多张工作表：在选择一张工作表标签后，按住"Shift"键，再选择需要选择的最后一张工作表标签，即可同时选中这两张工作表之间的所有工作表。被选择的工作表呈白底显示。

选择不连续的多张工作表：选择一张工作表后按住"Ctrl"键，再依次单击其他需要选择的工作表标签，即可同时选择所单击的工作表。

选择所有工作表：在工作表标签的任意位置单击鼠标右键，在弹出的快捷菜单中选择"选定全部工作表"命令，可选择所有的工作表。

（2）重命名工作表。

对工作表进行重命名，可以帮助用户快速了解工作表内容，便于查找和分类。重命名工作表的方法主要有以下两种。

方法1：双击工作表标签，此时工作表标签呈可编辑状态，输入新的名称后按回车键。

方法2：在工作表标签上单击鼠标右键，在弹出的快捷菜单中选择"重命名"命令，工作表标签呈可编辑状态，输入新的名称后按回车键。

（3）移动和复制工作表。

移动和复制工作表主要包括在同一工作簿中移动和复制工作表、在不同的工作簿中移动和复制工作表两种方式。

在同一工作簿中移动和复制工作表的方法比较简单，在要移动的工作表标签上按住鼠标左键不放，将其拖到目标位置即可；如果要复制工作表，则在拖动鼠标时按住"Ctrl"键。

在不同工作簿中复制和移动工作表就是指将一个工作簿中的内容移动或复制到另一个工作簿中。

【例3-11】打开"客户档案管理表"工作簿（请扫描二维码获取资源），将"2022年客户资料管理卡"工作表中的内容复制到"2023年客户档案管理表"中。

步骤1：打开"客户档案管理表"工作簿和"2023年客户档案管理表"工作簿，选择要复制的"2022年客户资料管理卡"工作表，然后单击鼠标右键，在弹出的快捷菜单中选择"移动或复制"命令，打开"移动或复制工作表"对话框。

步骤2：在"工作簿"下拉列表框中选择"2023年客户档案管理表"工作簿，再在"下列选定工作表之前"列表框中选择要移动或复制到的位置，这里选择"2023年客户档案管理表"选项。

步骤3：单击选中"建立副本"复选框，复制工作表，如图3-3-4所示；

步骤4：单击"确定"按钮，完成工作表的复制，如图3-3-5所示。

若在"移动或复制工作表"对话框中撤销选中"建立副本"复选框，则表示移动工作表到另一个工作簿中。

资源获取

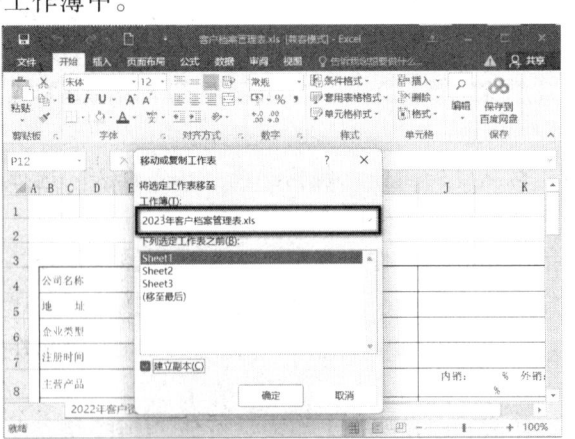

图3-3-4 复制工作表

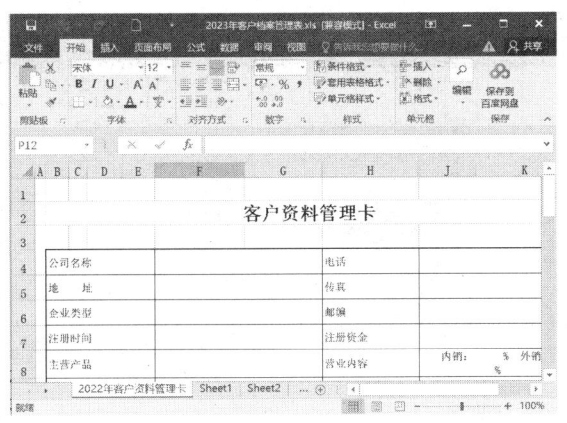

图 3-3-5　完成复制操作

（4）插入工作表。

根据实际需要，用户可在工作簿中插入工作表，插入工作表的方法有以下两种。

方法 1：通过按钮插入。在打开工作簿的工作表标签中单击"新建工作表"按钮，即可插入一张空白的工作表。

方法 2：通过对话框插入。在工作表名称上单击鼠标右键，在弹出的快捷菜单中选择"插入"命令，打开"插入"对话框，在"常用"选项卡的列表框中选择"工作表"选项，表示插入一张空白工作；也可以在"电子表格方案"选项卡中选择一种表格样式，单击"确定"按钮，插入一张带格式的工作表。

（5）删除工作表。

当工作簿中的某张工作表作废或多余时，可以在其工作表标签上单击鼠标右键，在弹出的快捷菜单中选择"删除"命令将其删除。如果工作表中有数据，删除工作表时将打开提示对话框，需再次单击"删除"按钮确认删除。

（6）保护工作表。

Excel 2016 不仅提供了编辑和存储数据的功能，还提供了密码保护功能，用以保护工作表。

【例 3-12】打开"客户管理档案表"工作簿，为"战略联盟表"工作表设置保护密码，然后将其撤销。

步骤 1：打开"客户管理档案表"工作簿，在"战略联盟表"工作表标签上单击鼠标右键，在弹出的快捷菜单中选择"保护工作表"命令，打开"保护工作表"对话框。

步骤 2：在"取消工作表保护时使用的密码"文本框中输入密码，如"123456"，在"允许此工作表的所有用户进行"列表框中设置用户可以进行的操作，单击"确定"按钮，如图 3-3-6 所示。

步骤 3：打开"确认密码"对话框，在"重新输入密码"文本框中再次输入密码，单击"确定"按钮。

步骤 4：在"战略联盟表"工作表标签上单击鼠标右键，在弹出的快捷菜单中选择"撤销工作表保护"命令，打开"撤销工作表保护"对话框，在其中输入密码，单击"确定"按钮，如图 3-3-7 所示。

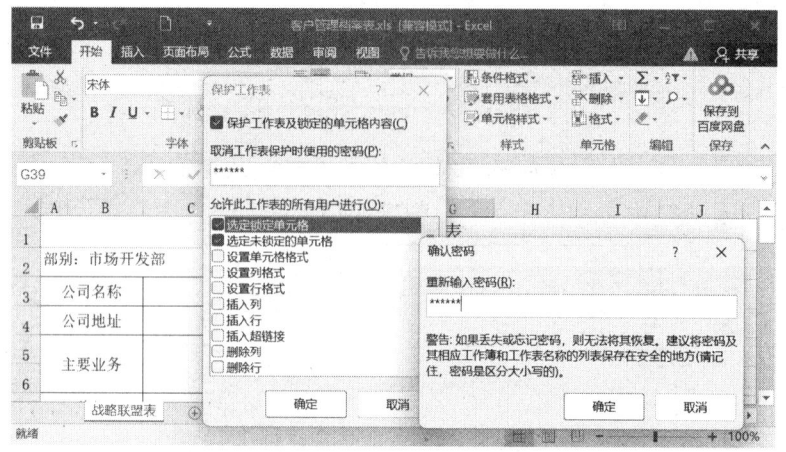

图 3-3-6 保护工作表

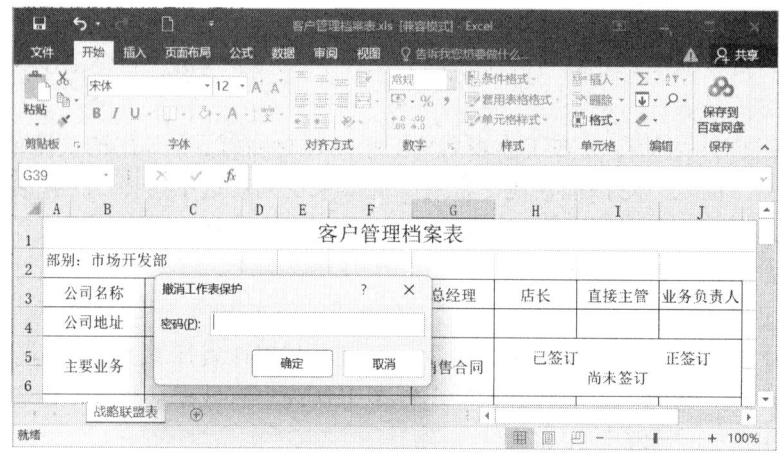

图 3-3-7 撤销工作表保护

（7）标识工作表。

在工作表标签上单击鼠标右键，在弹出的快捷菜单中选择"工作表标签颜色"命令，在其子菜单中选择所需的颜色，可以为工作表标签设置标识颜色。

7. Excel 2016 的单元格及其操作

单元格是 Excel 中最基本的存储数据单元，它通过对应的行号和列标进行命名和引用。多个连续的单元格称为单元格区域，其地址表示为"单元格:单元格"，比如 A2 单元格与 C5 单元格之间连续的单元格可表示为 A2:C5 单元格区域。用户在编辑电子表格的过程中，通常需要对单元格进行多项操作，包括选择、合并与拆分、插入与删除等。

（1）选择单元格。

在对单元格进行操作之前，首先应该选择需进行操作的单元格或单元格区域。在 Excel 中选择单元格主要有以下几种方法。

选择单个单元格：单击要选择的单元格。

选择多个连续的单元格：选择一个单元格，然后按住鼠标左键不放并拖动鼠标，可选择多个连续的单元格（即单元格区域）。

选择不连续的单元格：按住"Ctrl"键不放，分别单击要选择的单元格，可选择不连续的多个单元格。

选择整行：单击行号可选择整行单元格。

选择整列：单击列标可选择整列单元格。

选择整个工作表中的所有单元格：单击工作表编辑区左上角行号与列标交叉处的按钮即可选择整个工作表中的所有单元格。

（2）合并与拆分单元格。

在实际编辑表格的过程中，通常需要对单元格或单元格区域进行合并与拆分操作，以满足表格样式的需要。

合并单元格：在编辑表格的过程中，为了使表格结构看起来更美观、层次更清晰，有时需要对某些单元格区域进行合并操作。选择需要合并的多个单元格，然后在"开始"选项卡—"对齐方式"组中单击"合并后居中"按钮。单击"合并后居中"按钮右侧的下拉按钮，在打开的下拉列表中可以选择"跨越合并""合并单元格""取消单元格合并"等选项。

拆分单元格：首先选择需拆分的已合并单元格，然后单击"合并后居中"按钮，或在"开始"选项卡—"对齐方式"组右下角单击展开按钮，打开"设置单元格格式"对话框，在"对齐方式"选项卡中撤销选中"合并单元格"复选框即可。

（3）插入与删除单元格。

在编辑表格时，用户可根据需要插入或删除单个单元格，也可插入或删除一行或一列单元格。

插入单元格是表格编辑过程中常用的一项操作，其操作方法比较简单：打开工作簿，选择要编辑的工作表后，选择待插入单元格所显示的位置，比如，在 A14 单元格所在位置插入单元格，则需选择 A14 单元格，然后在"开始"选项卡—"单元格"组中单击"插入"下拉按钮，在打开的下拉列表中选择"插入单元格"选项。打开"插入"对话框，如图 3-3-8 所示，单击选中"整行"选项，表示插入整行单元格；单击选中"整列"选项，表示插入整列单元格；单击选中"活动单元格右移"选项或"活动单元格下移"选项，可在所选单元格的左侧或上方插入一个单元格，最后单击"确定"按钮即可。

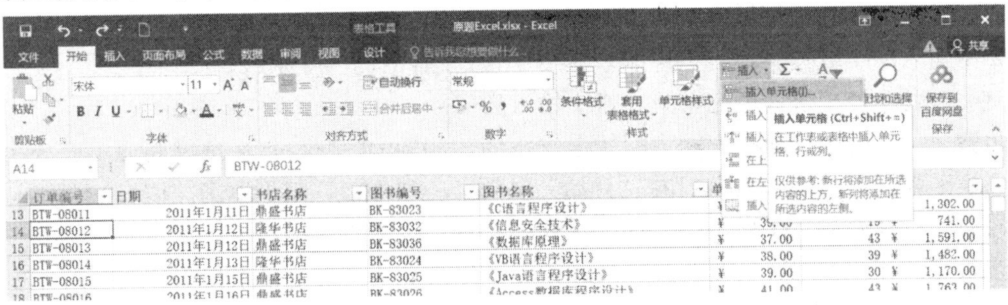

图 3-3-8 插入单元格

当不需要某单元格时，可将其删除。选择要删除的单元格，单击"开始"选项卡—"单元格"组中的"删除"按钮，在打开的下拉列表中选择"删除单元格"选项，打开"删除"对话框，单击选中相应的选项后，单击"确定"按钮即可删除所选单元格。

此外，单击"删除"按钮下方的下拉按钮，在打开的下拉列表中选择"删除工作表行"或"删除工作表列"选项，可删除整行或整列单元格。

8. 退出 Excel 2016

退出 Excel 2016 主要有以下几种方法：

方法 1：单击 Excel 2016 窗口右上角的"关闭"按钮。
方法 2：按"Alt+F4"组合键。
方法 3：在标题栏中的空白区域单击鼠标右键，在弹出的快捷菜单中选择"关闭"命令。

二、Excel 2016 的数据与编辑

新建好工作表后，即可在单元格中输入表格数据，同时用户也可根据需要，对数据和数据格式进行编辑和设置。

1. 数据输入与填充

输入数据是制作表格的基础，Excel 支持各种类型数据的输入，包括文本和数字等一般数据，以及身份证、小数或货币等特殊数据。对于编号等有规律的数据序列还可利用快速填充功能实现高效输入。

（1）输入普通数据。

在 Excel 表格中输入一般数据主要有以下 3 种方式：

方法 1：选择单元格输入。选择单元格后，直接输入数据，然后按回车键。
方法 2：在单元格中输入。双击要输入数据的单元格，将文本插入点定位到其中，输入所需数据后按回车键。
方法 3：在编辑栏中输入。选择单元格，然后将鼠标指针移到编辑栏中并单击，将文本插入点定位到编辑栏中，输入数据并按回车键。

（2）快速填充数据。

在输入表格数据的过程中，若单元格中数据多处相同或是有规律的数据序列，可以利用快速填充表格数据的方法来提高工作效率。

通过"序列"对话框填充：对于有规律的数据，Excel 2016 提供了快速填充功能，只需在表格中输入一个数据，便可在连续单元格中快速输入有规律的数据。

【例3-13】使用快速填充在单元格中输入数字。

步骤 1：在起始单元格中输入起始数据，如"20190401"。然后选择需要填充规律数据的单元格区域，如"A1:A10"，在"开始"选项卡—"编辑"组中单击"填充"按钮右侧的下拉按钮，在打开的下拉列表中选择"序列"选项，打开"序列"对话框。

步骤 2：在"序列产生在"栏中选择序列产生的位置，这里单击选中"列"单选项；在"类型"栏中选择序列的特性，这里单击选中"等差序列"单选项；在"步长值"文本框中输入序列的步长，这里输入"1"，如图 3-3-9 所示。

步骤 3：单击"确定"按钮，便可填充序列数据，填充数据后的效果如图 3-3-10 所示。

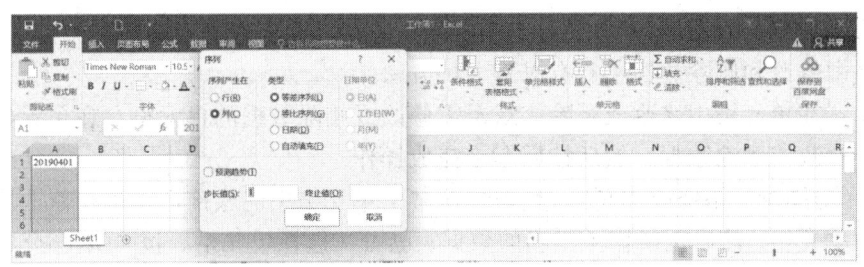

图 3-3-9 设置"序列"

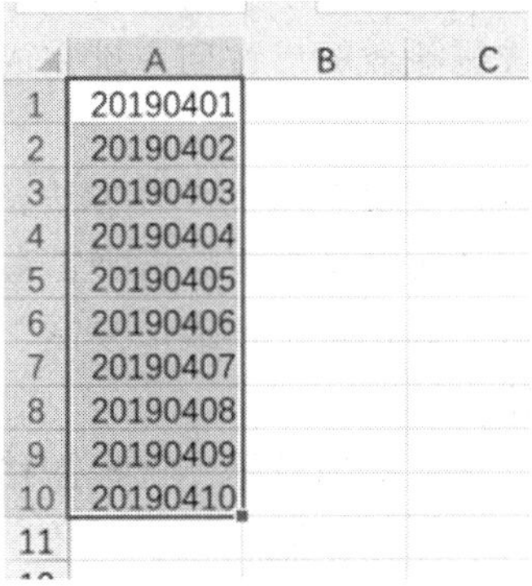

图 3-3-10 查看填充效果

使用控制柄填充相同数据：在起始单元格中输入起始数据，将鼠标指针移至该单元格右下角的控制柄上，当其变为黑色十字形状时，按住鼠标左键不放并拖动至所需位置，释放鼠标，即可在选择的单元格区域中填充相同的数据。

如果在起始单元格中输入起始数据，按住"Ctrl"键拖动控制柄，默认按照等差为 1 的等差数列进行填充，但若已经设置了填充方式，则按照所设置的方式进行填充。

使用控制柄填充有规律的数据：在单元格中输入起始数据，在相邻单元格中输入下一个数据，选择已输入数据的两个单元格，将鼠标指针移至选区右下角的控制柄上，当其变为黑色十字形状时，按住鼠标左键不放拖动至所需位置后释放鼠标，即可根据两个数据的特点自动填充有规律的数据，如图 3-3-11 所示。

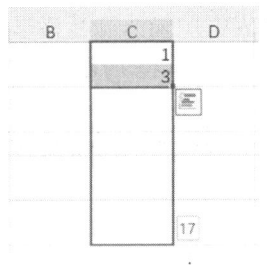

图 3-3-11 填充有规律的数据

2. 数据的编辑

在编辑表格的过程中，还可以对已有的数据进行修改、移动、复制、查找、替换和删除等编辑操作。

(1)修改和删除数据。

在表格中修改和删除数据主要有以下3种方法：

方法 1：在单元格中修改或删除。双击需修改或删除数据的单元格，在单元格中定位文本插入点，修改或删除数据，然后按回车键完成操作。

方法 2：选择单元格修改或删除。当需要对某个单元格中的全部数据进行修改或删除时，只需选择该单元格，然后重新输入正确的数据；也可在选择单元格后按"Delete"键删除所有数据，然后输入需要的数据，再按回车键快速完成修改。

方法 3：在编辑栏中修改或删除。选择单元格，将鼠标指针移到编辑栏中并单击，将文本插入点定位到编辑栏中，修改或删除数据后按回车键完成操作。

(2)移动和复制数据。

在 Excel 2016 中移动和复制数据主要有以下3种方法：

方法 1：通过"剪贴板"组移动或复制数据。选择需移动或复制数据的单元格，在"开始"选项卡—"剪贴板"组中单击"剪切"按钮或"复制"按钮，选择目标单元格，然后单击"剪贴板"组中的"粘贴"按钮。

方法 2：通过右键快捷菜单移动或复制数据。选择需移动或复制数据的单元格，单击鼠标右键，在弹出的快捷菜单中选择"剪切"或"复制"命令，选择目标单元格，然后单击鼠标右键，在弹出的快捷菜单中选择"粘贴"命令，即可完成数据的移动或复制。

方法 3：通过快捷键移动或复制数据。选择需移动或复制数据的单元格，按"Ctrl+X"组合键或"Ctrl+C"组合键，选择目标单元格，然后按"Ctrl+V"组合键。

(3)查找和替换数据。

当 Excel 2016 工作表中的数据量很大时，在其中直接查找数据就会非常困难，此时可通过 Excel 提供的查找和替换功能来快速查找符合条件的单元格，还能快速对这些单元格进行统一替换，从而提高编辑的效率。

利用 Excel 提供的查找功能不仅可以查找普通数据，还可以查找公式、值和批注等。

【例3-14】在"图书销售订单明细"工作簿中查找"鼎盛书店"。

步骤 1：打开"图书销售订单明细"工作簿，在"开始"选项卡—"编辑"组中单击"查找和选择"按钮，在打开的下拉列表中选择"查找"选项，打开"查找和替换"对话框。

步骤 2：在"查找内容"下拉列表框中输入"鼎盛书店"，单击"查找下一个"按钮，便能快速查找到匹配条件的单元格，如图3-3-12所示。

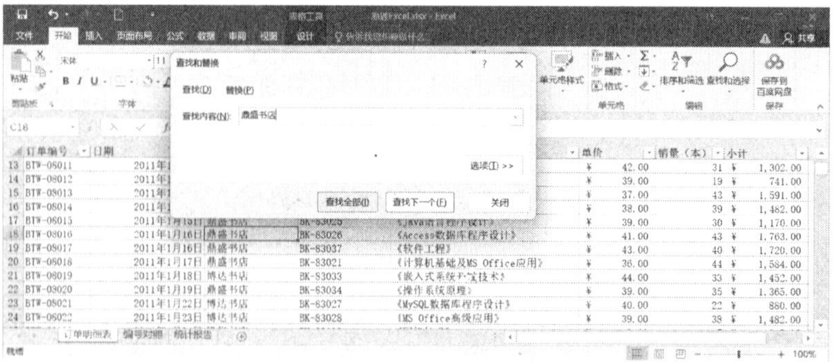

图 3-3-12 查找数据

步骤 3：单击"选项"按钮，可以展开更多的查找条件，包括查找范围、所查内容的格式等。单击"查找全部"按钮，可以在"查找和替换"对话框下方列表中显示所有包含所需查找文本的单元格的位置，如图 3-3-13 所示，最后单击"关闭"按钮关闭"查找和替换"对话框。"查找"对话框的打开方式也可以通过在工作表中直接按"Ctrl+F"组合键实现。

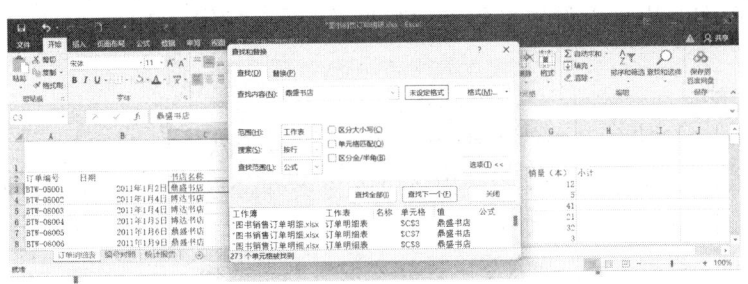

图 3-3-13　查找全部

如果发现表格中有多处相同的错误，或需对某项数据进行统一修改，可通过 Excel 的替换功能来快速实现。其操作方法与查找数据相似，首先打开要编辑的工作簿，在"开始"选项卡—"编辑"组中单击"查找和选择"按钮，在打开的下拉列表中选择"替换"选项，打开"查找和替换"对话框。在"替换"选项卡中的"查找内容"下拉列表框中输入要查找的数据，如"鼎盛书店"，在"替换为"下拉列表框中输入需要替换的内容，如"华文书店"，如图 3-3-14 所示，单击"替换"按钮进行一次替换操作，也可以单击"全部替换"按钮，将所有符合条件的数据一次性全部替换，最后单击"关闭"按钮完成替换数据的操作。

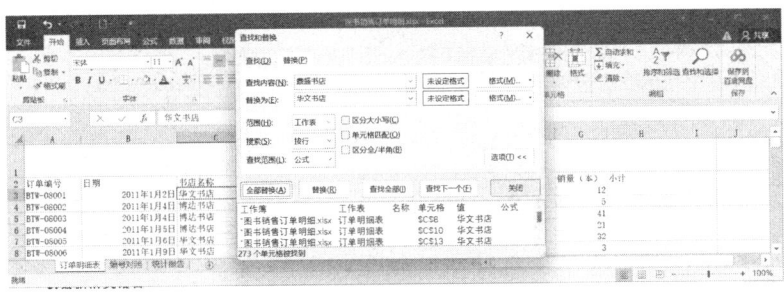

图 3-3-14　替换数据

3. 数据格式设置

在输入并编辑好表格数据后，为了使工作表中的数据更加清晰明了、美观实用，通常需要对表格格式进行设置和调整。在 Excel 2016 中设置数据格式主要包括设置字体格式、设置对齐方式和设置数字格式 3 个方面的内容。

（1）设置字体格式。

为表格中的数据设置不同的字体格式，不仅可以使表格更加美观，还可以方便用户对表格内容进行区分，便于查阅。设置字体格式主要可以通过"字体"组和"设置单元格格式"对话框的"字体"选项卡两种方法来实现。

方法 1：通过"字体"组设置。选择要设置的单元格，在"开始"选项卡—"字体"组中的"字体"下拉列表框和"字号"下拉列表框中可设置表格数据的字体和字号，单击"加粗"

按钮、"倾斜"按钮、"下划线"按钮和"字体颜色"按钮,可为表格中的数据设置加粗、倾斜、下划线和颜色效果。

方法 2:通过"设置单元格格式"对话框设置。选择要设置的单元格,单击鼠标右键,在弹出的快捷菜单中选择"设置单元格格式"命令,打开"设置单元格格式"对话框,单击"字体"选项卡,在其中可以设置单元格中数据的字体、字形、字号、下划线、特殊效果和颜色等。

(2)设置对齐方式。

在 Excel 中,数字的默认对齐方式为右对齐,文本的默认对齐方式为左对齐,用户也可根据实际需要对其进行重新设置。设置对齐方式主要可以通过"对齐方式"组和"设置单元格格式"对话框的"对齐"选项卡来实现。

方法 1:通过"对齐方式"组设置。选择要设置的单元格,在"开始"选项卡—"对齐方式"组中单击"左对齐"按钮、"居中"按钮、"右对齐"按钮等,可快速为选择的单元格设置相应的对齐方式。

方法 2:通过"设置单元格格式"对话框设置。选择需要设置对齐方式的单元格或单元格区域,单击"开始"选项卡—"对齐方式"组中右下角的展开按钮,打开"设置单元格格式"对话框,单击"对齐"选项卡,可以设置单元格中数据的水平和垂直对齐方式、文字的排列方向和文本控制等,如图 3-3-15 所示。

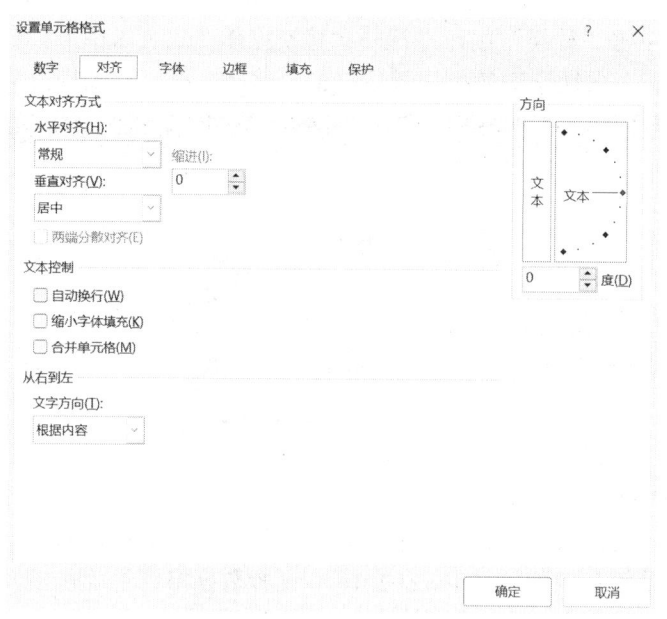

图 3-3-15 "对齐"选项卡

(3)设置数字格式。

设置数字格式是指修改数值类单元格格式,可以通过"数字"组或"设置单元格格式"对话框的"数字"选项卡实现。

方法 1:通过"数字"组设置。选择要设置的单元格,在"开始"选项卡—"数字"组中单击下拉列表框右侧的下拉按钮,在打开的下拉列表中可以选择一种数字格式。此外,单击

"会计数字格式"按钮、"百分比样式"按钮、"千位分隔样式"按钮等,可快速将数据转换为会计数字格式、百分比、千位分隔符等格式;单击"增加小数位数"按钮和"减少小数位数"按钮,可增加或减少数据保留的小数位数。

方法 2:通过"设置单元格格式"对话框设置。选择需要设置数据格式的单元格,打开"设置单元格格式"对话框,单击"数字"选项卡,在其中可以设置单元格中的数据类型,如货币型、日期型等。

另外,如果用户需要在单元格中输入身份证号码、分数等特殊数据,也可通过设置数字格式功能来实现。

输入身份证号码:选择要输入的单元格区域,单击鼠标右键,在弹出的快捷菜单中选择"设置单元格格式"命令,打开"设置单元格格式"对话框,单击"数字"选项卡,在"分类"列表框中选择"文本"或"自定义"选项后,在"类型"列表框中选择"@"选项,单击"确定"按钮。

输入分数:先输入一个英文状态下的单引号,再输入分数即可;也可以选择要输入分数的单元格区域,打开"设置单元格格式"对话框,在"数字"选项卡中的"分类"列表框中选择"分数"选项,并在对话框右侧设置分数格式,单击"确定"按钮后进行输入。

三、Excel 2016 的单元格格式设置

默认状态下,工作表中的单元格是没有格式的,用户可根据实际需要进行自定义设置,包括设置行高和列宽、设置单元格边框、设置单元格填充颜色、使用条件格式和套用表格格式等。

1. 设置行高和列宽

在 Excel 表格中,单元格的行高与列宽可根据需要进行调整,一般情况下,将其调整为能够完全显示表格数据即可。设置行高和列宽的方法主要有以下两种。

方法 1:通过拖动边框线调整。将鼠标指针移至单元格的行标或列标之间的分隔线上,按住鼠标左键不放,此时将出现一条灰色的实线,代表边框线移动的位置,拖动到适当位置后释放鼠标即可调整单元格行高与列宽。

方法 2:通过对话框设置。在"开始"选项卡—"单元格"组中单击"格式"下拉按钮,在打开的下拉列表中选择"行高"选项或"列宽"选项,在打开的"行高"对话框或"列宽"对话框中输入行高值或列宽值,单击"确定"按钮。

2. 设置单元格边框

Excel 中的单元格边框是默认显示的,但是默认状态下的边框不能打印,为了满足打印需要,可为单元格设置边框效果。单元格边框效果可通过"字体"组和"设置单元格格式"对话框的"边框"选项卡两种方式进行设置。

方法 1:通过"字体"组设置。选择要设置的单元格后,在"开始"选项卡—"字体"组中单击"下框线"按钮右侧的下拉按钮,在打开的下拉列表中可选择所需的边框线样式,如图 3-3-16 所示,而在"绘制边框"栏的"线条颜色"和"线型"子选项中可选择边框的线型和颜色。

方法 2：通过"设置单元格格式"对话框设置。选择需要设置边框的单元格，打开"设置单元格格式"对话框，单击"边框"选项卡，在其中可设置各种粗细、样式或颜色的边框。

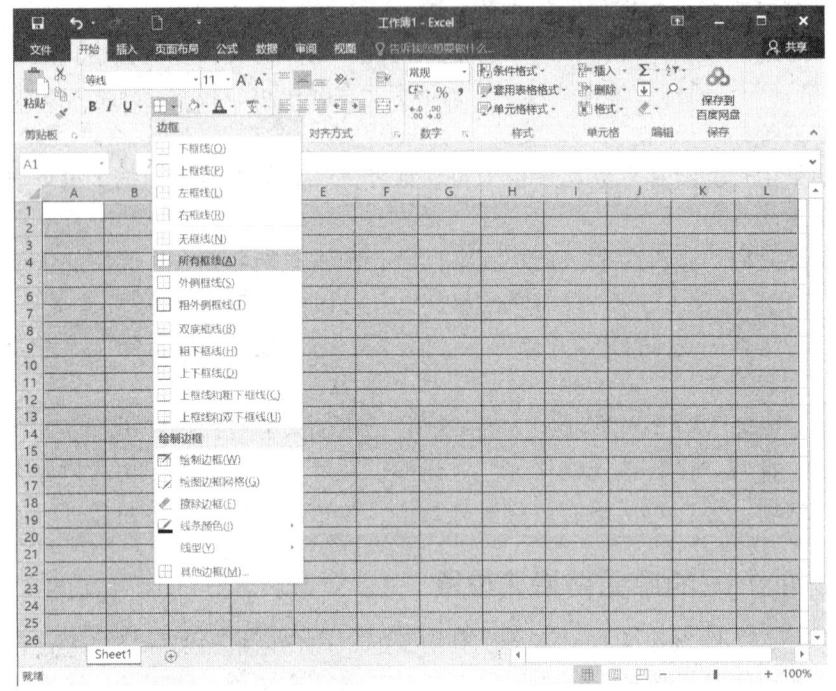

图 3-3-16　通过"字体"组设置边框

3. 设置单元格填充颜色

需要突出显示某个或某部分单元格时，可选择为单元格设置填充颜色。设置填充颜色可通过"字体"组和"设置单元格格式"对话框的"填充"选项卡实现。

方法 1：通过"字体"组设置。选择需要设置的单元格后，在"开始"选项卡—"字体"组中单击"填充颜色"按钮右侧的下拉按钮，在打开的下拉列表中可选择所需的填充颜色。

方法 2：通过"设置单元格格式"对话框设置。选择需要设置的单元格，打开"设置单元格格式"对话框，单击"填充"选项卡，在其中可设置填充的颜色和图案样式。

4. 使用条件格式

通过 Excel 2016 的条件格式功能，可以为表格设置不同的条件格式，并将满足条件的单元格数据突出显示，便于查看表格内容。

（1）快速设置条件格式。

Excel 2016 为用户提供了很多常用的条件格式，直接选择所需选项即可快速进行条件格式的设置。

【例 3-15】在"台账"工作簿中为"资产单价大于 3000 元"的单元格设置条件格式。

步骤 1：选择要设置条件格式的单元格区域，这里选择 J6:J30 单元格区域。

步骤 2：在"开始"选项卡—"样式"组中单击"条件格式"按钮，在打开的下拉列表中选择"突出显示单元格规则"命令—"大于"子命令，如图 3-3-17 所示。

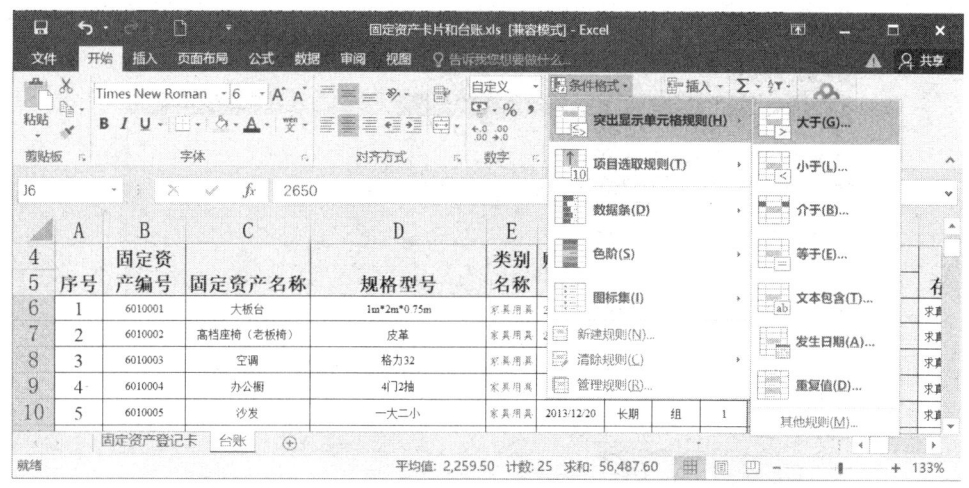

图 3-3-17 选择条件格式

步骤 3：打开"大于"对话框，在左侧文本框中输入"3000"；在"设置为"下拉列表中选择所需的选项，设置突出显示的颜色；然后单击"确定"按钮，如图 3-3-18 所示。设置完成后，即可看到满足条件的数据被突出显示的效果。

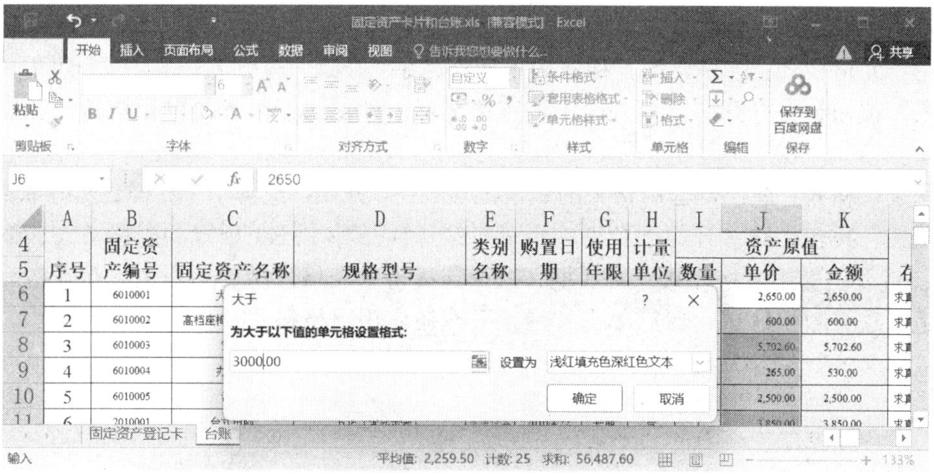

图 3-3-18 设置条件格式

对于已设置条件的单元格，如果需要清除条件，可在"条件格式"下拉列表中选择"清除规则"命令—"清除整个工作表的规则"子命令，取消整个工作表中的条件格式，或选择"清除所选单元格的规则"子命令，清除指定单元格的条件格式。

（2）新建条件格式规则。

如果 Excel 2016 提供的条件格式选项不能满足实际需要，用户也可通过新建格式规则的方式来创建适合的条件格式。用户选择需要设置的单元格区域后，在"开始"选项卡—"样式"组中单击"条件格式"按钮，在打开的下拉列表中选择"新建规则"选项，打开"新建格式规则"对话框，在其中可以选择规则类型并对应用条件格式的单元格格式进行编辑，如图 3-3-19 所示，设置完成后单击"确定"按钮即可。

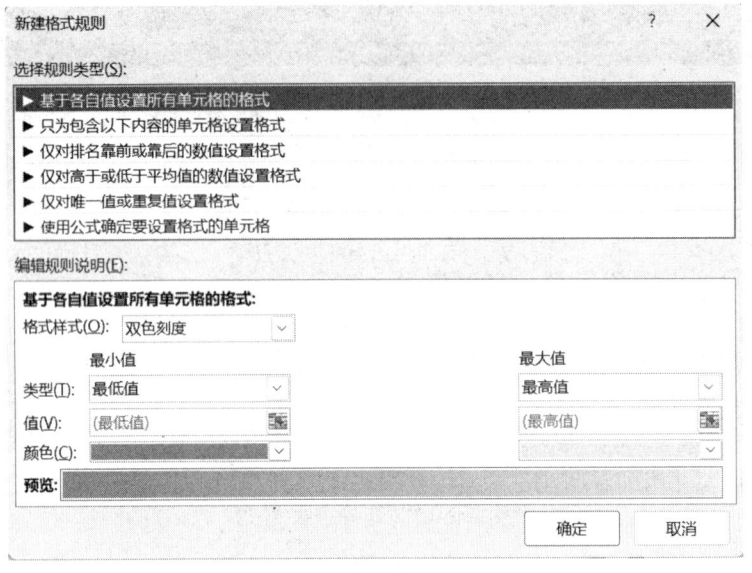

图 3-3-19 "新建格式规则"对话框

5. 套用表格格式

Excel 2016 的自动套用格式功能可以快速设置单元格和表格格式，对表格进行美化。

应用单元格样式：选择要设置样式的单元格，在"开始"选项卡—"样式"组中单击"单元格样式"按钮，在打开的下拉列表中可直接选择一种 Excel 预置的单元格样式，如图 3-3-20 所示。

套用表格格式：选择要套用格式的表格区域，在"开始"选项卡—"样式"组中单击"套用表格格式"按钮，在打开的下拉列表中可直接选择一种 Excel 预置的表格格式，如图 3-3-21 所示。打开"套用表格样式"对话框，默认选择整个表格区域，用户也可在表格编辑区拖动鼠标重新选择数据区域，然后单击"确定"按钮应用表格格式。

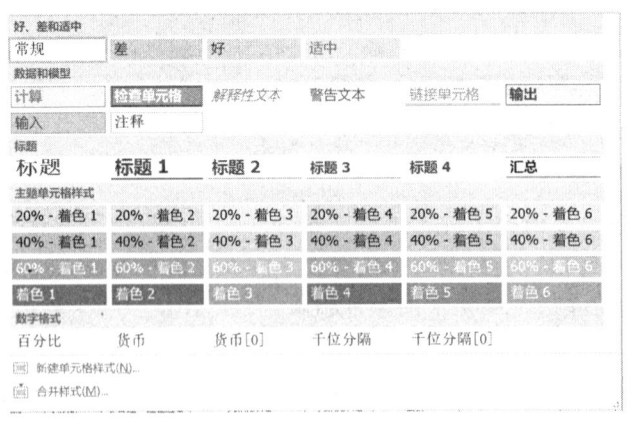
图 3-3-20 应用单元格样式

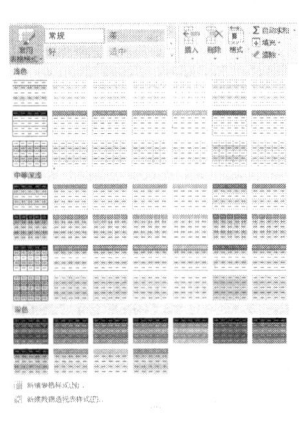
图 3-3-21 套用表格样式

任务一 工程检测仪器设备汇总

结合本节所学知识，录入一个"工程检测仪器设备汇总表"，如图 3-3-22，并按要求对其进行适当的格式编辑。

1. 任务分析

（1）文中有可以利用智能填充的列。
（2）部分列的数字格式需要调整。
（3）可以使用自动换行和合并居中单元格调整表格使其美观。
（4）使用 MOD，ROW 函数在"条件格式/新建规则"里新建规则设置奇数行格式。

工程检测仪器设备汇总表									
编号	仪器、设备名称	规格	单位	大型工程			小型工程		预算价（元）
				100人以上	60-99人	60人以下	45人以上	20-45人	20人以下
G1010	电脑	奔四	台	16	10	6	6	4	4	5600
G1012	照相机	sony	架	25	20	18	15	9	7	4678
G1020	全站仪	TDJ2E	架	40	24	18	18	12	6	3500
G1021	经纬仪	NT3	台	12	12	6	6	4	2	1200
G1022	水准仪	DZS3-1	个	9	5	4	5	4	3	650
G1030	游标卡尺	0-155mm	个	15	13	14	9	6	6	310
G1031	钢尺	50m	卷	16	14	14	10	9	7	80
G1032	钢卷尺	3m	卷	12	12	12	9	9	5	56
G1025	涂成测厚计	AR930	个	50	40	20	15	10	5	1450
G1038	外径千分尺	0-25mm	卷	20	14	10	10	10	8	580
G1039	检测尺	2m	卷	14	12	12	10	10	5	450
G1043	焊接检验尺		卷	20	10	6	5	6	5	2468
G1059	线坠		根	30	30	25	25	15	10	142
G1063	小锤		个	70	60	60	50	50	50	34
G1067	数字万用表	DT830B	个	30	20	18	15	18	15	690
G1024	电阻测试仪	ZC8	台	25	20	20	18	15	16	890
G2012	兆欧表	ZCIID-10	个	30	20	19	19	7	7	730

图 3-3-22 工程检测仪器设备汇总表示意

2. 任务要求

（1）将标题"工程检测仪器设备汇总表"字体设置成"华文彩云、20 号、蓝色"，并使标题在 A1：K1 区域内合并且居中。
（2）将数据区域所有单元格的字号设置为"10"，水平对齐方式和垂直对齐方式都设置成"居中"。
（3）设置表格的外边框为蓝色的双细线，内边框为绿色的单细线；设置编号 G1043、G1059、G1063 的规格列单元格斜线。
（4）为表格的列标题添加浅黄色底纹。
（5）将列标题"仪器、设备名称"在单元格内分两行显示。
（6）将表格的所有列调整为最合适的列宽。
（7）设置"预算价"列的数据格式为"货币"，且保留两位小数。
（8）利用条件格式，为工作表数据行中奇数行设置浅蓝色底纹。
完成效果如图 3-3-23 所示。

工程检测仪器设备汇总表

编号	仪器、设备名称	规格	单位	大型工程			小型工程			预算价（元）
				100人以上	60-99人	60人以下	45人以上	20-45人	20人以下	
G1010	电脑	奔四	台	16	10	6	6	4	4	¥5,600.00
G1012	照相机	sony	架	25	20	18	15	9	7	¥4,678.00
G1020	全站仪	TDJ2E	架	40	24	18	18	12	6	¥3,500.00
G1021	经纬仪	NT3	台	12	12	6	6	4	2	¥1,200.00
G1022	水准仪	DZS3-1	个	9	5	4	5	4	3	¥650.00
G1030	游标卡尺	0-155mm	个	15	13	14	9	6	6	¥310.00
G1031	钢尺	50m	卷	16	14	14	10	9	7	¥80.00
G1032	钢卷尺	3m	卷	18	12	12	9	9	5	¥56.00
G1025	涂成测厚计	AR930	个	50	40	20	15	10	5	¥1,450.00
G1038	外径千分尺	0-25mm	卷	20	14	10	10	10	8	¥580.00
G1039	检测尺	2m	卷	14	12	12	10	10	5	¥450.00
G1043	焊接检验尺		卷	20	10	6	5	6	5	¥2,468.00
G1059	线坠		根	40	30	25	25	15	10	¥142.00
G1063	小锤		个	70	60	60	50	50	50	¥34.00
G1067	数字万用表	DT830B	个	30	20	18	15	18	15	¥690.00
G1024	电阻测试仪	ZC8	台	25	20	20	18	16	16	¥890.00
G2012	兆欧表	ZCIID-10	个	30	20	19	19	7	7	¥730.00

图 3-3-23　任务完成效果

项目四　Excel 2016 的高级应用

一、Excel 2016 的公式与函数

Excel 的强大性主要体现在数据计算和分析方面。Excel 不仅可以通过公式对表格中的数据进行一般的加、减、乘、除运算,还可以利用函数进行一些高级的运算,极大地提高了工作效率。

1. 公式的概念

Excel 2016 中的公式指对工作表中的数据进行计算的等式,以"="开始,通过各种运算符号,将值或常量和单元格引用、函数返回值等组合起来,形成公式表达式。公式是计算表格数据中非常有效的工具,Excel 2016 可以自动计算公式表达式的结果,并显示在相应的单元格中。

数据的类型:在 Excel 2016 中,常用的数据类型主要包括数值型、文本型和逻辑型 3 种,其中数值型是表示大小的一个值,文本型表示一个名称或提示信息,逻辑型表示真或者假。

常量:Excel 2016 中的常量包括数字和文本等各类数据,主要可分为数值型常量、文本型常量和逻辑型常量。数值型常量可以是整数、小数或百分数,不能带千分位和货币符号。文本型常量是用英文双引号引起来的若干字符,但其中不能包含英文双引号。逻辑型常量只有两个值,true 和 false,表示真和假。

运算符:运算符是 Excel 公式中的基本元素,它是指对公式中的元素进行特定型的运算。Excel 2016 中的运算符主要包括算术运算符、比较运算符、逻辑运算符和文本连接符。

公式的构成:Excel 2016 中的公式由"="+"运算式"构成,运算式是由运算符构成的计算式,也可以是函数,计算式中参与计算的可以是常量,也可以是单元格地址,还可以是函数。

算术运算符:包括加、减、乘、除、乘方等,运算结果还是数值型。

比较运算符:包括等于、大于、小于、大于等于、小于等于和不等于等。

逻辑运算符:包括与(and)、或(or)、非(not),运算结果为逻辑型。

文本连接符:"&",可将两个文本连接成一个文本。例如,"计算机"&"应用",其结果为"计算机应用"。

2. 公式的使用

Excel 2016 中的公式可以帮助用户快速完成各种计算,而为了进一步提高计算效率,在实际计算过程中,用户除了需要输入和编辑公式之外,通常还需要对公式进行填充、复制和移动等操作。

(1)输入公式。

在 Excel 2016 中输入公式的方法与输入文本的方法类似,只需将公式输入到相应的单元格中,即可计算出数据结果。输入公式指的是只包含运算符、常量数值、单元格引用和单元

格区域引用的简单公式。

选择要输入公式的单元格，在单元格或编辑框中输入"="，接着输入公式内容，如"=B2+C2+D2"，完成后按回车键或单击编辑框上的"输入"按钮 ✔ 即可，如图 3-4-1 所示。

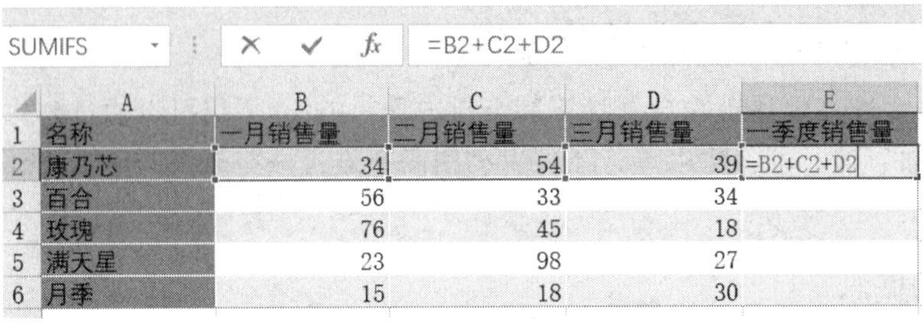

图 3-4-1　在编辑栏中输入公式

（2）编辑公式。

选择含有公式的单元格，将文本插入点定位在编辑栏或单元格中需要修改的位置，按"Backspace"键删除多余或错误的内容，再输入正确的内容，完成后按回车键确认即可。编辑完成后，Excel 2016 将自动对新公式进行计算。

（3）填充公式。

在完成公式计算后，如果该行或该列后的其他单元格皆需使用该公式进行计算，可直接通过填充公式的方式快速完成其他单元格的数据计算。

选择已添加公式的单元格，将鼠标指针移至该单元格右下角的控制柄上，当其变为十字形状时，按住鼠标左键不放并拖动至所需位置，释放鼠标，即可在选择的单元格区域中填充相同的公式并计算出结果，如图 3-4-2 所示。

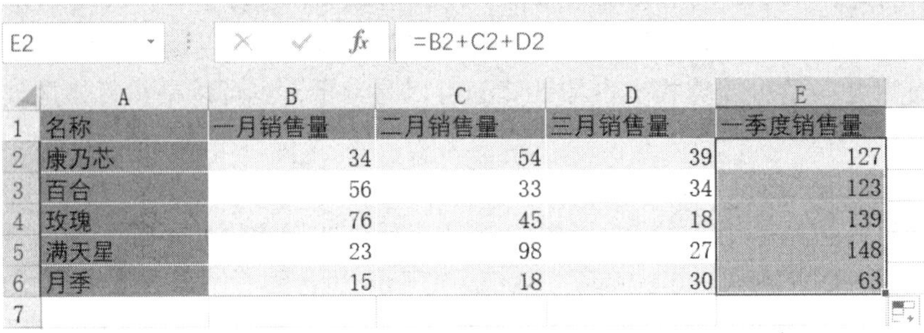

图 3-4-2　拖动鼠标填充公式

在填充公式时，被填充的目标单元格中数据的计算方式会根据原始单元格的公式引用情况而有所不同，如果原始单元格为相对引用，则目标单元格的填充会根据位移情况自动调整所引用单元；如果原始单元格为绝对引用，则目标单元格的公式不会发生改变。

（4）复制和移动公式。

在 Excel 2016 中复制和移动公式也可以快速完成单元格数据的计算。在复制公式的过程中，Excel 2016 会自动调整引用单元格的地址，避免手动输入公式的麻烦，提高工作效率。复制公式的操作方法与复制数据的操作一样。

移动公式即将原始单元格的公式移动到目标单元格中,公式在移动过程中不会根据单元格的位移情况发生改变。移动公式的方法与移动其他数据的方法相同。

3. 单元格的引用

单元格引用是指引用数据的单元格区域所在的位置,在 Excel 中,用户可以根据实际计算需要引用当前工作表、当前工作簿或其他工作簿中的单元格数据。在引用单元格后,公式的运算值将随着被引用单元格的变化而变化,如"=193800+123140+146520+152300"的数据"193800"位于 B3 单元格,其他数据依次位于 C3、D3 和 E3 单元格中,通过单元格引用,可以将公式输入为"=B3+C3+D3+E3",可以获得相同的计算结果。

(1)单元格引用类型。

在计算数据表中的数据时,通常会通过复制或移动公式来实现快速计算,这就涉及单元格引用的知识。根据单元格地址是否改变,可将单元格引用分为相对引用、绝对引用和混合引用。

相对引用:相对引用是指输入公式时直接通过单元格地址来引用单元格。相对引用单元格后,如果复制或剪切公式到其他单元格,那么公式中引用的单元格地址会根据复制或剪切的位置而发生相应改变。

绝对引用:绝对引用是指无论引用单元格的公式位置如何改变,所引用的单元格均不会发生变化。绝对引用的形式是在单元格的行列号前都加上符号"$"。

混合引用:混合引用包含了相对引用和绝对引用。混合引用有两种形式,一种是行绝对、列相对,如"B$2",表示行不发生变化,但是列会随着新的位置发生变化;另一种是行相对、列绝对,如"$B2",表示列保持不变,但是行会随着新的位置而发生变化。

(2)同一工作簿不同工作表的单元格引用

在同一工作簿中引用不同工作表中的内容,需要在单元格或单元格区域前标注工作表名称,表示引用该工作表中该单元格或单元格区域的值。

【例 3-16】在"鲜花销售业绩表"工作簿(请扫描二维码获取资源)"Sheet2"工作表的 B3 单元格中引用"Sheet1"工作表中的数据,并计算出季度销售额。

步骤 1:打开"鲜花销售业绩表"工作簿,选择"Sheet2"工作表的 B2 单元格,由于该单元格数据为"康乃馨"的季度销售额,即需要对"Sheet1"中"康乃馨"3 个月的销售额进行相加。因此需要在 B2 单元格中输入"=SUM(Sheet1!B2:D2)";或单击编辑栏中的"插入函数"按钮,打开"插入函数"对话框,在"选择函数"列表框中选择"SUM"选项,如图 3-4-3 所示,然后单击"确定"按钮。

资源获取

步骤 2:打开"函数参数"对话框,单击"Number1"文本框后的"收缩"按钮缩小对话框,返回工作表编辑区,选择"Sheet1"工作表,再选择 B2:D2 单元格区域,如图 3-4-4 所示。

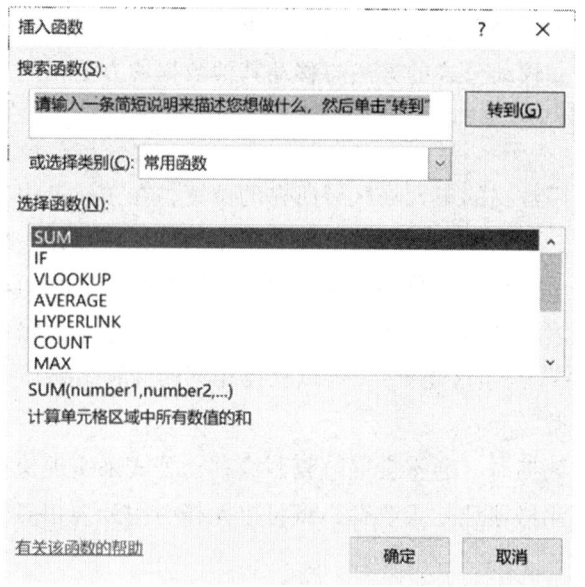

图 3-4-3 "插入函数"对话框

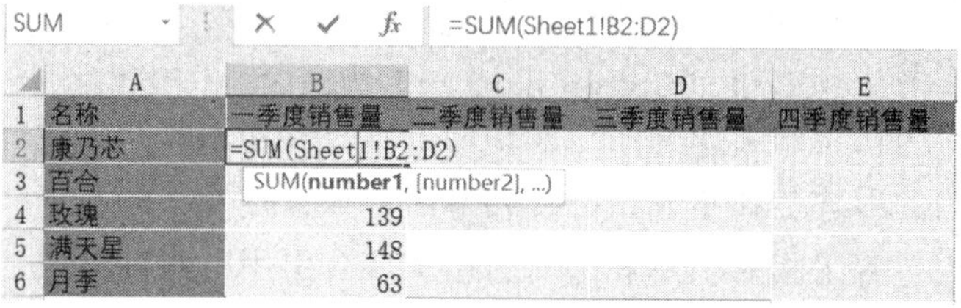

图 3-4-4 选择引用区域

步骤 3：选择完成后单击"展开"按钮还原"函数参数"对话框，可看到所引用单元格区域以及引用结果，单击"确定"按钮。

步骤 4：返回"Sheet2"工作表，在 B2 单元格中显示了计算结果，将鼠标指针移至 B3 单元格右下角的控制柄上，当其变为十字形状时，按住鼠标左键不放并拖动至 B13 单元格，释放鼠标，计算出其他产品的一季度销售量，如图 3-4-5 所示。

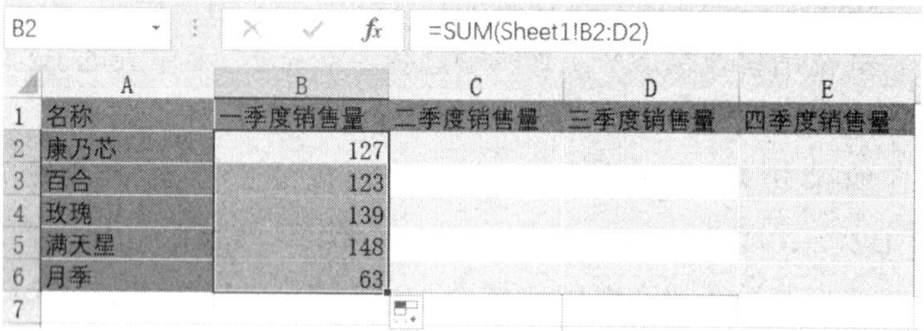

图 3-4-5 填充数据

（3）不同工作簿不同工作表的单元格引用。

在 Excel 2016 中不仅可以引用同一工作簿中的内容，还可以引用不同工作簿中的内容，为了操作方便，可将引用工作簿和被引用工作簿同时打开。

【例 3-17】在"销售业绩评定表"工作簿中引用"销售业绩总额"工作簿中的数据。

步骤 1：打开"销售业绩评定表"工作簿和"销售业绩总额"工作簿，选择"销售业绩评定表"工作簿的"Sheet1"工作表的 D8 单元格，输入"="，切换到"销售业绩总额"工作簿，选择 B3 单元格，如图 3-4-6 所示。

步骤 2：此时，在编辑框中可查看当前引用公式，按"Ctrl+Enter"组合键确认引用，返回"销售业绩评定表"工作簿，即可查看 D8 单元格中已成功引用"销售业绩总额"工作簿中 B3 单元格的数据，如图 3-4-7 所示。

步骤 3：按照相同的操作方法，计算 D15、D16 单元格中的数据。

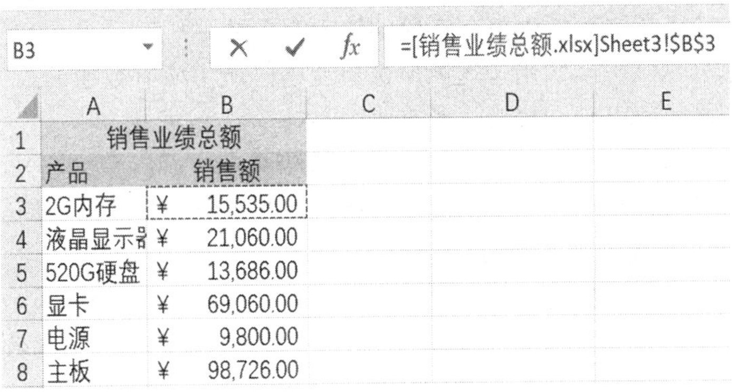

图 3-4-6 输入"="并选择被引用单元格

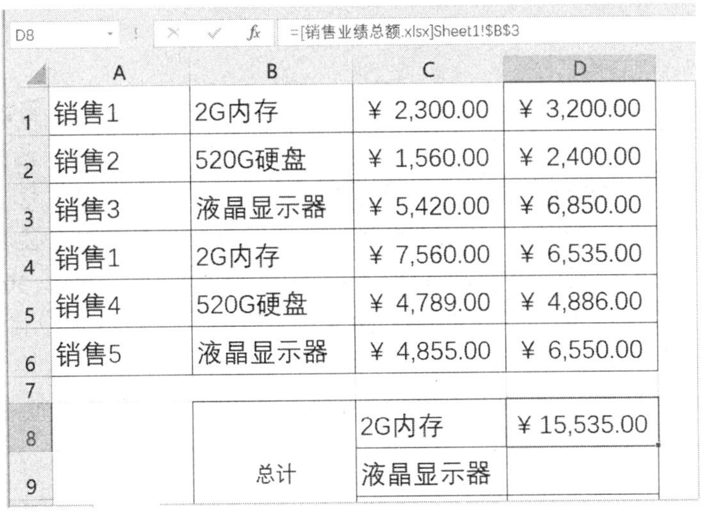

图 3-4-7 查看引用效果

4. 函数的使用

函数相当于预设好的公式，通过这些函数可以简化公式输入过程，提高计算效率。Excel 中的函数主要包括财务、统计、逻辑、文本、日期和时间、查找和引用、数学和三角函数、工程、多维数据集和信息等 10 种。函数一般包括等号、函数名称和函数参数 3 个部分，其中函数名称表示函数的功能，每个函数都具有唯一的函数名称。函数参数指函数运算对象，可以是数字、文本、逻辑值、表达式、引用或其他函数等。

（1）Excel 2016 中的常用函数。

Excel 2016 中提供了多种函数，每个函数的功能、语法结构及其参数的含义各不相同，下面对一些常用函数进行介绍。

SUM 函数：对选择的单元格或单元格区域进行求和计算的一种函数。

AVERAGE 函数：用于求平均值。

IF 函数：一种常用的条件判断函数，它能执行真假值判断，并根据逻辑计算的真假值返回不同结果。

COUNT 函数：用于返回包含数字及包含参数列表中的数字的单元格的个数，通常利用它来计算单元格区域或数字数组中数字字段的输入项个数。

MAX/MIN 函数：MAX 函数用于返回所选单元格区域中所有数值的最大值，MIN 函数则用来返回所选单元格区域中所有数值的最小值。

VLOOKUP/HLOOKUP 函数：VLOOKUP 函数为纵向查找函数，它与 LOOKUP 函数和 HLOOKUP 函数属于同类函数，功能是按列查找，最终返回该列所需查询序列所对应的值；与之对应的 HLOOKUP 是按行查找的。

RANK 函数：求某一个数值在某一区域内的排名。

COUNTIF 函数：对指定区域中符合指定条件的单元格计数的一个函数。

SUMIF 函数：对数据范围中符合指定条件的值求和。

AVERAGEIF 函数：功能是返回某个区域内满足给定条件的所有单元格的平均值（算术平均值）。

（2）函数嵌套。

函数嵌套是 Excel 应用中的一门技巧，指一个函数可以作为另一个函数的参数使用。例如函数：ROUND（AVERAGE（A2：C2），0），其中 ROUND 作为一级函数，AVERAGE 作为二级函数。先执行 AVERAGE 函数，再执行 ROUND 函数。一定要注意，二级函数的返回值必须与一级函数参数类型相同。如果参数为整数值，那么嵌套函数也必须返回整数值，否则 Excel 将显示"#VALUE!错误值"。如：嵌套函数"=IF(AVERAGE(F2:F5)> 50,SUM(G2:G5),0),"表示只有 F2～F5 单元格区域的平均值大于 50 时，才会对 G2～G5 单元格区域的数值求和，否则返回 0。

【例 3-18】以 IF 函数为例，计算如图 3-4-8 所示学生成绩表中备注列：如果"数学""语文""英语"的成绩均大于等于 100，在"备注"列内给出"优秀"信息，否则内容为"/"。

	A	B	C	D	E	F	G	H
				fx	=IF(B3>=100,IF(C3>=100,IF(D3>=100,"优秀","/"),"/"),"/")			
1	学生成绩表							
2	学号	数学	语文	英语	备注			
3	Q1	112	98	105	/			
4	Q2	98	102	109	/			
5	Q3	117	86	99	/			
6	Q4	115	112	101	优秀			
7								

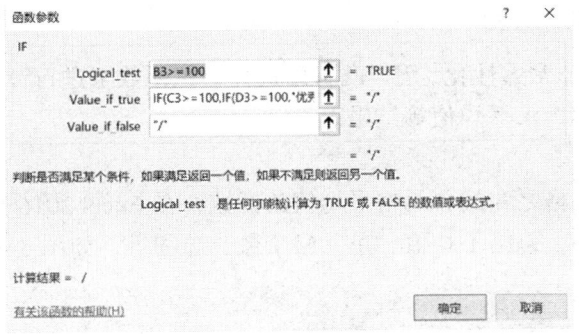

图 3-4-8　函数嵌套

步骤 1：鼠标选中 E3 单元格。

步骤 2：在"公式"选项卡—"函数库"组中选择"插入函数"按钮，打开"插入函数"对话框，在"选择函数"列表里选择"IF"函数，打开"函数参数"对话框。

步骤 3：在 IF 函数的三个参数里依次填写条件，或者在 Excel 窗口的编辑栏里直接手动输入公式"=IF（B6>=100,IF（C6>=100,IF（D6>=100,"优秀","/"）,"/"）,"/"）"，结果如图。

（3）插入函数。

在 Execl 2016 中可以通过以下 3 种方式来插入函数。

方法 1：选择要插入函数的单元格后，单击编辑栏中的"插入函数"按钮，在打开的"插入函数"对话框中选择函数类型后，单击"确定"按钮即可插入。

方法 2：选择要插入函数的单元格后，在"公式"选项卡—"函数库"组中单击"插入函数"按钮，在打开的"插入函数"对话框中选择函数类型后，单击"确定"按钮即可插入。

方法 3：选择要插入函数的单元格后，按"Shift+F3"组合键，打开"插入函数"对话框，在其中选择所需函数类型后，单击"确定"按钮即可插入。

通过"插入函数"对话框在单元格中插入函数后，将打开"函数参数"对话框，在其中对参数值进行准确设置后，单击"确定"按钮，即可在所选单元格中显示计算结果。

（4）常见错误信息。

如果公式有错误，或公式所引用的单元格可能有错误，Excel 2016 将显示一个错误值，以提醒用户注意。常见错误如表 3-4-1 所示。

表 3-4-1　常见错误一览

错误值	错误解释
#######	单元格公式所产生的结果太长，单元格容纳不下或对日期和时间做减法时产生了负值
#VALUE!	使用了错误的函数参数或运算对象的类型有错误
#DIV 选项卡 0!	当公式中分母为 0（零）时，会产生错误值#DIV 选项卡 0!
#NAME?	在公式中使用 Excel 2016 不能识别的文本时将产生错误值#NAME?
#N 选项卡 A	当在函数或公式中没有可用数值时，将产生错误值#N 选项卡 A
#REF!	当单元格引用无效时产生错误值#REF!
#NUM!	当公式或函数中某个数字有问题时将产生错误值#NUM!
#NULL!	当试图为两个并不相交的区域指定交叉点时将产生错误值#NULL!

5. 快速计算与自动求和

Excel 的计算功能非常人性化，用户既可以选择公式函数来进行计算，也可直接选择某个单元格区域查看其求和、求平均值等结果。

（1）快速计算。

选择需要计算单元格之和或单元格平均值的区域，在 Excel 2016 操作界面的状态栏中将可以直接查看计算结果，包括平均值、单元格个数、总和等，如图 3-4-9 所示。

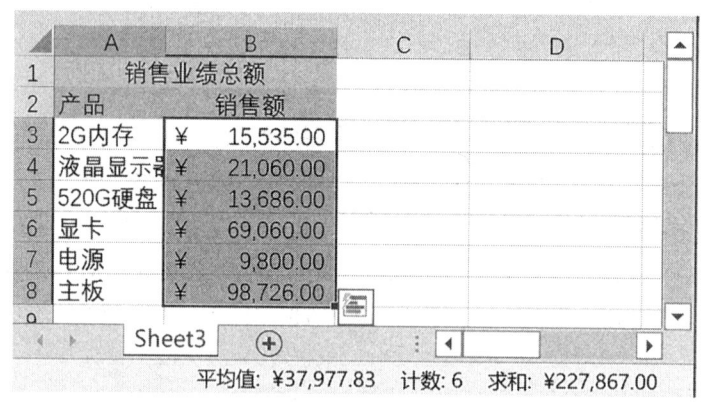

图 3-4-9　快速计算

（2）自动求和。

求和函数主要用于计算某一单元格区域中所有数值之和。用户选择需要求和的单元格，在"公式"选项卡—"函数库"组中单击"自动求和"按钮Σ，即可在当前单元格中插入求和函数"SUM"，同时 Excel 将自动识别函数参数，单击编辑栏中的"输入"按钮或按回车键，完成求和计算。

单击"自动求和"按钮下方的下拉按钮，在打开的下拉列表中还可以选择"平均值""最大值""最小值"等选项，计算所选区域的平均值、最大值和最小值等。

二、Excel 2016 的数据管理

数据统计功能是 Excel 2016 中常用的功能之一，在完成数据的计算后，如果需要更清楚直观地分析数据，可对数据进行排序、筛选、分类汇总和合并计算等操作。

1. 数据排序

数据排序是统计工作中的一项重要内容，在日常办公中，经常会遇到对表格进行排序的情况，比如按最高销量、学生成绩最高分等进行排序，此时可使用 Excel 2016 中的数据排序功能来实现。对数据进行排序有助于快速直观地显示数据并更好地理解数据、组织并查找所需数据。一般情况下，数据排序分为以下 3 种情况。

（1）快速排序。

如果只对某一列进行简单排序，可以使用快速排序法来完成。选择待排序列中的任意单元格，单击"数据"选项卡—"排序和筛选"组中的"升序"按钮 或"降序"按钮 ，即可实现数据的升序或降序操作。

（2）组合排序。

在对某列数据进行排序时，如果遇到多个单元格数据值相同的情况，可以使用组合排序的方式来决定数据的先后。组合排序是指设置主、次关键字升序排序。

【例3-19】在"新员工培训成绩汇总"工作簿中将"总成绩"作为主要关键字降序排列，将"财务知识"作为次要关键字进行排序。

步骤1：打开"新员工培训成绩汇总"工作簿，选择"总成绩"列中的任意单元格，单击"数据"选项卡—"排序和筛选"组中的"排序"按钮，打开"排序"对话框。

步骤2：在"主要关键字"下拉列表中选择"总成绩"选项，在"次序"下拉列表中选择"降序"选项。然后单击"添加条件"按钮，添加"次要关键字"条件，在"次要关键字"下拉列表中选择"财务知识"选项，在"次序"下拉列表中选择"升序"选项。设置完成后单击"确定"按钮，如图3-4-10所示。

步骤3：返回工作簿编辑区，即可看到单元格已完成排序。优先以"总成绩"进行降序排列，"总成绩"相同时，再以"财务知识"成绩进行升序排序。

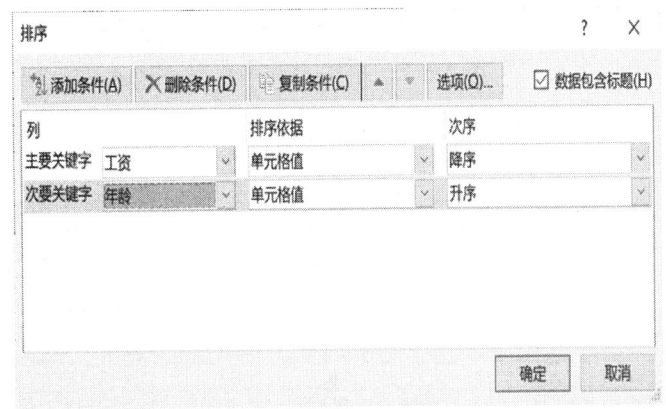

图3-4-10　组合排序

（3）自定义排序。

自定义排序可以通过设置多个关键字对数据进行排序，并可以通过其他关键字对相同排序的数据进行排序。Excel 2016提供了内置的日期和年月的自定义列表，用户也可根据实际需求自己设置。

【例3-20】在"某IT公司某年人力资源情况表"工作簿中将"工资"作为主要关键字进行降序排列，再将"部门"按"开发部、工程部、培训部、销售部"的方式进行排序。

步骤1：打开"某IT公司某年人力资源情况表"工作簿，打开"排序"对话框，在"主要关键字"下拉列表中选择"工资"选项，在"次序"下拉列表中选择"降序"选项。

步骤2：在"次要关键字"下拉列表中选择"部门"选项，在"次序"下拉列表中选择"自定义序列"选项。

步骤3：打开"自定义序列"对话框，在"输入序列"文本框中输入排列顺序，如图3-4-11所示，然后单击"确定"按钮。

步骤4：返回"排序"对话框，单击"确定"按钮确认设置，此时工作表中"工资"相同的单元格会按照"部门"自定义条件进行排序，如图3-4-12所示。

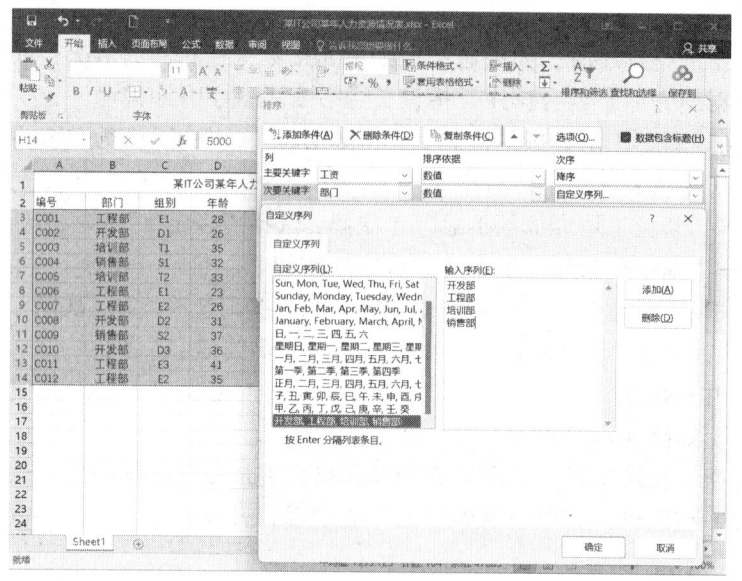

图 3-4-11 添加自定义条件

编号	部门	组别	年龄	性别	学历	职称	工资
C009	销售部	S2	37	女	本科	高工	5500
C011	工程部	E3	41	男	本科	高工	5000
C012	工程部	E2	35	女	硕士	高工	5000
C008	开发部	D2	31	男	博士	工程师	4500
C003	培训部	T1	35	女	本科	高工	4500
C002	开发部	D1	26	女	硕士	工程师	3500
C010	开发部	D3	36	男	硕士	工程师	3500
C007	工程部	E2	26	男	本科	工程师	3500
C013	工程部	E3	33	男	本科	工程师	3500
C005	培训部	T2	33	男	本科	工程师	3500
C004	销售部	S1	32	男	硕士	工程师	3500
C006	工程部	E1	23	男	本科	助工	2500
C001	工程部	E1	28	男	硕士	工程师	4000

图 3-4-12 查看自定义排序效果

2. 数据筛选

在日常办公中，常常需要在大量数据中查看满足某一个或某几个条件的数据，可以通过 Excel 2016 中的数据筛选功能来完成这项工作。数据筛选主要分为自动筛选、自定义筛选和高级筛选 3 种方式。

（1）自动筛选。

自动筛选数据即根据用户设定的筛选条件，自动显示符合条件的数据，隐藏其他数据。自动筛选的操作很简单，在工作簿中选择需要进行自动筛选的单元格区域，单击"数据"选项卡—"排序和筛选"组中的"筛选"按钮▼，此时各列表头右侧将出现一个下拉按钮，单击下拉按钮，在打开的下拉列表中选择需要筛选的选项或取消选择不需要显示的数据，不满足条件的数据将自动隐藏。

如果想要取消筛选，再次单击"数据"选项卡—"排序和筛选"组中的"筛选"按钮即可。

（2）自定义筛选。

自定义筛选建立在自动筛选基础上，可自动设置筛选选项，更灵活地筛选出所需数据。

【例3-21】在"新员工培训成绩汇总"工作簿中，自定义筛选"电脑操作"大于85的结果。

步骤1：选择要自动筛选的单元格区域，单击"数据"选项卡—"排序和筛选"组中的"筛选"按钮。

步骤2：单击单元格表头右侧的下拉按钮，在打开的下拉列表中选择"数字筛选"命令—"自定义筛选"子命令。

步骤3：打开"自定义自动筛选方式"对话框，在其中设置筛选条件，如图3-4-13所示，设置完成后单击"确定"按钮，完成自定义筛选操作，效果如图3-4-14所示。

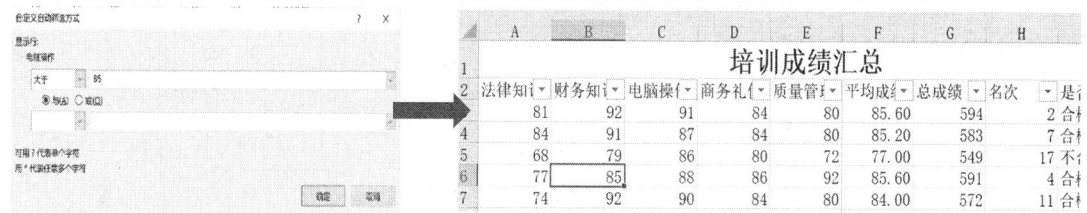

图3-4-13　设置自定义自动筛选条件　　　图3-4-14　查看筛选结果

"自定义自动筛选方式"对话框中包括两组判断条件，上面一组为必选项，下面一组为可选项。上下两组条件通过"与"单选项和"或"单选项两种运算进行关联，其中"与"单选项表示筛选上下两组条件都满足的数据，"或"单选项表示筛选两组条件中任意一组满足条件的数据。

（3）高级筛选。

如果想要根据自己设置的筛选条件来筛选数据，则需要使用高级筛选功能。高级筛选功能可以筛选出同时满足两个或两个以上约束条件的数据。

【例3-22】在"新员工培训成绩汇总"工作簿中筛选"财务知识"和"质量管理"大于等于85的人员。

步骤1：打开"新员工培训成绩汇总"工作簿，复制"财务知识"和"质量管理"到新的单元格中，这里选择S2和T2单元格。

步骤2：分别在其下的单元格中输入">=85"，表示筛选条件为"财务知识"和"质量管理"大于等于"85"，如图3-4-15所示。

步骤3：选择筛选区域中的任意单元格或者选择筛选区域，单击"数据"选项卡—"排序和筛选"组中的"高级"按钮，打开"高级筛选"对话框。

员工培训成绩统计表											财务知识	质量管理
员工代号	姓名	法律教育	财务知识	电脑操作	商务礼仪	质量管理	平均成绩	总成绩	名次		>=85	>=85
1	孙某某	83	87	80	88	90	85.60	428	4			
2	杨某	84	86	69	80	78	79.40	397	15			
3	李某	80	78	81	79	81	79.80	399	14			
4	曹某	74	92	91	84	80	84.20	421	7			
5	马某	79	76	86	89	83	82.60	413	9			
6	杨某某	82	88	82	90	87	85.80	429	3			

图3-4-15　输入筛选条件

步骤 4：单击选中"将筛选结果复制到其他位置"单选项，并选择需要进行筛选的列表区域和条件区域；这里将列表区域设置为整个表格区域，即 A2:Q20 单元格区域，条件区域则选择之前条件所在的单元格，即 S2:T3 单元格区域，在"复制到"条件框中选择筛选结果存放的位置，这里设置为 A22 单元格，如图 3-4-16 所示。单击"确定"按钮完成筛选，筛选结果如图 3-4-17 所示。

员工培训成绩统计表

员工代号	姓名	法律教育	财务知识	电脑操作	商务礼仪	质量管理	平均成绩	总成绩	名次
1	孙某某	83	87	80	88	90	85.60	428	4
2	杨某	84	86	69	80	78	79.40	397	
3	李某	80	78	81	79	81	79.80	399	
4	曹某	74	92	91	84	80	84.20	421	
5	马某	79	76	86	89	83	82.60	413	
6	杨某某	82	88	82	90	87	85.80	429	
7	李某某	80	87	85	91	89	86.40	432	
8	马某	76	85	86	86	92	85.00	425	
9	刘某	80	75	69	82	76	76.40	382	
10	王某	68	79	83	80	72	76.40	382	
11	刘某某	84	90	87	84	80	85.00	425	
12	郑某	83	84	77	79	85	81.60	408	
13	林某某	90	69	81	83	90	82.60	413	
14	卢某某	81	92	96	84	80	86.60	433	
15	王某某	85	76	78	86	84	81.80	409	

		财务知识	质量管理
		>=85	>=85

图 3-4-16 设置筛选条件

员工代号	姓名	法律教育	财务知识	电脑操作	商务礼仪	质量管理	平均成绩	总成绩	名次
1	孙某某	83	87	80	88	90	85.60	428	4
6	杨某某	82	88	82	90	87	85.80	429	3
7	李某某	80	87	85	91	89	86.40	432	2
8	马某	76	85	86	86	92	85.00	425	5
16	慕某某	83	85	84	67	92	82.20	411	11

图 3-4-17 查看筛选结果

3. 分类汇总

分类汇总指将表格中同一类别的数据放在一起进行统计，使数据变得更加清晰直观。Excel 中的分类汇总主要包括单项分类汇总和嵌套分类汇总。

（1）单项分类汇总。

在创建分类汇总之前，应先对需要分类汇总的数据进行排序，然后选择排序后的任意单元格，单击"数据"选项卡—"分级显示"组中的"分类汇总"按钮，打开"分类汇总"对话框，在其中对"分类字段""汇总方式""选定汇总项"等进行设置，设置完成后单击"确定"按钮。

（2）嵌套分类汇总。

对已分类汇总的数据再次进行分类汇总，即嵌套分类汇总。

在完成基础分类汇总后，单击"数据"选项卡—"分级显示"组中的"分类汇总"按钮，打开"分类汇总"对话框，在"分类字段"下拉列表框中选择一个新的分类选项，再对汇总方式、汇总项进行设置，撤销选中"替换当前分类汇总"复选框，单击"确定"按钮，即可完成嵌套分类汇总的设置。图 3-4-18 所示为在"产品名称"的基础上对"销售部"嵌套分类汇总的效果。

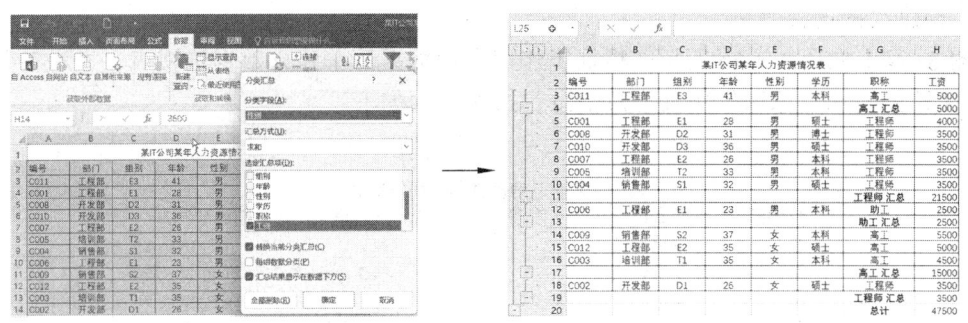

图 3-4-18 嵌套分类汇总

4. 合并计算

如果需要将几张工作表中的数据合并到一张工作表中,可以使用 Excel 2016 的合并计算功能。

【例 3-23】使用合并计算求出"分店销量统计"工作簿的"总销售额"工作表中 B3 单元格的数据。

步骤 1:打开"分店销量统计"工作簿,在"总销售额"工作表中选择显示合并计算结果的目标单元格,这里选择 B3 单元格,在"数据"选项卡—"数据工具"组中单击"合并计算"按钮,打开"合并计算"对话框。

步骤 2:在"函数"下拉列表中选择"求和"选项,再在"引用位置"参数框中输入或选择第 1 个被引用单元格,然后单击"添加"按钮将其添加到"所有引用位置"列表框中。

步骤 3:继续选择第 2 个被引用单元格,将其添加到列表框中,选择完成后单击"确定"按钮即可,效果如图 3-4-19 所示。

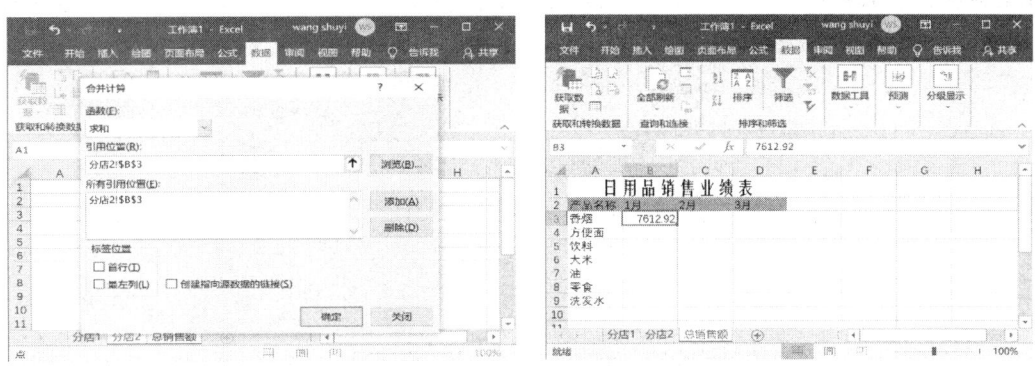

图 3-4-19 合并计算

5. 数据透视表与数据透视图

(1)数据透视表。

数据透视表从工作表的数据清单中提取信息,可以将数据的排序、筛选和分类汇总 3 个过程结合在一起,可以转换行和列的位置,用来查看源数据的不同汇总结果,可以显示不同页面以筛选数据,还可以根据需要显示所选区域中的明细数据,非常便于用户在一个清单中重新组织和统计数据。

① 创建数据透视表。

【例 3-24】如图 3-4-20 所示，根据工作表中的数据清单建立数据透视表，显示各分店各型号产品销售量和、总销售额及汇总信息，操作步骤如下：

	A	B	C	D	E	F
1	某图书销售集团销售情况表					
2	经销部门	图书名称	季度	数量	单价	销售额(元)
3	第3分店	计算机导论	3	111	￥32.80	￥3,640.80
4	第3分店	计算机导论	2	119	￥32.80	￥3,903.20
5	第1分店	程序设计基础	2	123	￥26.90	￥3,308.70
6	第2分店	计算机应用基础	2	145	￥23.50	￥3,407.50
7	第2分店	计算机应用基础	1	167	￥23.50	￥3,924.50
8	第3分店	程序设计基础	4	168	￥26.90	￥4,519.20
9	第1分店	程序设计基础	4	178	￥26.90	￥4,788.20
10	第3分店	计算机应用基础	4	180	￥23.50	￥4,230.00
11	第2分店	计算机应用基础	4	189	￥23.50	￥4,441.50
12	第2分店	程序设计基础	1	190	￥26.90	￥5,111.00
13	第2分店	程序设计基础	4	196	￥26.90	￥5,272.40
14	第2分店	程序设计基础	3	205	￥26.90	￥5,514.50

图 3-4-20 "创建数据透视表"步骤 1

步骤 1：选中数据清单中的任一单元格，然后单击"插入"选项卡—"表格"分组中的"数据透视表"按钮，打开"创建数据透视表"对话框。

步骤 2：在打开的"创建数据透视表"对话框里（图 3-4-21），"请选择要分析的数据"—"选择一个表或区域"—"表/区域"中已经自动选定工作表的整个数据区域。如果没有自动设置好，或是设置有误，还可以进行修改。单击右侧的"单元格拾取"按钮（这时"创建数据透视表"对话框会折叠起来），在工作表中用鼠标选定数据区域，按回车键确认，返回"创建数据透视表"对话框。

图 3-4-21 "创建数据透视表"步骤 2

步骤 3：在"选择放置数据透视表的位置"中选择"现有工作表"，在"位置"中输入"$H$2"，单击"确定"按钮，如图 3-4-22 所示。

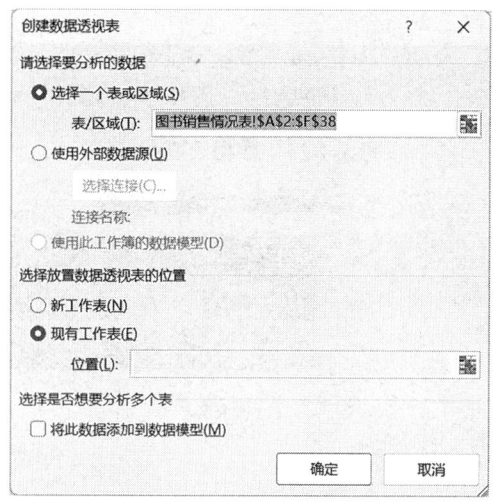

图 3-4-22 "创建数据透视表"步骤 3

步骤 4：弹出"数据透视表字段列表"任务窗格，如图 3-4-23 所示。

步骤 5：在窗口右侧弹出"数据透视表字段列表"任务窗格，拖动"经销部门"到"行标签"区域，拖动"图书名称"到"列标签"区域，拖动"数量"到"数值"区域，如图 3-4-24 所示。

步骤 6：关闭"数据透视表字段列表"任务窗格，在工作表中以 H2 为顶点的数据透视表已经建立，如图 3-4-25。根据需要还可以在"数据透视表字段列表"中给数据透视表添加报表筛选条件等其他内容，如图 3-4-26 所示。

图 3-4-23 "数据透视表字段列表"任务窗格 1　　图 3-4-24 "数据透视表字段列表"任务窗格 2

求和项:数量	列标签			
行标签	程序设计基础	计算机导论	计算机应用基础	总计
第1分店	301			301
第2分店	591		501	1092
第3分店	168	230	180	578
总计	1060	230	681	1971

图 3-4-25　数据透视表 1

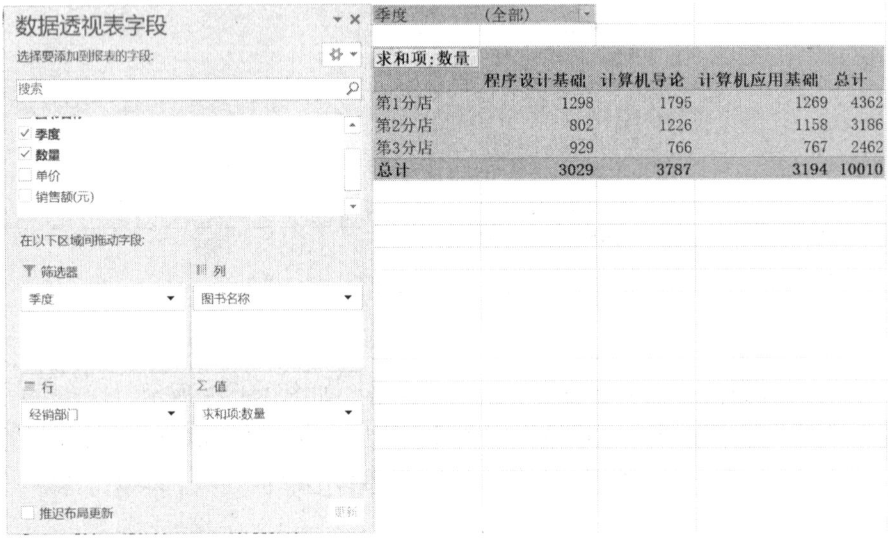

季度	(全部)			
求和项:数量				
	程序设计基础	计算机导论	计算机应用基础	总计
第1分店	1298	1795	1269	4362
第2分店	802	1226	1158	3186
第3分店	929	766	767	2462
总计	3029	3787	3194	10010

图 3-4-26　数据透视表 2

从图 3-4-26 中可以看到，数据透视表主要由报表筛选、行标签、列标签以及数值组成，其中：

报表筛选：数据透视表中用于对整个数据透视表进行筛选的字段。

行标签：在数据透视表中被指定为行方向的源数据库或表格中的字段。

列标签：在数据透视表中被指定为列方向的源数据库或表格中的字段。

数值：数据透视表中的各个数据。

"数据透视表字段列表"窗口中，数据源中的字段被向导模板制成了按钮，可以分别用鼠标将各字段按钮，如"图书名称""经销部门""销售额"按钮按照需求拖至"在以下区域间拖动字段"下的各标签区域里完成数据透视表的制作。

数据透视表中的数据是升序进行排序的，如果想改变排列顺序，则在创建数据透视表之前，先对要进行创建数据透视表的字段中的数据进行排序。

② 编辑数据透视表。

数据透视表创建后，可以重新设置字段，也可以对其进行筛选和更新、重新设置字段。每一个创建好的数据透视表的页字段、行字段和列字段都有一个下拉列表，用来反映字段的所有项目。如图 3-4-27 所示，单击"列标签"字段右侧的按钮，在弹出的下拉列表中取消"全选"项的勾选，然后选择"计算机导论"选项前的复选勾，单击"确定"按钮，则筛选后数据透视表如图 3-4-28 所示。

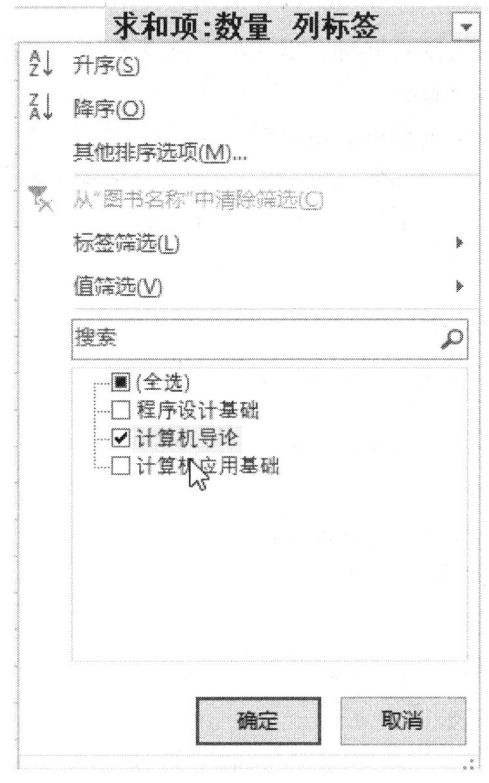

图 3-4-27 "字段"下拉列表

求和项:数量	列标签	
行标签	计算机导论	总计
第1分店	1795	1795
第2分店	1226	1226
第3分店	766	766
总计	3787	3787

图 3-4-28 筛选后数据透视表示例

③ 添加和删除字段。

在数据透视表中添加和删除字段的方法非常简单。如果需要删除某行或列标签，操作如下：

方法 1：只需要在"数据透视表字段列表"对话框下的"在以下区域拖动字段"项里选中需要删除的标签。

方法 2：鼠标拖住标签至数据透视表外，则光标中将显示一个黑色的小叉。

方法 3：释放鼠标，则字段被删除。

添加行列标签的方法如新建数据透视表时一样，只需要将需要的字段拖拽到相应字段区域即可。

对于创建的数据透视表，其中的数据只能用于筛选和更新，不能用于修改。要更新数据透视表中的数据，选择"数据透视表工具""选项"下的"数据"分组中的"刷新"按钮即可。

④ 设置字段的汇总方式。

在数据透视表中，汇总方式有多种，默认的汇总方式是"求和"方式，如果要更改数据透视表的汇总方式，可做如下操作：

步骤 1：在数据项任一单元格处右击鼠标，在弹出的右键菜单中选择"值字段设置"按钮或者单击"数据透视表工具"选项—"分析"命令—"活动字段"子命令中的"字段设置"按钮，将弹出数据透视表字段对话框，如图 3-4-29 所示。

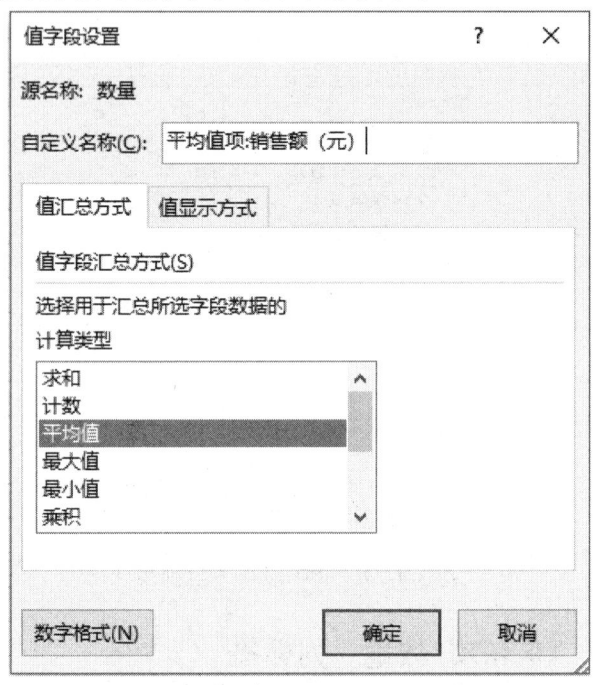

图 3-4-29 "值字段设置"对话框

步骤 2：在"汇总方式"列表中选择"平均值"选项。

步骤 3：单击"确定"按钮，则会显示选取平均值汇总方式后的数据透视表。

调整数据透视表的汇总方式还可以在数据项任一单元格处右击鼠标，在弹出的快捷菜单里直接选择"值汇总方式"下级菜单里的汇总方式。

⑤ 设置数据透视表格式。

数据透视表在创建时自动设置格式，如列宽和表格的大小等基本格式，会根据使用数据透视表选项不同而自动变化，Excel 为数据透视表提供了自动套用格式功能，用户可根据需求选择数据透视表的格式。具体操作步骤如下：

步骤 1：单击数据透视表中的任一单元格。

步骤 2：找到"数据透视表工具"选项—"设计"命令—"数据透视表样式"子命令，在下拉列表里选中需要的格式样式或"新建透视表样式"或"清除"数据表格式样式。

（2）创建数据透视图。

数据透视表和基于它的数据透视图显示相同的数据，但数据透视图的呈现效果更直观，而且也具有和数据透视表相同的带有字段列表的可移动字段按钮。如果在创建数据透视表时没有创建数据透视图，可通过单击"插入"选项卡—"图表"分组中的"数据透视图"按钮，在下拉列表里选择"数据透视图"来建立,创建数据透视图的具体操作步骤如下。

步骤1：选择"插入"选项卡—"图表"分组中的"数据透视图"按钮,在下拉列表里选择"数据透视图",弹出"插入图表"对话框,如图3-4-30所示。

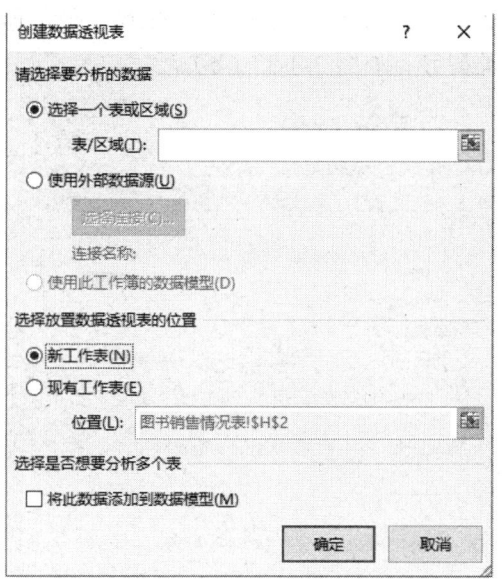

图 3-4-30 "插入图表"对话框

步骤2：在"插入图表"对话框里选择需要建立的图表类型或自己保存过的模板类型。

步骤3：单击"确定"按钮完成创建,如图3-4-31所示。

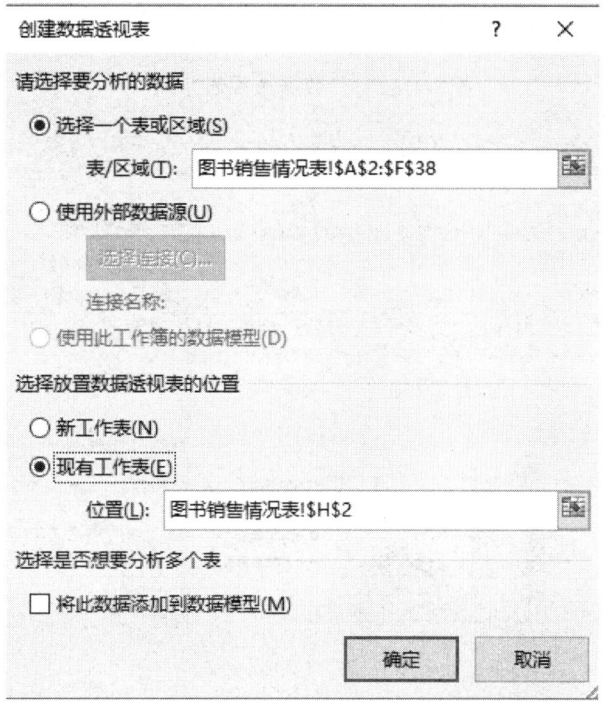

图 3-4-31 "创建数据透视表及数据透视图"对话框

步骤4: 以插入现有工作表为例,"确定"后会在当前工作表中弹出"数据透视表字段"。如图3-4-32所示。这与数据透视表建立时相同,只要将需要的字段拖拽到相应的"报表筛选""图例字段""轴字段"和"数值"中就可以了,完成后的数据透视图如图3-4-33(a)所示。可以像对普通图表一样对数据透视图使用图表工具,也可以像其他图表一样选择数据透视图的图表元素以及修改图表类型等,如图3-4-33(b)。

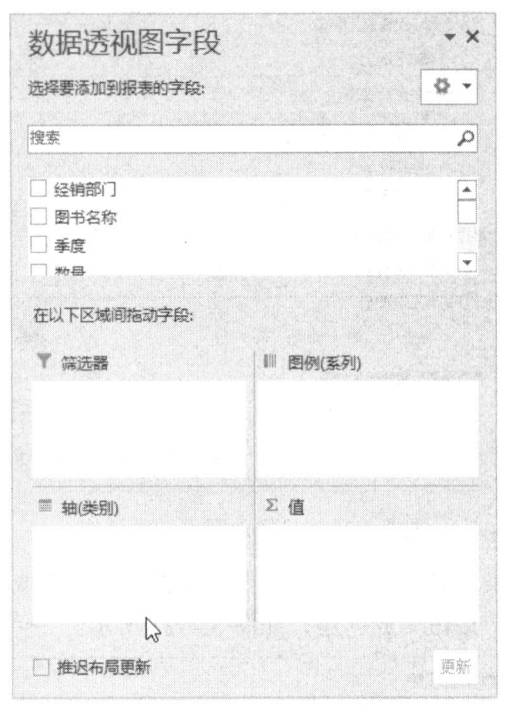

图 3-4-32 "数据透视表字段"

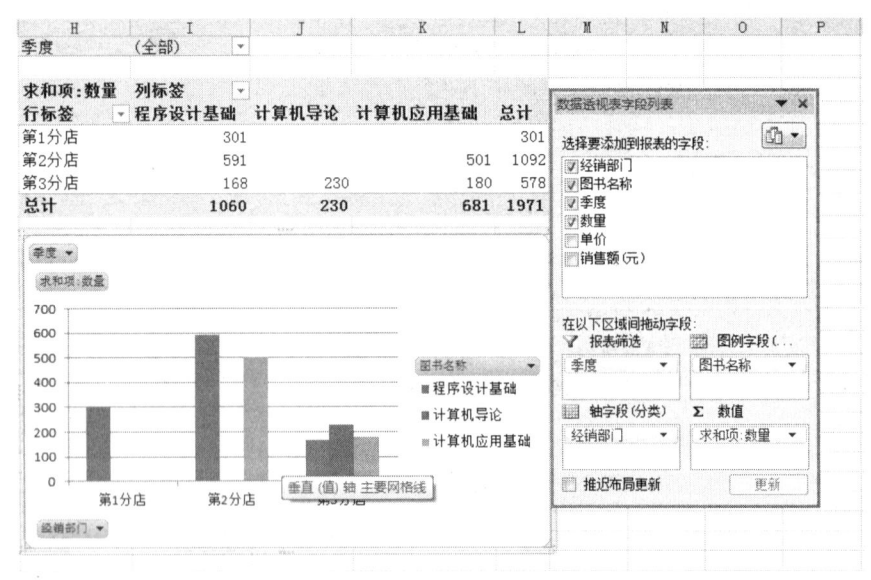

(a)插入现有工作表的数据透视图

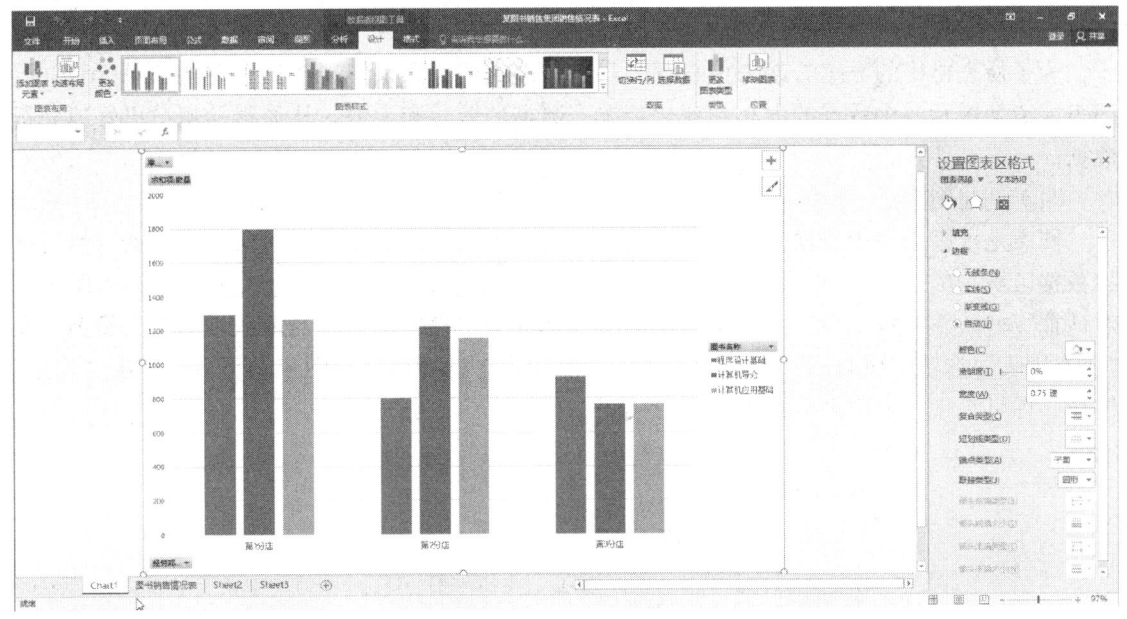

（b）作为新工作表插入的数据透视图

图 3-4-33　数据透视图

三、Excel 2016 的图表

Excel 中的图表是对数据的一种直观展示，根据表格中的数据生成图表，可以更清楚地查看数据情况，使重要信息突出显示，让图表更具阅读性。

1. 图表的概念

图表是 Excel 2016 中非常重要的一种数据分析工具，Excel 2016 为用户提供了种类丰富的图表类型，包括柱形图、条形图、折线图和饼图等，不同类型的图表，其适用情况也有所不同。

一般来说，图表由图表区和绘图区构成，图表区指图表整个背景区域，绘图区则包括数据系列、坐标轴、图表标题、数据标签和图例等部分。

数据系列：图表中的相关数据点，代表着表格中的行、列。图表中每一个数据系列都具有不同的颜色和图案，且各个数据系列的含义将通过图例体现出来。在图表中，可以绘制一个或多个数据系列。

坐标轴：度量参考线。X 轴为水平轴，通常表示分类，Y 轴为垂直坐标轴，通常表示数据。

图表标题：图表名称，一般自动与坐标轴或图表顶部居中对齐。

数据标签：为数据标记附加信息的标签，通常代表表格中某单元格的数据点或值。

图例：表示图表的数据系列，通常有多少数据系列，就有多少图例色块，其颜色或图案与数据系列相对应。

2. 图表的建立与设置

为了使表格中的数据看起来更直观，可以用图表的方式来展现数据。在 Excel 2016 中，图表能清楚展示各个数据的大小和变化情况、数据的差异和走势，从而帮助用户更好地分析数据。

（1）创建图表。

图表是根据表格中数据生成的，因此在插入图表前，需要先编辑表格中的数据。然后选择数据区域，在"插入"选项卡—"图表"组中单击"推荐的图表"按钮，打开"插入图表"对话框，如图 3-4-34 所示。在"推荐的图表"选项卡中提供了适合当前数据的图表类型，在"所有图表"选项卡中显示的是可以使用的所有图表，选择所需的图表类型后，单击"确定"按钮，即可在工作表中创建图表。

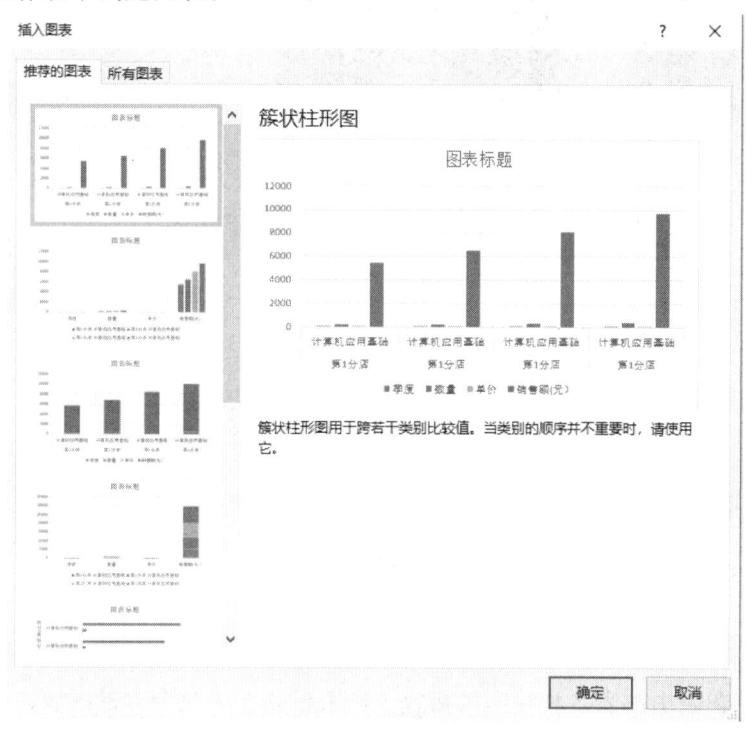

图 3-4-34　"插入图表"对话框

（2）设置图表。

在默认情况下，图表将被插入到编辑区中心位置，需要对图表位置和大小进行调整。选择图表，将鼠标指针移动到图表中，按住鼠标左键不放可拖动调整其位置；将鼠标指针移动到图表 4 个角上，按住鼠标左键不放可拖动调整图表的大小。

选择不同的图表类型，图表中的组成部分也会不同，对于不需要的部分，可将其删除，方法为选择不需要的图表部分，按"BackSpace"键或"Delete"键。

3. 图表的编辑

在完成图表的插入后，如果图表不够美观或数据有误，也可对其进行重新编辑，例如编辑图表数据、设置图表位置、更改图表类型、设置图表样式以及设置图表布局等。

（1）编辑图表数据。

如果表格中的数据发生了变化，例如增加或修改了数据时，Excel 2016 会自动更新图表。如果图表所选的数据区域有误，则需要用户手动进行更改。在"图表设计"选项卡—"数据"组中单击"选择数据"按钮，打开"选择数据源"对话框，在其中可重新选择和设置数据。

（2）设置图表位置。

在创建图表时，图表默认创建在当前工作表中，用户也可根据需要将其移动到新的工作表中，方法为选择"图表设计"选项卡—"位置"组，单击"移动图表"按钮，打开"移动图表"对话框，单击选中"新工作表"单选项，即可将图表移动到新工作表中。

（3）更改图表类型。

如果所选的图表类型不适合表达当前数据，可以重新更换一种新的图表类型，方法为选择图表，再选择"图表设计"选项卡—"类型"组，单击"更改图表类型"按钮，在打开的"更改图表类型"对话框中重新选择所需图表类型。

（4）设置图表样式。

创建图表后，为了使图表效果更美观，可以对其样式进行设置。Excel 2016 为用户提供了多种预设布局和样式，可以快速将其应用于图表中，方法为选择图表，选择"图表设计"选项卡—"图表样式"组，在列表框中选择所需样式即可，如图 3-4-35 所示。

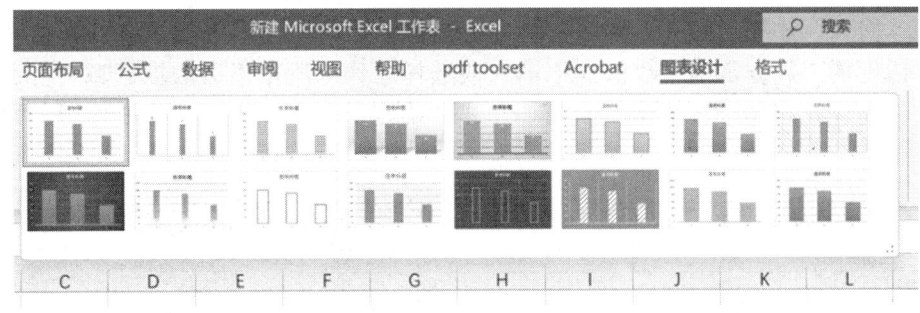

图 3-4-35　快速应用样式

（5）设置图表布局。

除了可以为图表应用样式外，还可以根据需要更改图表的布局，其方法为选择要更改布局的图表，在"图表设计"选项卡—"图表布局"组中选择合适的图表布局即可，如图 3-4-36 所示。

（6）编辑图表元素。

在选择图表类型或应用图表布局后，图表中各元素的样式都会随之改变，如果对图表标题、坐标轴标题和图例等元素的位置、显示方式等不满意，可进行调整。方法为：选择"图表设计"选项卡—"图表布局"组，单击"添加图表元素"按钮，在打开的下拉列表中选择需要调整的图表元素，并在子列表中选择相应的选项即可。

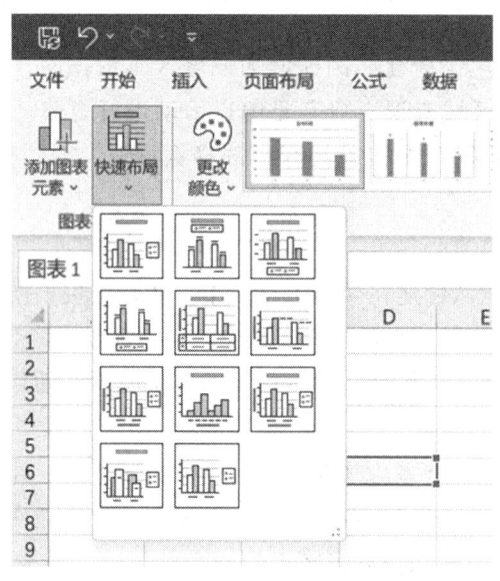

图 3-4-36 快速布局

4. 快速突显数据的迷你图

迷你图是工作表单元格中的一个微型图表,使用迷你图可以显示一系列数值的变化趋势。插入迷你图的方法为:选择需要插入的一个或多个迷你图的空白单元格或一组空白单元格,在"插入"选项卡—"迷你图"组中选择要创建的迷你图类型,在打开的"创建迷你图"对话框的"数据范围"数值框中输入或选择迷你图所基于的数据区域;再在"位置范围"数值框中选择迷你图放置的位置;单击"确定"按钮,即可创建迷你图,如图 3-4-37 所示。

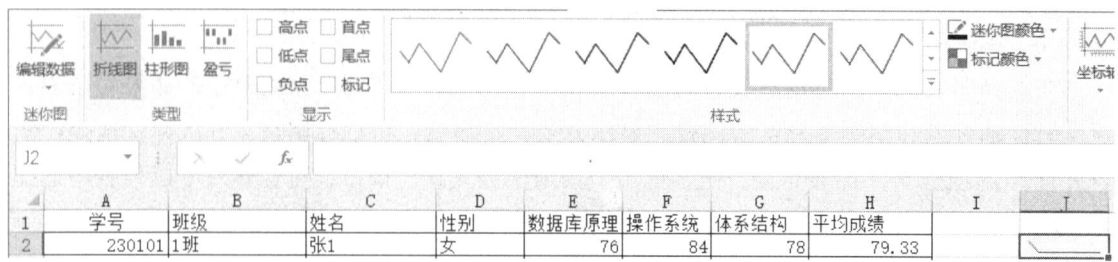

图 3-4-37 创建迷你图

四、Excel 2016 电子表格的打印

在实际办公过程中，通常需要对存档的电子表格进行打印。Excel 的打印功能不仅可以打印表格，还可以对电子表格的打印效果进行预览和设置。

1. 页面布局设置

在打印之前，可根据需要对页面的布局进行设置，如调整分页符、调整页面布局等，下面分别进行介绍。

方法 1：通过"分页预览"视图调整分页符。分页符可以让用户更好地对打印区域进行规划，选择"页面布局"选项卡—"页面设置"组，单击"分隔符"按钮，可以对分页符进行添加、删除和移动操作。在 Excel 2016 中，手动插入的分页符为实线显示，自动插入的分页符以虚线显示。设置了分页效果后，在进行打印预览时，将显示分页后的效果。

方法 2：通过"页面布局"视图调整打印效果。选择"页面布局"选项卡—"页面设置"组，如图 3-4-38 所示，在其中可以对页面布局、纸张大小、纸张方向、打印区域、背景和打印标题等进行设置。如果需要设置纸张大小，可单击"纸张大小"按钮，在打开的下拉列表中选择所需选项即可。在"页面布局"选项卡—"工作表选项"组中，还可以对网格线和标题进行设置。

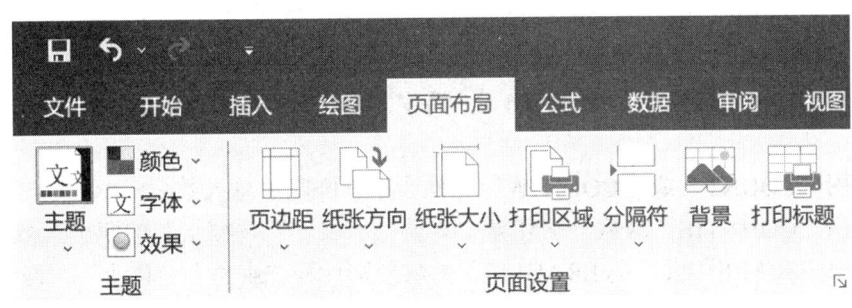

图 3-4-38 "页面布局"选项卡

2. 打印预览

打印预览有助于及时避免打印过程中的错误，提高打印质量。在打印前预览工作表的方法为：选择"文件"菜单—"打印"命令，打开"打印"页面，在该页面右侧即可预览打印效果。如果工作表中内容较多，可以单击页面下方的翻页按钮，切换到下一页或上一页。单击"显示边距"按钮可以显示页边距，拖动边距线可以调整页边距。

3. 打印设置

确认打印效果无误后，即可开始打印表格。选择"文件"菜单—"打印"命令，打开"打印"页面，在"打印"栏的"份数"数值框中输入打印数量，在"打印机"下拉列表中选择当前可使用的打印机，在"设置"下拉列表中选择打印范围，在"单面打印""调整""纵向""自定义页面大小"下拉列表中可分别对打印方式、打印方向等进行设置，设置完成后单击"打印"按钮即可。

任务一　统计某单位人员学历情况

结合本节所学知识，录入一个"某单位人员学历情况表"（请扫描二维码获取资源），如图 3-4-39，并利用学习过的函数和公式完成需要项的计算。

某单位人员学历情况表

职工号	性别	学历	年龄	年龄排名	备注				
HR001	女	本科	45						
HR002	男	博士	34			总人数			
HR003	男	硕士	29			学历	人数	最大年龄	
HR004	男	博士	41			本科		最小年龄	
HR005	男	博士	55			硕士			
HR006	女	硕士	31			博士			
HR007	男	本科	36						
HR008	女	博士	28			本科平均年龄			
HR009	女	本科	48			硕士平均年龄			
HR010	男	硕士	40			博士平均年龄			
		平均年龄							

图 3-4-39　某单位人员学历情况表

录入时，可利用常用函数对其进行编辑计算。

（1）利用"AVERAGE"函数或者自行设计公式计算单位职工平均年龄。

（2）利用"RANK"函数给单位职工年龄排名。

（3）利用"IF"函数给年龄大于等于 25 周岁并小于 40 周岁的职工在备注栏里添加文字"中青年"。

（4）利用"COUNT"或"COUNTA"函数计算单位职工总人数。

（5）利用"COUNTIF"函数分别计算"本科""硕士""博士"的职工人数。

（6）利用"SUMIF"或"AVERAGEIF"函数分别计算"本科""硕士""博士"职工的平均年龄。

（7）利用"MAX"和"MIN"函数计算单位职工年龄中的最大值和最小值。

完成效果如图 3-4-40 所示。

	A	B	C	D	E	F	G	H	I	J
1				某单位人员学历情况表						
2	职工号	性别	学历	年龄	年龄排名	备注				
3	HR001	女	本科	45	3					
4	HR002	男	博士	34	7	中青年	总人数	10		
5	HR003	男	硕士	29	9	中青年	学历	人数	最大年龄	55
6	HR004	男	博士	41	4		本科	3	最小年龄	28
7	HR005	男	博士	55	1		硕士	3		
8	HR006	女	硕士	31	8	中青年	博士	4		
9	HR007	男	本科	36	6	中青年				
10	HR008	女	博士	28	10	中青年	本科平均年龄	43		
11	HR009	女	本科	48	2		硕士平均年龄	33.33		
12	HR010	男	硕士	40	5		博士平均年龄	39.5		
13			平均年龄	38.70						

图 3-4-40　完成效果

任务二 统计某图书销售集团销售情况

本任务单要求对如图 3-4-41 的"某图书销售集团销售情况表"（请扫描二维码获取资源）进行数据管理，并做到以下要求：

资源获取

（1）按各分店销售额总计进行分类汇总。

（2）按行为"季度"，列为"图书名称"，数据为"销售额（元）"，对其建立数据透视表，将值汇总方式设置为求和，并置于现工作表的 I5：M10 单元格区域。

图 3-4-41 某图书销售集团销售情况表

案例分析：

（1）分类汇总的实施一定要对数据按照题目要求的"销售部门"先进行简单排序（升序、降序均可），才可以正确汇总。

（2）数据透视表是先建立，然后将需要的数据字段按题目要求添加到行、列和数据区域完成的动态表。

完成效果如图 3-4-42、图 3-4-43 所示。

图 3-4-42 分类汇总效果图　　　　图 3-4-43 数据透视表效果图

任务三 统计图书销售情况

资源获取

假设你毕业后,在一家计算机图书销售公司担任市场部助理,主要的工作职责是为部门经理提供销售信息的分析和汇总。

1. 任务要求

打开"图书销售情况.xlsx"(请扫描二维码获取资源),该 Excel 文件中,包含订单明细表、编号对照、统计报告 3 个工作表,具体如图 3-4-44、图 3-4-45、图 3-4-46 所示,按照如下要求完成统计和分析工作。

图 3-4-44 销售订单明细

图 3-4-45 图书编号对照

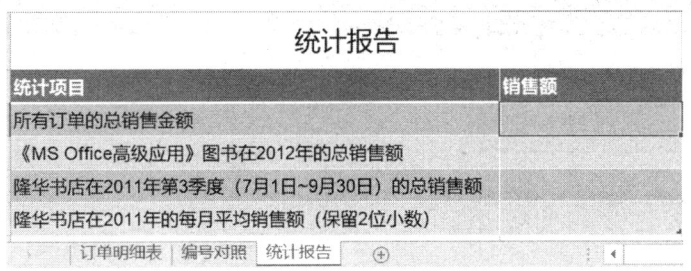

图 3-4-46　统计报告

（1）请对"订单明细表"工作表进行格式调整，通过套用表格格式方法将所有的销售记录调整为一致的外观格式，并将"单价"列和"小计"列所包含的单元格调整为"会计专用"（人民币）数字格式。

（2）根据图书编号，请在"订单明细表"工作表的"图书名称"列中，使用VL00KUP函数完成图书名称的自动填充。"图书名称"和"图书编号"的对应关系在"编号对照"工作表中。

（3）根据图书编号，请在"订单明细表"工作表的"单价"列中，使用VLOOKUP函数完成图书单价的自动填充。"单价"和"图书编号"的对应关系在"编号对照"工作表中。

（4）在"订单明细表"工作表的"小计"列中，计算每笔订单的销售额。

（5）根据"订单明细表"工作表中的销售数据，统计所有订单的总销售金额，并将其填写在"统计报告"工作表的B3单元格中。

（6）根据"订单明细表"工作表中的销售数据，统计《MS Office高级应用》图书在2012年的总销售额，并将其填写在"统计报告"工作表的B4单元格中。

（7）根据"订单明细表"工作表中的销售数据，统计隆华书店在2011年第3季度的总销售额，并将其填写在"统计报告"工作表的B5单元格中。

（8）根据"订单明细表"工作表中的销售数据，统计隆华书店在2011年的每月平均销售额（保留2位小数），并将其填写在"统计报告"工作表的B6单元格中。

（9）保存"Excel.xlsx"文件。

2．任务解析

（1）本题主要考核对"订单明细表"工作表进行格式调整。

步骤1：在"订单明细表"工作表中选中A2:H636区域，单击"开始"选项卡—"样式"组中的"套用表格格式"按钮，在弹出的下拉列表中选择一种表样式即可，如图3-4-47所示。

步骤2：按住"Ctrl"键，同时选中"单价"列和"小计"列，单击鼠标右键，在弹出的下拉列表中选择"设置单元格格式"命令。继而弹出"设置单元格格式"对话框，在"数字"选项卡下的"分类"组中选择"会计专用"命令，然后单击"货币符号（国家/地区）"下拉列表选择"¥"，单击"确定"按钮。

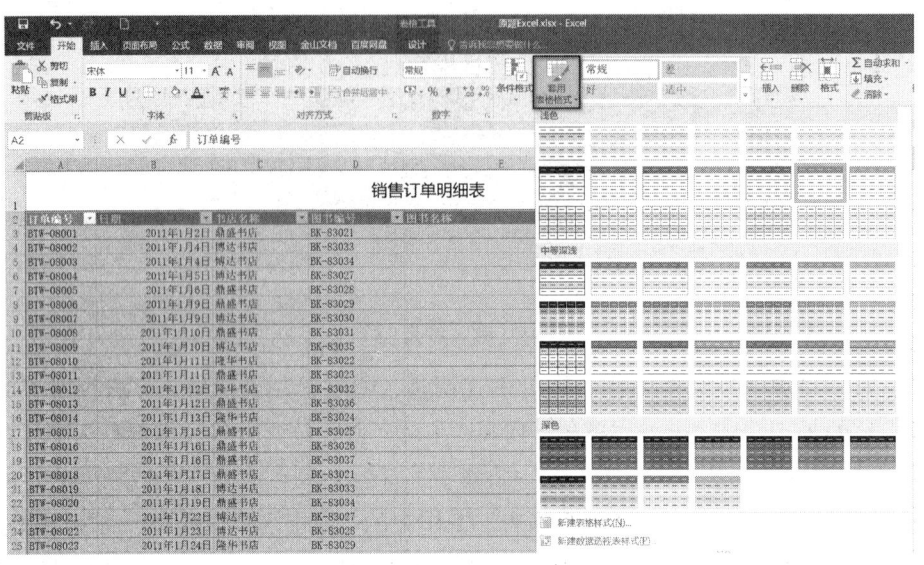

图 3-4-47　套用表格格式

（2）本题主要考核 VLOOKUP 函数的输入和使用。

步骤 1： 选择 E3 单元格，单击"公式"选项卡—"函数库"组中的"插入函数"按钮，弹出"插入函数"对话框，在"选择函数"列表中找到"VLOOKUP 函数"，单击"确定"按钮，弹出"函数参数"对话框。

步骤 2： 在第 1 个参数框中用鼠标选择"D3"，第 2 个参数框中选择"编号对照"工作表中的 A2:C19 区域；第 3 个参数框中输入"2"，第 4 个参数框中输入"FALSE"或者"0"，单击"确定"按钮即可。具体设置如图 3-4-48 所示。

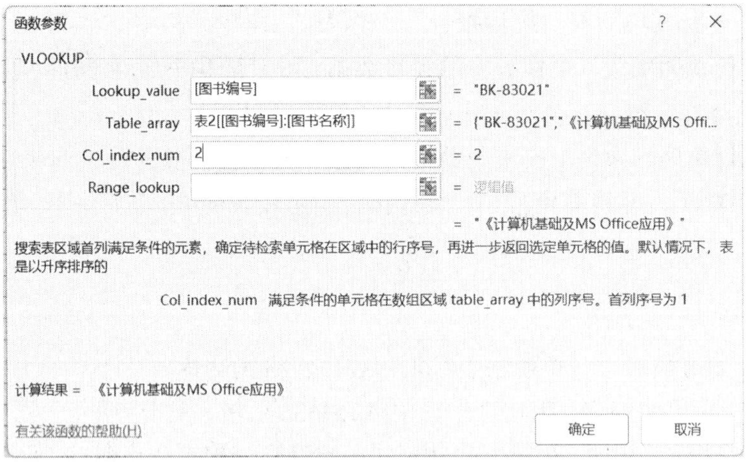

图 3-4-48　VLOOKUP 函数参数设置界面 1

VLOOKUP 是一个查找函数，给定一个查找的目标，它就能从指定的查找区域中查找并返回想要查找到的值。本题也可直接在"订单明细表"工作表的 E3 单元格中输入公式"=VLOOKUP(D3,编号对照!$A$2:$C$19,2,FALSE)"，按回车键，双击 E3 单元格右下角的填充柄完成图书名称的自动填充。本题中"=VLOOKUP(D3,编号对照!$A$2:$C$19,2,FALSE)"的含义如下：

参数①查找目标——"D3",将在参数②指定区域的第1列中查找与D3相同的单元格。

参数②查找范围——"编号对照!$A$2:$C$19",表示"编号对照"工作表中的A2:C19数据区域。注意,查找目标一定要在该区域的第一列。

参数③返回值的列数——"2",表示参数②中工作表的第2列,如果在参数②中找到与参数①相同的单元格,则返回第2列的内容。

参数④精确或模糊查找——"FALSE"。参数④决定查找精确匹配值还是近似匹配值,如果值为0或FALSE则表示精确查找,如果找不到精确匹配值,则返回错误值#N/A;如果值为1或TRUE,或者省略时,则表示模糊查找。

(3)本题主要考核VLOOKUP函数的输入和使用。

使用VLOOKUP函数的方法同上一小题(2)的方法类似,只是返回值由"编号对照"工作表的第2列("图书名称"列)换成了第3列("定价"列),如图3-4-49所示。同样也可直接在"订单明细表"工作表的F3单元格中输入公式"=VLOOKUP(D3,编号对照!$A$2:$C$19,3,FALSE)",按回车键,双击填充柄。

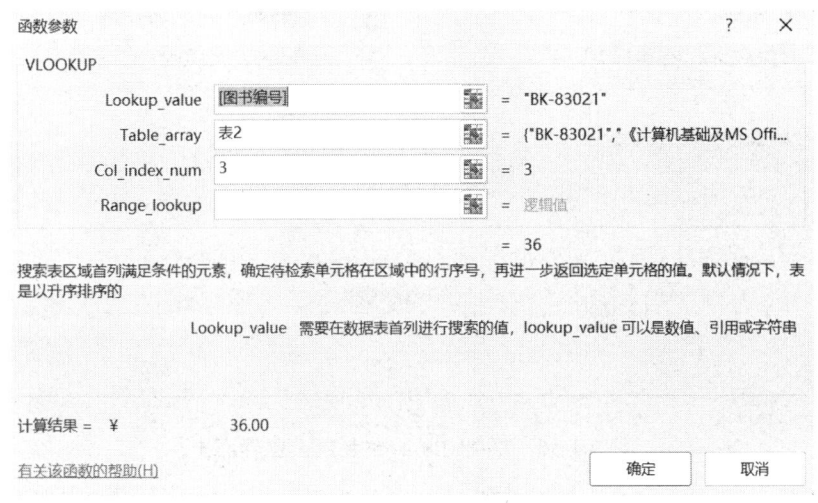

图 3-4-49　VLOOKUP 函数参数设置界面 2

(4)本题主要考核公式的输入和使用。

步骤1:选择H3单元格,输入"=",单击选择F3单元格,再输入"*"(乘号),单击选择G3单元格,即可输入公式"=[@单价]*[@销量(本)]",按回车键完成小计的自动填充。

步骤2:直接在"订单明细"工作表的H3单元格中输入公式"=F3*G3",按回车键完成小计的自动填充。

(5)求和函数SUM的应用。

步骤1:在"统计报告"工作表中的B3单元格输入"=SUM(订单明细表!H3:H636)",按回车键后完成销售额的自动填充。

步骤2:若数据自动填充,单击B4单元格右侧的"自动更正选项"按钮,选择"撤销计算列"。

(6)本题主要考核条件求和函数SUMIFS的输入和使用。

步骤 1：在"统计报告"工作表中，选择 B4 单元格，单击"公式"选项卡—"函数库"组中的"插入函数"按钮，弹出"插入函数"对话框，在"选择函数"列表中找到"SUMIFS 函数"，单击"确定"按钮，弹出"函数参数"对话框。

步骤 2：在第 1 个参数框中选择"订单明细表"中的 H3:H636 区域，第 2 个参数框中选择"订单明细表"中的 E3:E636 区域，第 3 个参数框中输入"《MS Office 高级应用》"，第 4 个参数框中选择"订单明细表"中的 B3:B636 区域，第 5 个参数框中输入">=2012-1-1"，第 6 个参数框中选择"订单明细表"中的 B3:B636 区域，第 7 个参数框中输入"<=2012-12-31"，单击"确定"按钮。如图 3-4-50 所示。

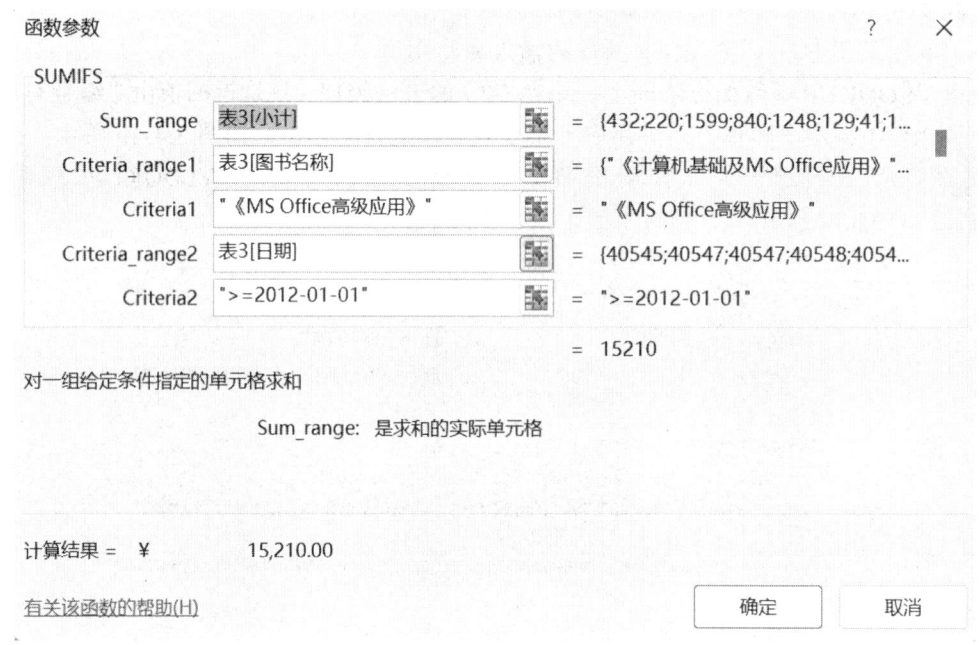

图 3-4-50　SUMIFS 函数参数设置界面 1

多条件求和函数 SUMIFS 的主要功能是对指定单元格区域中符合多组条件的单元格求和。本题也可直接在"统计报告"工作表的 B4 单元格中输入公式"=SUMIFS(表 3[小计],表 3[图书名称],"《MS Office 高级应用》",表 3[日期],">=2012-1-1",表 3[日期],"<=2012-12-31")"，按回车键确认。多条件求和函数 SUMIFS 语法是：SUMIFS(求和区域,条件区域 1,条件 1,[条件区域 2,条件 2],……)，具体参数含义如下：

参数①求和区域——参加求和的实际单元格区域，即销售额(小计)列；
参数②条件区域 1——第 1 组条件中指定的区域，即图书名称列；
参数③条件 1——第 1 组条件中指定的条件，即要查找的图书《MS Office 高级应用》；
参数④条件区域 2——第 2 组条件中指定的区域，即日期列；
参数⑤条件 2——第 2 组条件中指定的条件，先设条件为大于等于 2012-01-01；
参数⑥条件区域 3——第 3 组条件中指定的区域，即日期列；
参数⑦条件 3——第 3 组条件中指定的条件，再设条件为小于等于 2012-12-31。

如图 3-4-50 所示。

（7）本题主要考核条件求和函数 SUMIFS 的输入和使用。

本题使用 SUMIFS 函数的方法同上一小题（6）的方法类似，在第 1 个参数框中选择"订单明细表"中的 H3:H636 区域，第 2 个参数框中选择"订单明细表"中的 C3:C636 区域，第 3 个参数框中输入"隆华书店"，第 4 个参数框中选择"订单明细表"中的 B3:B636 区域，第 5 个参数框中输入">=2011-7-1"，第 6 个参数框中选择"订单明细表"中的 B3:B636 区域，第 7 个参数框中输入"<=2011-9-30"，单击"确定"按钮，如图 3-4-51 所示。同样也可直接在"统计报告"工作表的 B5 单元格中输入公式"=SUMIFS(表3[小计],表3[书店名称],"隆华书店",表3[日期],">=2011-7-1",表3[日期],"<=2011-9-30")"，按回车键确认。

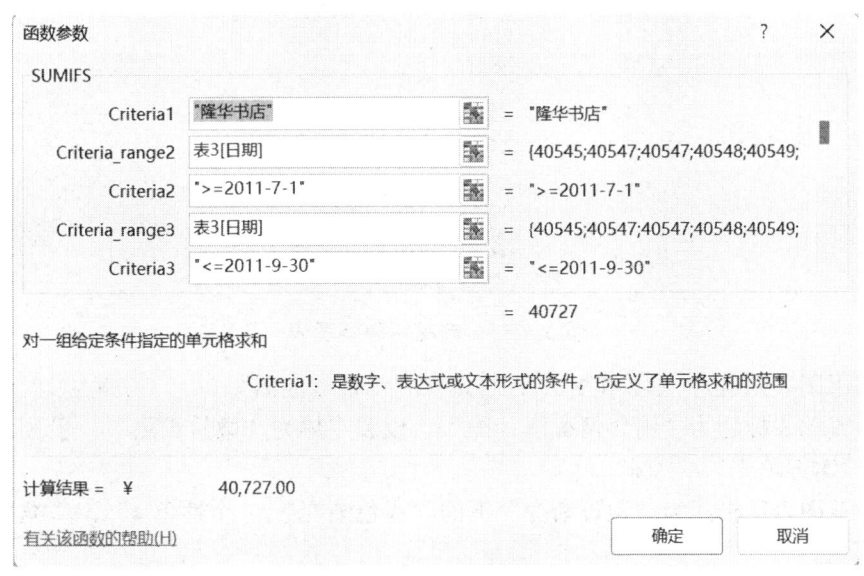

图 3-4-51　SUMIFS 函数参数设置界面 2

（8）本题要求不是求数据的平均值，而是求月平均值。可以先使用 SUMIFS 函数求和，再计算月平均值（除以 12）。

本题使用 SUMIFS 函数的方法同上一小题（7）的方法类似，只是第 5 个参数框中输入">=2011-1-1"，第 7 个参数框中输入"<=2011-12-31"。同样也可直接在"统计报告"工作表的 B6 单元格中输入"=SUMIFS(表3[小计],表3[书店名称],"隆华书店",表3[日期],">=2011-1-1",表3[日期],"<=2011-12-31")/12"，按回车键确认。然后设置该单元格格式保留 2 位小数，如图 3-4-52 所示。

图 3-4-52　统计报告效果

任务四　统计某公司产品销售情况

为"产品销售情况统计表"(请扫描二维码获取资源)中的工作表(图3-4-53)建立相关统计图,做到以下要求:

(1)利用函数完成"销售额"计算;

(2)完成"所占百分比"和"总销售额"的计算;

资源获取

	A	B	C	D	E
1	产品销售情况统计表				
2	产品型号	销售数量	单价(元)	销售额(元)	所占百分比
3	P-1	123	654		
4	P-2	84	1652		
5	P-3	111	2098		
6	P-4	66	2341		
7	P-5	101	780		
8	P-6	79	394		
9	P-7	89	391		
10	P-8	68	189		
11	P-9	91	282		
12	P-10	156	196		
13				总销售额	

图3-4-53　产品销售情况表

(3)利用图表列A2:A12和E2:E12建立"三维气泡图"。

(4)设置图表标题为"销售情况统计图",设置字体为"微软雅黑",字号20,红色,填充色为"图案填充"/"5%"。

(5)设置图表区格式为"预设渐变"下的"浅色渐变"/"个性色4","类型"为"射线"的填充色。

(6)设置绘图区为"纹理"/"新闻纸","透明度"为"70%"的图片填充。

(7)为数据系列设置"依数据点着色"的填充。

(8)自由设置图例格式。

(9)为数值(X)轴设置"边界","最小值"为"0","最大值"为11,"主要刻度"为"2"的坐标轴格式。

(10)为数值(Y)轴添加"所占百分比"的轴标题。

完成效果如图3-4-54所示。

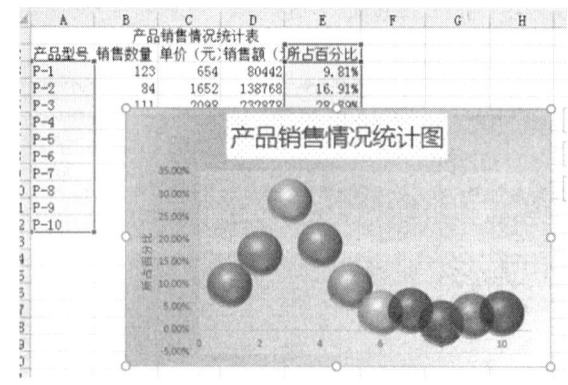

图3-4-54　"产品销售情况统计图"效果图

项目五　PowerPoint 2016 基本操作

PowerPoint 是微软公司出品的 Office 办公组件之一，主要用于创建形象生动、图文并茂的演示文稿，在日常办公和教师教学中使用非常广泛。在 PowerPoint 中可以添加图片、动画、音频和视频等对象，制作出集文字、图形和多媒体于一体的演示文稿。本项目主要介绍 PowerPoint 2016 的基本操作，包括创建演示文稿、编辑和设置演示文稿、动画效果设置、幻灯片放映与打印等内容。

一、PowerPoint 2016 入门

作为 Microsoft Office 软件的主要组件之一，PowerPoint 2016 的基本操作方法与 Word 2016 基本类似，但很多地方也独具特色。

1. PowerPoint 2016 简介

PowerPoint 2016 主要用于制作和演示演示文稿。一般的使用场景是将 PowerPoint 2016 制作的演示文稿通过投影仪或计算机进行演示，在会议召开、产品展示和教学课件等场景中十分实用。演示文稿一般由若干张幻灯片组成，每张幻灯片中都可以放置文字、图片、多媒体、动画等内容，从而独立表达主题。完成演示文稿的制作后，即可使用幻灯片放映功能对其内容进行展示，并可自主控制演示过程，图 3-5-1 所示为使用 PowerPoint 2016 制作的教学课件演示文稿。

图 3-5-1　教学课件演示文稿

2. PowerPoint 2016 的启动

启动 PowerPoint 2016 的方法与启动 Word 2016 类似。
方法 1：选择"开始"菜单—"所有程序"命令—"PowerPoint"子命令。
方法 2：在任务栏中单击 PowerPoint 2016 图标。

方法 3：双击 PowerPoint 2016 创建的演示文稿，可启动 PowerPoint 2016 并打开该演示文稿。

3. PowerPoint 2016 的窗口组成

启动 PowerPoint 2016 后，在打开的界面中将显示最近使用的文档信息，并提示用户创建一个新的演示文稿，选择要创建的演示文稿类型后，进入 PowerPoint 2016 的操作界面，如图 3-5-2 所示。PowerPoint 2016 操作界面与 Word 2016 大致类似，不同之处主要体现在"幻灯片"窗格、状态栏和幻灯片编辑区等部分，下面主要对其特有的组成部分进行介绍。

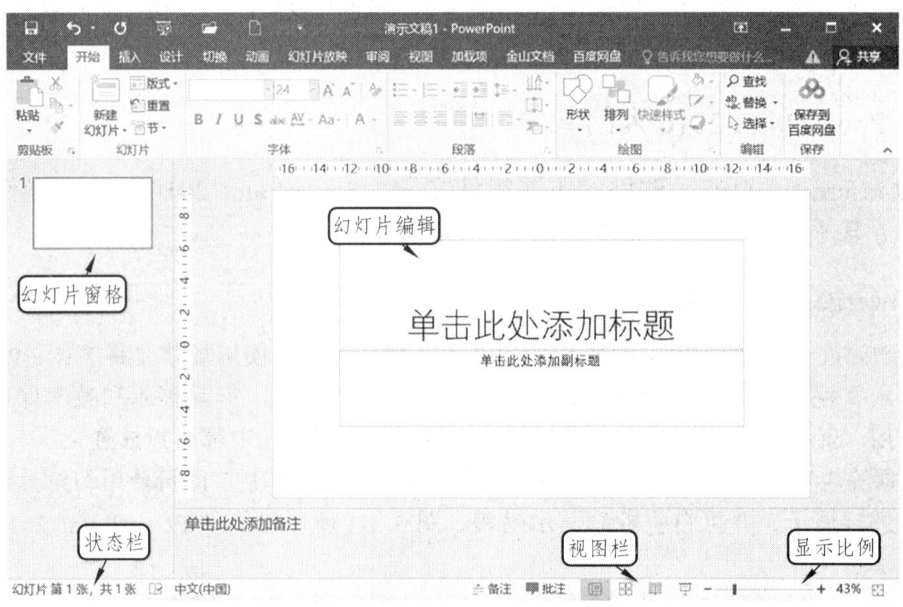

图 3-5-2　PowerPoint 2016 操作界面

幻灯片编辑区：位于演示文稿编辑区的中心，用于显示和编辑幻灯片的内容。在默认情况下，标题幻灯片中包含一个正标题占位符，一个副标题占位符，内容幻灯片中包含一个标题占位符和一个内容占位符。

"幻灯片"窗格：位于幻灯片编辑区的左侧，主要显示当前演示文稿中所有幻灯片的缩略图，单击某张幻灯片缩略图，可跳转到该幻灯片并在右侧的幻灯片编辑区中显示该幻灯片的内容。

状态栏：位于操作界面的底端，用于显示当前幻灯片的页面信息，它主要由状态提示栏、"备注"按钮、"批注"按钮、视图切换按钮组、显示比例栏 5 部分组成。其中，单击"备注"按钮和"批注"按钮，可以为幻灯片添加备注和批注内容，对演示者的演示内容进行提醒说明；用鼠标拖动显示比例栏中的缩放比例滑块，可以调节幻灯片的显示比例。单击状态栏最右侧"缩放至合适尺寸"按钮，可以使幻灯片显示比例自动适应当前窗口的大小。

4. PowerPoint 2016 的视图方式

PowerPoint 2016 为用户提供了普通视图、幻灯片浏览视图、幻灯片放映视图、阅读视图和备注页视图 5 种视图模式，在操作界面下方的状态栏中单击相应的视图切换按钮或在"视图"选项卡—"演示文稿视图"组中单击相应的视图切换按钮即可进入相应的视图。各视图的功能分别如下。

普通视图：PowerPoint 2016 默认的视图模式，打开演示文稿即进入普通视图，单击"普通视图"按钮也可由其他视图模式切换到普通视图。在普通视图模式下，可以对幻灯片的总体结构进行调整，也可以对单张幻灯片进行编辑，是编辑幻灯片最常用的视图模式。

幻灯片浏览视图：单击"幻灯片浏览"按钮即可进入幻灯片浏览视图。在该视图中可以浏览演示文稿中所有幻灯片的整体效果，并且可以对其整体结构进行调整，如调整演示文稿的背景、移动或复制幻灯片等，但是不能编辑幻灯片中的内容。

幻灯片放映视图：单击"幻灯片放映"按钮即可进入幻灯片放映视图。进入放映视图后，演示文稿中的幻灯片将按放映设置进行全屏放映，在放映视图中，可以浏览每张幻灯片的放映情况，测试幻灯片中插入的动画和声音效果，并可控制放映过程。

阅读视图：单击"阅读视图"按钮即可进入幻灯片阅读视图。进入阅读视图后，可以在当前计算机上以窗口方式查看演示文稿放映效果，单击"上一张"按钮和"下一张"按钮可切换幻灯片。

备注页视图：在"视图"选项卡—"演示文稿视图"组中单击"备注页"按钮，可进入备注页视图模式。备注页视图是将"备注"窗格以整页格式进行查看和使用，在备注页视图中可以更加方便地编辑备注内容。

5. PowerPoint 2016 的演示文稿及其操作

在编辑演示文稿时，首先需要新建一个演示文稿，在制作完成后，还需对演示文稿的内容进行保存。下面分别介绍新建、保存和打开演示文稿的方法。

（1）新建演示文稿。

新建演示文稿的方法很多，如新建空白演示文稿、利用模板新建演示文稿、根据现有内容新建演示文稿等，用户可根据实际需求进行选择。

① 新建空白演示文稿。

方法 1：启动 PowerPoint 2016 后，在打开的界面中选择"空白演示文稿"选项，即可新建一个名为"演示文稿"的空白演示文稿。

方法 2：选择"文件"菜单—"新建"命令，在打开的"新建"列表框中显示了多种演示文稿类型，此时选择"空白演示文稿"选项，即可新建一个空白演示文稿。

方法 3：按"Ctrl+N"组合键。

② 利用模板新建演示文稿。

PowerPoint 2016 提供了 20 多种模板，用户可在预设模板的基础上快速新建带有内容的演示文稿。方法为：选择"文件"菜单—"新建"命令，在打开的"新建"列表框中选择所需的模板选项，然后单击"新建"按钮，便可新建该模板样式的演示文稿。

③ 根据现有内容新建演示文稿。

如果需要新建的演示文稿与现有的某个演示文稿内容类似，可直接根据现有演示文稿内容进行新建，以减少工作量。方法为：选择"文件"菜单—"新建"命令，在打开的"新建"列表框中单击"个人"选项卡，如图 3-5-3 所示，在其中选择所需的演示文稿后，单击"新建"按钮即可新建一个与现有演示文稿内容相同的演示文稿。

（2）保存演示文稿。

保存演示文稿的方式与 Word 2016 类似，方法为：选择"文件"菜单—"保存"命令或单击快速访问工具栏中的"保存"按钮，打开"另存为"界面，在其中选择所需的保存方式后，再在"另存为"对话框中重新指定新的文件名称或保存位置，单击"保存"按钮。

（3）打开演示文稿。

当需要对演示文稿进行编辑、查看或放映操作时，首先应将其打开。与 Word 2016 类似，打开演示文稿有 4 种方法，分别为启动 PowerPoint 2016 打开演示文稿、打开最近使用的演示文稿、以只读方式打开演示文稿、以副本方式打开演示文稿。

图 3-5-3　根据现有内容新建演示文稿

6. PowerPoint 2016 的幻灯片及其操作

一个演示文稿通常由多张幻灯片组成，在制作演示文稿的过程中往往需要对多张幻灯片进行操作，如新建幻灯片、应用幻灯片版式、选择幻灯片、移动和复制幻灯片，以及删除幻灯片等，下面分别进行介绍。

（1）新建幻灯片。

在新建空白演示文稿或根据模板新建演示文稿时，默认只有一张幻灯片，不能满足实际的需要，因此需要用户手动新建幻灯片。新建幻灯片的方法主要有以下两种。

方法 1：在"幻灯片"窗格中新建。在"幻灯片"窗格中的空白区域，或在已有的幻灯片上单击鼠标右键，在弹出的快捷菜单中选择"新建幻灯片"命令。

方法 2：通过"幻灯片"组新建。在普通视图或幻灯片浏览视图中选择一张幻灯片，在"开始"选项卡—"幻灯片"组中单击"新建幻灯片"按钮下方的下拉按钮，在打开的下拉列表中选择一种幻灯片版式即可。

（2）应用幻灯片版式。

如果对新建的幻灯片版式不满意，可进行更改。方法为：在"开始"选项卡—"幻灯片"组中单击"版式"按钮右侧的下拉按钮，在打开的下拉列表中选择一种幻灯片版式，即可将其应用于当前幻灯片。

（3）选择幻灯片。

选择幻灯片是编辑幻灯片的前提，选择幻灯片主要有以下 3 种方法。

方法 1：选择单张幻灯片。在"幻灯片"窗格中单击幻灯片缩略图即可选择当前幻灯片。

方法 2：选择多张幻灯片。在幻灯片浏览视图或"幻灯片"窗格中按住"Shift"键并单击幻灯片可选择多张连续的幻灯片，按住"Ctrl"键并单击幻灯片可选择多张不连续的幻灯片。

方法 3：选择全部幻灯片。在幻灯片浏览视图或"幻灯片"窗格中按"Ctrl+A"组合键。

（4）移动和复制幻灯片。

当需要调整某张幻灯片的顺序时，就需要对其进行移动操作。当需要使用某张幻灯片中已有的版式或内容时，可直接复制该幻灯片进行更改，提高工作效率。移动和复制幻灯片的方法主要有以下 3 种。

方法 1：通过拖动鼠标。选择需要移动的幻灯片，按住鼠标左键不放拖动到目标位置后释放鼠标完成移动操作；选择幻灯片，按住"Ctrl"键并拖动到目标位置，完成幻灯片的复制操作。

方法 2：通过菜单命令。选择需要移动或复制的幻灯片，在其上单击鼠标右键，在弹出的快捷菜单中选择"剪切"或"复制"命令。定位到目标位置，单击鼠标右键，在弹出的快捷菜单中选择"粘贴"命令，完成幻灯片的移动或复制。

方法 3：通过快捷键。在"幻灯片"窗格或幻灯片浏览视图中选择幻灯片，按"Ctrl+X"组合键剪切幻灯片，按"Ctrl+C"组合键复制幻灯片，然后在目标位置按"Ctrl+V"组合键进行粘贴，可完成移动或复制操作。

（5）删除幻灯片。

在"幻灯片"窗格或幻灯片浏览视图中均可删除幻灯片，方法介绍如下。

方法 1：选择要删除的幻灯片，然后单击鼠标右键，在弹出的快捷菜单中选择"删除幻灯片"命令。

方法 2：选择要删除的幻灯片，按"Delete"键。

7. 退出 PowerPoint 2016

当不再需要对演示文稿进行操作后，可将其关闭，关闭演示文稿的方法与 Word 2016 一致。

二、PowerPoint 2016 演示文稿的编辑与设置

为了使演示文稿的展示效果更良好，通常需要在幻灯片中添加很多对象，如文本、艺术字、图片、表格、图表、音频和视频等。此外，为了呈现幻灯片的整体效果，还需对其母版、主题等进行设置。

1. 编辑幻灯片

编辑幻灯片是制作演示文稿的第一步，下面主要对添加和编辑文本、添加和编辑艺术字、添加和编辑表格与图表、添加和编辑 SmartArt 图形、添加和编辑图片，以及添加和编辑多媒

体文件等常用编辑操作进行介绍。

（1）插入文本。

文本是幻灯片的重要组成部分，无论是演讲类、报告类还是形象展示类的演讲文稿，都离不开文本的输入与编辑。

在幻灯片中主要可以通过占位符和文本框两种方法输入文本。

方法 1：在占位符中输入文本。新建演示文稿或插入新幻灯片后，幻灯片中会包含两个或多个虚线文本框，即占位符。占位符可分为文本占位符和项目占位符两种形式，如图 3-5-4 所示，其中文本占位符用于放置标题和正文等文本内容，单击占位符，即可输入文本内容。项目占位符中通常包含"插入表格""插入图表""插入 SmartArt 图形"等项目，单击相应的图标，可插入相应的对象。

方法 2：通过文本框输入文本。幻灯片中除了可在占位符中输入文本外，还可以在空白位置绘制文本框来添加文本。在"插入"选项卡—"文本"组单击"文本框"按钮下方的下拉按钮，再在打开的下拉列表中选择"绘制横排文本框"选项或"竖排文本框"选项，当鼠标指针变为十字形状时，单击需要添加文本的空白位置就会出现一个文本框，在其中输入文本即可。

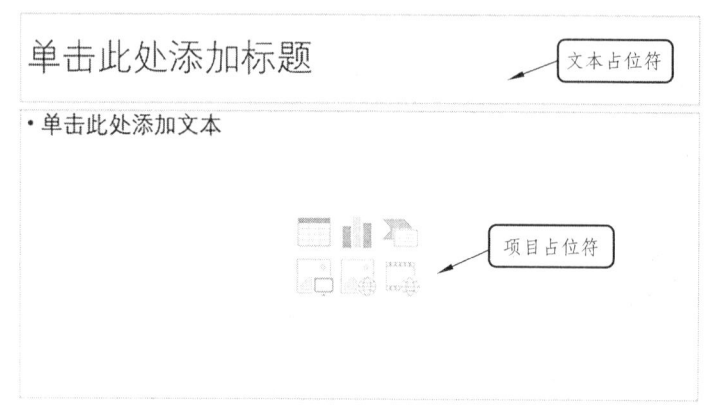

图 3-5-4　占位符

为了使幻灯片的文本效果更加美观，通常需要对字体、字号、颜色及特殊效果等进行设置。在 PowerPoint 2016 中主要可以通过"字体"组和"字体"对话框设置文本格式。

方法 1：选择文本或文本占位符，在"开始"选项卡—"字体"组可以对字体、字号、颜色等进行设置，还能单击"加粗""倾斜""下划线""文字阴影"等按钮为文本添加相应的效果。

方法 2：选择文本或文本占位符，在"开始"选项卡—"字体"组右下角单击"展开"按钮，在打开的"字体"对话框中也可对文本的字体、字号、颜色等效果进行设置。

（2）插入并编辑艺术字。

艺术字是一种具有美化效果的文本，在幻灯片中主要起到醒目、美观的作用。为了使演示文稿能达到良好的放映和宣传效果，一般只需在重点标题文本中应用艺术字效果。插入艺术字的方法为：在"插入"选项卡—"文本"组中单击"艺术字"按钮，在打开的下拉列表中选择所需的艺术字样式选项，然后在显示的提示文本框中输入艺术字文本即可。

在幻灯片中插入艺术字文本后，将自动激活"绘图工具格式"选项卡，如图3-5-5所示，在其中可以通过不同的组对插入的艺术字进行编辑。比如，若要修改艺术字的样式，便可在"艺术字样式"组中进行设置；若想为艺术字添加边框效果，则需在"形状样式"组中设置。

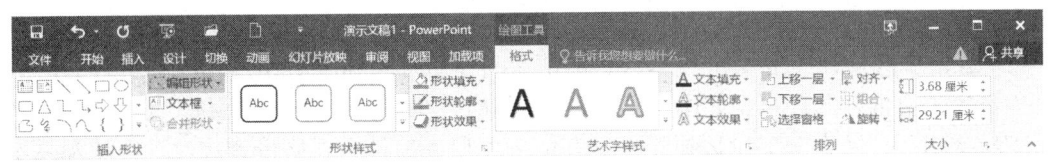

图3-5-5 "绘图工具格式"选项卡

（3）插入表格。

表格可直观形象地表达数据情况，在PowerPoint 2016中不仅可以在幻灯片中插入表格，还能根据幻灯片的主题风格对表格进行编辑和美化。

① 插入表格。

在幻灯片中插入表格主要有以下两种方法。

方法1：自动插入表格。选择要插入表格的幻灯片，在"插入"选项卡—"表格"组中单击"表格"按钮，在打开的下拉列表中拖动鼠标指针选择表格行列数，到合适位置后单击鼠标即可插入表格。

方法2：通过"插入表格"对话框插入。选择要插入表格的幻灯片，在"插入"选项卡—"表格"组中单击"表格"按钮，在打开的下拉列表中选择"插入表格"选项，打开"插入表格"对话框，在其中输入表格所需的行数和列数，单击"确定"按钮完成插入。

② 输入表格内容并编辑表格。

插入表格后即可在其中输入文本和数据，并可根据需要对表格和单元格进行编辑操作。

调整表格大小：选择表格，此时表格四周将出现8个控制点，将鼠标指针移到表格边框上的控制点上，当鼠标指针变为双箭头形状时，按住鼠标左键不放并拖动鼠标，可调整表格大小。

调整表格位置：将鼠标指针移动到表格上，当鼠标指针变为十字花形状时，按住鼠标左键不放进行拖动，移至合适位置后释放鼠标，可调整表格位置。

输入文本和数据：将文本插入点定位到单元格中即可输入文本和数据。

选择行/列：将鼠标指针移至表格左侧，当鼠标指针变为➡形状时，单击鼠标左键可选择该行。将鼠标指针移至表格上方，当鼠标指针变为⬇形状时，单击鼠标左键可选择该列。

插入行/列：将鼠标指针定位到表格的任意单元格中，通过"表格工具布局"选项卡—"行和列"组，可以在表格所选单元格的上方、下方、左侧或右侧插入行或列。

删除行/列：选择多余的行，在"表格工具布局"选项卡—"行和列"组中单击"删除"按钮，在打开的下拉列表中选择相应选项即可。

合并单元格：选择要合并的单元格，在"表格工具布局"选项卡—"合并"组中单击"合并单元格"按钮。

将鼠标指针移到表格中需要调整列宽或行高的单元格分隔线上，按住鼠标左键不放，向左右或上下拖动，移至合适位置时释放鼠标，即可完成列宽或行高的调整。如果想精确调整表格行高或列宽的值,可在"表格工具布局"选项卡—"单元格大小"组中的"高度"和"宽度"数值框中输入具体的数值。

③ 美化表格。

为了使表格样式与幻灯片整体风格更搭配,可以为表格添加样式,PowerPoint 2016 提供了很多预设的表格样式供用户使用。

在"表格工具设计"选项卡—"表格样式"组中单击右下角的下拉按钮,打开样式列表,在其中选择需要的样式即可,如图 3-5-6 所示。同时,在该组中单击"底纹"下拉按钮、"边框"下拉按钮、"效果"下拉按钮,在打开的下拉列表种可为表格设置底纹、边框和三维立体效果。

图 3-5-6　美化表格

为了幻灯片的美观,表格的样式应该与幻灯片的整体风格相适应,例如颜色最好与演示文稿主体颜色保持相似或一致,此外艺术字、图表等对象都需遵循这个原则。

(4)插入图表。

演示文稿作为一种元素十分多样化的文档,通常不需要添加太多的文本,而主要通过图片、图表等形式来展示内容。图表可以直接将数据的说明和对比清晰直观地表现出来,增强幻灯片的说服力。

① 创建图表。

在"插入"选项卡—"插图"组中单击"图表"按钮或在项目占位符中单击"插入图表"按钮,打开"插入图表"对话框,在对话框左侧选择图表类型,如选择"柱状图"选项,在对话框右侧的列表框中选择柱状图类型下的图表样式,然后单击"确定"按钮,此时将打开"Microsoft PowerPoint 中的图表"电子表格,如图 3-5-7 所示,在其中输入表格数据,然后关闭电子表格,即可完成图表的插入。

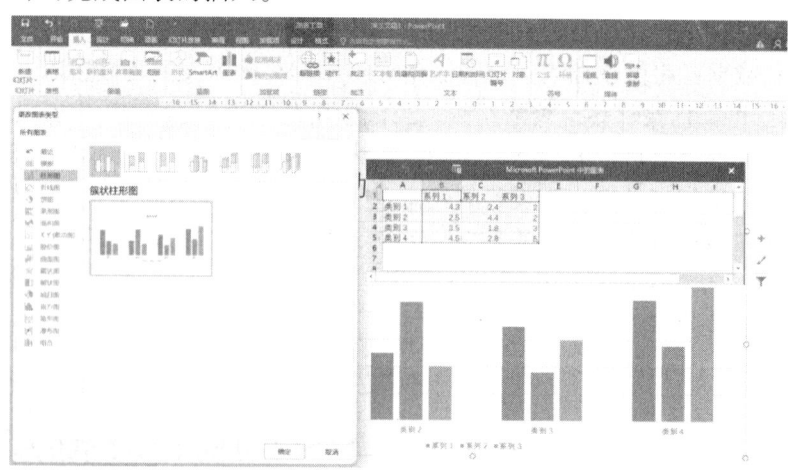

图 3-5-7　在幻灯片中插入图表

② 编辑图表。

在 PowerPoint 2016 中直接插入的图表，其大小、样式、位置等都是默认的，用户可根据需要进行调整和更改。

调整图表大小：选择图表，将鼠标指针移到图表边框上，当鼠标指针变为双箭头形状时，按住鼠标左键不放并拖动鼠标，可调整图表大小。

调整图表位置：将鼠标指针移动到图表上，当鼠标指针变为十字花形状时，按住鼠标左键不放进行拖动，移至合适位置后释放鼠标，可调整图表位置。

修改图表数据：在"图表工具设计"选项卡—"数据"组中单击"编辑数据"按钮，打开"Microsoft PowerPoint 中的图表"窗口，修改单元格中的数据，修改完成后关闭窗口即可。

更改图表类型：在"图表工具设计"选项卡—"类型"组中单击"更改图表类型"按钮，在打开的"更改图表类型"对话框中进行选择，单击"确定"按钮关闭对话框。

③ 美化图表。

与 Excel 2016 一样，PowerPoint 2016 也为图表提供了很多预设样式，帮助用户快速美化图表。选择图表，在"图表工具设计"选项卡—"图表样式"组单击右下角的下拉按钮，打开样式列表，在其中选择需要的样式即可。此外，也可选择图表中的某个数据系列，选择"图表工具格式"选项卡—"形状样式"组，在其中对单个数据系列的样式进行设置，如图 3-5-8 所示。

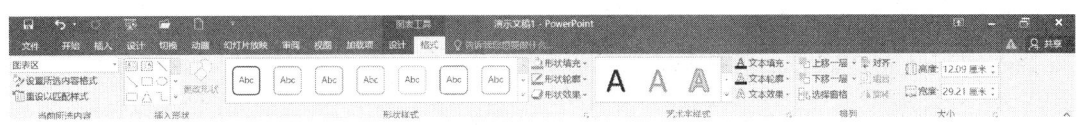

图 3-5-8　设置单个数据系列的样式

④ 设置图表格式。

图表主要由图表区、数据系列、图例、网格线和坐标轴等组成，可以通过"图表工具设计"选项卡—"图表布局"组中"添加图表元素"按钮进行设置，即单击"添加图表元素"按钮，在打开的下拉列表中选择需要设置的图表元素后，再在打开的子列表中选择相应的选项进行设置，如图 3-5-9 所示。

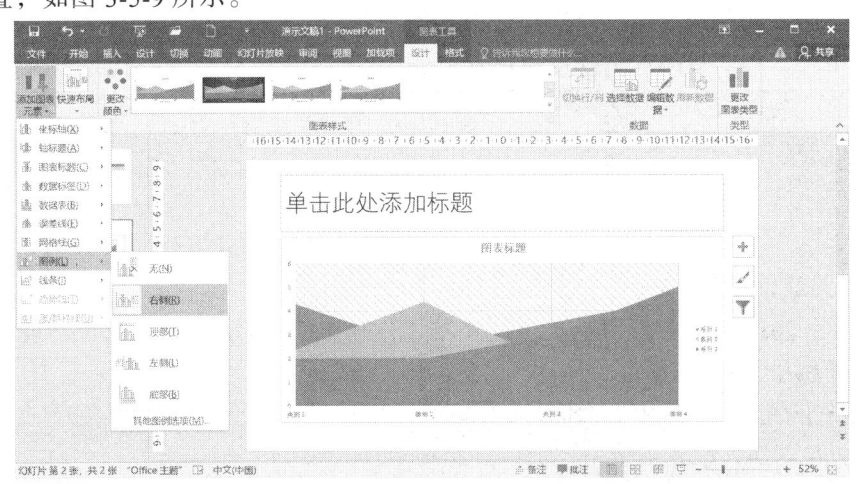

图 3-5-9　设置图表元素的格式

（5）插入 SmartArt 图形。

PowerPoint 2016 中的 SmartArt 图形可以直观地说明图形内各个部分的关系，包括列表、流程、循环、层次结构、关系和矩阵等类型，不同的类型分别适用于不同的场合。

① 插入 SmartArt 图形。

在"插入"选项卡—"插图"组中单击"SmartArt"按钮，打开"选择 SmartArt 图形"对话框。在对话框左侧单击选择 SmartArt 图形的类型，在对话框右侧的列表框中选择所需的样式，然后单击"确定"按钮。返回幻灯片，即可查看插入的 SmartArt 图形，最后在 SmartArt 图形的形状中分别输入相应的文本并设置文本格式即可。

② 编辑 SmartArt 图形。

插入 SmartArt 图形后，在"SmartArt 工具设计"选项卡中可以对 SmartArt 的样式进行设置。

"创建图形"组：主要用于编辑 SmartArt 图形中的形状。

"版式"组：主要用于更换 SmartArt 图形的布局，在该组列表框中可选择要更换的布局。

"SmartArt 样式"组：该组主要用于设置 SmartArt 图形的样式，在列表框中选择所需样式即可。单击"更改颜色"按钮，在打开的下拉列表中还可以设置 SmartArt 图形的颜色。

（6）插入图片。

图片是 PowerPoint 2016 中非常重要的一种元素，不仅可以提高幻灯片的美观度，还可以更好地衬托文字，达到图文并茂的效果。在幻灯片中可以插入计算机中保存的图片，也可以插入 PowerPoint 2016 自带的剪贴画。

① 插入图片。

选择需要插入图片的幻灯片，选择"插入"选项卡—"图像"组，单击"图片"按钮，在打开的"插入图片"对话框中选择所需图片的保存位置，然后选择需要插入的图片，单击"插入"按钮。

在"图像"组中单击"联机图片"按钮，打开"插入图片"对话框，通过其中的搜索框可以插入在线图片，但使用时需注意图片的版权问题。

② 编辑图片。

选择图片后，在"图片工具格式"选项卡的"调整"组、"图片样式"组、"排列"组和"大小"组中，可以对图片样式进行设置，如图 3-5-10 所示。

图 3-5-10　编辑图片

③ 插入并编辑相册。

PowerPoint 2016 为用户提供了批量插入图片和制作相册的功能，通过该功能可以在幻灯片中创建电子相册并对其进行设置。

【例 3-25】在演示文稿中插入图片，并应用"Facet"主题。

步骤 1：在"插入"选项卡—"图像"组中单击"相册"按钮。

步骤 2：在打开的"相册"对话框中单击"相册内容"栏下的"文件/磁盘"按钮，打开

"插入新图片"对话框,选择要插入的多张图片,单击"插入"按钮。

步骤3:返回"相册"对话框,在"相册版式"栏下的"图片版式"下拉列表中可以设置每页幻灯片的版式;再在"相框形状"下拉列表中选择相框样式,如图3-5-11所示。

步骤4:单击"相册版式"栏下"主题"文本框后的"浏览"按钮,在打开的对话框中选择"Facet"主题,如图3-5-12所示,单击"选择"按钮。返回"相册"对话框,单击"创建"按钮,系统自动创建一个应用所选主题的相册演示文稿。

图3-5-11 选择图片版式和相框形状

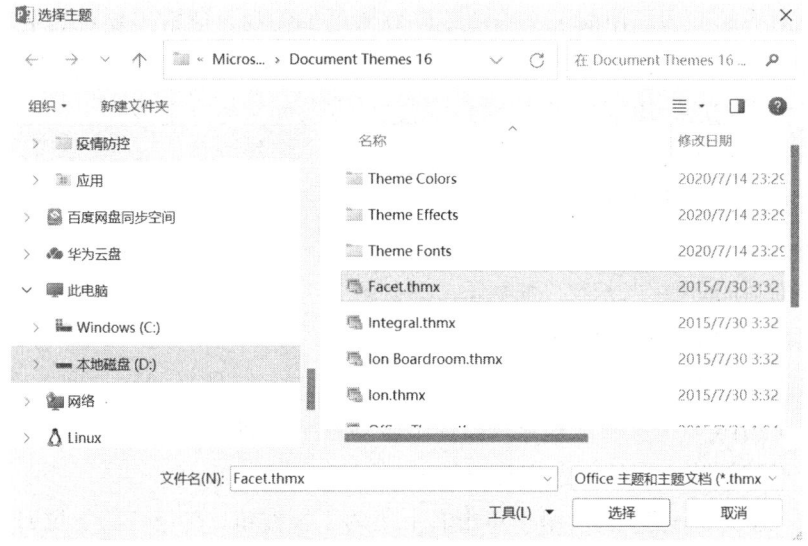

图3-5-12 选择相册主题

(7)插入媒体文件。

媒体文件是演示文稿中比较常用的一种多媒体元素,在很多演讲场合都需要通过插入音频或视频来辅助讲解或烘托气氛。在PowerPoint中可以插入计算机中的音频和视频文件。

① 插入音频文件。

选择幻灯片，在"插入"选项卡—"媒体"组中单击"音频"按钮，在打开的下拉列表中提供了"PC上的音频"和"录制音频"两种插入方式，用户可根据需要进行选择。若选择"PC上的音频"选项，将打开"插入音频"对话框，在其中选择需要插入幻灯片中的音频文件，单击"插入"按钮，即可将该音频文件插入幻灯片中。

在幻灯片中插入音频文件后，将自动激活"音频工具格式"选项卡和"音频工具播放"选项卡，通过这两个选项卡，可以对音频文件的外观样式和播放方式进行设置，如图3-5-13所示。

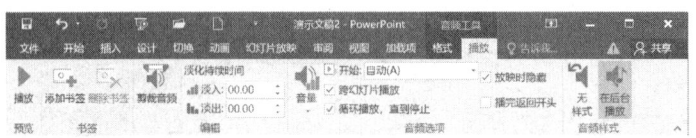

图 3-5-13　编辑音频文件选项卡

② 插入视频文件。

跟音频文件一样，视频也是演示文稿中非常常见的一种多媒体元素，常用于宣传类演示文稿中。在 PowerPoint 中主要可以插入文件中的视频和来自网站的视频。

选择幻灯片，在"插入"选项卡—"媒体"组中单击"视频"按钮，在打开的下拉列表中选择"PC上的视频"选项，在打开的"插入视频文件"对话框中选择要插入的视频文件，单击"插入"按钮即可。

2. 应用幻灯片主题

幻灯片版式中的各个元素并不是独立存在的，而是由背景、文本、图形、表格和图片等元素组合搭配而成的。为了使演示文稿的整体效果更加美观，通常需要对其主题和版式进行设置。PowerPoint 2016 为用户提供了很多预设了颜色、字体、背景、效果样式的主题样式，用户在选择主题样式后，还可自定义幻灯片的颜色方案和字体方案等。

（1）应用幻灯片主题。

PowerPoint 2016 的主题样式已经对颜色、字体和效果等进行了合理的搭配，用户只需选择一种固定的主题效果，就可以为演示文稿中各幻灯片的内容应用相同的效果，从而达到统一幻灯片风格的目的。在"设计"选项卡—"主题"组中单击右下角的下拉按钮，在打开的下拉列表中选择一种主题选项即可。

（2）更改主题颜色方案。

PowerPoint 2016 为预设的主题样式提供了多种主题的颜色方案，用户可以直接选择所需的颜色方案，对幻灯片主题的颜色搭配效果进行调整。

在"设计"选项卡—"变体"组中单击右下角的下拉按钮，在打开的下拉列表中选择"颜色"选项，再在打开的子列表中选择一种主题颜色，如图3-5-14所示，即可将颜色方案应用于所有幻灯片。在打开的下拉列表中选择"自定义颜色"选项，在打开的对话框中可对幻灯片主题颜色的搭配进行自定义设置，如图3-5-15所示。

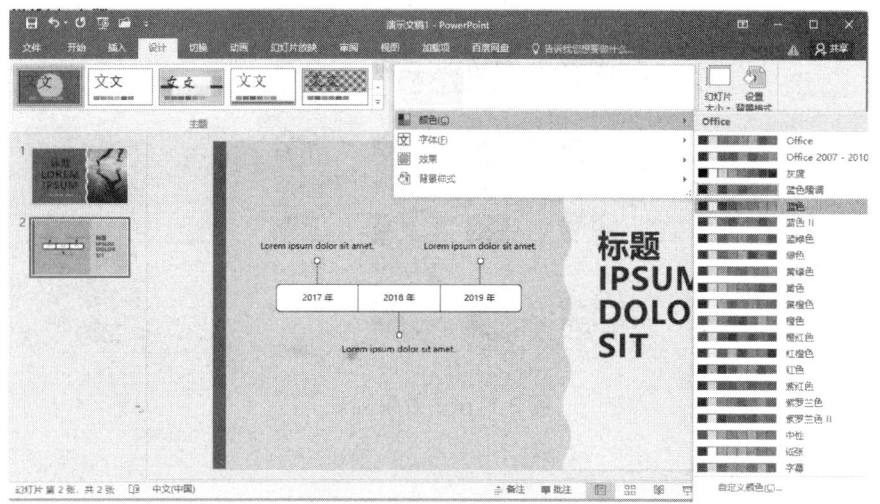

图 3-5-14　更改主题颜色

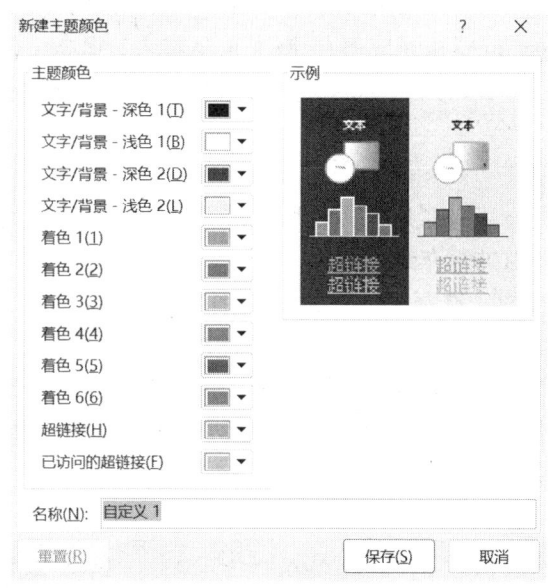

图 3-5-15　自定义主题颜色

（3）更改字体方案。

PowerPoint 2016 为不同的主题样式提供了多种字体搭配方案。在"设计"选项卡—"变体"组中单击右下角的下拉按钮，在打开的下拉列表中选择"字体"选项，再在打开的子列表中选择一种选项，即可将字体方案应用于所有幻灯片。在打开的下拉列表中选择"自定义字体"选项，在打开的"新建主题字体"对话框中可对幻灯片中的标题和正文字体进行自定义设置。

（4）更改效果方案。

在"设计"选项卡—"变体"组中单击右下角的下拉按钮，在打开的下拉列表中选择"效果"选项，在打开的下拉列表中选择一种效果，可以快速更改图表、SmartArt 图形、形状、图片、表格和艺术字等幻灯片对象的外观，如图 3-5-16 所示。

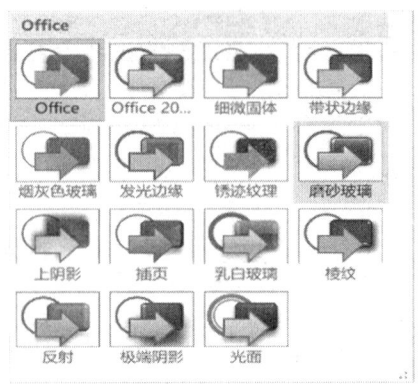

图 3-5-16　效果列表

3．应用幻灯片母版

PowerPoint 2016 中预设的主题可以统一幻灯片的风格，此外通过对母版进行自定义，也可以设置和统一幻灯片的风格。幻灯片母版可以统一和存储幻灯片的模板信息，在完成母版的编辑后，即可对母版样式进行快速应用，减少重复输入，提高工作效率。通常情况下，如果想为幻灯片应用统一的背景、标志、标题文本及主要文本格式，就需要使用 PowerPoint 2016 的幻灯片母版功能。

（1）认识母版的类型。

PowerPoint 2016 中的母版包括幻灯片母版、讲义母版和备注母版 3 种类型，其作用和视图模式各不相同，下面分别进行介绍。

幻灯片母版：在"视图"选项卡—"母版视图"组中单击"幻灯片母版"按钮，即可进入幻灯片母版视图，如图 3-5-17 所示。幻灯片母版视图是编辑幻灯片母版样式的主要场所，在幻灯片母版视图中，左侧为"幻灯片版式选择"窗格，右侧为"幻灯片母版编辑"窗口。选择相应的幻灯片版式后，便可在右侧对幻灯片的标题、文本样式、背景效果、页面效果等进行设置，在母版中更改和设置的内容将应用于同一演示文稿中所有应用了该版式的幻灯片。

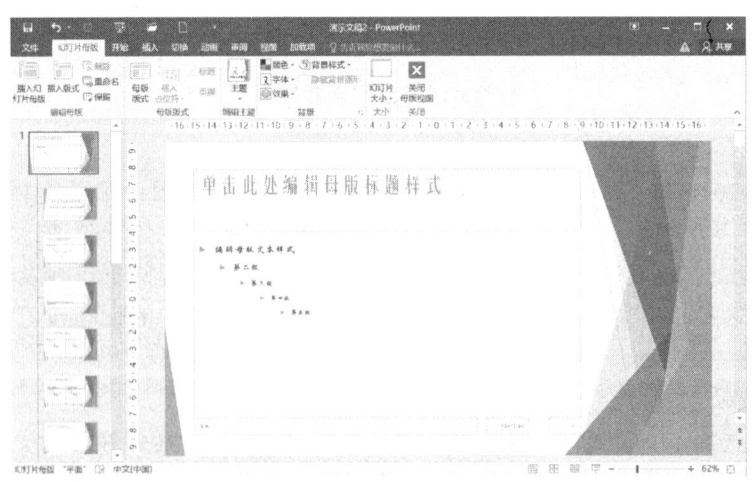

图 3-5-17　幻灯片母版

讲义母版：在"视图"选项卡—"母版视图"组中单击"讲义母版"按钮，即可进入讲义母版视图，如图3-5-18所示。在讲义母版视图中可查看页面上显示的多张幻灯片，也可设置页眉和页脚的内容，以及改变幻灯片的放置方向等。进入讲义母版视图后，通过"讲义母版"选项卡—"页面设置"组，可以设置讲义的方向，以及幻灯片的大小和方向等；通过"占位符"组可设置是否在讲义中显示页眉、页脚、页码和日期；通过"编辑主题"组，可以修改讲义幻灯片的主题和颜色等；通过"背景"组可设置讲义背景。

图 3-5-18　讲义母版

备注母版：在"视图"选项卡—"母版视图"组中单击"备注母版"按钮，即可进入备注母版视图。备注母版主要用于对幻灯片备注窗格中的内容格式进行设置，选择各级标题文本后即可对其字体格式等进行设置。

（2）编辑幻灯片母版。

编辑幻灯片母版与编辑幻灯片的方法非常类似，幻灯片母版中也可以添加图片、声音、文本等对象，但通常只添加通用对象，即只添加在大部分幻灯片中都需要使用的对象。完成母版样式的编辑后单击"关闭母版视图"按钮即可退出母版。

【例3-26】新建演示文稿，并设置幻灯片母版的主题、文本格式、形状样式、页脚以及图片等内容。

步骤1：新建一个空白演示文稿，并以"母版幻灯片"为名进行保存，然后单击"视图"选项卡—"母版视图"组中的"幻灯片母版"按钮，进入幻灯片母版视图。

步骤2：在"幻灯片母版"选项卡—"编辑主题"组中单击"主题"按钮，在打开的下拉列表中选择"环保"选项，如图3-5-19所示。

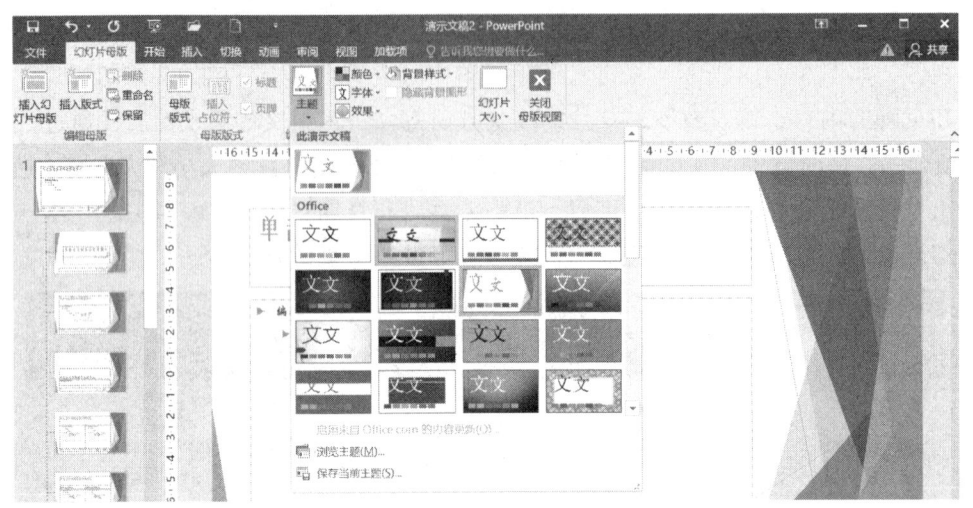

图 3-5-19　应用母版主题

步骤 3：在幻灯片母版视图左侧的"幻灯片版式选择"窗格中选择第 1 张幻灯片版式，然后选择"单击此处编辑母版标题样式"占位符，在"开始"选项卡—"字体"组中设置占位符的文本格式为"方正姚体，44 号"。继续选择正文占位符，并设置占位符的文本格式为"黑体"，如图 3-5-20 所示。

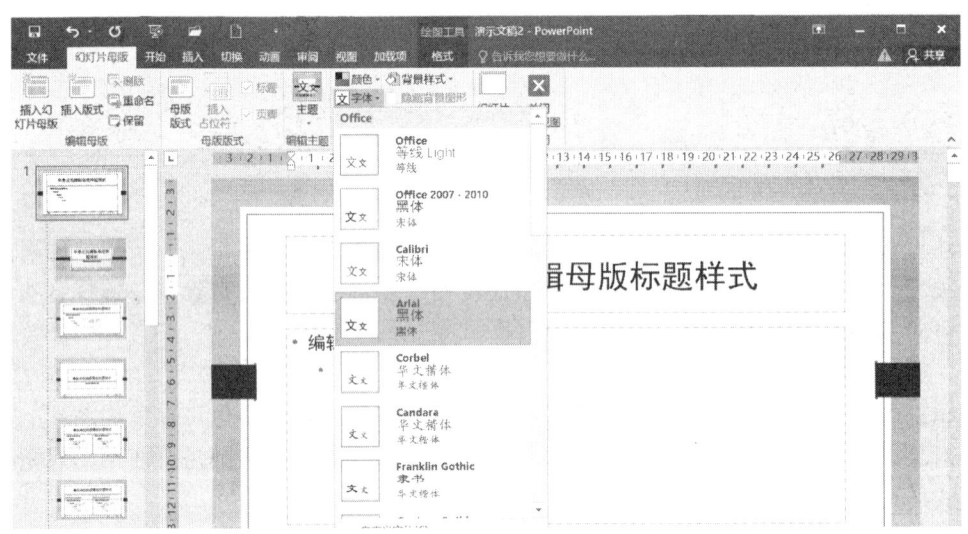

图 3-5-20　设置文本格式

步骤 4：选择幻灯片中的绿色边框，在"绘图工具格式"选项卡—"形状样式"组中选择"彩色轮廓"/"橙色，强调颜色 5"选项，如图 3-5-21 所示。

步骤 5：在"插入"选项卡—"文本"组中单击"页眉和页脚"按钮，打开"页眉和页脚"对话框，在"幻灯片"选项卡中单击选中"页脚"复选框；在复选框下的文本框中输入"企业资源分析"文本；然后单击选中"标题幻灯片中不显示"复选框；单击"全部应用"按钮，如图 3-5-22 所示。

图 3-5-21　更改形状样式

图 3-5-22　在幻灯片中统一添加页脚

步骤 6：打开"插入图片"对话框，选择所需图片后，单击"插入"按钮。

步骤 7：返回幻灯片母版视图，在"图片工具格式"选项卡—"大小"组中，将图片的高度设置为"1.3 厘米"，勾选锁定纵横比复选框；然后利用鼠标拖动图片至幻灯片的左上角，如图 3-5-23 所示。

步骤 8：按"Ctrl+C"和"Ctrl+V"组合键，复制一个图片，并将其拖动至幻灯片的右上角，效果如图 3-5-24 所示。

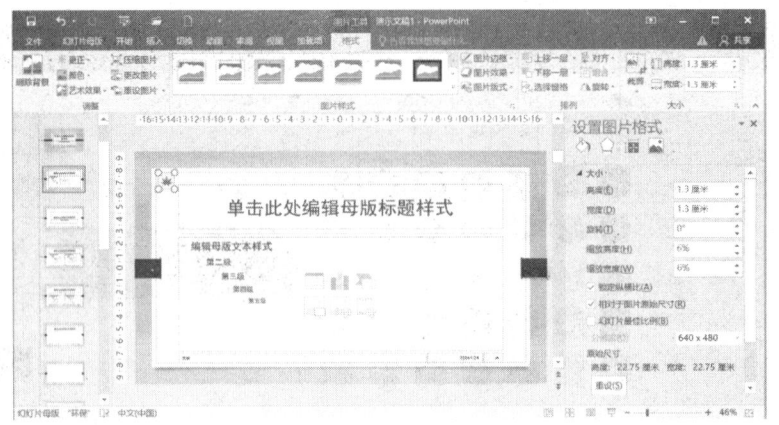

图 3-5-23　插入并编辑图片

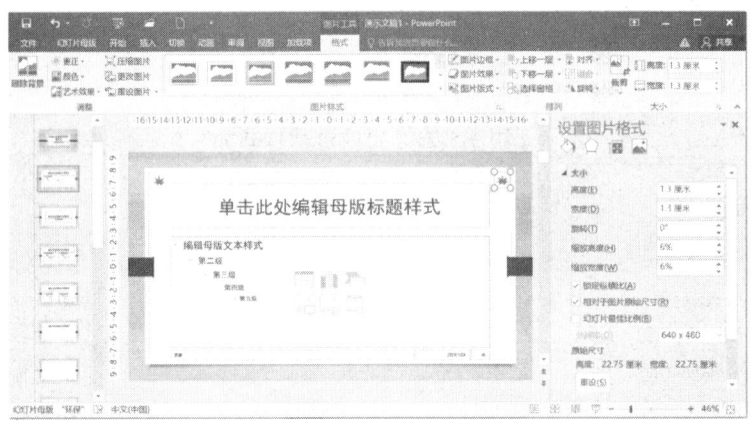

图 3-5-24　复制和移动图片

步骤 9：单击"关闭母版视图"按钮切换至普通视图，标题幻灯片中显示了更新设置后的版式，如图 3-5-25 所示。

步骤 10：在"幻灯片"窗格的空白区域单击鼠标右键，在弹出的快捷菜单中选择"新建幻灯片"命令，在新建的幻灯片中便显示了插入的图片和页脚，如图 3-5-26 所示。

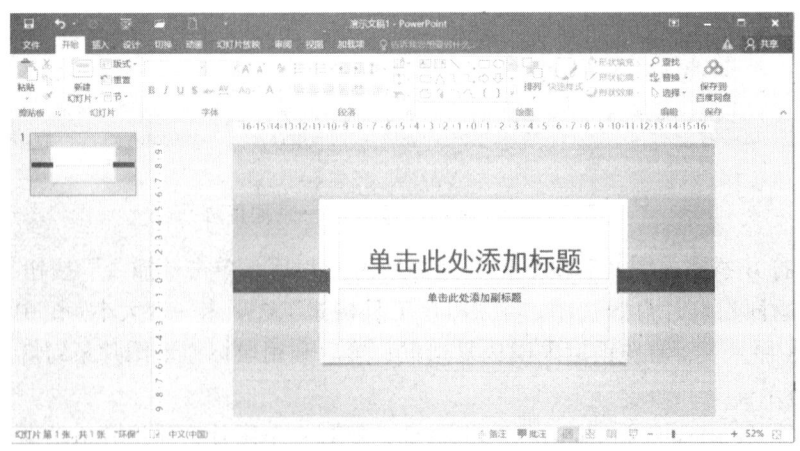

图 3-5-25　设置后的标题幻灯片

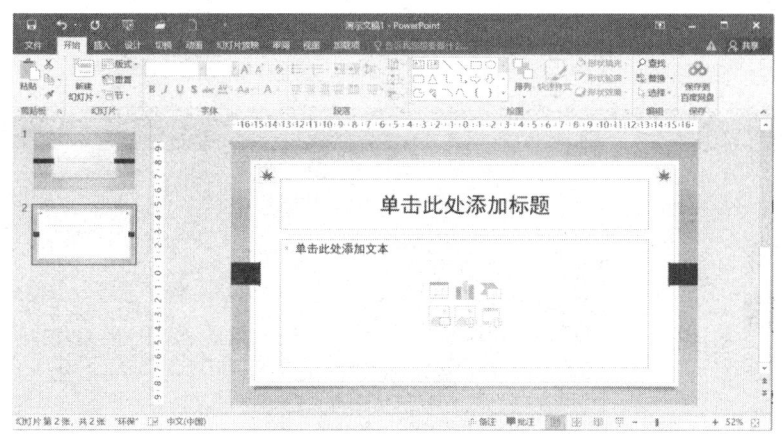

图 3-5-26　设置后的标题和内容幻灯片

在幻灯片母版视图中,对第 1 张幻灯片设置后,后面所有幻灯片都会应用相同的样式,若想单独对其他版式的幻灯片进行设置,就需要选择除第 1 张幻灯片外的其他幻灯片。

三、PowerPoint 2016 幻灯片动画效果的设置

动画效果是演示文稿中非常独特的一种元素,动画效果直接关系着演示文稿的放映效果。在演示文稿的制作过程中,可以为幻灯片中的文本、图片等对象设置动画效果,还可以设置幻灯片之间的切换动画效果等,幻灯片在放映时将更加生动。

1. 添加动画效果

在 PowerPoint 2016 中可以为每张幻灯片中的不同对象添加动画效果,PowerPoint 2016 动画效果的类型主要包括进入动画、退出动画、强调动画和动作路径动画 4 种。

进入:反映文本或其他对象在幻灯片放映时进入放映界面的动画效果

退出:反映文本或其他对象在幻灯片放映时退出放映界面的动画效果。

强调:反映文本或其他对象在幻灯片放映过程中需要强调的动画效果

动作路径:指定某个对象在幻灯片放映过程中的运动轨迹。

(1) 添加单一动画。

为对象添加单一动画效果是指为某个对象或多个对象快速添加进入、退出、强调或动作路径动画。

在幻灯片编辑区中选择要设置动画的对象,然后在"动画"选项卡—"动画"组中单击右下角的下拉按钮,在打开的下拉列表框中选择某一类型动画下的动画选项即可。为幻灯片对象添加动画效果后,系统将自动在幻灯片编辑窗口中对设置了动画效果的对象进行预览放映,且该对象旁会出现数字标识,数字顺序代表播放动画的顺序。

(2) 添加组合动画。

组合动画是指为同一个对象同时添加进入、退出、强调和动作路径动画 4 种类型中的任意动画组合,例如同时添加进入和退出动画等。选择需要添加组合动画效果的幻灯片对象,然后在"动画"选项卡—"高级动画"组中单击"添加动画"按钮,在打开的下拉列表中选择某一类型的动画后,再次单击"添加动画"按钮,继续选择其他类型的动画效果即可。添

加组合动画后,该对象的左侧将同时出现多个数字标识,如图 3-5-27 所示。

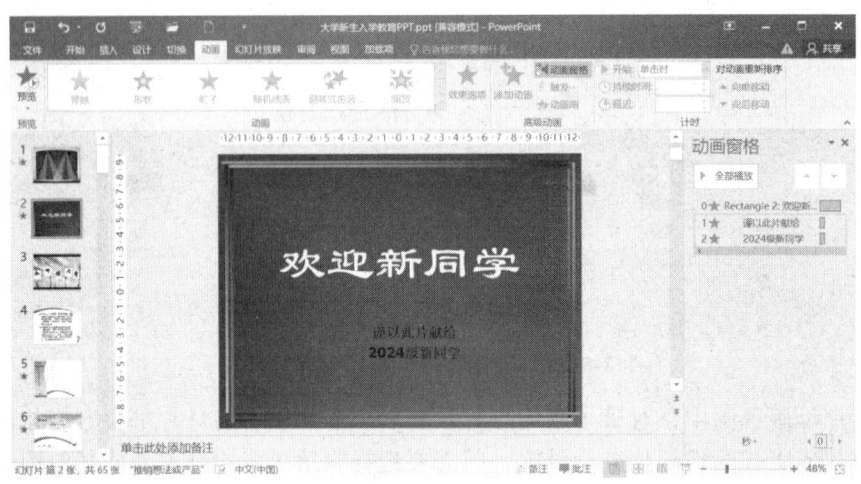

图 3-5-27 添加多个动画效果

2. 设置动画效果

为幻灯片中的对象添加动画效果后,还可以通过"动画"选项卡中的"动画"选项卡—"高级动画"组或"计时"组,对添加的动画效果进行设置,如图 3-5-28 所示,这些动画效果在播放时更具条理性,例如设置动画播放参数、调整动画的播放顺序和删除动画等。

图 3-5-28 "动画"选项卡

"动画"组:主要设置动画的效果选项,包括"序列""方向""形状"等,也可以在动画列表中重新选择动画效果。

"高级动画"组:主要对同一对象的多个动画进行设置,包括多个动画的添加、触发动画的设置等。此外,单击"动画窗格"按钮,在打开的窗格中还可以对动画的播放顺序和播放效果进行预览。

"计时"组:在该组中,可以对添加动画的播放时间、播放速度和播放顺序进行设置。

3. 设置幻灯片切换动画效果

设置幻灯片切换动画即设置当前幻灯片与下一张幻灯片的过渡动画效果,切换动画可使幻灯片之间的衔接更加自然、生动。

【例 3-27】打开"二维动画制作"演示文稿,为幻灯片设置切换动画。

步骤 1:打开"二维动画制作"演示文稿,选择要设置切换效果的幻灯片,在"切换"选项卡—"切换到此幻灯片"组中单击右下角的下拉按钮,在打开的下拉列表中选择一种切换效果,如图 3-5-29 所示,此时在幻灯片编辑区中将显示切换动画效果。

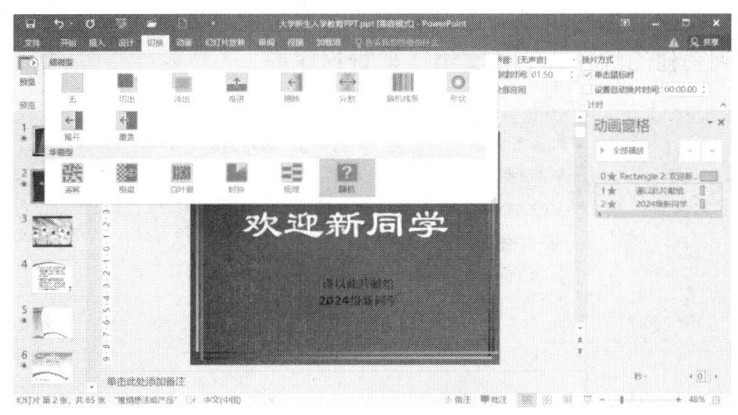

图 3-5-29　选择切换效果

步骤 2：用同样的方法为其他幻灯片设置各种切换效果，如果需要为整个演示文稿设置统一的切换效果，在"切换"选项卡—"计时"组中单击"应用到全部"按钮即可。

步骤 3：在"切换"选项卡—"计时"组中单击"声音"下拉列表右侧的下拉按钮，在打开的下拉列表中可以设置幻灯片切换时的音效，在"持续时间"数值框中输入切换动画的持续时间。

步骤 4：在"换片方式"栏中单击选中"单击鼠标时"复选框，如图 3-5-30 所示，表示单击鼠标时播放切换动画；若单击选中"设置自动换片时间"复选框并设置时间，则可在放映幻灯片时根据所设置的间隔时间自动播放切换动画并切换幻灯片。

图 3-5-30　设置切换方式

4. 添加动作按钮

动作按钮的功能与超链接比较类似，在幻灯片中创建动作按钮后，可将其设置为单击或经过该动作按钮时，快速切换到上一张幻灯片、下一张幻灯片或第一张幻灯片。

在幻灯片中添加动作按钮的方法为：选择要添加动作按钮的幻灯片，在"插入"选项卡—"插图"组中单击"形状"按钮，在打开的下拉列表中的"动作按钮"栏中选择要绘制的动作按钮，此时鼠标指针将变为加号形状，将其移至幻灯片右下角，按住鼠标左键不放并向右下角拖动绘制一个动作按钮，此时将自动打开"操作设置"对话框，如图 3-5-31 所示。根据需要单击"单击鼠标"或"鼠标悬停"选项卡，在其中可以设置单击鼠标或悬停鼠标时要执行的操作，如链接到其他幻灯片或演示文稿、运行程序等。

图 3-5-31　"操作设置"对话框

5. 创建超链接

除了使用动作按钮链接到指定幻灯片，还可以为幻灯片中的文本或者图片等对象创建超链接，创建链接后在放映幻灯片时便可单击该对象将页面跳转到链接所指向的幻灯片进行播放。

为幻灯片中的对象创建超链接的方法为：在幻灯片编辑区中选择要添加超链接的对象，然后在"插入"选项卡—"链接"组中单击"超链接"按钮或按"Ctrl+K"组合键，打开"插入超链接"对话框，如图 3-5-32 所示。在左侧的"链接到"列表中提供了 4 种不同的链接方式，选择所需链接方式后，在中间列表中按实际链接要求进行设置，完成后单击"确定"按钮，即可为选择的对象添加超链接效果。在放映幻灯片时，单击添加链接的对象，即可快速跳转至所链接的页面或程序。

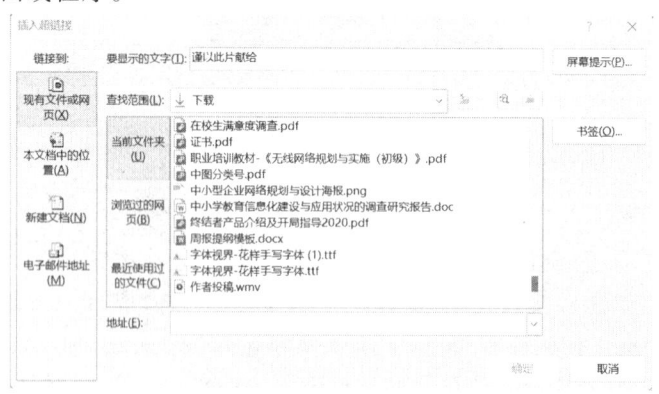

图 3-5-32　"插入超链接"对话框

在"插入超链接"对话框中单击右上角的"屏幕提示"按钮，在打开的"设置超链接屏幕提示"对话框中的"屏幕提示文字"文本框中可输入鼠标指向链接对象时的提示文字。

此外，如果直接选择文本为其设置超链接效果，设置完成后文本颜色将发生改变，且文本下方将添加下划线；如果选择文本框为其设置超链接效果，则不会改变文本的效果。

四、PowerPoint 2016 幻灯片的放映与打印

使用 PowerPoint 2016 制作演示文稿的最终目的就是要将演示文稿展示给观众，即放映幻灯片。同时，幻灯片的音频效果、视频效果、动画效果都需要通过放映功能进行展示。除了可以放映之外，PowerPoint 2016 也提供了打印功能，用户可对幻灯片进行打印并留档保存。

1. 放映设置

在 PowerPoint 2016 中，放映幻灯片时可以设置不同的放映方式，例如演讲者控制放映、观众自行浏览或演示文稿自动循环放映，还可以隐藏不需要放映的幻灯片和录制旁白等，从而满足不同场合的放映需求。

（1）设置放映方式。

设置幻灯片的放映方式主要包括设置放映类型、放映幻灯片的数量和换片方式等，在"幻灯片放映"选项卡—"设置"组中单击"设置幻灯片放映"按钮，打开"设置放映方式"对话框，其中各主要设置功能介绍如下。

设置放映类型：在"放映类型"栏中单击选中相应的单选项，即可为幻灯片设置相应的放映类型。其中，"演讲者放映"方式是 PowerPoint 2016 默认的放映类型，放映时幻灯片全屏显示，在放映过程中，演讲者具有完全的控制权；"观众自行浏览"方式是一种让观众自行观看幻灯片的交互式放映类型，观众可以通过快捷菜单翻页、打印和浏览，但不能单击鼠标进行放映；"在展台浏览"方式同样以全屏显示幻灯片，与"演讲者放映"方式不同的是除了保留鼠标指针用于选择屏幕对象进行放映外，不能进行其他放映控制，要终止放映只能按"Esc"键。

设置放映选项：在"放映选项"栏中单击选中 4 个复选框可分别设置循环放映、不添加旁白、不播放动画效果和禁用图形加速效果，还可设置绘图笔和激光笔的颜色等，在"绘图笔颜色"和"激光笔颜色"下拉列表框中可以选择一种颜色，在放映幻灯片时，可使用该颜色的绘图笔在幻灯片上写字或做标记。

设置放映幻灯片的数量：在"放映幻灯片"栏中可设置需要进行放映的幻灯片数量，可以选择放映演示文稿中所有的幻灯片，或手动输入放映开始和结束的幻灯片页数。

设置换片方式：在"推进幻灯片"栏中可设置幻灯片的切换方式，单击选中"手动"单选项，表示在演示过程中将手动切换幻灯片及演示动画效果；单击选中"如果出现计时，则使用它"单选项，表示演示文稿将按照幻灯片的排练时间自动切换幻灯片和动画，但是如果没有已保存的排练计时，即使单击选中该单选项，放映时还是以手动方式进行控制。

（2）自定义幻灯片放映。

自定义幻灯片放映是指选择性地放映部分幻灯片，它可以将需要放映的幻灯片另存为一个放映组合并命名，再进行放映，这类放映主要适用于内容较多的演示文稿。

【例3-28】打开"企业资源分析1"演示文稿,在其中新建自定义放映方案。

步骤1:打开"企业资源分析1"演示文稿,在"幻灯片放映"选项卡—"开始放映幻灯片"组中单击"自定义幻灯片放映"按钮,在打开的下拉列表中选择"自定义放映"选项,打开"自定义放映"对话框,单击"新建"按钮。

步骤2:在打开的"自定义放映"对话框的"幻灯片放映名称"文本框中输入本次放映名称;然后在"在演示文稿中的幻灯片"列表中单击选中要放映的幻灯片前的复选框;单击"添加"按钮,如图3-5-33所示。

步骤3:添加后单击右侧的向上、向下按钮,可以调整播放顺序,单击"确定"按钮,返回"自定义放映"对话框,单击"放映"按钮即可进入幻灯片放映状态进行观看,如图3-5-34所示。

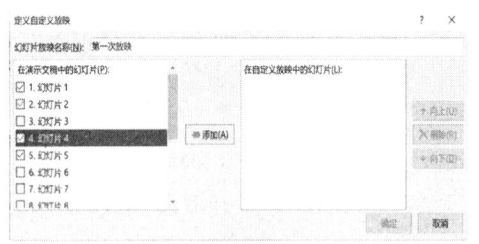
图 3-5-33 选择需放映的幻灯片

图 3-5-34 放映幻灯片

(3)隐藏幻灯片。

放映幻灯片时,如果只需要放映其中的几张幻灯片,除了可以通过自定义放映来选择幻灯片之外,还可将不需要放映的幻灯片隐藏起来,需要放映时再将其重新显示。

在"幻灯片"窗格中选择需要隐藏的幻灯片,在"幻灯片放映"选项卡—"设置"组中单击"隐藏幻灯片"按钮,即可隐藏幻灯片,再次单击该按钮便可将其重新显示。被隐藏的幻灯片上将出现标志。

(4)录制旁白。

在没有解说员或演讲者的情况下,可事先为演示文稿录制好旁白。在"幻灯片放映"选项卡—"设置"组中单击"录制幻灯片演示"按钮,打开"录制幻灯片演示"对话框,在其中选择要录制的内容后单击"开始录制"按钮,此时幻灯片开始放映并开始计时录音。只要安装了音频输入设备就可直接录制旁白。放映结束的同时将完成旁白的录制,并返回幻灯片浏览视图,每张幻灯片右下角会出现一个喇叭图标,表示已添加旁白。

(5)设置排练计时。

在正式放映幻灯片之前,可预先统计出放映整个演示文稿和放映每张幻灯片所需的大致时间。通过排练计时可以使演示文稿自动按照设置好的时间和顺序进行播放,放映过程不需要人工操作。

在"幻灯片放映"选项卡—"设置"组中单击"排练计时"按钮,进入放映排练状态,并在放映左上角打开"录制"工具栏。开始放映幻灯片,幻灯片在人工控制下不断进行切换,同时在"录制"工具栏中进行计时,完成后弹出提示框确认是否保留排练计时,单击"是"按钮完成排练计时操作。

2. 放映幻灯片

对幻灯片进行放映设置后，即可开始放映幻灯片，在放映过程中演讲者可以进行标记和定位等控制操作。

（1）放映幻灯片。

幻灯片的放映包含开始放映和切换放映操作，下面分别进行介绍。

① 开始放映。

开始放映幻灯片的方法有以下 3 种。

方法 1：在"幻灯片放映"选项卡—"开始放映幻灯片"组中单击"从头开始"按钮 或按"F5"键，将从第 1 张幻灯片开始放映。

方法 2：在"幻灯片放映"选项卡—"开始放映幻灯片"组中单击"从当前幻灯片开始"按钮 或按"Shift+F5"组合键，将从当前选择的幻灯片开始放映。

方法 3：单击状态栏上的"幻灯片放映"按钮 ，将从当前幻灯片开始放映。

② 切换放映。

在放映需要讲解和介绍的演示文稿时，如课件类、会议类演示文稿，经常需要切换到上一张或切换到下一张幻灯片，此时就需要使用幻灯片放映的切换功能。

切换到上一张幻灯片：按"Page Up"键、按"←"键或按"Backspace"键。

切换到下一张幻灯片：单击鼠标左键、按空格键、按回车键或按"→"键。

（2）放映过程中的控制。

在幻灯片的放映过程中有时需要对某一幻灯片进行更多的说明和讲解，此时可以暂停该幻灯片的放映，暂停放映可以直接按"s"键或"+"键，也可在需要暂停的幻灯片中单击鼠标右键，在弹出的快捷菜单中选择"暂停"命令。此外，在右键快捷菜单中还可以选择"指针选项"命令，在其子菜单中选择"笔"或"荧光笔"命令，对幻灯片中的重要内容做标记。

在放映演示文稿时，无论当前放映的是哪一张幻灯片，都可以通过幻灯片的快速定位功能快速定位到指定的幻灯片进行放映。方法为：在放映的幻灯片中单击鼠标右键，在弹出的快捷菜单中选择"定位至幻灯片"命令，在弹出的子菜单中选择切换至的目标幻灯片即可。

3. 演示文稿的打包与发送

为了避免编辑的演示文稿在其他计算机上无法演示的尴尬，在制作好演示文稿后可以对其进行打包操作。所谓打包，指的是将独立的已综合起来共同使用的单个或多个文件，集合在一起，生成一种独立于运行环境的文件。下面将分别介绍打包和发送演示文稿的方法。

（1）打包演示文稿。

将演示文稿打包能解决运行环境的限制和文件损坏或无法调用等不可预料的问题，比如打包文件能在没有安装 PowerPoint 2016 软件的计算机上进行播放。对演示文稿进行打包的方法为：选择"文件"菜单—"导出"命令，打开"导出"界面，选择"将演示文稿打包成 CD"选项，在打开的列表中单击"打包成 CD"按钮，打开图 3-5-35 所示的对话框。在其中可以选择添加多个演示文稿进行打包,同时还可以选择打包文件的存放方式,如文件夹或CD；

若单击"复制到文件夹"按钮,在打开的对话框中设置好文件夹名称和存放的位置后,单击"确定"按钮即可进行打包操作。

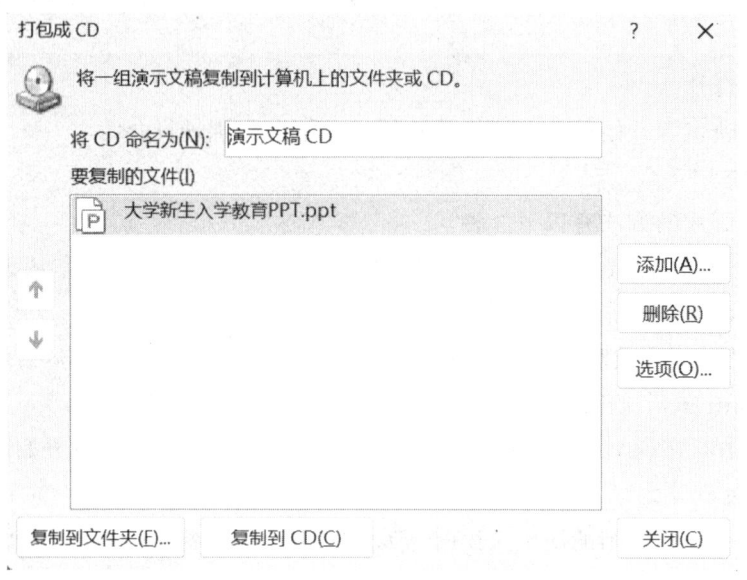

图 3-5-35 "打包成 CD"对话框

(2)发送演示文稿。

在 PowerPoint 2016 中,用户可以将演示文稿作为附件的形式发送给他人查阅。方法为选择"文件"菜单—"共享"命令,在打开的"共享"界面中选择"电子邮件"选项,然后在打开的列表中单击"作为附件发送"按钮,在打开的提示对话框中成功添加 Outlook 邮件后,便可进行邮件的编辑与发送操作。

通过邮件方式发送演示文稿时,有的演示文稿过大会导致传送慢或失败的情况,此时用户可利用压缩工具对演示文稿进行压缩,缩小文件后再发送。

任务一 地球报告

本任务要求对名为"地球报告"的演示文稿进行格式设置。新建一个空白的演示文稿,并将其以"地球报告"为名进行保存,并按下列要求完成对文稿的修饰:

(1)将第一张幻灯片版式设置为"标题幻灯片",主标题输入"地球报告",副标题输入"雨林在呻吟"。主标题设置为"加粗、红色、字号60"。

(2)插入第二张幻灯片,版式为"两栏内容"。标题输入"什么是雨林",左侧栏输入文字:"雨林是雨量甚多的生物区系。雨林依位置的不同分热带雨林和温带雨林。雨林大多数靠近赤道,在赤道经过的非洲、亚洲和南美洲都有大片的雨林。"右侧栏插入符合主题的图片。

(3)插入第三张幻灯片,版式为"标题和竖排文字"。标题输入"雨林的呻吟",竖排文字内容为:"位于非洲中部的刚果盆地,处在横跨赤道之上的非洲热带雨林的中心地带。

这里的气候常年潮湿，异常闷热，一小时降雨量就能达到 7 英寸，形成了一个几乎与世隔绝的高效率的生态系统。从 20 世纪 60 年代开始，现代文明扰乱了他们悠久的生活传统，伐戮森林的电锯不时传来刺耳的轰鸣……"

（4）插入第四张幻灯片，版式为"标题和内容"。标题为"雨林——高效率的生态系统"，内容区插入 5 行 2 列表格，表格样式为"浅色样式 3"，第一列的 5 行分别输入"位置""面积""植被""气候"和"降雨量"，第二列的 5 行分别输入"位于非洲中部的刚果盆地，是非洲热带雨林的中心地带""与墨西哥国土面积相当""覆盖着广阔、葱绿的原始森林""气候常年潮湿，异常闷热""一小时降雨量就能达到 7 英寸"。

（5）为整个演示文稿应用"丝状"主题，将全部幻灯片的切换方案设置为"覆盖"，效果选项为"自顶部"。放映方式为"在展台浏览"。

完成效果如图 3-5-36 所示：

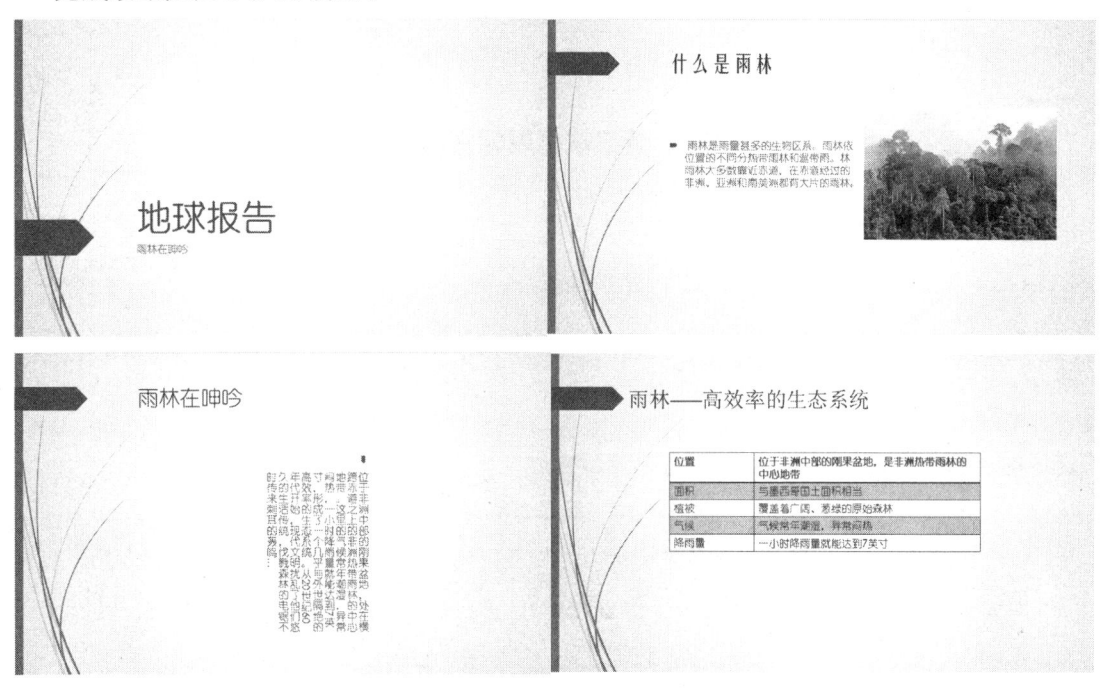

图 3-5-36　"地球报告"演示文稿

任务二　中国空间站

结合本项目所学知识制作一个演示文稿来介绍中国空间站。

首先打开演示文稿，在其中添加文本、形状、图片和图表等对象，并对这些对象进行设置和美化，然后为幻灯片添加切换动画。具体内容和设计可参照下列步骤自拟。

步骤 1：新建一个空白演示文稿，将其保存为"中国空间站"，在"设计"选项卡—"自定义"组中单击"幻灯片大小"按钮，在打开的下拉列表中选择"宽屏（16∶9）"选项。

步骤 2：在"视图"选项卡—"母版视图"组中单击"幻灯片母版"按钮，进入幻灯片母版视图，删除从第四张开始不需要的幻灯片版式。选择第 3 张幻灯片，在"插入"选项卡—"插图"组中单击"形状"按钮，在幻灯片中绘制大小不等的两个矩形形状，然后通过"绘图工具格式选项卡—"形状样式"组中将形状轮廓设置为"无轮廓"，形状颜色设置为"深红"。

步骤 3：按住"Ctrl"键的同时选择标题和文本占位符，向右拖动占位符左侧边框上的控制点缩小占位符的宽度。然后选择标题占位符，在"字体"组中的"字体"下拉列表中选择"华文琥珀"选项，如图 3-5-37 所示。

步骤 4：退出幻灯片母版视图，单击"设计"选项卡—"自定义"组中的"设置背景格式"按钮，打开"设置背景格式"窗格，单击选中"图片或纹理填充"单选项；然后单击"文件"按钮，设置透明度为 55%、偏移量均为 0%，如图 3-5-38 所示。

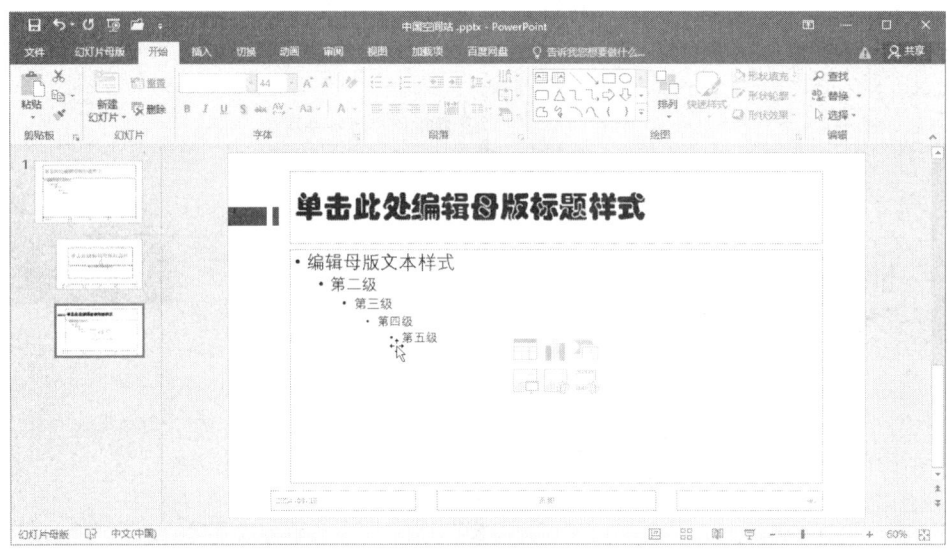

图 3-5-37　编辑母版幻灯片

图 3-5-38　设置背景后的效果

步骤 5：打开"插入图片"对话框，在其中选择"背景"选项，单击"插入"按钮。返回第 1 张幻灯片，在其中输入文本，并设置文本格式，效果如图 3-5-39 所示。

步骤 6：在"幻灯片"窗格的空白区域单击鼠标右键，在弹出的快捷菜单中选择"新建幻灯片"命令，在新建幻灯片中输入标题"目录"，然后单击占位符中的"图片"按钮，在打开的"插入图片"对话框中选择图片，单击"插入"按钮。

步骤 7：绘制直线和文本框，并输入和设置文本格式，效果如图 3-5-40 所示。

图 3-5-39　编辑第 1 张幻灯片

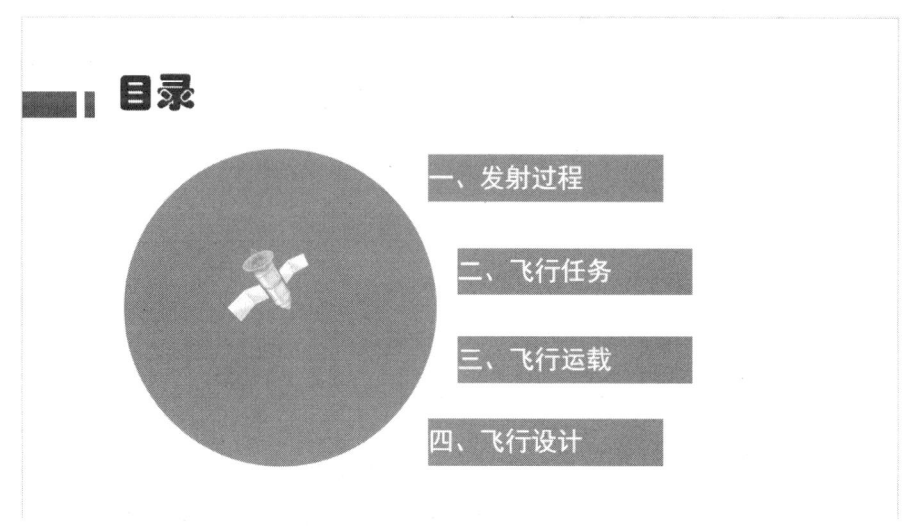

图 3-5-40　编辑第 2 张幻灯片

步骤 8：继续新建一张幻灯片，输入标题，单击占位符中的表格按钮，插入一个 8 行 2 列的表格。复制整理好的文字素材，将其转换成表格，切换至演示文稿窗口，选择"开始"选项卡"剪贴板"组"粘贴"按钮"使用目标样式"命令将其粘贴至幻灯片的表格中。设置字号"20 磅"，调整表格宽度和高度，使表格适应文字内容，移动表格至恰当位置，如图 3-5-41。

步骤9：继续添加一张幻灯片，输入标题"飞行任务"。单击占位符，参考图 3-5-42 录入与"飞行任务"有关的介绍文字；单击"段落"组中的"项目符号"按钮，为文字各段落添加➢的项目符号。

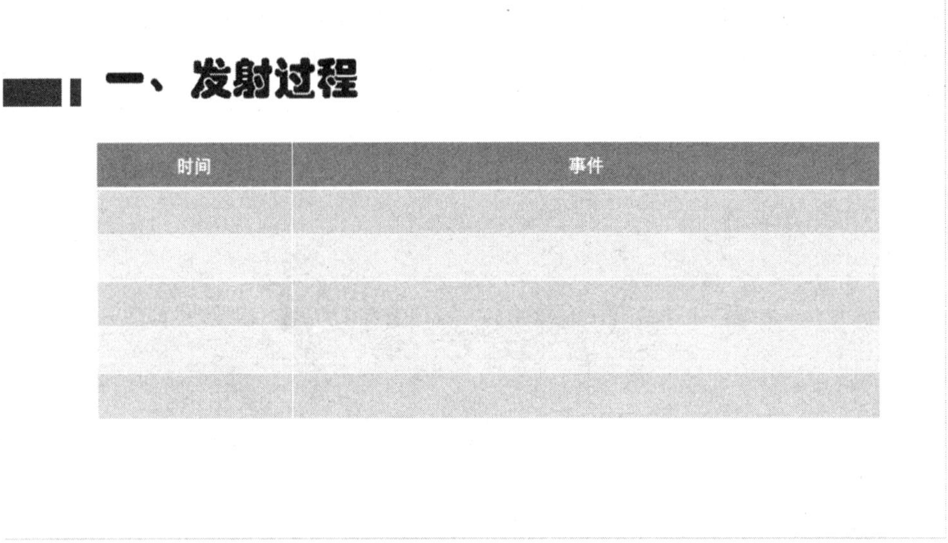

图 3-5-41　编辑第 3 张幻灯片

图 3-5-42　编辑第 4 张幻灯片

步骤10：继续添加一张幻灯片，输入标题"飞行运载"。单击占位符里的"插入 SmartArt 图形"按钮，在弹出的"选择 SmartArt 图形"对话框中选择"列表"命令中的"垂直曲形列表"命令。利用粘贴复制功能在"垂直曲形列表"流程图的圆形区域内粘贴航天员的图片信息，应用"图片工具"对插入的图片素材进行处理，如裁剪、删除背景等。在"文本"窗格中，依次输入图形中需要显示的航天员人物介绍内容，在"Smart 工具设计"选项卡—"创建图形"功能组中可以选择"升级"和"降级"命令来设置从属关系，选择"上移"和"下移"命令来设置前后顺序,参考结果如图 3-5-43 所示。

步骤 11:继续添加一张幻灯片,输入标题"飞行设计"。在占位符中添加文字和图片内容,选中标题"飞行设计",在"插入"选项卡—"链接"组中单击"链接"按钮,打开"插入超链接"对话框,按图 3-5-44 的内容进行设置,然后单击"确定"按钮。

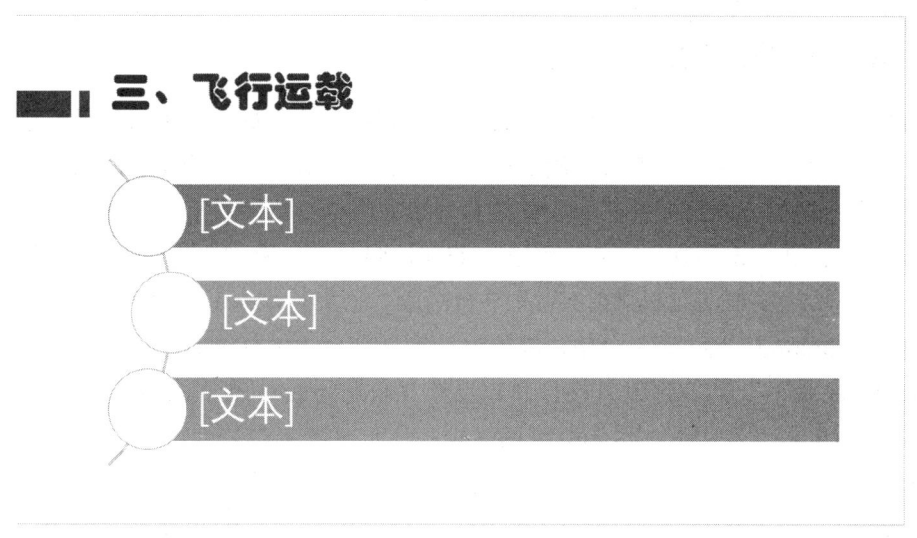

图 3-5-43 编辑第 5 张幻灯片

图 3-5-44 编辑第 6 张幻灯片

步骤 12:给制作的幻灯片添加合适的幻灯片切换效果,给文字和图片内容添加适当的动画效果,完成演示文稿制作。

项目六　WPS Office

一、WPS Office 简介

WPS Office 是由北京金山办公软件股份有限公司自主研发的一款办公软件套装，可以实现办公软件中最常用的文字、表格、演示等多种功能，具有内存占用少、运行速度快、体积小巧、可多平台运行，以及提供"云"存储和海量在线模板等特点。

WPS Office 是一款开放、高效、安全、兼容性强，并具有中文本地化优势的办公软件，除了 Windows 平台，还推出 Mac 和 Linux 平台的版本，结合 WPS 移动客户端，使 Windows、Mac、Linux、Android、iOS 等平台用户都能够顺利地使用 WPS Office。WPS Office 全面兼容 Microsoft Office 格式，用户可以直接打开和保存 Word、Excel 和 PowerPoint 文件，也可以用 Microsoft Office 轻松编辑 WPS Office 的文档。

WPS Office 的一个明显特点是将文字、表格和演示三大组件集成到一个界面中，使用户操作更加便捷，其中 WPS 文字对应 Word，WPS 表格对应 Excel，WPS 演示对应 PowerPoint。此外，WPS Office 还新增了流程图、思维导图和内置 PDF 浏览器等功能。下面对 WPS Office 的文字、表格和演示三大组件进行简单介绍。

1. WPS 文字

WPS 文字是 WPS Office 中的文字处理工具，类似于 Word。WPS 文字提供了丰富的功能，包括文字编辑、格式设置、图表插入、图片处理、拼写检查、文档模板等。它具有用户界面友好、操作简单、功能强大的特点，并且兼容多种文件格式，如 doc、docx、txt 等，使用户能够方便地进行文档的创建、编辑和分享。WPS 文字也可跨平台使用，支持在 Windows、Mac、Linux、iOS 和 Android 等多种操作系统上进行文档处理。

2. WPS 表格

WPS 表格是一款电子表格处理工具，类似于 Excel。它提供了丰富的功能，使用户能够创建、编辑、管理和分析数据表格。WPS 表格具有数学函数、图表制作、数据透视表、公式计算、数据筛选与排序、条件格式设置等丰富功能，同时还支持多种文件格式的导入和导出，如 xls、xlsx 等，方便用户与其他办公软件进行兼容性交互。用户界面友好、操作简单，并且支持跨平台使用，可在 Windows、Mac、Linux、iOS 和 Android 等操作系统上进行电子表格处理。

3. WPS 演示

WPS 演示是一款演示文稿制作软件，类似于微软的 PowerPoint。它为用户提供了丰富的功能和工具，用于创建、编辑和展示演示文稿。WPS 演示具有直观的用户界面和易于使用的功能，使用户能够轻松制作专业水平的演示文稿。同时 WPS 演示的用户界面简洁明了，功能强大且易于上手，使用户能够创建出精美的演示文稿，适用于商务演示、教育用途、培训课程等多种场景。

总的来说，WPS Office 是一款功能强大的办公套件，适用于个人用户、学生和企业用户，提供了广泛的办公功能和灵活的许可选择。由于其跨平台性和兼容性，它在全球范围内被广泛使用。本项目以 WPS Office 2019 为例介绍 WPS Office 的基本操作，不过 WPS Office 的功能和特点可能会因版本和许可类型的不同而有所差异。因此，在实际应用中应根据自身需求和环境进行相应的推广和应用。

二、WPS Office 基本操作

1. WPS 文字（文字处理工具）

（1）新建文档。

新建 WPS 文档前首先需要启动 WPS 2019 程序，用鼠标双击桌面上的"WPS 2019"程序图标即可启动 WPS 2019 程序，也可以在"开始"菜单中选择"所有程序"命令—"WPS Office"/"WPS 2019"子命令来启动。软件启动完成后，在主界面中单击"新建"按钮进入"新建"页面，选择蓝色的"文字"图标，然后点击新建文档，如图 3-6-1 所示。同样，也可以点击标签栏的加号按钮，然后选择"新建空白文字"，也可以新建文档，如图 3-6-2 所示。

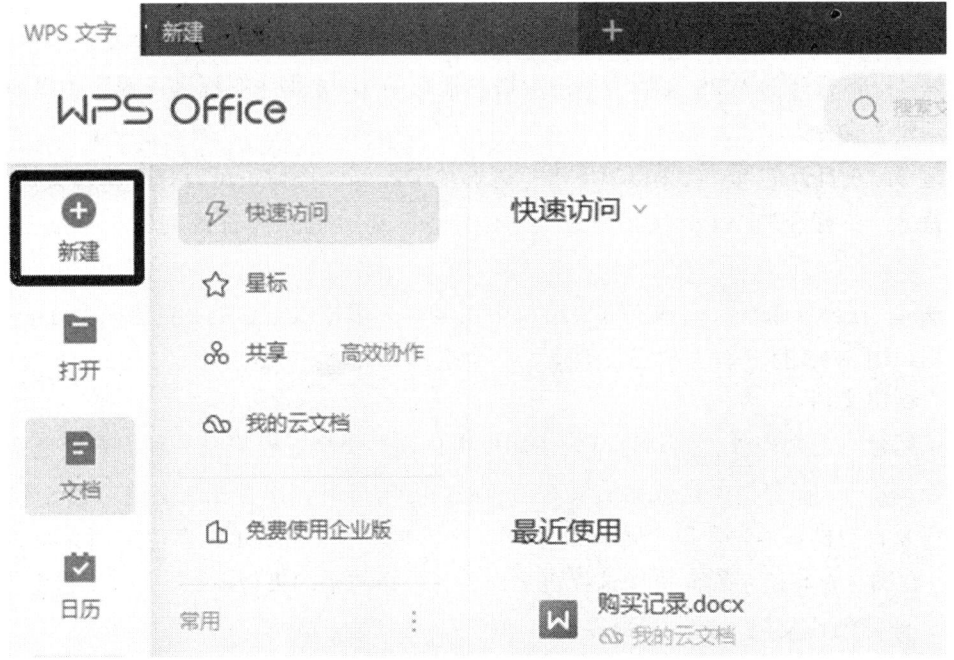

图 3-6-1 单击"新建"按钮

图 3-6-2 单击 "+"

除了用上述方法新建空白的 WPS 文档外，还可以通过下面的方法创建文档。

方法 1：在打开的 WPS 文档中单击窗口左上角的 WPS 程序图标进入程序主界面，然后选择"新建"命令。

方法 2：在打开的 WPS 文档中单击标题选项卡右侧的按钮，可以打开新建文档界面。

方法 3：在打开的 WPS 文档中按下"Ctrl+N"组合键，可直接创建一个空白的 WPS 文档。

方法 4：在操作系统桌面或文件夹窗口中用鼠标右键单击空白处，新建一个 docx 格式的空白文档，用 WPS 打开时也相当于创建了一个空白的 WPS 文档。

（2）创建文档。

除了新建空白文档外，用户也可以使用模板创建新文档。模板是一种拥有固定格式和内容的文档，用户只需要根据模板提示填入相应的内容即可制作出专业的文档。WPS 模板分为免费模板和收费模板两种。以免费模板为例，打开如图 3-6-3 所示的新建文档界面，即可查看模板，在图 3-6-4 所示界面可以选择更多模板，选择需要的模板下载，如"工作汇报"（图 3-6-5），即可创建文档，进入编辑界面，如图 3-6-6 所示。

图 3-6-3 查看模板

图 3-6-4 选择更多模板

图 3-6-5　下载模板

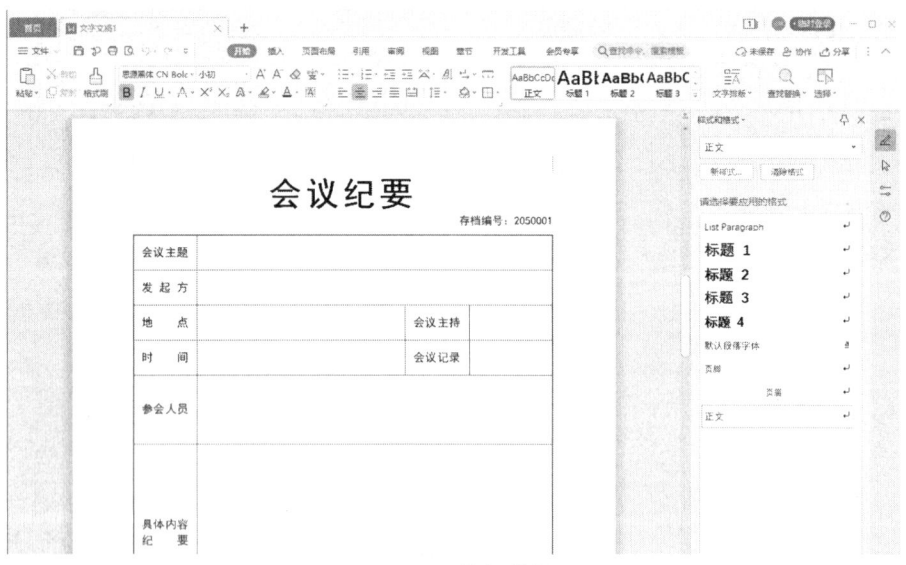

图 3-6-6　编辑模板

（3）文档保存和导出。

对于新建的文档，需要进行保存操作后才能将其以文件的形式存储在计算机中，以便日后使用或继续编辑。要保存文档，只需单击窗口左上方快捷工具栏中的"保存"按钮，如图 3-6-7 所示。对已有文档再次进行保存时，不会弹出"另存为"对话框，而是直接覆盖原文档。如果需要将文档进行另存，可以右键选择要保存文档的标签栏，在弹出的"另存为"对话框中设置保存路径、文件名和文件类型，然后单击"保存"按钮即可，如图 3-6-8 所示。也可单击左上角的"文件"菜单，然后在打开的菜单中选择"另存为"命令即可，如图 3-6-9 所示。

在文档编辑过程中，我们需要随时对文档进行保存或依赖 WPS Office 提供的自动保存或"云"备份功能，以防止因断电、死机或系统异常等情况而造成信息丢失。

WPS 文字保存文档支持多种格式，如 wps、docx，甚至还可以将文档导出为 pdf 格式，方便共享和打印。

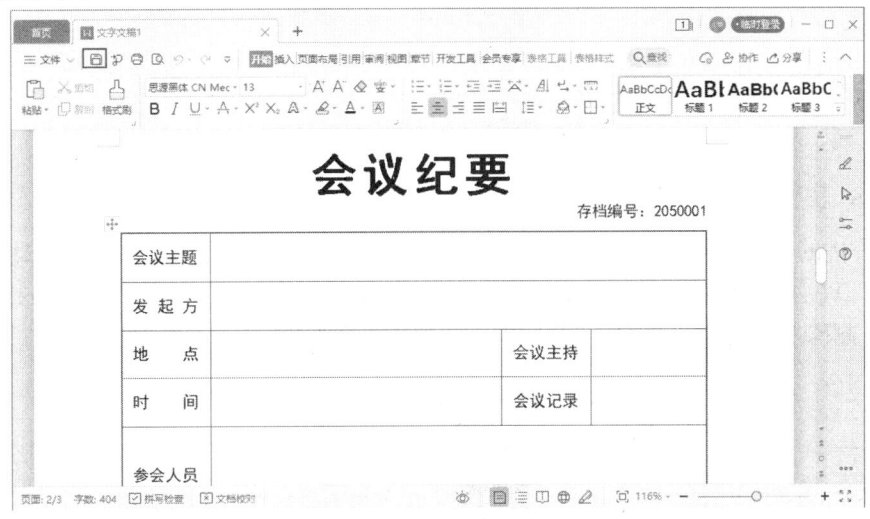

图 3-6-7　文档保存

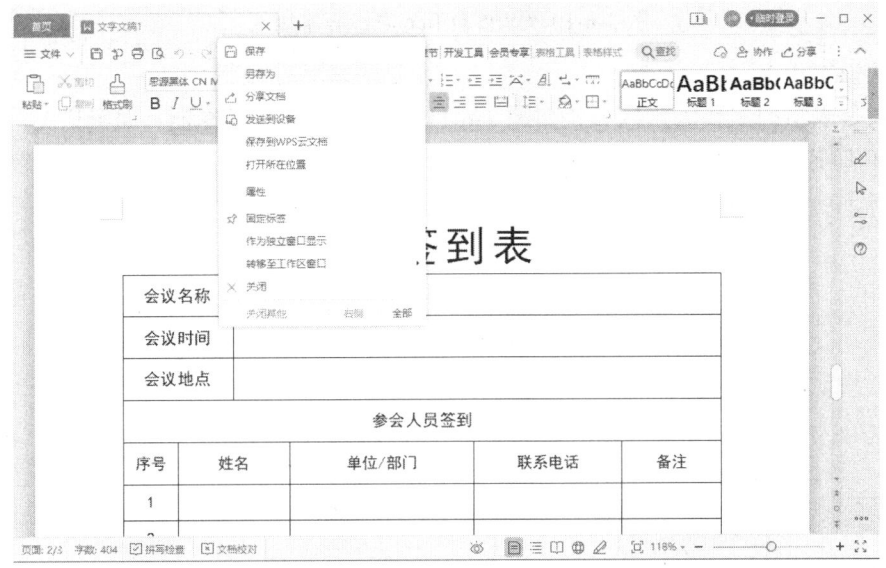

图 3-6-8　文档另存为

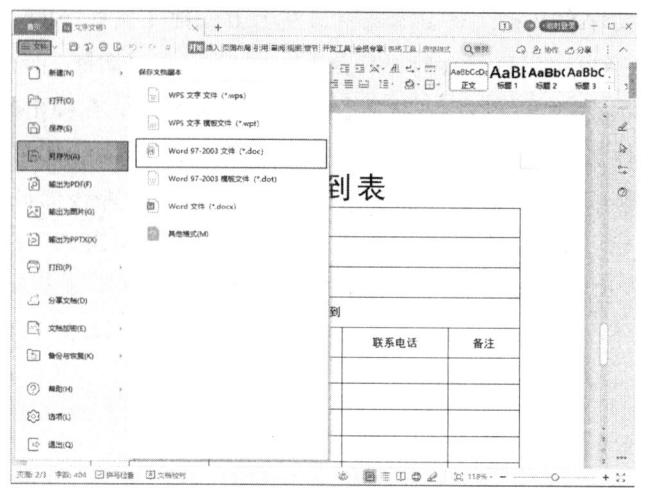

图 3-6-9　选择文档菜单-文档另存为

2. WPS 表格基础操作

WPS 表格的工作表是由多个单元格组合而成的一个平面整体，是一个平面二维表格。一个工作簿可以包含多张工作表。默认情况下，工作簿中只有一张工作表，用户可以根据需要进行添加、删除、移动或者重命名等操作，三者的关系如图 3-6-10 所示。

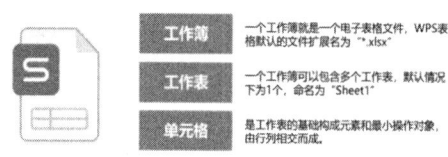

图 3-6-10　WPS Office 表格基本组成

（1）认识工作表。

工作表是表格的主要编辑区域，如图 3-6-11 所示，主要由名称框、编辑栏、单元格、行号、列号和工作表标签组成。

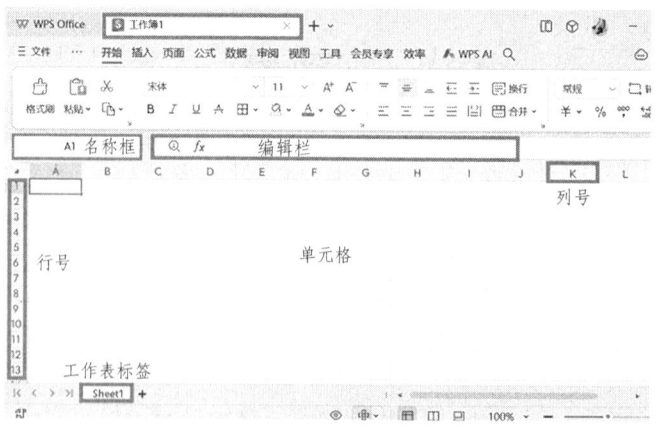

图 3-6-11　工作表主要编辑区域

列号和行号：列号和行号的组合即为单元格编号，列号在前，行号在后，如"A2"单元格、"C3"单元格等。对于矩形单元格区域，则以"左上角单元格：右下角单元"的形式表示，如"B2:E5"表示从 B2 到 E5 的单元格区域。

名称框：名称框用于显示当前单元格名称。例如，选中 A 列第 1 行单元格，即可在名称框中显示为"A1"单元格。

编辑栏：编辑栏位于名称框后方，用户可以在编辑栏中输入和修改单元格数据，以及编辑公式和函数等。

单元格：单元格是表格中的最小单位，用于存放和显示数据，每个单元格中只能存放一组数据。

工作表标签：一个工作簿可以包含多张工作表，默认情况下，新建的工作簿中只有 1 张工作表，被命名为"Sheet1"，用户可以根据需要添加工作表或重命名工作表。

（2）工作表的操作。

默认情况下，一个工作簿中仅有 1 张工作表，这通常并不能满足用户的使用需求，往往需要插入更多的工作表。在表格中插入工作表的方法主要有以下几种：

方法 1：单击工作表标签栏右侧的"新建工作表"按钮。

方法 2：按下"Shift+F11"组合键。

方法 3：在"开始"选项卡中单击"工作表"按钮，在弹出的下拉列表中选择"插入工作表"命令，在打开的"插入工作表"对话框中单击"确定"按钮。

方法 4：用鼠标右键单击某一工作表标签，在弹出的快捷菜单中选择"插入"命令，然后在打开的"插入工作表"对话框中设置要插入的工作表数量，单击"确定"按钮。

在编辑工作簿时，如果工作簿中存在多余的工作表，可以将其删除。删除工作表的方法主要有以下两种。

方法 1：用鼠标右键单击需要删除的工作表标签，在弹出的快捷菜单中选择"删除工作表"命令。

方法 2：选中需要删除的工作表，在"开始"选项卡中单击"工作表"按钮，然后在弹出的下拉列表中选择"删除工作表"命令。

（3）重命名工作表。

默认情况下，工作表以 Sheet1、Sheet2、Sheet3 等依次命名，在实际应用中，为了区分工作表，可以根据表格名称、创建日期、表格编号等对工作表进行重命名。重命名工作表的方法主要有以下两种：

方法 1：双击需要重命名的工作表标签，此时工作表标签呈可编辑状态，直接输入新的工作表名称即可，如图 3-6-12 所示。

方法 2：用鼠标右键单击工作表标签，在弹出的快捷菜单中选择"重命名"命令，此时工作表标签呈可编辑状态，直接输入新的工作表名称即可，如图 3-6-13 所示。

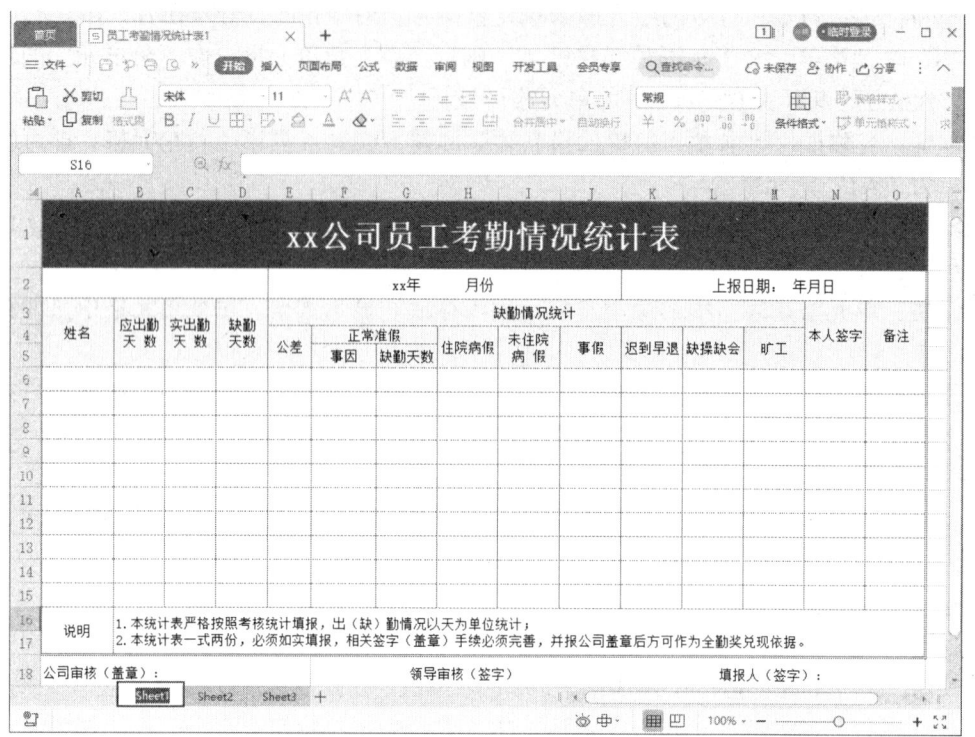

图 3-6-12 工作表直接命名

图 3-6-13 工作表"重命名"

（4）移动与复制工作表。

工作表可以根据需要进行移动和复制操作，移动和复制工作表均可跨文档操作。

移动工作表：将光标指向要移动的工作表标签，将工作表标签拖动到目标位置后释放鼠标左键即可，如图 3-6-14 所示。

复制工作表:将鼠标指针指向要复制的工作表标签,按住"Ctrl"键的同时拖动工作表标签,至目标位置后释放鼠标左键即可,如图 3-6-15 所示。

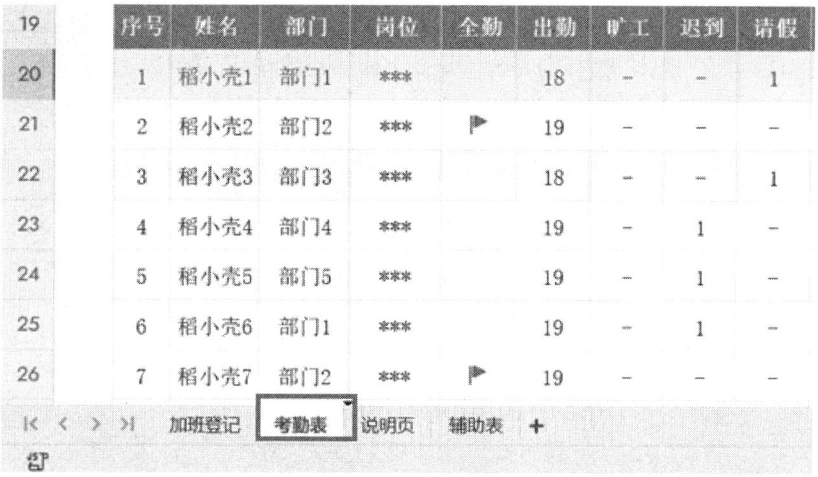

图 3-6-14　移动工作表

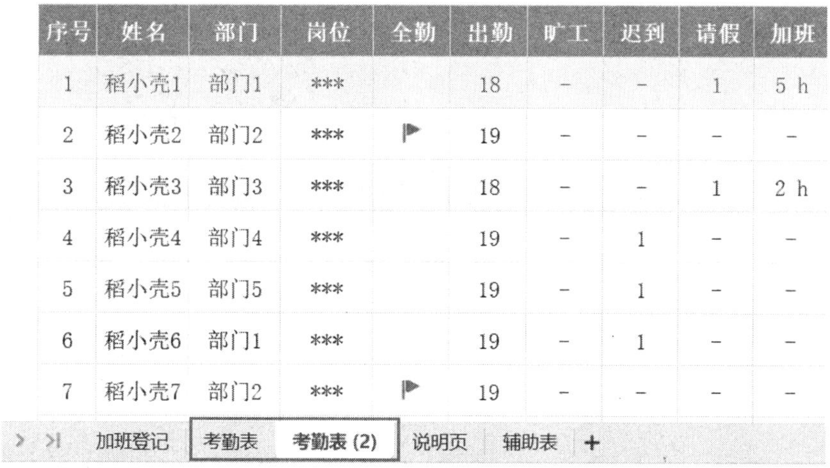

图 3-6-15　复制工作表

（5）单元格的基本操作。

单元格是表格的基本元素,单元格的基本操作包括选择单元格、设置行高和列宽、添加和删除单元格以及拆分和合并单元格等。

① 选择单元格。

在单元格中输入数据前,通常需要先选择单元格或单元格区域。选择单元格的方法有很多种,下面分别进行介绍。

选择单个单元格:单击需要选择的单元格即可,选中单元格后,按下键盘上的方向键,可以选择相邻区域的单元格,如图 3-6-16 所示。

选择连续的多个单元格:选中需要选择的单元格区域左上角的单元格,然后按下鼠标左键,拖到需要选择的单元格区域右下角的单元格后松开鼠标左键即可,如图 3-6-17 所示。

选择不连续的多个单元格：按下"Ctrl"键，然后使用鼠标分别单击需要选择的单元格即可，如图 3-6-18 所示。

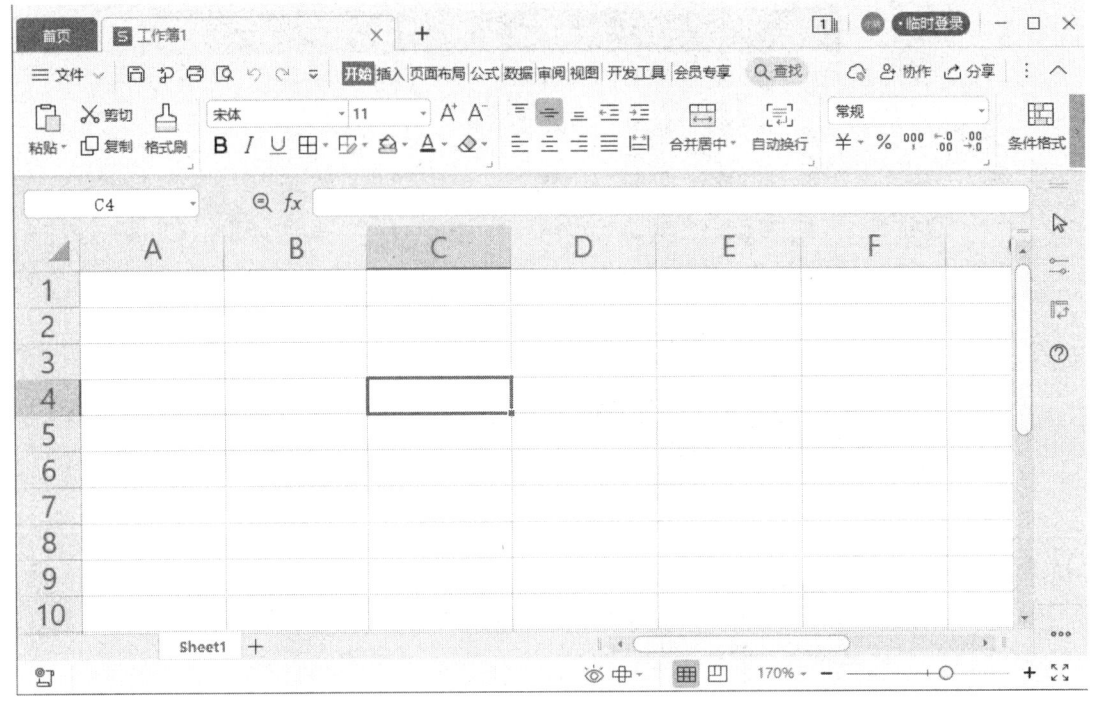

图 3-6-16　选择单个

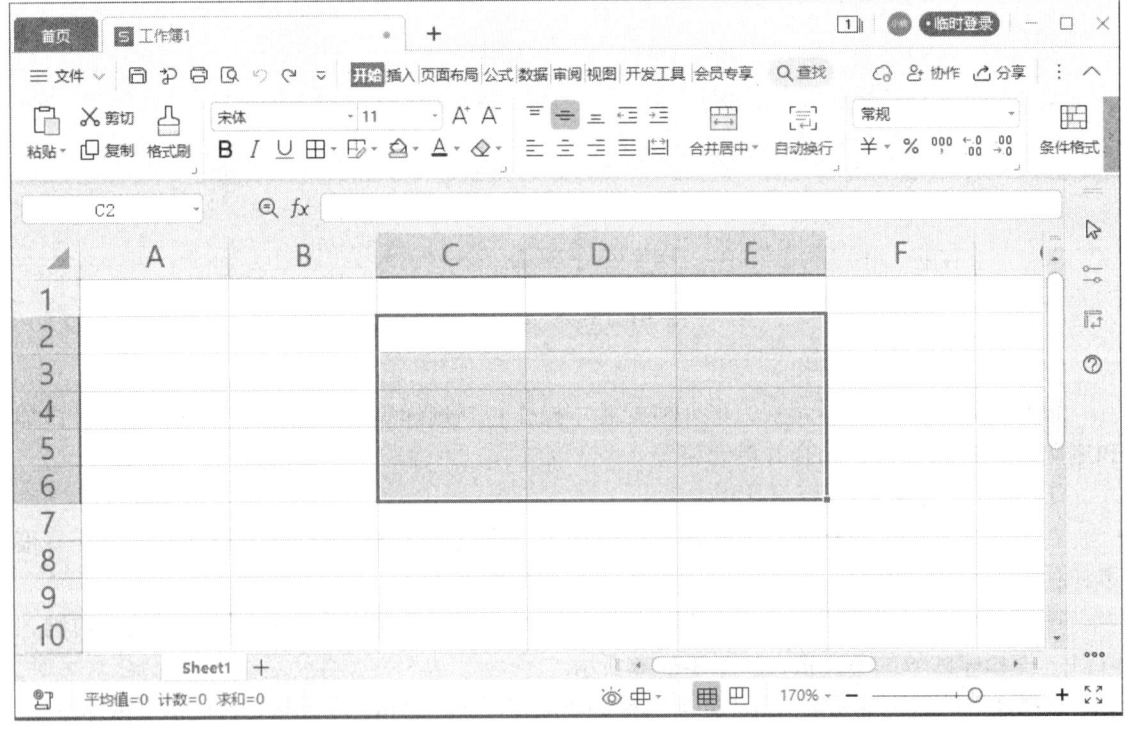

图 3-6-17　选择连续多个

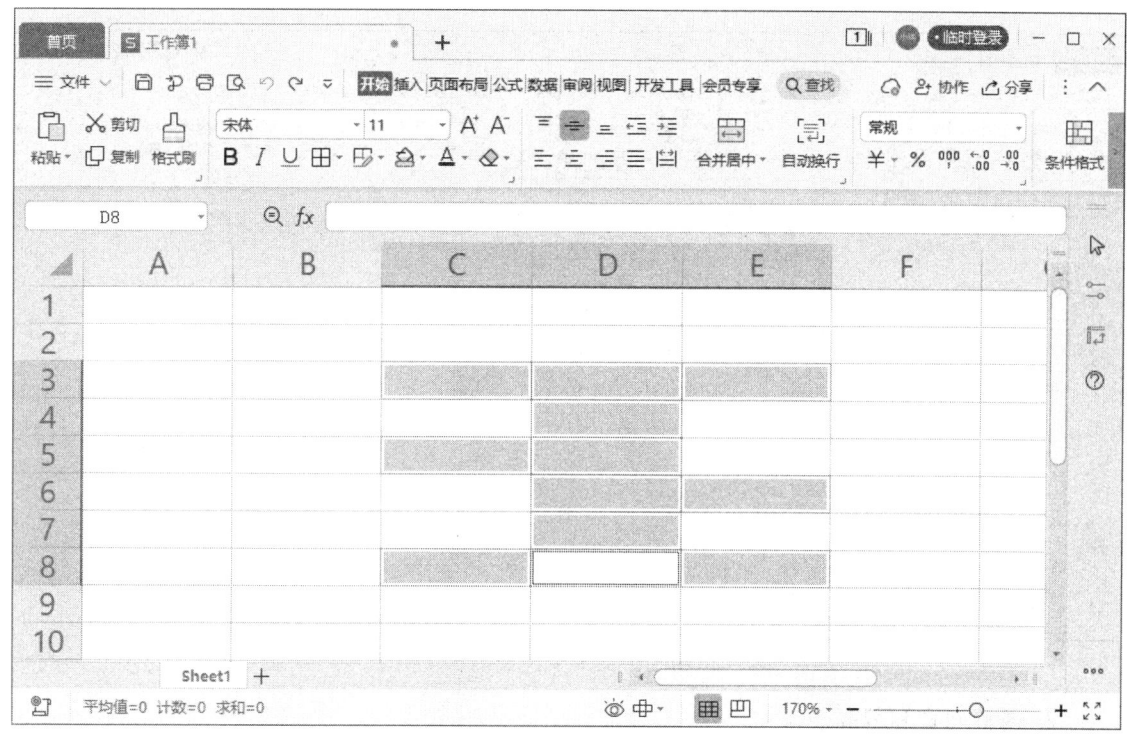

图 3-6-18 选择不连续多个

选择整行（列）：使用鼠标单击需要选择的行（列）序号即可，如图 3-6-19 所示。

选择多个连续的行（列）：按住鼠标左键，在行（列）序号上拖动，选择完后松开鼠标左键即可，如图 3-6-20 所示。

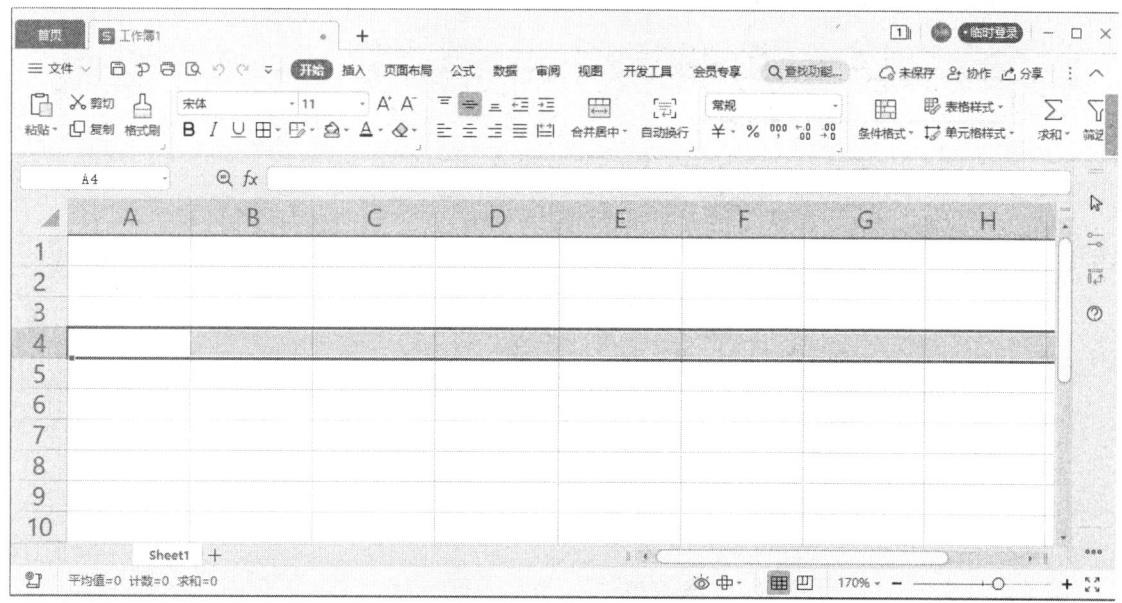

图 3-6-19 选择整行（列）

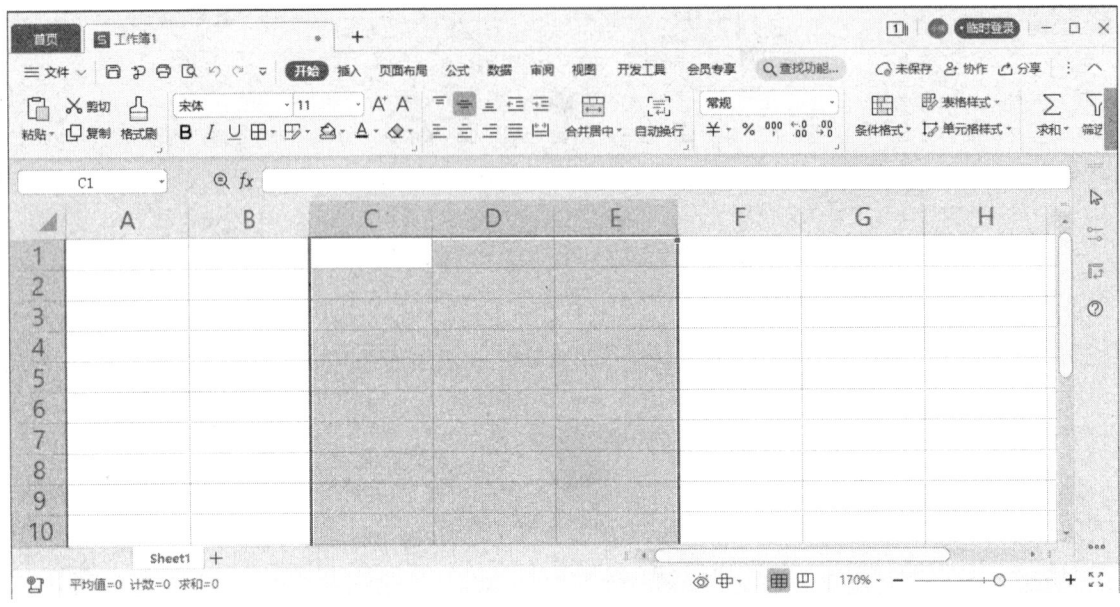

图 3-6-20 选择多个连续的行（列）

② 调整列宽和行高。

默认情况下，列宽与行高都是固定的，当单元格中的内容较多时，可能无法将其全部显示出来，这时就需要调整单元格的列宽或行高。

方法 1：拖动调整列宽和行高。将光标移至列号或行号的间隔线处，当鼠标指针变为如图 3-6-21 和图 3-6-22 所示形状时，按下鼠标左键并拖动，当调整到合适的列宽或行高时，松开鼠标左键即可完成列宽或行高的设置。

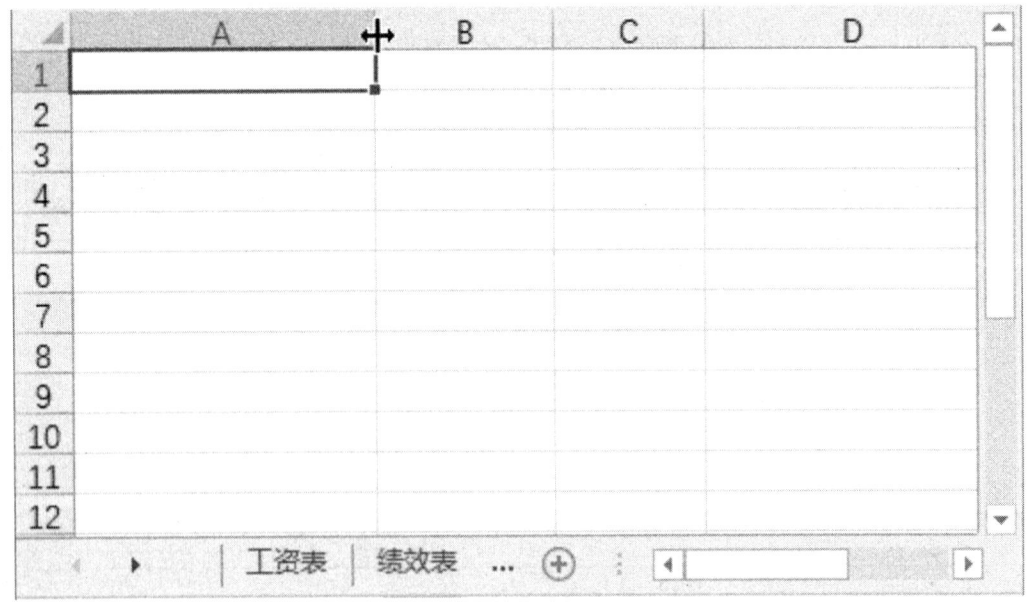

图 3-6-21 列宽调整

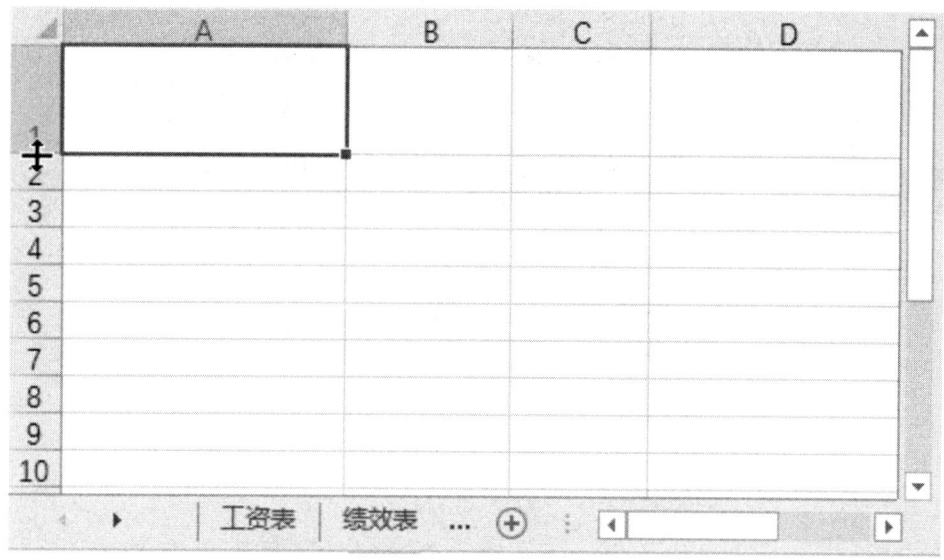

图 3-6-22　行高调整

方法 2：精确设置列宽和行高。用鼠标右键单击要调整列宽（行高）的列号（行号），如图 3-6-23 所示，在弹出的快捷菜单中选择"列宽（行高）"命令，在弹出的"行高（列宽）"对话框中输入精确的行高（列宽）值，单击"确定"按钮即可；或选定行或列之后，如图 3-6-24 所示，单击"开始"选项卡中的"行和列"下拉按钮，在弹出的下拉列表中选择"行高"或"列宽"命令，在弹出的"行高（列宽）"对话框中输入行高（列宽）值，然后单击"确定"按钮即可。

图 3-6-23　鼠标右键单击调整列宽（行高）

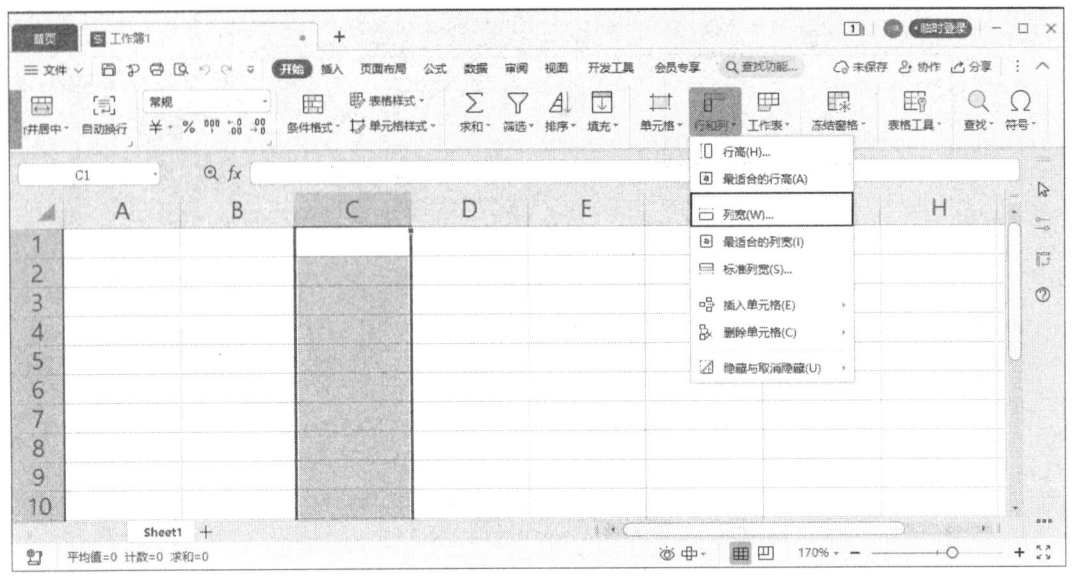

图 3-6-24 选项卡中调整列宽（行高）

③ 插入行或列。

一个工作表创建之后并不是固定不变的，用户可以根据实际情况重新设置工作表的结构。例如根据实际情况插入行或列，以满足使用需求。插入行或列的方法有以下两种：

方法1：通过在行列号上右键菜单插入。在WPS表格中，用鼠标右键单击要插入行所在行号，在弹出的快捷菜单中选择"插入"命令即可。插入完成后将在选中行上方插入一整行空白单元格；同理，用鼠标右键单击某个列号，在弹出的快捷菜单中选择"插入"命令，可以在所选列左侧插入一整列空白单元格，如图3-6-25和图3-6-26所示。

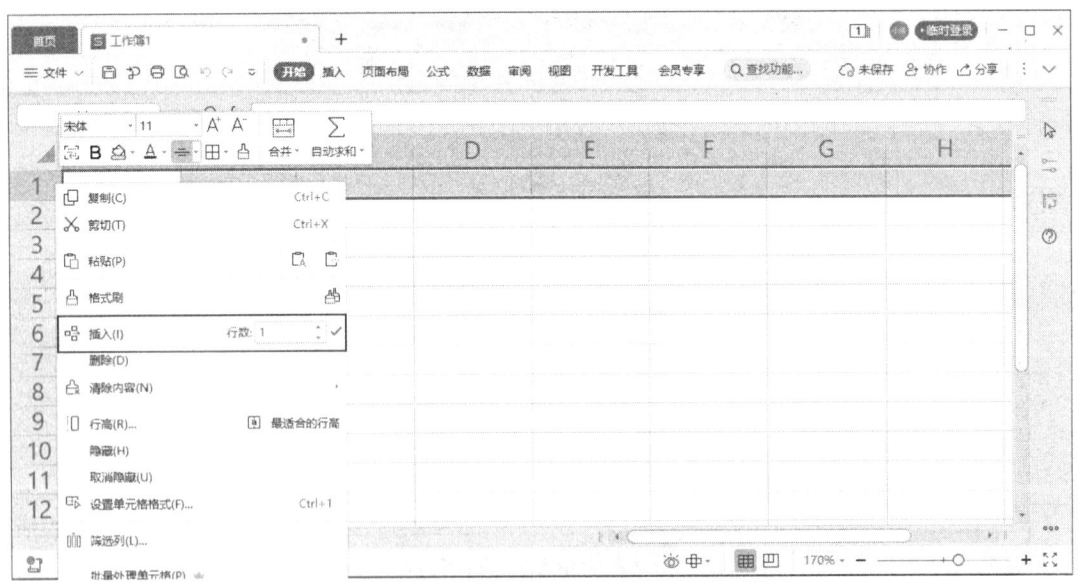

图 3-6-25 插入行

图 3-6-26 插入列

方法 2：通过对话框插入。在要插入的行或列的相邻单元格上单击鼠标右键，在弹出的快捷菜单中选择"插入"命令，打开"插入"对话框，选择要插入的项目，然后单击"确定"按钮即可，如图 3-6-27 所示。

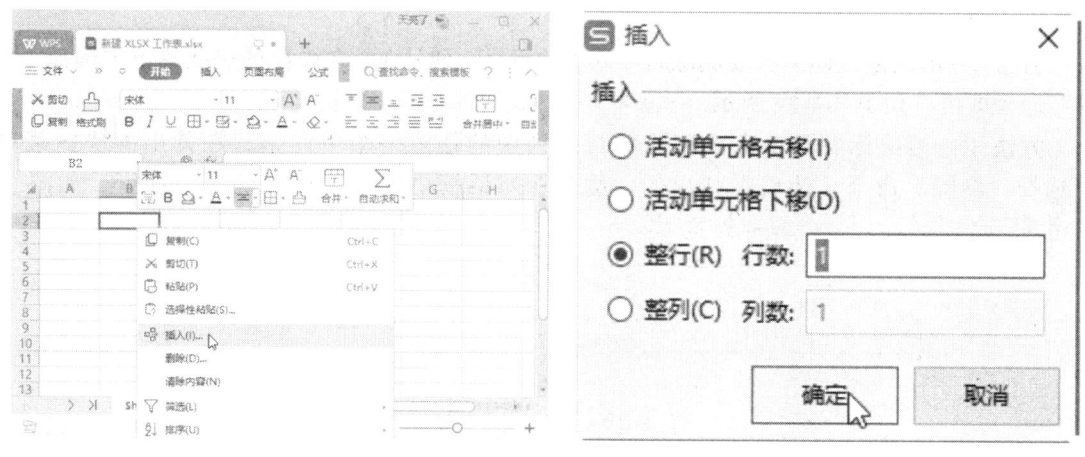

图 3-6-27 对话框插入

④ 合并单元格。

合并单元格是将两个或多个单元格合并为一个单元格，选中要合并的单元格区域，单击"开始"选项卡中的"合并居中"按钮即可，如图 3-6-28 所示。合并单元格后，单元格中的数据将居中显示。

如果要取消单元格的合并，可以单击"合并居中"下拉按钮，在弹出的下拉列表中选择"取消合并单元格"命令即可。

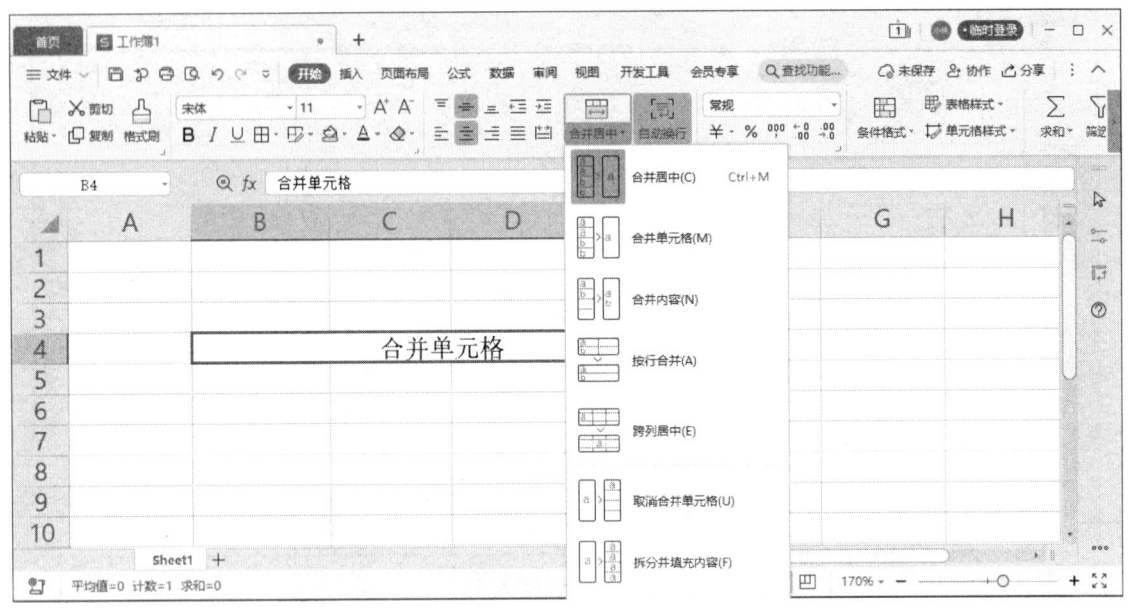

图 3-6-28　合并单元格

⑤ 删除行和列。

在表格中除了可以插入行或列，还可以根据实际需要删除行或列。删除行或列的方法主要有以下两种：

方法 1：用鼠标右键单击要删除行（列）的行号（列号），在弹出的快捷菜单中选择"删除"命令即可，如图 3-6-29 所示。

方法 2：用鼠标右键单击要删除的行或列中的任意一个单元格，在弹出的快捷菜单中选择"删除"命令，然后在弹出的"删除"对话框中选择要删除的对象即可，如图 3-6-30 所示。

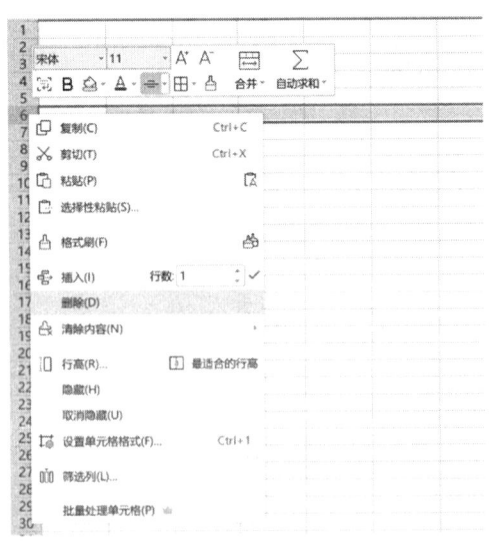
图 3-6-29　右键单击删除行（列）

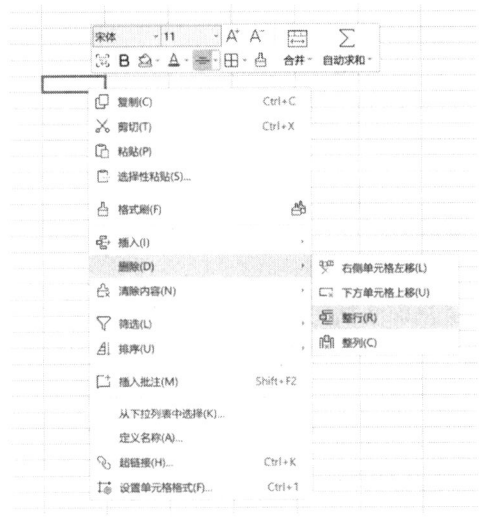
图 3-6-30　选择删除整行（列）

⑥ 保存和导出。

对于新建的表格，需要进行保存操作后才能将其以文件的形式存储在计算机中，以便日后使用或继续编辑。要保存表格，只需单击窗口左上方快捷工具栏中的"保存"按钮，如图 3-6-31 所示；对已有表格再次进行保存时，不会弹出"另存为"对话框，而是直接覆盖原表格。如果需要将表格进行另存，可以右键选择要保存的表格的标签栏，在弹出的"另存为"对话框中设置保存路径、文件名和文件类型，然后单击"保存"按钮即可，如图 3-6-32 所示。也可单击左上角的"文件"菜单，然后在打开的菜单中选择"另存为"命令即可，如图 3-6-33 所示。

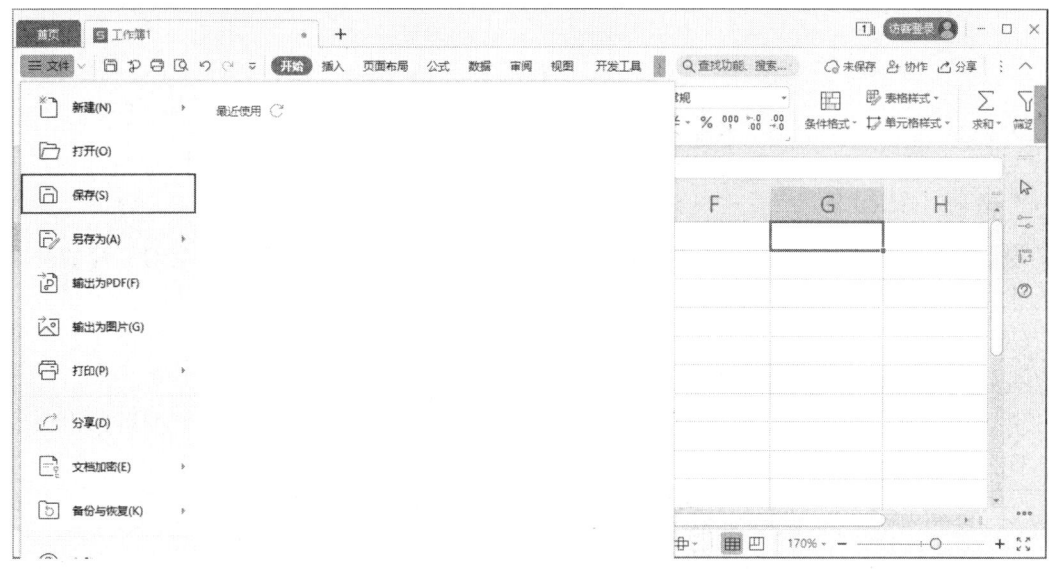

图 3-6-31　表格保存

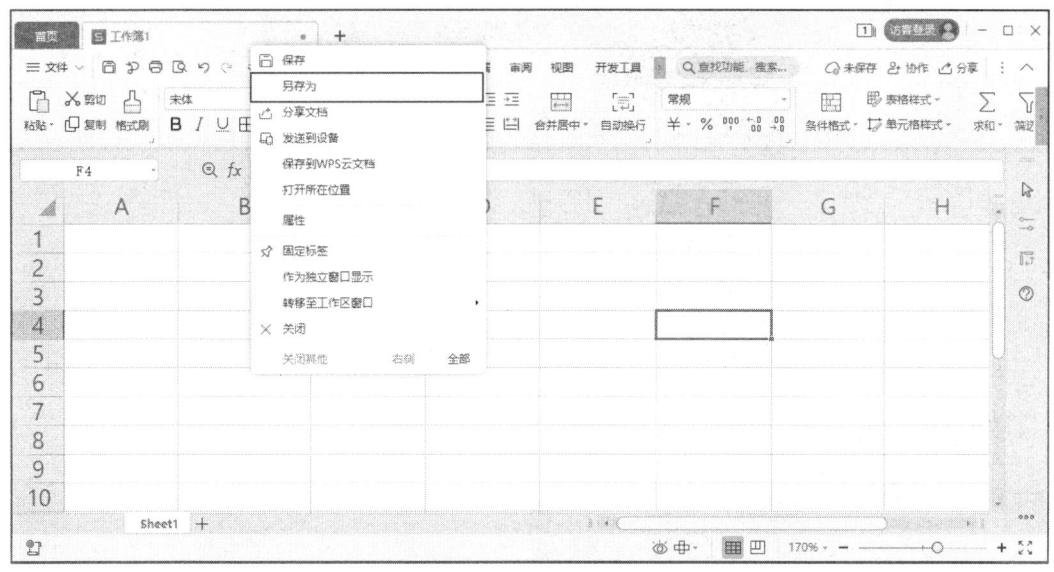

图 3-6-32　表格另存为

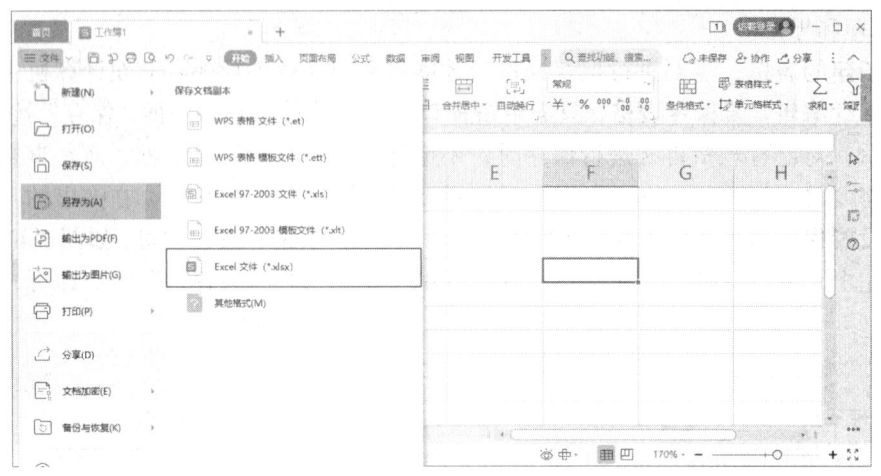

图 3-6-33 选择文件菜单-表格另存为

3. WPS Office 演示

演示文稿通常是由多张幻灯片组成的，因此对 WPS 演示的讲解以介绍幻灯片的基本操作为主，如幻灯片的选择、添加、复制和移动等。

（1）选择单张幻灯片。

选择单张幻灯片的方法有以下两种：

方法 1：在左侧的导航窗格中单击某张幻灯片的缩略图（图 3-6-34），即可选中该幻灯片，同时会在幻灯片编辑区中显示该幻灯片。

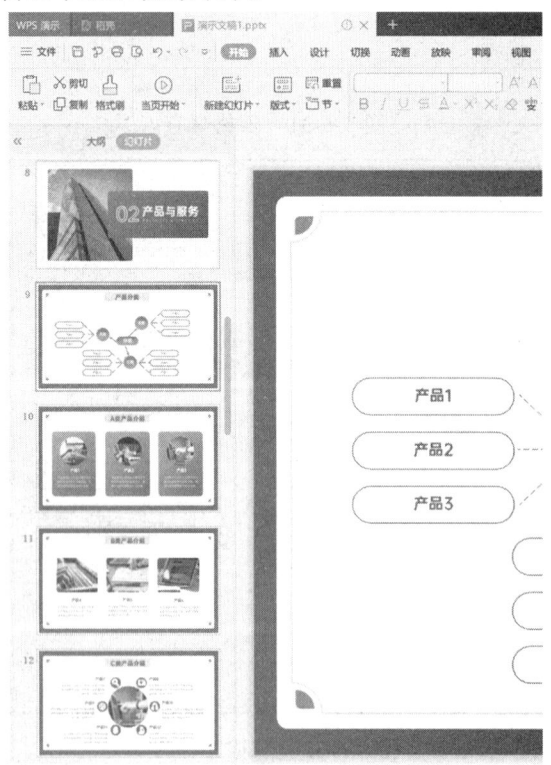

图 3-6-34 缩略图

方法 2：将鼠标指向幻灯片编辑区，滚动鼠标滚轮，即可在幻灯片之间切换，如图 3-6-35 所示。

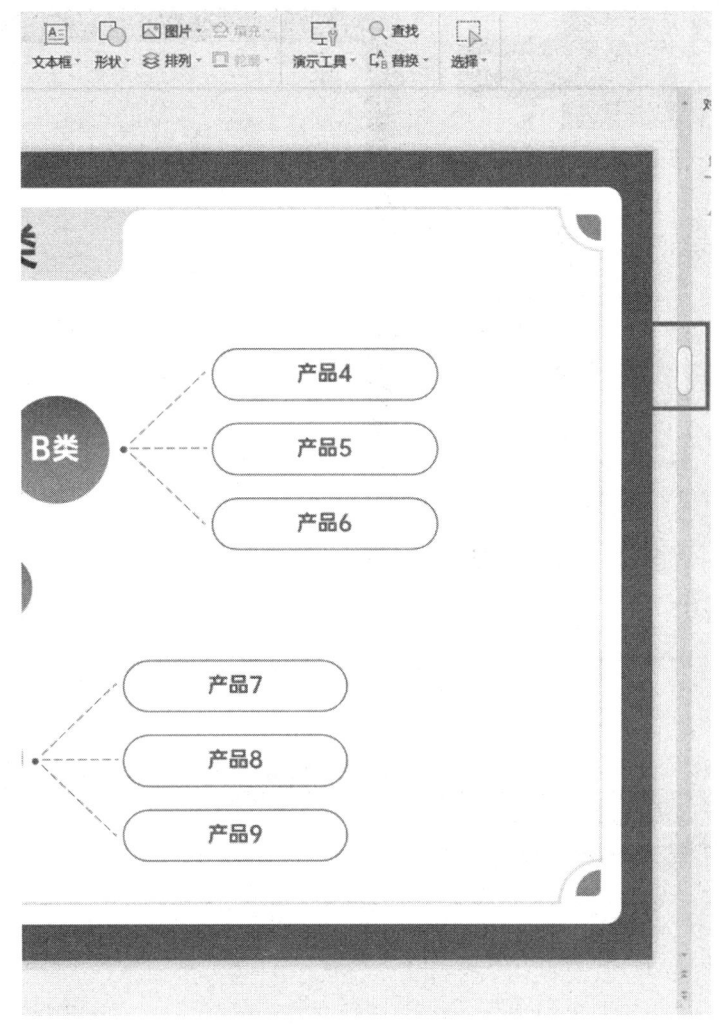

图 3-6-35　鼠标滚轮

（2）选择多张幻灯片。

选择多张幻灯片时，可选择多张连续的幻灯片，也可以选择多张不连续的幻灯片，操作方法如下：

选择多张连续的幻灯片：在导航窗格中，选中第一张幻灯片后按住"Shift"键不放，同时单击要选择的最后一张幻灯片，即可选中第一张和最后一张之间的所有幻灯片。

选择多张不连续的幻灯片：在导航窗格中，选中第一张幻灯片后按住"Ctrl"键不放，然后依次单击其他需要选择的幻灯片即可。

（3）选择全部幻灯片。

在导航窗格中按下"Ctrl+A"组合键，即可选中当前演示文稿中的全部幻灯片，如图 3-6-36 所示。

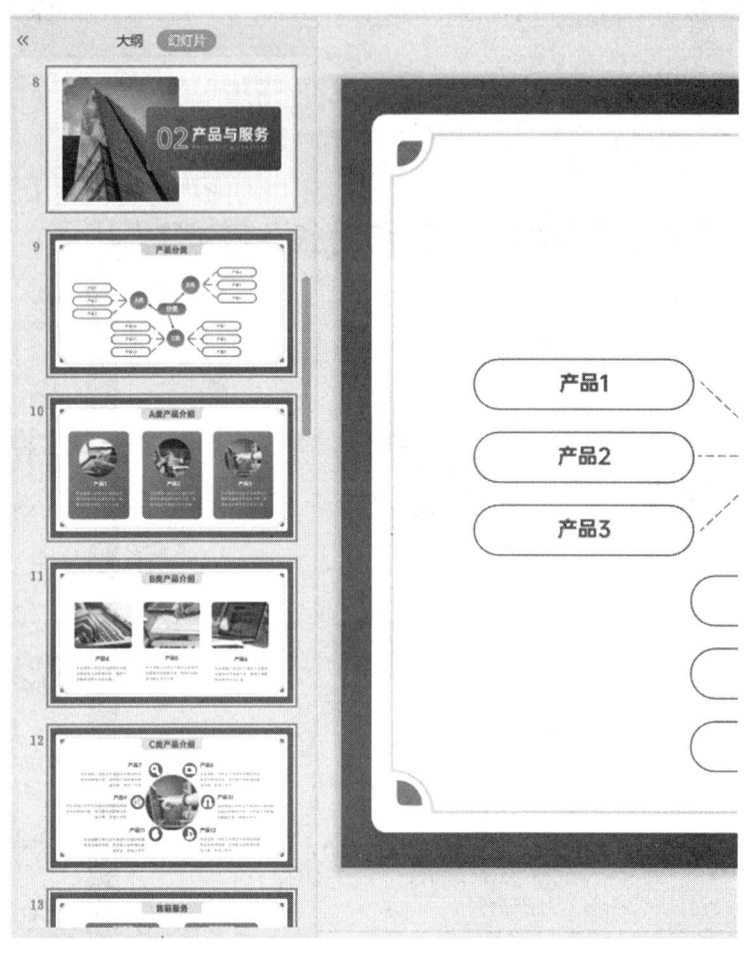

图 3-6-36　"Ctrl+A"组合键选择全部幻灯片

（4）新建与删除幻灯片。

默认情况下，在新建的空白演示文稿中只有一张幻灯片，而一篇演示文稿通常需要使用多张幻灯片来表达需要演示的内容，这时就需要在演示文稿中添加新的幻灯片。而在编辑演示文稿时，若发现有多余的幻灯片，可将其删除。在 WPS 演示中插入幻灯片的方法主要有以下几种：

方法 1：通过快捷菜单。在导航窗格中使用鼠标右键单击某张幻灯片，在弹出的快捷菜单中选择"新建幻灯片"命令，即可在当前幻灯片下方添加一张同样版式的空白幻灯片，如图 3-6-37 所示。

方法 2：通过快捷按钮。在导航窗格中使用鼠标指向某张幻灯片，该幻灯片下方会出现"新建幻灯片"加号按钮，单击该按钮，即可在当前幻灯片下方添加一张同样版式的空白幻灯片，如图 3-6-38 所示。

方法 3：通过快捷键。在导航窗格的中选择某张幻灯片后按下回车键，可快速在该幻灯片的后面添加一张同样版式的空白幻灯片。

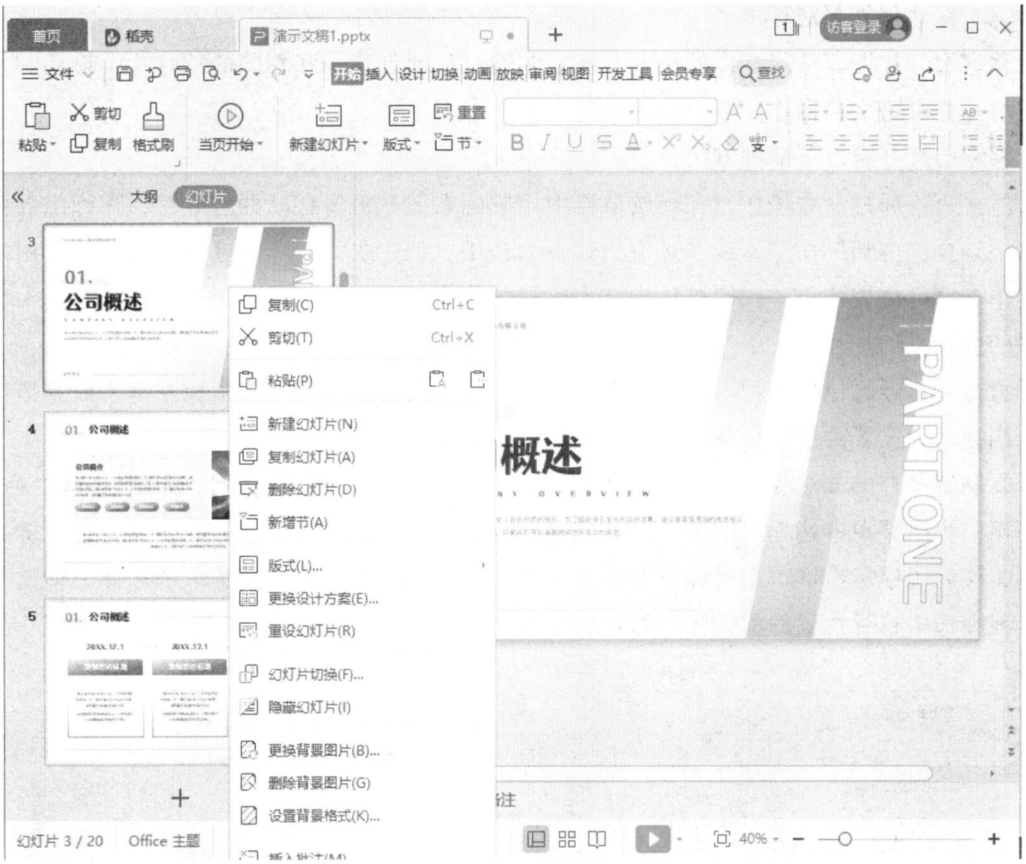

图 3-6-37　快捷菜单新建

图 3-6-38　快捷按钮新建

（5）移动与复制幻灯片。

移动幻灯片即调整幻灯片的位置，而复制幻灯片即创建一张相同的幻灯片，移动和复制幻灯片均可跨文档操作，下面分别讲解。

移动幻灯片有以下两种方法：

方法 1：通过命令操作。在导航窗格中用鼠标右键单击要移动的幻灯片，在弹出的快捷菜单中选择"剪切"命令，或在选中幻灯片后按下"Ctrl+X"组合键进行剪切，然后用鼠标右键单击目标位置的前一张幻灯片，在弹出的快捷菜单中选择"粘贴"命令，或在选中目标位置的前一张幻灯片后按下"Ctrl+V"组合键进行粘贴即可，如图 3-6-39 所示。

方法 2：通过鼠标拖动。在导航窗格选中要移动的幻灯片，按住鼠标左键不放并拖动鼠标，当拖动到需要的位置后释放鼠标左键即可，如图 3-6-40 所示。

复制幻灯片的方法为：在导航窗格中用鼠标右键单击要复制幻灯片，如图 3-6-41 所示，在弹出的快捷菜单中选择"复制幻灯片"命令，或在选中幻灯片后按下"Ctrl+C"组合键进行复制，然后用鼠标右键单击目标位置的前一张幻灯片，在弹出的快捷菜单中选择"粘贴"命令，或在选中目标位置的前一张幻灯片后按下"Ctrl+V"组合键进行粘贴即可。

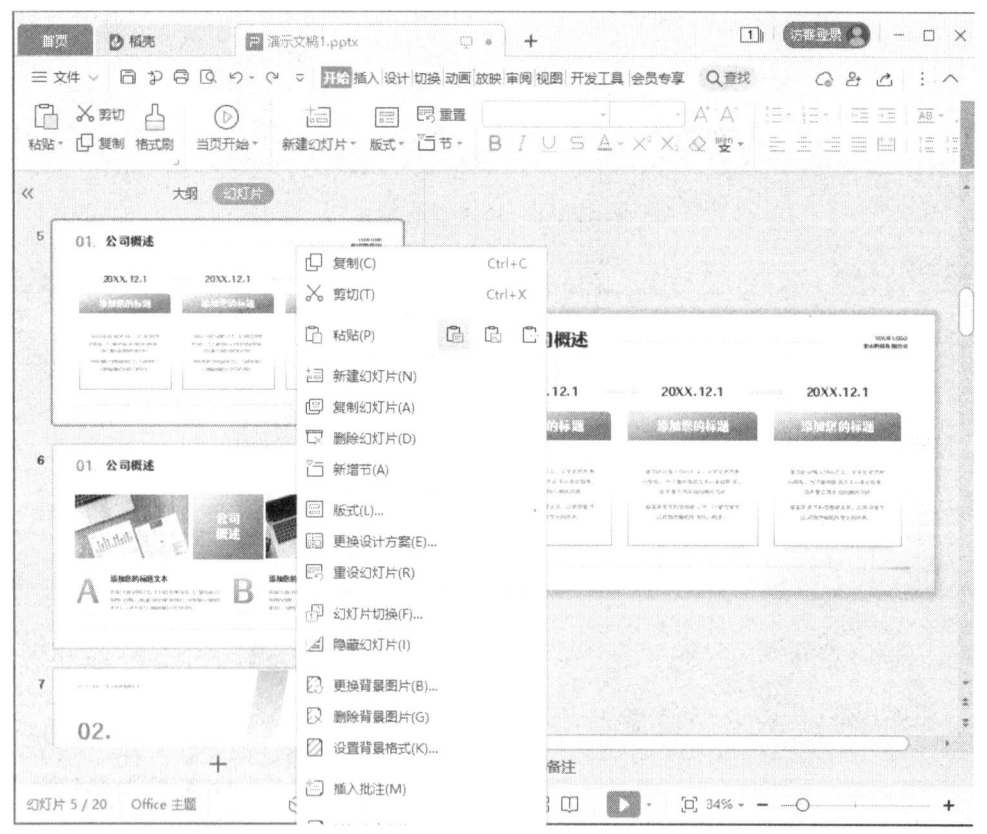

图 3-6-39　命令操作

图 3-6-40　鼠标拖动

图 3-6-41　复制幻灯片

（6）保存和导出。

对于新建的演示文稿，需要进行保存操作后才能将其以文件的形式存储在计算机中，以便日后使用或继续编辑。要保存演示文稿，只需单击窗口左上方快捷工具栏中的"保存"按钮，如图 3-6-42 所示；对已有演示文稿再次进行保存时，不会弹出"另存为"对话框，而是直接覆盖原文档。如果需要将演示文稿进行另存，可以右键选择要保存的演示文稿的标签栏，在弹出的"另存为"对话框中设置保存路径、文件名和文件类型，然后单击"保存"按钮即可，如图 3-6-43 所示。也可单击左上角的"文件"菜单，然后在打开的菜单中选择"另存为"命令即可。

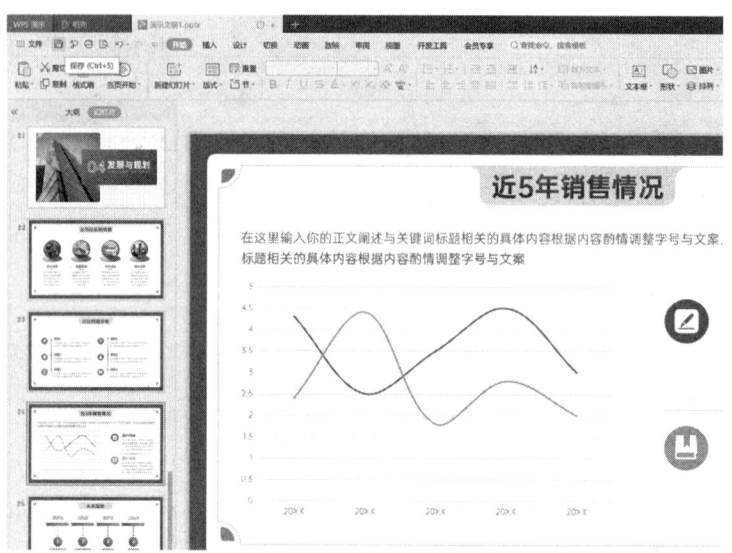

图 3-6-42　幻灯片保存

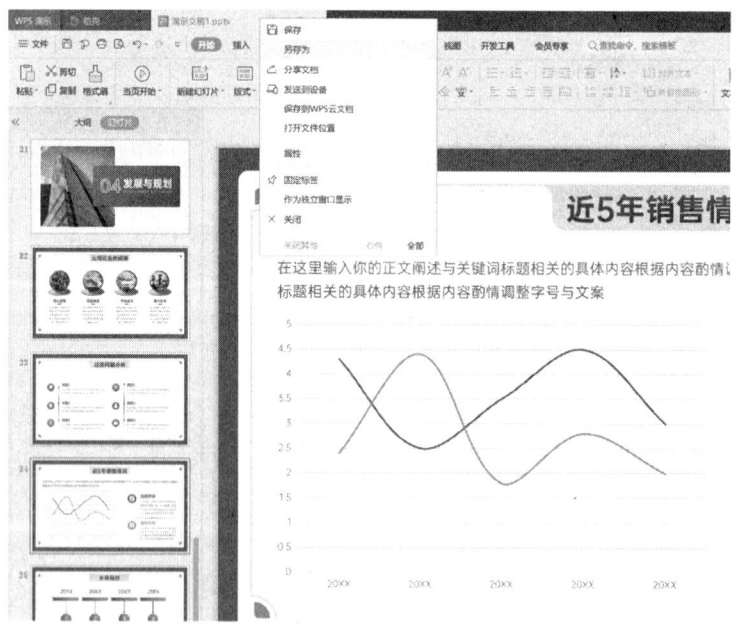

图 3-6-43　幻灯片另存为

任务一 基础训练

1. 启动 WPS 程序后，新建的第一个空白文档的默认文件名为（   ）。
   A. 1.docx   B. 1.txt   C. 工作簿 1   D. 文档 1
2. 在下列选项中，执行（   ）操作，可以快速选择一行文本。
   A. 按住"Ctrl"键不放，同时单击要选择的行
   B. 将光标定位到要选择的行中，然后双击要选择的行
   C. 将鼠标指针指向段落左边的空白处，当指针呈"⇗"形状时，单击鼠标左键
   D. 将鼠标指针指向段落左边的空白处，当指针呈"⇗"形状时，双击鼠标左键
3. 按下（   ）组合键，可以复制文本。
   A. Ctrl+C   B. Ctrl+A   C. Ctrl+X   D. Ctrl+V
4. 在导航窗格中选中一张幻灯片后，按下（   ）键可以新建一张空白幻灯片。
   A. Tab   B. F5   C. Ctrl+Enter   D. Enter
5. 为演示文稿中的所有幻灯片设置相同背景需要在（   ）视图中进行操作。
   A. 普通视图   B. 阅读视图   C. 大纲视图   D. 母版视图
6. 以下在幻灯片中插入图片的方法中错误的是（   ）。
   A. 在"插入"选项卡中单击"图片"按钮
   B. 在幻灯片中单击鼠标右键，选择"图片"命令
   C. 在占位符文本框中单击图标
   D. 直接对图片文件进行复制粘贴操作
7. 对象动画的开始方式不包括（   ）。
   A. 同时   B. 单击时   C. 之前   D. 之后
8. 按下（   ）键可以从当前幻灯片开始放映。
   A. Ctrl+F5   B. Shift+F5   C. F5   D. F4
9. 打包演示文稿的目的是（   ）。
   A. 让演示文稿能在不同操作系统中播放
   B. 让演示文稿能在不同计算机上播放
   C. 让演示文稿能在不同的 PPT 软件中播放
   D. 让演示文稿能在手机中播放

任务二 制作公司会议通知

资源获取

1. 任务要求

为了更好地完成公司下半年所制订的业务任务，总经理助理小许拟定了一份公司上半年总结表彰大会文档。素材原始文件（请扫描二维码获取资源）如图 3-6-44 所示，请你按照如下需求，帮助小许完成文档外观与格式的制作工作：

（1）调整文档纸张上、下页边距为 2.8 厘米，左、右页边距为 3.5 厘米。

（2）将文档的第一行文字内容设为居中格式，字体为黑体，字号为 36，字体的颜色为红色，字符间距加宽为 0.2 厘米。

（3）将标题一到标题六的文本设置为楷体、三号。

（4）将标题一到标题五下的内容设置为小四号，首行缩进 2 个字符。

（5）将标题六下的五行内容转换成 5 行 4 列表格，整个表格内容为“水平居中”格式，表格标题行内容设置为隶书、三号，部门标题列下内容设置为楷体、小四号。

（6）将“凯斯威科技股份有限公司”内容设置为小四号，字符间距加宽 0.05 厘米，右对齐，文本之后缩进 1 个字符。

（7）将“2018 年 7 月 3 日”内容设置为小四号，字符间距加宽 0.05 厘米，右对齐，文本之后缩进 3.5 个字符，段前间距 1 行。

注：编辑排版后的效果参照图 3-6-45。

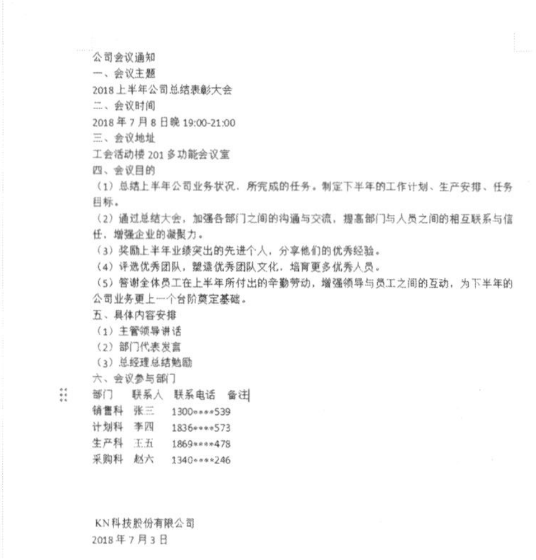

公司会议通知
一、会议主题
2018 上半年公司总结表彰大会
二、会议时间
2018 年 7 月 8 日晚 19:00-21:00
三、会议地址
工会活动楼 201 多功能会议室
四、会议目的
（1）总结上半年公司业务状况，所完成的任务。制定下半年的工作计划、生产安排、任务目标。
（2）通过总结大会，加强各部门之间的沟通与交流，提高部门与人员之间的相互联系与信任，增强企业的凝聚力。
（3）奖励上半年业绩突出的先进个人，分享他们的优秀经验。
（4）评选优秀团队，塑造优秀团队文化，培育更多优秀人员。
（5）答谢全体员工在上半年所付出的辛勤劳动，增强领导与员工之间的互动，为下半年的公司业务更上一个台阶奠定基础。
五、具体内容安排
（1）主管领导讲话
（2）部门代表发言
（3）总经理总结勉励
六、会议参与部门
部门 联系人 联系电话 备注
销售科 张三 1300****539
计划科 李四 1836****573
生产科 王五 1869****478
采购科 赵六 1340****246

KN科技股份有限公司
2018 年 7 月 3 日

图 3-6-44 素材原始文件

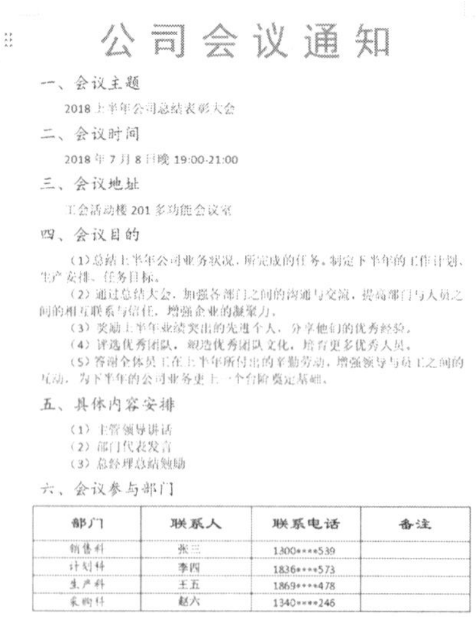

公司会议通知

一、会议主题

2018 上半年公司总结表彰大会

二、会议时间

2018 年 7 月 8 日晚 19:00-21:00

三、会议地址

工会活动楼 201 多功能会议室

四、会议目的

（1）总结上半年公司业务状况，所完成的任务。制定下半年的工作计划、生产安排、任务目标。

（2）通过总结大会，加强各部门之间的沟通与交流，提高部门与人员之间的相互联系与信任，增强企业的凝聚力。

（3）奖励上半年业绩突出的先进个人，分享他们的优秀经验。

（4）评选优秀团队，塑造优秀团队文化，培育更多优秀人员。

（5）答谢全体员工在上半年所付出的辛勤劳动，增强领导与员工之间的互动，为下半年的公司业务更上一个台阶奠定基础。

五、具体内容安排

（1）主管领导讲话
（2）部门代表发言
（3）总经理总结勉励

六、会议参与部门

部门	联系人	联系电话	备注
销售科	张三	1300****539	
计划科	李四	1836****573	
生产科	王五	1869****478	
采购科	赵六	1340****246	

图 3-6-45 案例图样

2. 任务解析

（1）打开素材原文件。在"页面布局"选项卡设置页边距中的上、下均为"2.8 厘米"，左、右均为"3.5 厘米"。

（2）选中文档第一行文字，选中"开始"选项卡中的"居中对齐"按钮，再将设置字体为"黑体"，字号设置为"36"，字体颜色设置为"红色"；再单击"开始"选项卡的"字体"对话框启动器（即分组右下角拓展按钮），打开"字体"对话框，在"字符间距"选项卡中设置间距为"加宽"，值设置为"0.2 厘米"，最后单击"确定"按钮。

（3）选中标题一到标题六的文本，在"开始"选项卡中设置字体为"楷体"，字号为"三号"。

（4）选中标题一到标题五下的内容在"开始"选项卡中设置字号为"小四"；单击"开始"选项卡的"段落"对话框启动器，打开"段落"对话框，在"缩进和间距"选项卡中设置特殊格式为"首行缩进"，度量值为"2 字符"，单击"确定"按钮。

（5）选中标题六下的五行内容，单击"插入"选项卡中的"表格"按钮，在列表中单击"文本转换成表格"命令，打开"将文字转换成表格"对话框，单击"确定"按钮。选中整个表格，单击"表格工具"选项卡"对齐方式"下拉按钮的"水平居中"命令。选中表格标题行，在"开始"选项卡中设置字体为"隶书"，字号为"三号"；选中表格第 1 列的第 2 至 5 个单元格，在"开始"选项卡中设置字体为"楷体"、字号为"小四"。

（6）选中"凯斯威科技股份有限公司"，在"开始"选项卡中设置字号为"小四"；单击"开始"选项卡的"字体"对话框启动器，打开"字体"对话框，在"字符间距"选项卡中设置间距为"加宽"，值为"0.05 厘米"，单击"确定"按钮；单击"开始"选项卡的"段落"对话框启动器，打开"段落"对话框，设置"缩进和间距"选项卡中的对齐方式为"右对齐"，设置文本之后缩进为"1 字符"，单击"确定"按钮。

（7）选中"2018 年 7 月 3 日"内容，在"开始"选项卡中设置字号为"小四"；单击"开始"选项卡的"字体"对话框启动器，打开"字体"对话框，在"字符间距"选项卡中设置间距为"加宽"，值为"0.05 厘米"，单击"确定"按钮；单击"开始"选项卡的"段落"对话框启动器，打开"段落"对话框，设置"缩进和间距"选项卡中的对齐方式为"右对齐"，设置文本之后缩进为"3.5 字符"，设置段前间距为"1 行"，单击"确定"按钮。

任务三　员工酬金统计

资源获取

1. 任务要求

KN 科技有限公司人事需对本企业员工的工资和各部门员工人数等基本情况进行统计分析，素材原始文件（请扫描二维码获取资源）如图 3-6-46 所示，请你协助人事完成下列操作：

（1）将 A1:G1 单元格内容合并居中，字体设置为 24 号黑体。

（2）将 A2:G2 列标题设置居中，字体设置为 12 号加粗。

（3）员工的总酬金每年都以 4%的增长率递增，计算各员工的总酬金，保留 2 位小数。（注：入职年限为 1 的即当年入职员工，其总酬金不递增）

（4）在 G54 单元格中计算企业职工的酬金平均值（保留 0 位小数）。

（5）在 G55 单元格中计算企业职工的总酬金（保留 0 位小数）。

（6）在 J8 单元格使用数据透视表计算企业各部门的员工人数。

（7）在 J17:P34 区域中，根据数据透视表统计出的各部门员工人数，使用饼图来显示各部门员工所占百分比的汇总图，图表标题在图表上方，其标题名称为"KN 公司各部门员工百分比汇总图"，数据标签以百分比形式显示在数据标签内，图例显示在右边。

完成后的局部效果如图 3-6-47 所示。

图 3-6-46 素材原始文件（局部）

图 3-6-47 完成后的局部效果

2. 任务解析

（1）打开素材原文件，选中 A1:G1 单元格区域，单击"开始"选项卡中的"合并"按钮；选中合并后的单元格，在"开始"选项卡中设置字号为"24"，字体为"黑体"。

（2）选中 A2:G2 单元格区域，在"开始"选项卡中设置字号为"12"并选中"加粗"按钮。

(3)选中 G3 单元格,输入公式"=F3*POWER((1+4%),(E3-1))"后按回车键,双击智能填充柄,完成其他行填充;选中"G3:G52"单元格区域,单击"开始"选项卡中的"减少小数位数"按钮,将小数位数调整为 2 位。

(4)选中 G54 单元格,输入公式"=AVERAGE(G3:G52)",单击"开始"选项卡中的"减少小数位数"按钮,将小数位数调整为 0 位。

(5)选中 G55 单元格,输入公式"=SUM(G3:G52)",单击"开始"选项卡中的"减少小数位数"按钮,将小数位数调整为 0 位。

(6)选中 J8 单元格,单击"插入"选项卡中的"数据透视表"按钮,打开"创建数据透视表"对话框,在"请选择单元格区域"中输入"员工酬金统计!$A$2:$G$52",单击"确定"按钮;拖动右侧"数据透视表"窗口中"字段列表"中的"部门"字段到"行"中,拖动"部门"字段到"值"中,单击窗口关闭按钮。

(7)选中 J8:K14 单元格区域,单击"插入"选项卡中的"插入饼图或圆环图"下拉按钮,在列表中单击"饼图"图表样式;单击"图表工具"选项卡中的"添加元素"按钮,在列表中单击"图表标题"级联菜单中的"图表上方"命令,将图表标题内容改为"凯恩公司各部门员工百分比汇总图";单击"图表工具"选项卡中的"添加元素"按钮,在列表中单击"数据标签"级联菜单中的"数据标签内"命令;单击"图表工具"选项卡中的"添加元素"按钮,在列表中单击"数据标签"级联菜单中的"更多选项"命令,打开"属性"窗口;选中标签选项中的"百分比"复选框,单击窗口关闭按钮;单击"图表工具"选项卡中的"添加元素"按钮,在列表中单击"图例"级联菜单中的"右侧"命令;拖动并缩放图表到 J17:P34 区域。

任务四　实验室管理制度

资源获取

1. 任务要求

按照下列要求完成"实验室管理制度"(请扫描二维码获取资源)的演示文稿,原始文件如图 3-6-48 所示。

(1)设置第一张幻灯片的主标题文字为"实验室管理制度",进入时用"百叶窗"动画;副标题文字为"物理化学实验室",进入时用"飞入"动画。

(2)对第二张幻灯片的"实验室管理细则""实验室环境与安全制度"和"物理化学实验物品管理"文本进行艺术字设置,文本填充选择"钢蓝,着色 1",文本效果选择"阴影、右下斜偏移"。

(3)把第三张幻灯片的标题字体设置为 54 磅;文本部分字体设置为黑体 20 磅,首行缩进 2 个字符。

(4)在第四张幻灯片的右边需插入一张图片(名称为"安全标志.jpg")。

(5)把第五张幻灯片左边一栏中的有关"化学药品…"的 5 条内容移到右边一栏,并将两栏内容的字体都设置为 28 号。

完成后的局部效果如图 3-6-49 所示。

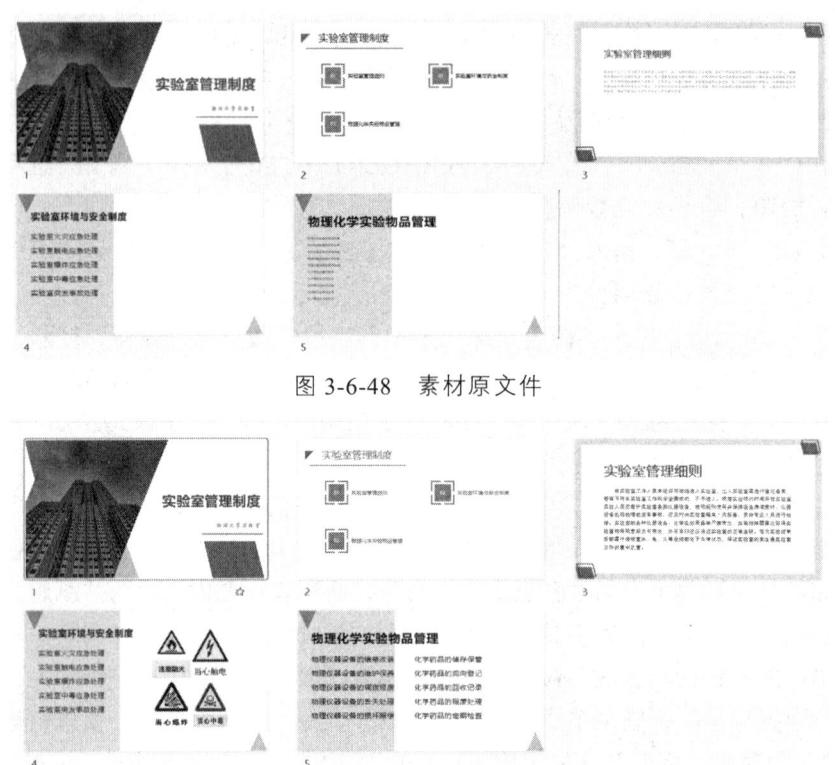

图 3-6-48　素材原文件

图 3-6-49　案例图样

2. 任务解析

（1）打开素材原文件，选中第 1 张幻灯片的主标题占位符，单击"动画"选项卡的"百叶窗"动画。

（2）选中第 1 张幻灯片的副标题占位符，单击"动画"选项卡的"飞入"动画。

（3）按住"Ctrl"键，依次选中第 2 张幻灯片中的"实验室管理细则""实验室环境与安全制度"和"物理化学实验物品管理"文本；单击"文本工具"选项卡的"艺术字"下拉按钮，在列表选中"阴影"级联菜单中的"外部"下的"填充—钢蓝，着色 1，阴影"；单击"文本工具"选项卡的"文字效果"下拉按钮，在列表中"右下斜偏移"选项。

（4）选中第 3 张幻灯片的标题占位符，在"文本工具"选项卡中设置字号为"54"；选中第 3 张幻灯片的文本占位符，在"文本工具"选项卡中设置字体为"黑体"，字号为"20"；选中第 3 张幻灯片的文本占位符，单击"文本工具"选项卡的"段落"对话框启动器，打开"段落"对话框；在"缩进和间距"选项卡中设置特殊格式为"首行缩进"，度量值为"2 字符"，单击"确定"按钮。

（5）单击第 4 张幻灯片右侧文本占位符中的"插入图片"按钮，打开"插入图片"对话框，在位置中找到考生文件夹路径，选中"安全标志.jpg"图片，单击"打开"按钮。

（6）选中第 5 张幻灯片左边栏中的关于"化学药品…"的 5 条内容，剪切后，粘贴到右侧栏中；按住"Ctrl"键，选中左右两栏，在"文本工具"选项卡中设置字号为"28"。

模块四　网络与信息安全

人类正在进入智能化社会，人们对信息传播与交流日益增长的需求促进了信息技术的高速发展。网络是信息技术的主要领域之一，它是计算机技术与通信技术相互渗透、不断发展的产物，尤其是因特网的出现和迅速发展。网络与信息安全是相互依存的：若没有网络安全，信息安全就无从谈起；若没有信息安全，网络的价值也将大打折扣。只有当网络和信息安全得到充分的保护，我们才能享受到网络带来的便利和价值。

 学习目标

1. 了解计算机网络的概念、分类和组成；
2. 掌握计算机网络的拓扑和体系结构；
3. 掌握计算机通信技术中信道、调制和解调、误码率等概念；
4. 了解 5G 技术及因特网的基础知识；
5. 掌握 IP 地址的组成、分类及 DNS 的概念等；
6. 了解信息安全与网络安全的基本概念；
7. 了解信息安全的主要技术及常见的威胁和攻击防范手段；
8. 了解计算机病毒的概念、分类和防范手段。

项目一 计算机网络与因特网

一、计算机网络概述

计算机网络经过半个世纪的发展已经成为经济社会信息化和数字化发展的基础设施和主要推动力。互联网已经成功融入教育、医疗、金融等各行各业中,并开始从消费型互联网向生产型互联网转变。特别是在大数据、人工智能技术的共同驱动下,网络对于经济社会发展的作用与影响更加深入、广泛,新动能效应更加明显。按照梅特卡夫定律,随着设备和用户的不断加入,网络的价值和重要性将呈几何级数增加。据《思科互联网年度报告白皮书(2018—2023年)》(*Cisco Annual Internet Report (2018 - 2023) White Paper*),2023年全球互联网用户达到了53亿,联网设备、终端与物联网节点超过293亿,5G链接将超过14亿,网络规模日趋增大,异构性逐渐增强。未来容纳有线与无线、高速与低速、长距与短距网络多元共生的格局正在形成,网络互联日益呈现泛在化发展趋势。

计算机网络的功能也从传统的数据通信和资源共享扩大到数据采集、传输、存储、处理和应用的全过程,数据、语音与视频融合进一步增强,物联网和移动终端产生的流量占比快速增长,应用对数据中心和云服务的依赖程度持续提高,局域网、城域网与广域网边界日益模糊,云、管、边、端一体的新型网络生态正在形成。网络计算模式更加普适,从C/S、B/S到对等计算,再到移动计算、云计算和边缘计算,多元计算模式及其融合对计算能力提升和计算透明性要求越来越高。未来计算机网络的发展将迎来更多的机遇,同时也将面临更多的挑战。伴随着网络变革的同时,随之而来的是人才需求的更新与升级。网络作为数字化时代国家经济社会发展的关键基础设施和核心竞争力之一,网络技术创新的引领作用与关键核心技术自主可控的战略意义进一步提升,未来对网络工程新工科复合型人才的需求将更加迫切。作为新时代网络工程新工科专业的高技能型人才应主动应变,不断学习,努力担负起时代赋予的使命和担当。

1. 计算机网络技术发展历程

计算机网络技术的发展经历了多个阶段,从早期的分散计算到今天的全球互联网和物联网时代。以下是计算机网络技术发展的概述:

(1)早期计算机网络。

20世纪60年代末至70年代初诞生的ARPANET(阿帕网)被认为是互联网的前身,这些早期计算机网络主要用于学术和军事研究,其规模相对较小,仅仅连接了大学和研究机构的计算机。

(2)互联网的兴起。

20世纪80年代,TCP/IP协议奠定了互联网的基础。它允许不同类型的计算机和网络相互通信,从而创造了开放的网络生态系统。1983年,ARPANET切换到使用TCP/IP,标志着互联网的诞生。

（3）互联网的普及。

20世纪90年代，互联网开始走向普及，商业互联网服务提供商如AOL和CompuServe开始兴起。万维网（World Wide Web）的发明和Web浏览器的推出使互联网成为用户友好的平台，促进了信息的广泛传播和电子商务的兴起。

（4）移动互联网和无线技术。

21世纪00年代，移动互联网迅速发展，智能手机的普及带来了无线通信和移动应用的革命。3G（第三代移动通信技术）、4G（第四代移动通信技术）和5G等无线技术提供了更快的数据传输速度，能够支持视频流和在线游戏等带宽密集型应用。

（5）未来发展趋势。

未来的发展趋势包括5G网络的部署、更大规模的物联网、边缘计算、区块链技术的应用，以及人工智能在网络管理和安全中的应用。

计算机网络技术的不断发展为我们提供了更快的通信、更广泛的信息获取和更多的创新机会。它已经成为现代社会和经济活动的重要基础设施，将继续塑造未来的数字化世界。

2. 网络技术发展现状

当前，以物联网、云计算、大数据、人工智能等为代表的新一代信息技术不断取得突破，创新应用风起云涌，催生新兴产业快速发展，网络的泛在性、异构性与融合性进一步增强。

（1）骨干网技术。

骨干网方面，光网络已经成为核心的技术支撑。随着更高带宽的海量数据传输和用户访问对骨干网的容量和复杂度也提出新需求，光网络在传输速率和覆盖度上更进一步。目前，我国的中国电信、中国移动和中国联通三大运营商都已经部署了100 G及OTN（Optical Transmission Network，OTN）交换技术。2019年，新华三集团推出的400 G核心交换机顺利通过开放数据中心委员会（Open Data Center Committee，ODCC）测试，成为首批通过测试的网络设备提供商之一。400 G核心交换机主要应用于数据中心、城域网或骨干网等关键节点，是承载数字化时代的重要网络设备之一，这也标志着数据中心和骨干网络端口速率开始迈入400 G时代。未来新的光纤技术和更高速率的光传输端口能力将广泛使用在骨干网中。千兆、万兆、25 G等光传输端口则会覆盖有线网络，淘汰其他制式线缆网络，新一代骨干网络技术已经成为新基建中的重点关注方向。

（2）接入网技术。

接入网方面，目前主要的接入方式有用户数字线（Digital Subscriber Line，DSL）、混合光纤铜缆（Hybrid Fiber Coaxial，HFC）、光纤入户（Fiber to the Home，FTTH）以及5G固定无线接入（Fixed Wireless Access，FWA）。当前我国家庭和企业实现数千兆比特的连接速率的主流解决方案是光纤入户（Fiber to the Home，FTTH）。但光纤也存在其局限性，当遇到某些地区"最后一公里"光纤施工难度大，或远距离敷设成本高昂场景下，5G固定无线接入也是可选方案之一。5G毫米波带宽资源丰富，可提供数千兆比特峰值速率的网络连接，这让5G毫米波固定无线接入在传统光纤等基础设施难以服务地区也能提供高速连接。

（3）局域网技术。

局域网方面，园区网、以太网千兆到桌面，万兆骨干已经是主流解决方案。但是，随着云计算、互联网和物联网的快速发展，基于各种云的应用成为企业园区 ICT（Information Communication Technology）系统建设新常态，云数据中心的大发展引发企业流量模型发生结构性改变，逐步从以纵向交换为主，转为横向转发为主；4K 视频、高清监控、远程医疗、在线教育、智真会议等各种应用越来越丰富，对网络的带宽和时延要求越来越高；伴随着全球国家宽带、光网城市的建设浪潮，光纤到桌面已经成为大势所趋。传统的企业园区网络采用多级以太交换机汇聚，网络层次复杂，建设和运维成本高，带宽提升和业务扩展能力不足；而无源光网络（Passive Optical Network，PON）技术已经在住宅用户规模部署(光纤入户)，网络架构扁平、管理维护简单、低时延、高带宽等特性与园区网络新需求高度吻合，POL（Passive Optical LAN）组网模式正在企业局域网进行推广和应用，如华为公司推出的 AgilePOL 全光园区解决方案。

（4）软件定义网络技术。

软件定义网络（Software Defined Network，SDN）技术是一种新型的网络架构，它的设计理念是将网络的控制平面与数据转发平面进行分离，从而通过集中的控制器中的软件平台去实现可编程化控制底层硬件，实现对网络资源灵活的按需调配。其核心技术 OpenFlow 通过将网络设备控制面与数据面分离开来，从而实现了网络流量的灵活控制，为核心网络及应用的创新提供了良好的平台。在 SDN 中，网络设备只负责单纯的数据转发，可以采用通用的硬件；而原来负责控制的操作系统将提炼为独立的网络操作系统，负责对不同业务特性进行适配，而且网络操作系统和业务特性以及硬件设备之间的通信都可以通过编程实现。

SDN 提供一个可编程的集中式网络，其中包含 SDN 控制器、南向 API 和北向 API 三部分。SDN 控制器是网络的核心，提供针对整个网络的集中视图。南向 API 可将信息转发至网络中的交换机和路由器，北向 API 用于实现应用通信和服务部署。

随着 SDN 技术的理论研究日渐成熟，各大设备厂商推出了主打解决方案，如华为、新华三、思科都推出了自己的 SDN 不同场景下的解决方案并已经到了商用阶段。目前，国内外对 SDN 有 2 种不同的技术路线：一类是以互联网厂商，如谷歌、微软等大型互联网厂商为代表推出的开放网络基金会（Open Networking Foundation，ONF），主导控制平面完全集中，底层设备仅仅保留数据平面功能的白牌机，这是对传统网络架构的革命性变革，也是对网络厂商的彻底革命；另外一类是以网络厂商，如思科、博通、戴尔等为代表推出的开放网络标准机构 ODL（OpenDaylight，ODL 是 SDN 开发及运行的一个平台），ODL 使用迁移嫁接思想把 SDN 技术嫁接到现有网络中，混合 SDN 即物理设备依然保持本地控制平面和数据平面，部分功能使用 SDN 控制器集中，这是对传统网络的改革，这种技术路线目前在国内外网络中占据霸主地位。当前的 SDN 网络架构中主要有 3 类解决方案，即敏捷园区解决方案（SD-LAN）、敏捷数据中心解决方案（SD-DC）、广域网 SDN 解决方案（SD-WAN）。

3. 网络未来发展趋势

随着车联网、物联网、工业互联网、远程医疗、智能家居、4K/8K、AR/VR、空间网络等新业务类型和需求的出现，未来的网络正呈现出一种泛在化、融合、异构的发展趋势。未来网络的核心在于大规模可扩展、支持异构技术融合、高效的网络基础体系结构，包括各种新型网络架构和解决当前网络问题的新技术、新方案。随着网络与实体经济的不断融合，未来网络逐渐成为战略性新兴产业的重要发展方向，预计到 2030 年将支撑起万亿级、人机物、全时空、安全、智能的连接与服务，未来网络的发展总结为以下 5 个发展趋势。

（1）新应用呼唤新型网络体系架构。

探索面向 2030 年及以后的新型网络应用及需求已经成为全球未来网络技术研究的焦点，国际电信联盟电信标准分局（ITU-T for ITU Telecommunication Standardization Sector）组建了网络 2030 焦点组，国内成立了网络 5.0 产业技术联盟，以华为公司为代表的传统网络设备制造也提出了可变长地址（Flexible IP）、确定性转发、去中心化互联网基础设施、内生安全等一系列前瞻性技术。因此，开展新型网络体系架构的设计已成为了未来网络发展的主流趋势。在此基础上，如何开展原创性、颠覆性网络架构验证，如何有效测试新技术的可行性也是新型架构设计中被讨论的热点问题。江苏省未来网络创新研究院、网络通信与安全紫金山实验室、鹏城实验室分别展开了未来网络试验设施、长三角一体化综合试验环境、粤港澳湾区网等为代表的新一批网络试验环境的建设，以期能够促进我国的原创网络技术创新。

（2）未来网络需要支持确定性网络控制与服务。

随着网络应用对网络服务质量需求的不断提高，现有"尽力而为"的网络越来越难以满足远程医疗、无人驾驶、VR 游戏等新需求，并存在大量的拥塞崩溃和数据分组时延等问题。在这样的背景下，如何从"尽力而为"到"准时、准确"，控制网络的端到端时延不仅成为当前全球关注的热点领域，也成为新一代路由器、交换机等转发设备所要具备的功能。在工业领域，国外思科、博通等公司正在面向局域网场景，研制支持时延敏感功能的可编程网络芯片，国内盛科、华为等厂商正在加紧相关技术的攻关，研制国产化芯片；在运营商领域，华为、中兴、中国信息通信研究院、中国移动、中国电信、中国联通等参与了主干网络确定性技术的国际标准的研究与制定；网络通信与安全领域，紫金山实验室、华为等已经开始确定性网络技术的大规模测试。

（3）构建去中心化网络应用趋势明显。

随着区块链技术的发展与逐步成熟，金融支付、数据存储等业务的去中心化已被普遍接受，网络相关业务的去中心化也成为下一步发展的重要趋势。传统网络业务、应用与协议虽然物理位置上是分布式的，但是逻辑上是集中式的，例如，域名系统（domain name system，DNS）、边界网关协议（border gateway protocol，BGP）、内容分发网络（content delivery network，CDN）、云计算等业务都存在一个集中式的节点和运营组织，因此这些应用容易被大型机构所垄断，不利于互联网"平等、自由"发展。在此背景下，以 DNS 为代表的根域名解析成为去中心化网络应用研究的首要问题，中国信息通信研究院等单位进行了一系列新型标识解析体系的研究与技术攻关。因此，设计去中心化的新型标识解析体系、去中心化的 BGP、去中心化的网络存储等问题都成为未来网络应用的重点。

（4）"海陆空天"一体化网络泛在互联趋势显现。

未来网络技术涉及"海陆空天"一体化互联的发展趋势。一方面，随着无线通信频率向太赫兹发展，通信基站信号覆盖的范围也越来越小，需要部署的基站数量和成本呈指数式增长；另一方面，随着物联网、车联网等的飞速发展，人们越来越依赖网络，需要网络提供泛在互联服务。因此，如何实现万物互联、满足人们随时随地的网络连接需求，进行"海陆空天"的全面网络覆盖已经成为新的产业发展方向。国外以 SpaceX 为代表的企业，国内以航天、电科为代表的科研院所纷纷展开空天互联网的系统设计与研制，希望实现卫星组网、天地协同，以解决网络全球无缝覆盖问题。此外，国外以谷歌为代表的公司、国内以鹏城实验室为代表的研究机构也正在开展浮空飞艇的研究,以实现低成本区域性网络覆盖。因此,满足未来的泛在互联接入需求,利用卫星、飞艇、6G(第六代移动通信技术)等多种方式实现网络的低成本全球覆盖成为技术与产业发展的重要趋势。

(5)人工智能技术助力智能化网络与通信、运维和管理。

如今世界正处于人工智能的第三波浪潮,社交网络、物联网和云计算所产生的海量数据为人工智能的繁荣提供了燃料。而同样地,互联网发展至今,单纯的数据运算、问题求解和功能搜索等已经很难适应网络飞速发展的需求,将人工智能与网络技术进行一定程度上的融合,能够促使二者共同发展,爆发新机。目前,将人工智能技术应用到网络中仍处于早期或试点阶段,虽然许多企业认识到了其中的价值,并且可能已经在实验室或试验环境中涉足网络人工智能技术,但迄今为止几乎没有大规模的部署。从长期来看,人工智能与网络相结合的发展空间和作用巨大,网络引"智",化"繁"为"简",人工智能将成为实现网络智能化的目标和愿景的重要手段。

综上所述,传统网络难以满足超高清实时视频、车联网、智慧城市等新业务新场景的需求,未来的网络将是一个智能化的网络,相关网络技术的研究得到了全球各国的高度重视,学术界和产业界涌现出大量的技术方案。我国互联网技术的发展虽然起步较晚,但是针对未来网络的核心技术的基础研究和创新已经引起了国家的高度重视,中国正在努力成为世界网络技术与相关产业的引领者。2020年,新型基础设施建设被首次写入政府工作报告中,国家将重点支持"新基建"的建设,明确了要发展新一代信息网络和5G应用,未来网络技术将成为"新基建"的重要任务技术之一。因此,未来有志于从事网络技术研究和应用的工程技术人员将大有可为,本章下一节将带领大家共同领略网络工程项目与网络技术的魅力。

二、计算机网络基础

1. 计算机网络的定义

计算机网络是计算机技术和通信技术紧密结合的产物。

计算机网络是通过通信设施(通信网络),将地理上分散的具有自治功能的多个计算机系统互联起来,进行信息交换,实现资源共享、互操作和协同工作的系统。

我们可以从下面几个方面更好地理解计算机网络:

(1)网络中的计算机具有独立的功能,它们在断开网络连接时仍可单机使用。

(2)网络的目的是实现计算机硬件资源、软件资源及数据资源的共享,以克服单机的局限性。

(3)计算机网络通过通信设备和线路把处于不同地理位置的计算机连接起来,以实现网络用户间的数据传输。

(4)在计算机网络中,网络软件和网络协议是必不可少的。

2. 计算机网络的分类

计算机网络的分类标准很多。例如:按计算机网络的拓扑结构分类、按网络的交换方式分类、按网络协议分类、按数据的传输方式分类等。不同的分类标准反映计算机网络的不同特征。按网络覆盖的地理范围(距离)进行分类,计算机网络可以划分为局域网(LAN)、城域网（MAN）和广域网（WAN）。

（1）局域网（LAN）。

局域网（Local Area Network，LAN）是在有限范围内连接计算机和设备的网络，通常覆盖一个建筑物、办公室、学校或家庭。它们通常使用以太网或Wi-Fi技术连接设备。

（2）城域网（MAN）。

城域网（Metropolitan Area Network，MAN）覆盖的范围更大，通常涵盖城市或大学校园。它们可能使用城域网技术（如光纤）来连接不同的局域网。

（3）广域网（WAN）。

广域网（Wide Area Network，WAN）也叫远程网络，覆盖地理范围比局域网要大得多，其作用范围在几十到几千甚至几万公里之间的通信网络。广域网可以覆盖一个地区、国家或横跨几个洲，包含很多个局域网和城域网，可以使用电话线、微波、卫星或者它们的组合信道进行通信。

（4）因特网。

因特网是全球性的计算机网络，由各种不同类型的网络和子网组成。它允许全球范围内的通信、信息共享和互联。

3. 计算机网络的组成部分

计算机网络由多个关键组成部分构成，这些组成部分共同协作以实现网络通信和数据传输：

计算机：网络中的计算设备，如个人电脑、服务器、智能手机等。

通信链路：通信链路是用于连接计算机的物理或无线连接，包括以太网、光纤、Wi-Fi等。

网络设备：网络设备用于管理和转发数据流量，包括路由器、交换机、集线器等。

协议：协议定义了数据在网络中的传输方式和规则，例如TCP/IP协议套件，它包括TCP（传输控制协议）和IP（Internet协议），TCP（传输控制协议）负责可靠的数据传输，而IP（Internet协议）用于路由和寻址。

4. 计算机网络的相关概念

在计算机网络中，有一些概念需要理解：

IP地址：IP地址用于标识网络中的设备，IPv4和IPv6是常见的IP地址格式。

域名系统（DNS）：DNS用于将易于记忆的域名（如www.example.com）映射到IP地址，以便人们可以通过域名访问网站，而不必记住复杂的IP地址。

路由器：路由器是网络设备，用于在不同网络之间转发数据包。它们负责决定数据包的最佳路径，以确保它们能够到达目标设备。

防火墙：防火墙是用于保护网络安全的设备，它们监控和控制进入和离开网络的流量。防火墙可以阻止未经授权的访问和恶意流量，提高网络的安全性。

5. 计算机网络的传输介质

传输介质是指数据传输系统中的发送装置和接收装置之间的物理介质，按其物理形态可分为有线网和无线网两大类。

（1）双绞线（Twist Pair，TP）。

双绞线是一种常见的传输介质，主要用于电信和计算机网络中。它是由两根或多根绝缘铜导线按照一定的螺旋方式相互缠绕在一起形成的对线或线对，如图 4-1-1 所示。这种设计的主要目的是通过减少相邻线对之间的电磁干扰来提高信号质量。

双绞线通常用于以太网、电话系统和其他通信应用中，根据其结构和性能特点分为多个类别：

非屏蔽双绞线（Unshielded Twisted Pair，UTP）：最常见的一种类型，没有额外的金属屏蔽层，仅靠每对线缆自身的绞合来减少干扰。

屏蔽双绞线（Shielded Twisted Pair，STP）：除了每对线本身的绞合外，还有一层或几层金属编织网或箔片作为整体或单独对线的屏蔽层，提供更好的抗干扰能力。

不同类别（Cat）的双绞线：如 Cat 5e、Cat 6、Cat 6a、Cat 7 等，表示不同的性能等级，包括更高的带宽和更低的串扰指标。

在现代网络布线中，最常见的双绞线有 8 根线芯，分为 4 对双绞线，每对都有特定的颜色编码以便于识别和正确连接。例如，在以太网应用中，按照 T568A 或 T568B 标准进行接线，这些线芯可以支持 10/100/1000 Mb/s 乃至更高速率的数据传输。双绞线和其他网络设备（例如网卡）之间必须使用 RJ-45 接头（也叫水晶头，如图 4-1-2）进行连接。

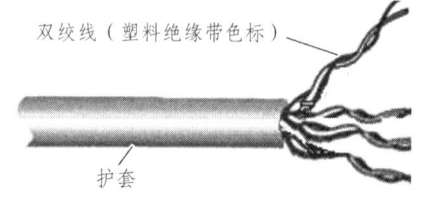 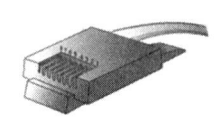 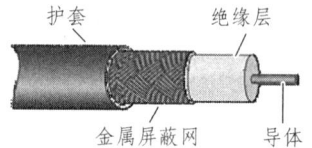

图 4-1-1　双绞线　　　　　图 4-1-2　水晶头　　　　　图 4-1-3　同轴电缆

（2）同轴电缆（Coaxial Cable）。

同轴电缆是一种电信号传输线，其设计具有特殊的结构以减少信号在传输过程中的衰减和干扰。同轴电缆的名称来源于它的几何构造：由两个同心导体组成，这两个导体共享同一个轴线。

同轴电缆的结构如图 4-1-3 所示，具体结构从内到外通常包括：

中心导体（内导体）：通常是实心铜线或镀铜钢丝，用于传输信号。

绝缘介质层：包裹在中心导体外面，一般使用聚乙烯（PE）、聚氯乙烯（PVC）、氟塑料（如特氟龙）等材料制成，用以隔离中心导体与外部导体，并保持稳定的电容特性。

屏蔽层（外导体）：多为编织铜网或者铝箔，用于屏蔽外部电磁干扰以及防止内部信号泄露，确保信号质量。

外护套（保护层）：最外面是一层橡胶、塑料或其他材质的保护层，提供物理保护和环境适应性，比如防水、防腐蚀等。

同轴电缆因其优异的抗干扰能力和较高的带宽，在有线电视系统、早期计算机网络（如以太网）、无线电通信、雷达系统、监控系统以及某些高速数据传输应用中广泛使用。随着光纤和其他新型传输技术的发展，同轴电缆在某些领域的应用有所减少，但在特定场景下仍然占据重要地位。

（3）光缆（Optical Fiber Cable）。

光缆是一种用于传输光信号的通信线缆，它是现代高速数据通信网络的基础组件之一。光缆的核心部分由一根或多根光纤组成，每根光纤是由非常纯净的玻璃或塑料制成的细丝，其内部通过全反射原理来引导光波进行长距离传播，从而实现信息的高速传输。

光缆的结构如图 4-1-4 所示，光缆的基本结构通常包括以下几个主要部分：

缆芯：光缆的核心部分，包含一个或多个光纤单元，每个单元可能由单根或多根光纤组成，并可能配有松套管、紧套管或骨架等结构以保护和稳定光纤。

加强元件：为了增强光缆的机械强度和抗拉能力，可能会在缆芯周围设置钢丝、凯夫拉纤维等材料作为加强芯。

填充物：在某些类型的光缆中，为了保持缆芯与护套之间的良好接触，以及防止由于温度变化引起的压力波动，会在缆芯与护套之间填充油膏或其他缓冲材料。

护套层：包裹在缆芯外面的一层或多层保护材料，可以是 PVC、PE、LSZH（低烟无卤）等各种材料，根据不同的环境要求提供防水、防腐蚀、耐磨损等功能。

外护套：对于需要额外保护的场合，比如室外敷设或特殊环境应用（如海底光缆、架空光缆、抗辐射光缆等），还会增加一层铠装层或外护套，以增强光缆的防护性能。

随着技术的发展，光缆的设计也在不断改进和细分，以适应各种不同应用场景的需求，例如长途干线传输、城市间骨干网、室内布线系统以及特定工业环境下的专用光缆等。光缆因其传输容量大、损耗低、不受电磁干扰等优点，在电信、互联网、广播电视、智能电网等多个领域得到广泛应用。

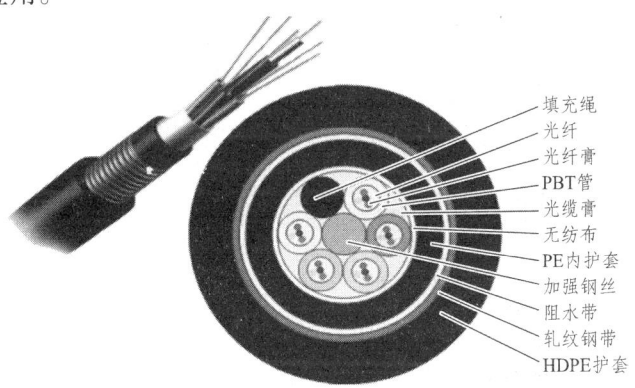

图 4-1-4 光缆的结构

（4）无线通信（Wireless Communication）。

无线通信是指信息数据在空间中以电磁波的形式进行传输，而非通过实体的导线或缆线连接的方式。这种通信方式利用了电磁波可以在自由空间中传播的特性，使得信息能够在不依赖物理连接的情况下从一个节点传送到另一个节点。

无线通信涵盖多种技术和应用，包括但不限于：

无线电通信：如广播、AM/FM 收音机、业余无线电等。

移动通信：包括手机通信（GSM、CDMA、3G、4G、5G 等）、卫星电话等。

无线网络技术：Wi-Fi（IEEE 802.11 标准系列）用于局域网连接，蓝牙（Bluetooth）用于短距离设备间通信。

全球导航卫星系统（GNSS）：提供地理位置服务的和授时服务的卫星系统
近场通信（NFC）：适用于极近距离数据交换，例如电子支付和设备配对。
射频识别（RFID）：应用于物品跟踪、库存管理等领域。
物联网（IoT）：各种传感器和智能设备间的无线互联。
遥控器：如电视遥控器、车库门遥控器、无人机遥控器等。
光通信：虽然不属于传统意义上的无线通信，但基于可见光通信（VLC）和红外线通信（IrDA）也属于无线范畴。

无线通信技术的发展极大地改变了人们的生活和工作方式，提高了信息传输的便利性和效率，并为移动互联网、智能家居、远程监控、智慧城市等多个领域提供了基础支持。随着科技的进步，无线通信的带宽、速度和稳定性不断提升，其应用场景也越来越广泛和深入。

三、计算机网络拓扑和体系结构

1. 网络的拓扑结构

通常，把计算机网络上的服务器及其连接的计算机统称为网络工作站或网络节点，而把网络节点的位置及其互联的几何布局称为计算机网络的拓扑结构。网络的拓扑结构主要有星型、环型和总线型等几种。

星型结构：最常见的网络拓扑结构形式，星型结构如图 4-1-5（a）所示。

环型结构：由计算机网络中各节点首尾相连形成一个闭合环型线路，环型结构如图 4-1-5（b）所示。

总线拓扑结构：早期传统以太网采用的一种拓扑方式，现在这种拓扑方式仅仅出现在一些特殊的场合下。总线结构方式结构如图 4-1-5（c）所示，网段内的所有主机通过一条线路连接起来，结构简单，但性能较差。

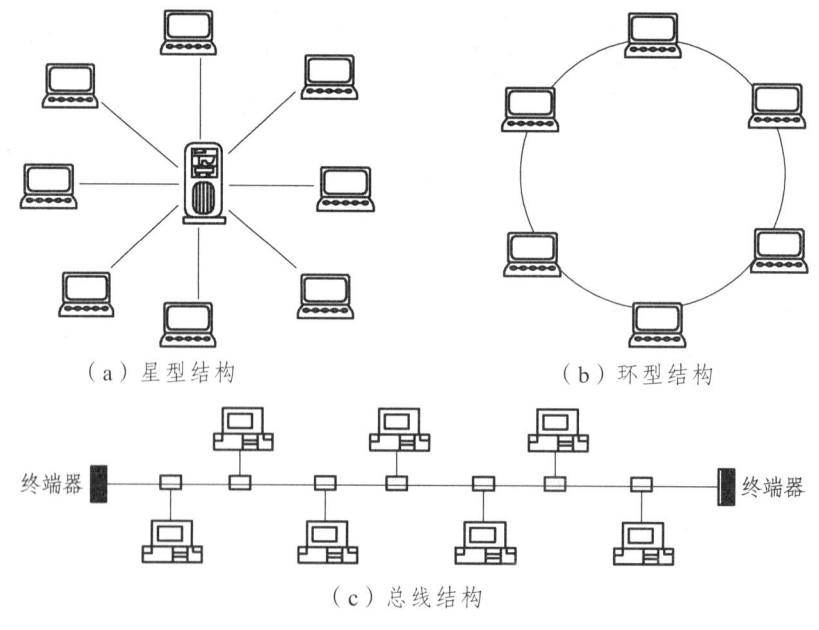

图 4-1-5 网络的拓扑结构

2. 网络体系结构

网络体系结构指的是计算机网络的组织结构和层次体系，用于定义网络中不同层次的功能和通信方式。在计算机网络中，有两个主要的体系结构模型，即 OSI 模型（开放系统互联模型）和 TCP/IP 模型（传输控制协议/互联网协议模型），两种模型的层次的对应关系如图 4-1-6 所示。

（1）OSI 模型（开放系统互联模型）。

OSI 模型是一种通用的网络体系结构，将计算机网络通信划分为 7 个不同的层次，每个层次都具有特定的功能和责任。这些层次从物理连接到应用层，依次为：

物理层（Physical Layer）：处理数据传输的物理介质，如电缆、光纤和无线信号。它负责数据的传输和位的编码方式。

数据链路层（Data Link Layer）：负责将物理层的数据分成帧，管理数据的错误检测和纠正，以及设备之间的访问控制。

网络层（Network Layer）：负责在不同的网络之间进行数据路由和转发。它使用 IP 地址来标识不同的设备和网络。

传输层（Transport Layer）：提供端到端的通信服务，负责数据的可靠传输和错误检测。TCP（传输控制协议）和 UDP（用户数据报协议）是常见的传输层协议。

会话层（Session Layer）：管理不同设备之间的会话，包括会话的建立、维护和终止。它负责建立和维护数据传输的上下文。

表示层（Presentation Layer）：负责数据的格式转换和加密解密。它确保数据在不同设备和应用程序之间的兼容性。

应用层（Application Layer）：包含网络应用程序和服务，如 Web 浏览器、电子邮件客户端和文件传输协议。它是用户与网络进行交互的层次。

OSI 模型提供了一个通用的框架，用于理解和描述不同网络协议和功能的关系，但在实际应用中，更常见的是 TCP/IP 模型（OSI 参考模型与 TCP/IP 模型），两者的层次结构对照如图 6-2 所示。

（2）TCP/IP 模型（传输控制协议/互联网协议模型）。

TCP/IP 模型是互联网通信的基础，它将网络通信分为 4 个层次，分别是：

网络接口层（Network Interface Layer）：也称为链路层，负责处理与物理介质的直接通信，包括数据的封装、帧的发送和接收。

网络层（Network Layer）：负责数据的路由和转发，使用 IP 地址标识不同设备和网络。它包括 Internet 控制报文协议（ICMP）用于网络错误和控制消息。

传输层（Transport Layer）：提供端到端的通信，确保数据的可靠传输。TCP 和 UDP 是两种常见的传输层协议，它们提供不同级别的可靠性。

应用层（Application Layer）：包含各种网络应用程序和服务，如 HTTP（用于 Web）、SMTP（用于电子邮件）和 FTP（文件传输协议）。应用层协议使用户能够访问网络资源和服务。

TCP/IP 模型是互联网通信的核心，它强调了网络通信的端到端性质和分层结构，使不同层次的协议能够相互独立地开发和维护。

总之，网络体系结构是网络通信的基础，它定义了不同层次的功能和通信方式，使网络设备和协议能够协同工作，实现可靠的数据传输和通信。在网络管理、协议开发和网络安全方面，深入了解这些体系结构非常重要。

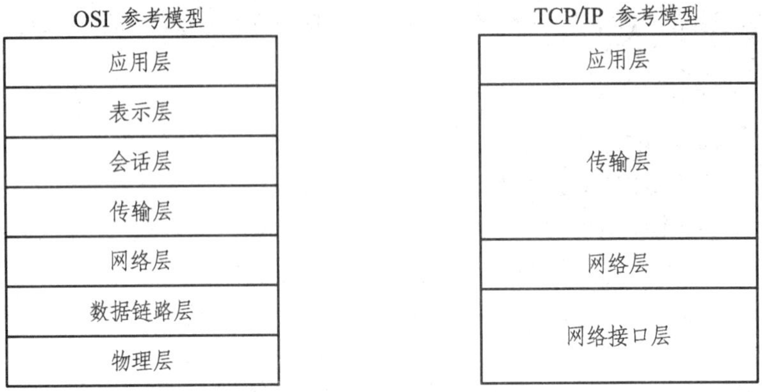

OSI 参考模型	TCP/IP 参考模型
应用层	应用层
表示层	
会话层	传输层
传输层	
网络层	网络层
数据链路层	网络接口层
物理层	

图 4-1-6　TCP/IP 与 OSI 层次结构模型的对照

四、计算机通信技术

广泛意义上的通信，指的是人与人之间交流思想和感情的方式，它可以表现为书面形式和口头形式。计算机中的通信也属这一范畴，但它用计算机作为媒介，使传输的数据量大大加强并且传输时间大大减少。

当我们用计算机进行通信时，就正在共享信息。这种共享可以是本地的也可以是远程的。在个体之间，本地通信常常通过面对面的方式进行（如局域网内部的通信），而远距离通信却要跨越距离进行（如通过因特网进行通信）。

数据通信是计算机网络的基础，没有数据通信技术的发展，就没有计算机网络的今天。

数据通信系统的技术指标主要从数据传输的质量和数量来体现。质量指信息传输的可靠性，一般用误码率来衡量。而数量指标包括两方面：一方面是信道的传输能力，用信道容量来衡量；另一方面指信道上传输信息的速度，相应的指标是数据传输速率。

1. 通信技术相关概念

（1）信道。

信道是传输信息的通道。在计算机网络中，信道分为物理信道和逻辑信道。物理信道是指用来传输数据和信号的物理通道，由传输介质和相关的通信设备组成。计算机网络使用的通信介质包括同轴电缆、光纤、双绞线、无线电波和卫星等。相应的就有有线（同轴电缆、光纤、双绞线）信道、无线信道和卫星信道。逻辑信道也是网络的一种通路，它是指在发送点和接收点之间的物理信道的基础上，通过节点内部的连接来实现的，称为"连接"。信道按传输介质，可分为有线信道或无线信道；按传输信号类型，可分为模拟信道和数字信道；按使用权限，可分为专用信道和公用信道等。

（2）数字信号和模拟信号。

数字信号和模拟信号是两种不同类型的信号，用于在通信、电子设备和数据处理中传输和表示信息。它们在性质、表示方式和应用方面存在显著差异。

① 数字信号（Digital Signal）。

性质：数字信号是一种离散的信号，它在时间上或空间上以离散的取样点表示。每个取样点具有离散的数值，通常以二进制形式（0 和 1）表示。数字信号可以被精确地表示和存储。

表示方式：数字信号通常以数字形式表示，如二进制代码。它们可以用数字位表示，每个位代表一个二进制数值，从而构成一个数字序列。

应用：数字信号广泛用于数字通信、计算机数据处理、数字音频和视频、数字控制系统等领域。数字信号易于处理、传输和存储，具有抗干扰性和可靠性。

② 模拟信号（Analog Signal）。

性质：模拟信号是一种连续的信号，其数值在时间上或空间上以连续方式变化。它可以取任何连续范围内的数值，而不是离散的数值。模拟信号可以具有无限数量的值。

表示方式：模拟信号以模拟方式表示，通常以连续的波形表示，如正弦波、三角波或方波。

应用：模拟信号在传统通信、音频、视频和一些传感器应用中广泛使用。它们可以捕捉和传输连续的自然现象，如声音和图像。

③ 关键区别。

连续性：数字信号是离散的，模拟信号是连续的。

精度：数字信号通常可以以高精度表示和存储，而模拟信号的精度受限于采样频率。

抗干扰性：数字信号对干扰和噪声具有更好的抗干扰性，因为它们可以通过错误检测和纠正进行保护。

处理和复杂性：数字信号易于数字化处理，而模拟信号通常需要模拟电路来处理。

在实际应用中，数字信号和模拟信号经常相互转换。例如，在电话系统中，声音是模拟信号，但通常会被转换为数字信号以进行数字传输。了解信号的类型和处理方式对于正确设计和维护通信和电子系统至关重要。

（3）调制和解调。

调制和解调是数字通信系统中的两个关键过程，用于将数字信号转换成模拟信号（调制）以便在传输过程中传递，然后将其还原为数字信号（解调）以供接收方处理。这两个过程在广泛的通信技术中都有应用，包括无线通信、有线通信、卫星通信等。

调制（Modulation）是将数字信号转换为模拟信号的过程。数字信号是离散的、只包含离散值的信号，而模拟信号是连续的信号，其数值可以在一定范围内任意变化。在调制过程中，数字信号经过调制器（也称为调制器或调制器）处理，通过改变某种模拟载波（通常是正弦波）的特定属性，如振幅、频率或相位，以便携带数字信息。调制的目的是使数字信号能够在通信信道中传输，因为通常通信信道能够传输模拟信号而无法直接传输数字信号。常见的调制类型包括振幅调制（AM）、频率调制（FM）、相位调制（PM）、正交频分复用（OFDM）等。

解调（Demodulation）：是将模拟信号转换为数字信号的过程，与调制相反。在接收端，模拟信号需要解调以还原原始的数字信息。解调器（也称为解调器）接收到传输的模拟信号后，它会根据特定的解调方法，如检测振幅、频率或相位变化，来恢复数字信息。解调的目的是还原原始的数字信号，以供后续处理和分析。解调类型与调制类型相对应，以确保正确地还原数字信息。例如,如果使用了振幅调制,则在接收端需要进行振幅解调。

调制和解调是数字通信系统的核心组成部分,它们允许数字信息在通信信道中传输,然后在接收端被还原。这一过程使得各种通信技术成为可能,包括无线通信、广播、卫星通信、有线电视等。选择合适的调制和解调方法对于确保通信系统的性能,特别是在面对信道噪声和干扰时至关重要。

(4)带宽与数据传输速率。

带宽(Bandwidth):通信信道或传输媒体能够支持的最大频率范围。它通常以赫兹(Hz)来度量,表示信道可以传输的频率范围的宽度。带宽决定了信道的容量,也就是它可以传输的最大信息量。较宽的带宽通常意味着更高的数据传输速度。

数据传输速率(Data Transfer Rate):指在单位时间内通过信道传输的数据量。它通常以比特每秒(b/s)来度量,也可以表示为千兆比特每秒(Gb/s)、兆比特每秒(Mb/s)等。数据传输速率表示了实际的数据传输速度,即在一秒钟内可以传输多少比特。

这两个概念之间的关系可以通过以下方式来解释:

带宽决定了信道的最大容量,即它可以支持多宽的频率范围。这意味着较宽的带宽可以容纳更多的信号或数据。

数据传输速率是实际传输的数据量,取决于所使用的信道的带宽以及其他因素,如信噪比、编码方式等。

数据传输速率通常不会等于信道的带宽。它可能受到信道条件、协议、编码技术和其他因素的限制。

数据传输速率可以是带宽的一部分,但通常不等于带宽。例如,一个具有 1 GHz(千兆赫兹)带宽的信道可以以不同的数据传输速率进行使用,如 100 Mb/s 或 1 Gb/s,实际的数据传输速率取决于配置和需求。

总而言之,带宽表示信道的潜在容量,而数据传输速率表示实际的数据传输速度。它们之间的关系在通信系统设计和性能优化中起着关键作用,以确保数据可以以高效和可靠的方式传输。

(5)误码率。

误码率(Bit Error Rate,BER)是用于衡量数字通信系统或数据传输系统中数据传输质量的指标。它表示在数据传输过程中,每传输一位或一个比特中出现错误的概率。通常以百分比或小数形式表示。误码率是一个非常重要的性能指标,特别是在高速数字通信和数据传输中。它用于评估系统的可靠性和误差率,并帮助工程师识别和解决潜在的通信问题。

通常,误码率 BER=错误比特数/总比特数。其中,"错误比特数"表示在数据传输中被传输错误的比特数量,"总比特数" 表示已经传输的总比特数量。

误码率通常以指数形式表示,例如,"1E-6",即 1×10^{-6},表示每一百万比特中有一个比特传输错误。

误码率的目标取决于具体的通信系统和应用。对于高可靠性的应用,如航空航天、医疗设备和金融交易,误码率通常非常低,例如 1E-12 或更低;而对于一些其他应用,如视频流媒体,对于某些错误可以容忍,误码率可能相对较高,例如 1E-6。

(6)并行通信与串行通信。

在数据通信中,按每次传送的数据位数,通信方式可分为并行通信和串行通信。

并行通信是一次同时传送 8 位二进制数据,从发送端到接收端需要 8 根传输线。并行方式主要用于近距离通信,如在计算机内部的数据通信通常以并行方式进行。这种方式的优点是传输速度快,处理简单。

串行通信一次只传送一位二进制的数据,从发送端到接收端只需要一根传输线。串行方式虽然传输率低,但适合于远距离传输,在网络中(如公用电话系统)普遍采用串行通信方式。

2. 5G 技术

第五代移动通信技术(5th Generation Mobile Communication Technology,5G)是具有高速率、低时延和大连接特点的新一代宽带移动通信技术,是实现人-机-物互联的网络基础设施。国际电信联盟(ITU)定义了 5G 的三大类应用场景,即增强移动宽带(Enhanced Mobile Broadband,eMBB)、超高可靠低时延通信(ultra-Reliable Low Latency Communications,uRLLC)和海量机器类通信(massive Machine Type of Communication,mMTC)。5G 无线网络示意图如图 4-1-7 所示。

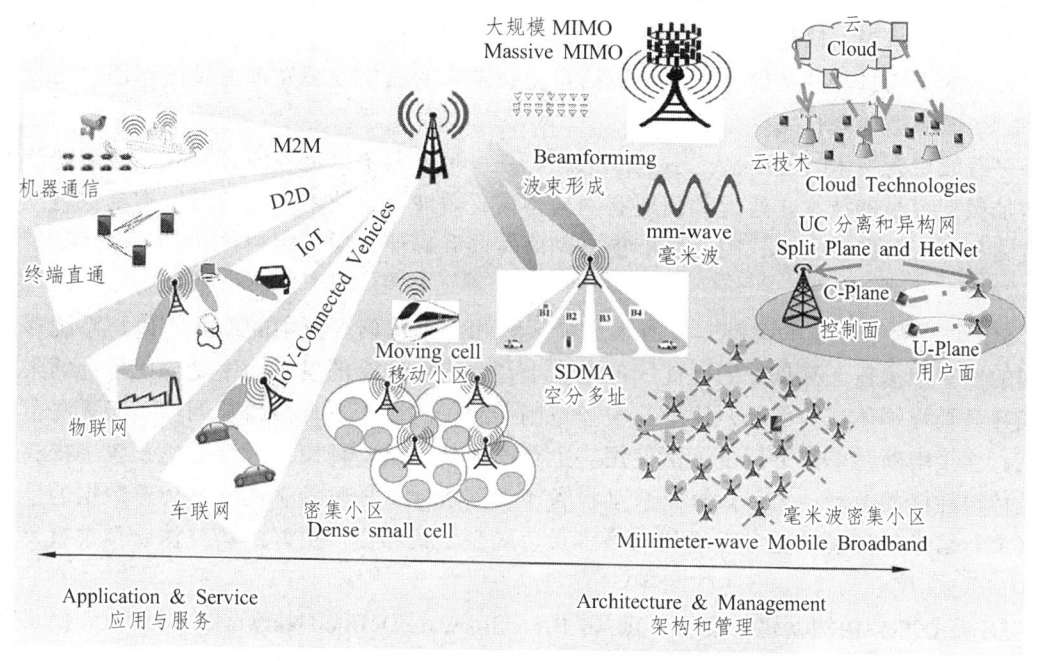

图 4-1-7 5G 无线网络

5G 的关键技术主要包括:大规模天线及波束赋形技术、毫米波技术、多载波聚合技术、上行增强技术,软件定义网络、网络功能虚拟化、网络切片技术、多接入边缘计算等。

(1)大规模天线及波束赋形技术。

与传统设备的 2 天线、4 天线、8 天线相比,采用大规模天线(Massive MIMO)技术的通道数可达 32 或者 64,天线阵子数可做到 192、512,甚至更高,其增益大大超越传统设备,通过大幅提升天线振子数量,提高上下行的流数,实现速率、容量的提升。传统设备在做覆盖规划时,主要关注和满足水平方向覆盖,信号辐射形状是二维电磁波束,而大规模天线在水平维度空间覆盖基础上增加垂直维度空间的覆盖，信号辐射形状是灵活的三维电磁波束。所以大规模天线能深度挖掘空间维度资源，使得基站覆盖范围内的多个用户可以在同一时频资源上利用大规模天线提供的空间自由度与基站同时进行通信，形成的波束更具方向性，降低干扰，提升频谱资源在多个用户之间的复用能力。通过波束赋形（Beamforming）技术做到覆盖波束智能调控，多波束覆盖实现覆盖水平的增强，从而在不需要增加基站密度和带宽的条件下大幅提高网络容量。

（2）毫米波技术。

现在所用的频段资源非常稀缺（2.6 GHz 以下频段），而毫米波频段（30~60 GHz）资源却非常丰富，尚未被充分开发利用，并且随着基站天线规模增加，为了能够在有限的空间内部署更多天线，也要求通信的波长不能太长。毫米波技术是一种无线通信技术，它利用射频频谱中的毫米波段进行高速数据传输。毫米波通信通常指涵盖 30 GHz 到 300 GHz 频段的通信技术。这一技术在 5G 通信系统中得到广泛应用，以提供更高的数据传输速度和网络性能。具有高频段和高带宽、高速数据传输、短传输距离、波束赋形、多路径传播等特点。

毫米波技术主要用于高密度用户区域，如城市中的街道、购物中心、体育场馆和机场。它还用于固定无线接入和移动通信，支持移动通信设备、室内小基站和 5G 网络。

毫米波技术对于满足高带宽需求和支持新兴应用，特别是在 5G 通信系统中非常关键。随着技术的不断进步和部署，毫米波通信有望在未来的通信领域发挥更大的作用。

（3）多载波聚合技术。

多载波聚合技术（Carrier Aggregation，CA）是一种将两个以上载波合并成一条数据信道，以增加数据容量的技术。通过利用现有网络频谱，载波聚合技术让运营商能够提供更高的上行链路和下行链路数据率，因此能够提高网络性能和确保高质量用户体验。

（4）上行增强技术。

5G 网络有大带宽的基础，并有大规模天线和波束赋形等技术的加持，使得系统在下行方向的速率和覆盖上有良好的性能。但是在上行方向，终端的发射功率受辐射指标的限制，天线数量受终端体积的限制，使上行覆盖范围受限，远小于下行覆盖范围。上行无法覆盖的区域，连接中断，单独下行也无法使用。上行增强技术是一种用于无线通信系统中提高上行信号传输性能的技术，上行信号是移动设备（如手机、平板电脑）向基站传输数据的信号，提高上行信号的传输性能对于增加网络容量、减少干扰和提供更好的用户体验至关重要。

（5）5G 核心层技术——SDN/NFV。

5G 核心网架构的变化，使软件定义网络（Software Defined Network，SDN）和网络功能虚拟化（Network Function Virtualization，NFV）成为可能。SDN 实现了控制平面和转发平面解耦，减少转发网元成本，提升路由决策能力，增强网络可控性，有效缩短了网络时延，解决网络拥堵。NFV 使网络硬件和软解耦，基于通用标准化硬件，按需虚拟不同功能模块，构成开放灵活，可动态操作的网络功能虚拟化架构。

在 4G 的时代，核心网里面不同网元的硬件是不通用的，而且软件是基于硬件来升级的。到了 5G 的核心网，采用通用的硬件平台，将网络功能整合到行业标准的服务器、交换机和存储硬件上，并且提供优化的虚拟化数据平面，可通过服务器上运行的软件让管理员取代传统物理网络设备。通过使用 NFV 可以减少甚至移除现有网络中部署的中间件，它能够让单一的物理平台运行于不同的应用程序，用户和租户可以通过多版本和多租户使用网络功能，根据需求提供软件来实现不同的功能，而且软件是通用的，不同的硬件平台都能够适配这样的软件，极大地实现这个硬件的通用性，从而降低成本。

（6）网络切片技术。

SDN 是控制和转发解耦，NFV 是软件和硬件解耦。两者都是解耦，目的只有一个，就是灵活化。而灵活化的目的，就是服务于网络切片。

网络切片本质上就是将物理网络通过软件的编排和资源的协调划分为多个虚拟网络。每一个虚拟网络对应一个切片，根据时延、带宽、安全性和可靠性不同的需求来切片。一个比较形象的比喻是一条高速公路，所有的车都可以行驶所有的车道，那么很容易拥塞，因为有的车开得慢，有的车开得快，做网络切片之后就是各行其道，最典型的例子就是会开出一条快车道或应急车道、公交专用道。开着快的车走快车道，开着慢的车走慢车道，就能极大地提升网络的效率。

（7）多接入边缘计算。

5G 还有一个特色，多接入边缘计算（Multi-Access Edge Computing，MEC）。如果和 4G 一样，所有的数据全部回传到中心，在中心云上去做计算，对于网络承载，网络负荷是非常大的。到了 5G 时代，需要把部分的算力集中到边缘，即更靠近用户的地方，该方法下可以极大减轻网络的负载，还能够降低时延，算力更接近用户，数据减少交互。

5G 通信技术已经开始在全球范围内部署，并将在未来几年内继续发展和扩展。它为连接不同设备、提供更快的数据传输速度和支持各种新型应用提供了广阔的前景。

五、因特网

因特网（Internet）是世界上规模最大的计算机网络系统，是一个全球性的信息系统，因此又称国际互联网。它以 TCP/IP 协议为通信协议，把世界各地的计算机网络连接在一起，进行信息交换和资源共享。

1. 因特网发展概况

（1）因特网的发展历史。

1969 年，为了能在爆发核战争时保障通信联络，美国国防部高级研究计划局（Advance Research Projects Agency，ARPA）资助建立了世界上第一个分组交换试验网 ARPANET，ARPANET 将位于美国不同地方的几个军事及研究机构的计算机主机连接起来，它的建成和不断发展标志着计算机网络发展的新纪元。

1980 年，TCP/IP 协议研制成功，ARPA 开始把 ARPANET 上运行的计算机转向采用新 TCP/IP 协议。1983 年起，开始逐步进入因特网的实用阶段，因特网在美国和一部分发达国家的大学和军事部门中得到广泛使用，作为教学、研究和通信的学术网络。因特网真正的发展是从 NSFNET 的建立开始的。1986 年美国国家科学基金会 NSF 资助建成了基于 TCP/IP 技术的主干网 NSFNET，连接美国的若干超级计算中心、主要大学和研究机构，组成基于 IP 协议的计算机通信网络 NSFNET，并以此作为因特网的基础。后来，随着其他部门的计算机网相继并入因特网，NSFNET 最终将因特网向全社会开放，成为因特网的主干网。NSFNET 停止运营之后，在美国各因特网服务提供商（Internet Service Provider，ISP）之间的高速链路成了美国因特网的骨干网。1995 年以来，因特网用户数量呈指数增长趋势，平均每半年翻一番。

大量用户在丰富因特网服务和内容的同时,也促进了因特网的扩展。今天,它已经深入到社会生活的各个方面,从线上聊天、线上购物,到线上办公、线上学习,我们无处不在受到因特网的影响,它已成为人们与世界沟通的一个重要窗口。

(2)因特网在中国的发展。

随着我国数字通信网络的飞速发展,中国不仅在建设自身的网络基础设施方面取得了显著成就,而且在国际互联网领域也扮演着越来越重要的角色。

自1994年正式接入因特网以来,中国的网络市场经历了爆炸式的增长,形成了庞大的在线经济体系,极大地推动了国家经济的繁荣。因特网不仅为国内企业打开了一扇展示自身产品和服务、拓展国际市场的大门,还为文化交流、教育资源共享以及科研合作提供了广阔的平台。如今,中国的互联网基础设施已经非常完善,拥有多个高速、稳定的国家级网络,服务于不同领域的需求。

中国与因特网互联的主干网络经过多年的发展,已经形成了一个庞大和复杂的网络体系。国内的主要的骨干网络有中国科技网(CSTNET)、中国公用计算机互联网(CHINANET)、中国教育和科研计算机网(CERNET)、中国金桥信息网(ChinaGBN);随着技术的进步和需求的增长,新一代的骨干网络有中国网通公用互联网(CNCNet)、中国移动互联网(CMNet)、中国长城互联网(CGWNet)、中国卫星集团互联网(CSNet)等。这些骨干网络不仅服务于教育、科研、经济和文化等传统领域,还推动了电子商务、云计算、大数据、人工智能等新兴技术的发展,为国家的数字化转型和智能化升级提供了强有力的支持。中国的互联网企业也在全球范围内崭露头角,通过创新的产品和服务,不断增强国际竞争力,为全球互联网发展贡献中国智慧和中国方案。

2. 因特网提供的服务

(1)万维网服务。

万维网(World Wide Web,WWW)是一个基于超文本方式的信息检索服务。WWW是由欧洲粒子物理研究中心(CERN)研制的。WWW将位于全世界因特网网上不同网址的相关数据信息有机地编织在一起,是当前因特网上最受欢迎、最为流行、最直接的信息检索服务系统。

(2)文件传输服务。

文件传输服务(File Transfer Protocol,FTP)服务解决了远程传输文件的问题,因特网上的两台计算机在地理位置上无论相距多远,只要两台计算机都加入因特网并且都支持FTP协议,它们之间就可以进行文件传送。只要两者都支持FTP协议,网上的用户既可以把服务器上的文件传输到自己的计算机上(即下载),也可以把自己计算机上的信息发送到远程服务器上(即上传)。

(3)电子邮件服务(E-mail)。

电子邮件(Electronic Mail,E-mail)是因特网上使用最广泛和最受欢迎的服务之一,它是网络用户之间进行快速、简便、可靠且低成本联络的现代通信手段。

(4)远程登录服务(TELNET)。

远程登录(Remote-login)是Internet提供的最基本的信息服务之一,它是指允许一个地点的用户与另一个地点的计算机上运行的应用程序进行交互对话,即远距离操纵别的机器,实现自己的需要。

因特网还提供其他如电子公告板、网络新闻等服务,为用户提供更多的服务和资讯。

六、IP 地址和域名

1. IP 地址

众所周知,因特网是由上亿台主机互相连接而成的。要确认网络上的每台主机,靠的就是能唯一标识该主机的网络地址,这个地址被称为 IP 地址。也就是说,IP 地址用来唯一地标识 Internet 上的网络实体。

(1) IP 地址的组成。

IP 地址是一种 32 位的二进制地址。为了便于记忆,将它们分为 4 组,每组 8 位(相当于一个字节),每组的取值范围为 0~255,组与组之间用小数点分开。IPv4(Internet Protocol Version 4)地址格式:IPv4 地址由 32 位二进制数字组成,通常以点分十进制(Dotted Decimal)表示,例如:192.168.1.1。这意味着 IPv4 支持约 42 亿个唯一的 IP 地址。下面是一个 IP 地址分别以二进制形式和十进制形式表示的例子。

二进制形式:11000000.10101000.00001110.00110110

十进制形式:192.168.14.54

(2) IP 地址的分类。

因特网是一个互联网,它是由大大小小的各种网络组成的,每个网络中的主机数目是不同的。为了充分利用 IP 地址以适应主机数目不同的各种网络,对 IP 地址也进行了分类。IP 地址通常可分为 A、B、C、D、E 等五类。

A 类地址:

第 1 字节	第 2 字节	第 3 字节	第 4 字节
0~127	0~255	0~255	0~255

A 类 IP 地址的最高位为 0,用 A 类地址组建的网络称为 A 类网络。

B 类地址:

第 1 字节	第 2 字节	第 3 字节	第 4 字节
128~191	0~255	0~255	0~255

B 类 IP 地址第 1 字节高二位规定为 10,最多容纳 65534 台主机,一般分配给中等规模网络使用。

C 类地址:

第 1 字节	第 2 字节	第 3 字节	第 4 字节
192~223	0~255	0~255	0~255

C 类 IP 地址第 1 字节高三位规定为 110,最多容纳 254 台主机,一般分配给小规模网络使用。

D 类地址:

第 1 字节	第 2 字节	第 3 字节	第 4 字节
224~239	0~255	0~255	0~255

D 类地址为组播地址。D 类 IP 地址与上面的 3 种类型地址不相同,这类地址并不用于特

定的局域网子网，也不用于某一台具体工作站，它主要是用来多点广播的。

E 类地址：

第 1 字节	第 2 字节	第 3 字节	第 4 字节
240~255	0~255	0~255	0~255

E 类地址为试验性地址。E 类 IP 地址其实也是一种比较特殊的网络地址，它既不表示特定的局域网子网，也不用于具体的工作站，这类网络地址中每个字节通常都为 255 或 0，简单地说 E 类 IP 地址其实就是"0.0.0.0"或"255.255.255.255"两个地址，而"255.255.255.255"地址一般是用来表示当前网络广播地址的。

上述 IP 地址（即 IPv4）是在 20 世纪 70 年代末设计的，理论上 32 位地址可以提供 1684 万个网络，42 亿台主机地址，但随着因特网用户以指数形式增长以及 IP 地址的分配情况的极不平衡，现有的 IPv4 地址空间已远远不能满足需求。为了解决这一问题，IETF（internet engineeing task force，互联网工程任务组）于 1998 年制定了下一代 Internet 地址标准草案——IPv6。IPv6 采用 128 位地址长度，地址数量几乎可以视为无限。IPv6 使用冒号十六进制记法，每 16 位的值用十六进制值表示，例如，68E6:8C64:FFFF:FFFF:0:1180:960A:FFFF。在 IPv6 的设计过程中，地址短缺问题得到了完全的解决，新的 IP 地址体系还考虑了在 IPv4 中解决不好的其他问题，如点到点 IP 连接、服务质量、安全性、移动性、即插即用等。

2. 域　名

IP 地址的定义严格且易于划分子网，因此非常有用，但记忆起来十分不便。因此，每台接入因特网的主机又可以取一个便于记忆的名字，这就是域名。简单地说，域名是 IP 地址人为化的代称。

在因特网上，使用的域名地址必须经 DNS 将域名翻译成 IP 地址，才能被网络识别。

一个域名地址由多个子域名组成，各子域名之间用圆点"."分隔，每部分表示一定的含义，且从右至左各部分之间大致上是上层与下层的包含关系，域名的级数通常不超过 5，从右至左依次为第一级域名，第二级域名……直至主机名。即可表示为：

主机名.……第三级域名.第二级域名.第一级域名

在国际上，第一级域名采用通用的标准代码，它分组织机构和地理模式两类。

（1）组织性顶级域名的标准：

　　com 商业机构　　　mil 军事机构　　　edu 教育机构
　　net 网络机构　　　gov 政府机构　　　ogr 非营利组织

国际顶级域名只有一个，即 int，要求在其下注册的二级域名应当是真正具有国际性的实体。

（2）地理性顶级域名的标准（部分）：

　　cn 中国　　jp 日本　　fr 法国
　　us 美国　　uk 英国　　hk 香港

根据《互联网域名管理办法》规定："'.CN'和'.中国'是中国的国家顶级域名。"国家顶级域名之下设置"类别域名"和"行政区域名"两类二级域名。

"类别域名"有 9 个，分别为："GOV"适用于政府机构；"ORG"适用于非营利性的组织；"AC"适用于科研机构；"COM"适用于工、商、金融等企业；"EDU"适用于教育机构；"MIL"适用于国防机构；"NET"适用于提供互联网服务的机构。

"行政区域名"有 34 个，适用于我国的各省、自治区、直辖市、特别行政区的组织，如 BJ（北京市），SH（上海市），TJ（天津市），AH（安徽省），GS（甘肃省）等。

例如：pku.edu.cn 是北京大学的一个域名，其中 pku 是该大学的英文缩写，edu 表示是教育机构，cn 表示中国。www.microsoft.com 表示是美国微软公司的 WWW 服务器，美国的主机名可以省略国别代码。

任务一　基础训练

（1）下面是某单位主页的 Web 地址，其中地址格式正确的是（　　）。

A. http//www.jnu.edu.cn　　　　B. http：www.jnu.edu.cn

C. http：//www.jnu.edu.cn　　　D. http：/www.jnu.edu.cn

（2）计算机网络按地理范围可分为（　　）。

A. 广域网、城域网和局域网　　　B. 广域网、因特网和局域网

C. 因特网、城域网和局域网　　　D. 因特网、广域网和对等网

（3）因特网属于（　　）。

A. 万维网　　　　　　　　　　　B. 局域网

C. 城域网　　　　　　　　　　　D. 广域网

（4）下列有关因特网中叙述错误的是（　　）。

A. 万维网就是因特网

B. 因特网提供了多种信息

C. 因特网是计算机网络的网络

D. 因特网是国际计算机互联网

（5）下列不属于网络拓扑结构形式的是（　　）。

A. 星型　　　　　　　　　　　　B. 环型

C. 总线　　　　　　　　　　　　D. 分支

（6）下列各项中，非法的 IP 地址是（　　）。

A. 147.45.6.2　　　　　　　　　B. 256.117.34.12

C. 226.174.8.12　　　　　　　　D. 25.114.58.9

（7）下列四项内容中，不属于 Internet 基本功能的是（　　）。

A. 实时检测控制　　　　　　　　B. 电子邮件

C. 文件传输　　　　　　　　　　D. 远程登录

（8）统一资源定位器 URL 的格式是（　　）。

A. 协议：//IP 地址或域名/路径/文件名　　B. TCP/IP 协议

C. http 协议　　　　　　　　　　D. 协议：//路径/文件名

（9）某主机的电子邮件地址为：cat@public.mba.net.ca，其中 cat 代表（　　）。

A. 用户名　　　　　　　　　　　B. 网络地址

C. 域名　　　　　　　　　　　　D. 主机名

（10）域名中的 int 是指（　　）。

　　A. 商业组织　　　　　　　　B. 国际组织

　　C. 教育组织　　　　　　　　D. 网络支持机构

（11）计算机网络最突出的优点是（　　）。

　　A. 运算速度快　　　　　　　B. 存储容量大

　　C. 运算容量大　　　　　　　D. 可以实现资源共享

（12）TCP/IP 协议的含义是（　　）。

　　A. 拨号入网传输协议　　　　B. 局域网传输协议

　　C. 传输控制协议和网际协议　D. OSI 协议

（13）从系统的功能来看，计算机网络主要由（　　）组成。

　　A. 资源子网和通信子网　　　B. 数据子网和通信子网

　　C. 模拟信号和数字信号　　　D. 资源子网和数据子网

（14）将计算机的数字信号转换为模拟信号的过程是（　　）。

　　A. 解调　　　　　　　　　　B. 调制

　　C. 调制并解调　　　　　　　D. 调制或解调

（15）下列域名中，表示教育机构的是（　　）。

　　A. ftp.mba.net.cn　　　　　B. ftp.cnc.ac.cn

　　C. www.mda.ac.cn　　　　　 D. www.mba.edu.cn

任务二　社会实践

通过信息化手段，调研 5G 技术在各个行业的应用，选取其中一个应用领域，组建一个团队，共同编制一份创新创业的项目策划书。策划书编制大纲如下：

1 项目概述

　1.1 项目背景

　　1. 5G 技术的快速发展和在各行业的广泛应用

　　2. ×××行业的数字化转型需求

　1.2 项目目标

　　1. 利用 5G 技术优势，提升×××服务的效率和质量

　　2. 推动×××领域的创新和创业

　1.3 项目选题

　　选择一个×××领域的特定应用场景

2 市场调研与需求分析

　2.1 5G 技术在×××行业的应用现状

　　1. ×××机构已有的 5G 技术应用案例

　　2. 行业趋势和未来发展预测

　2.2 目标市场及用户需求

　　1. 定位目标用户群体

  2. 分析用户对于 5G 技术在×××中的期望和需求

3 项目方案设计

3.1 项目应用场景选择

  1. 解释为什么选择特定的×××应用场景

  2. 该场景在当前×××环境中的价值和潜在影响

3.2 技术架构与方案

  1. 详细描述 5G 技术在所选场景中的应用方式

  2. 需要的硬件和软件支持

3.3 创新性与独特卖点

  1. 项目相对于现有解决方案的创新之处

  2. 凸显项目的独特卖点和竞争优势

4 团队组建与角色分工

4.1 团队成员介绍

  1. 团队成员的专业背景和技能

  2. 每个成员对于项目的贡献和责任

4.2 团队协作计划

  1. 沟通与协作工具的选择

  2. 项目进度和里程碑安排

5 资源需求与预算估算

5.1 技术和设备需求

  1. 5G 网络建设和维护

  2. 所需硬件和软件的采购

5.2 人力资源需求

  1. 团队成员薪酬及奖励机制

  2. 招募额外人才的计划

5.3 预算估算

  1. 项目启动和运营的总成本预估

  2. 资金筹集计划

6 风险分析与应对策略

6.1 项目可能面临的风险

  1. 技术风险

  2. 市场风险

  3. 法规和合规性风险

6.2 应对策略

  1. 风险预防措施

  2. 风险发生后的应急计划

7 项目推进计划

7.1 项目启动时间表

  1. 各阶段的时间节点和计划

  2. 项目推进中的关键事件和决策点
 7.2 项目评估和调整
  1. 定期项目进度评估
  2. 针对实际情况的调整计划

8 可行性分析
 8.1 技术可行性
  1. 5G 技术的可行性和稳定性
  2. 技术实施的可行性分析
 8.2 经济可行性
  1. 项目的投资回报分析
  2. 可行性研究的结果和结论

9 社会影响和可持续发展
 9.1 项目对×××行业的社会影响
 9.2 项目的可持续发展计划
  1. 环保和社会责任考虑
  2. 未来发展和升级计划

10 结论与展望
 10.1 总结项目策划书的主要内容
  1. 强调项目的创新性和社会意义
  2. 突出未来发展的方向和愿景

项目二　信息安全基础

信息安全是现代社会中至关重要的一个领域。随着数字化时代的到来，个人、组织和政府机构都越来越依赖于信息技术来存储、传输和处理敏感信息。因此，保护这些信息免受未经授权的访问、修改或破坏变得至关重要。本项目将介绍信息安全的基本概念、重要性和核心原则。

一、信息安全与网络安全的基本概念

信息安全与网络安全是一个关系到国家安全和主权、社会的稳定、民族文化的继承和发扬的重要问题，其重要性正随着全球信息化步伐的加快而变得越来越重要。目前威胁信息与网络安全的主要因素有自然威胁，如地震、火灾、电磁干扰、各种故障等；人为破坏，其特点是人为故意破坏，当造成的后果构成犯罪时，又叫计算机犯罪；敌对的威胁，这是强度最大的一种信息安全威胁，即国家间的电子信息对抗或者说"信息战"。信息安全与网络安全是近20年来发展起来的新兴学科，有人以人体来比喻，即芯片是细胞，计算机是大脑，网络是神经系统，智能是营养，信息是血浆，信息安全是免疫系统；也有人形象地指出，如果没有信息安全作基础，那么"信息化"就像是建立在沙滩上的美丽大厦，随时可能轰然倒塌！正因为信息安全具有如此重要的战略地位，各国都给以极大的关注与投入。

1. 信息安全与网络安全概述

（1）网络安全的基本概念。

保密性（secrecy）：信息不泄露给非授权的用户、实体或进程。

完整性（integrity）：信息在存储或传输过程中保持不被修改、不被破坏和丢失的特性。

可用性（available）：可被授权实体访问并按需求使用的特性。

真实性（authenticity）：也称认证性、不可抵赖性，在信息交互过程中，确保参与者的真实同一性，所有参与者都不能否认和抵赖曾经完成的操作和承诺。

可控性（controllable）：对信息的传播路径、范围及其内容所具有的控制能力。

（2）信息安全的基本概念。

信息的保密性：保证信息不泄露泄露给未授权的人。

信息的可靠性：确保信道、消息源、发信人的真实性以及核对信息获取者的合法性。

信息的完整性：包括操作系统的正确性和可靠性，硬件和软件的逻辑完整性，数据结构和当前值的一致性，即防止信息被未授权者篡改。

信息的可用性：保证信息及信息系统确实为授权使用者所用，防止由于计算机病毒或其他人为因素造成系统拒绝服务或敌手可用却对授权者拒用。

信息的可控性：对信息及信息系统实施安全监控管理。

信息的不可否认性：保证信息行为人不能否认自己的行为。

（3）网络与信息安全的关系。

网络为信息安全提供了更大的用武之地。信息安全是进行网络应用及电子商务的基础。网络技术与信息安全共同发展。

（4）我国网络信息安全现状。

随着人工智能、大数据、5G 等新兴技术的发展，企业面临的威胁日益增加。相关数据显示，在 2015 年至 2025 这十年间，网络攻击引发的全球潜在经济损失可能高达 2940 亿美元。网络风险的升级，让政府、企业和个人都对该风险愈加关注。各国纷纷颁布数据保护方面的法律法规，我国自 2017 年 6 月开始实行《中华人民共和国网络安全法》。2019 年 5 月，我国发布了等级保护 2.0 国家标准，增加了个人信息保护、云计算扩展等要求。

国家互联网应急中心发布的《2019 年上半年我国互联网网络安全态势》显示，2019 年上半年，我国互联网网络安全状况具有四大特点：个人信息和重要数据泄露风险严峻；多个高危漏洞爆出给我国网络安全造成严重安全隐患；针对我国重要网站的分布式拒绝服务（Distributed Denial of Service，DDoS）攻击事件高发；利用钓鱼邮件发起有针对性的攻击频发。

国家互联网应急中心从恶意程序、漏洞隐患、移动互联网安全、网站安全以及云平台安全、工业系统安全、互联网金融安全等方面，对我国互联网网络安全环境开展宏观监测。数据显示，与 2018 年上半年数据比较，2019 年上半年我国境内通用型"零日"漏洞收录数量，涉及关键信息基础设施的事件型漏洞通报数量，遭篡改、植入后门、仿冒网站数量等有所上升，其他各类监测数据有所降低或基本持平。

2. 信息安全与网络安全的范畴

（1）网络安全。

网络安全是为保护商务各方网络端系统之间通信过程的安全性。保证机密性、完整性、认证性和访问控制性是网络安全的重要因素，保证网络安全的主要措施有：

① 全面规划网络平台的安全策略。

② 制定网络安全的管理措施。

③ 使用防火墙。

④ 尽可能地记录网络上的一切活动。

⑤ 注意对网络设备的物理保护。

⑥ 检验网络平台系统的脆弱性。

⑦ 建立可靠的识别和鉴别机制。

（2）应用安全。

应用安全主要是针对特定应用（如 Web 服务器、网络支付专用软件系统）所建立的安全防护措施，它独立于网络的任何其他安全防护措施。虽然有些防护措施可能是网络安全业务的一种替代或重叠,如 Web 浏览器和 Web 服务器在应用层上对网络支付结算信息包的加密,都通过 IP 层加密,但是许多应用还有自己的特定安全要求。

应用层上的安全业务还涉及认证、访问控制、机密性、数据完整性、不可否认性、Web 安全性、EDI 和网络支付等应用的安全性。

（3）系统安全。

系统安全是指从整体电子商务系统或网络支付系统的角度进行安全防护,它与网络系统硬件平台、操作系统、各种应用软件等互相关联。涉及网络支付结算的系统安全包含下述一些措施：

① 在安装的软件中,如浏览器软件、电子钱包软件、支付网关软件等,检查和确认未知的安全漏洞。

② 技术与管理相结合,使系统具有最小的穿透风险性。如通过诸多认证才允许连通,对所有接入的数据必须进行审计,对系统用户进行严格安全管理。

③ 建立详细的安全审计日志,以便监测并跟踪入侵攻击等。

二、信息安全技术概述

1. 信息安全技术的定义

信息安全技术就是维护信息安全的技术,包括信息安全概述、信息保密技术、信息隐藏技术、消息认证技术、密钥管理技术、数字签名技术、物理安全、操作系统安全、网络安全协议、应用层安全技术、网络攻击技术、网络防御技术、计算机病毒、信息安全法律与法规、信息安全解决方案等。

2. 信息安全技术的分类

信息安全技术主要有以下几种安全技术类型：防火墙、安全路由器、虚拟专用网、安全服务器、证书颁发机构、用户认证产品、安全管理中心、入侵检测系统、安全数据库、安全操作系统等。

（1）防火墙在某种意义上可以说是一种访问控制产品。它在内部网络与不安全的外部网络之间设置障碍,阻止外界对内部资源的非法访问,防止内部对外部的不安全访问。其主要技术有包过滤技术、应用网关技术、代理服务技术。防火墙能够较为有效地防止黑客利用不安全的服务对内部网络攻击,并且能够实现数据流的监控、过滤、记录和报告功能,较好地隔断内部网络与外部网络的连接。但它本身可能存在安全问题,可能会是一个潜在的瓶颈。

（2）安全路由器：由于 WAN 连接需要专用的路由器设备,因而可通过路由器来控制网络传输。通常采用访问控制列表技术来控制网络信息流。

（3）虚拟专用网（Virtual Private Network,VPN）是在公共数据网络上,采用数据加密技术和访问控制技术,实现两个或多个可信内部网之间的互联。VPN 的构筑通常都要求采用具有加密功能的路由器或防火墙,以实现数据在公共信道上的可信传递。

（4）安全服务器主要针对一个局域网内部的信息存储、传输的安全保密问题,其实现功能包括对局域网资源的管理和控制，对局域网内用户的管理，以及局域网中所有安全相关事件的审计和跟踪。

（5）证书颁发机构（Certificate Agency，CA）作为通信的第三方，为各种服务提供可信任的认证服务。CA 可向用户发行电子签证证书，为用户提供成员身份验证和密钥管理等功能。公钥基础设施（Public Key Infrastructure，PKI）产品可以提供更多的功能和更好的服务，将成为所有应用的计算基础结构的核心部件。

（6）用户认证产品：由于 IC 卡技术的日益成熟和完善，IC 卡被更为广泛地用于用户认证产品中，用来存储用户的个人私钥，并与其他技术，如动态口令相结合，对用户身份进行有效地识别。同时，还可利用 IC 卡上的个人私钥与数字签名技术结合，实现数字签名机制。随着模式识别技术的发展，诸如指纹、视网膜、脸部特征等高级的身份识别技术也将投入应用，并与数字签名等现有技术结合，必将使得对用户身份的认证和识别更趋完善。

（7）安全管理中心：由于网上的安全产品较多，且分布在不同的位置，这就需要建立一套集中管理的机制和设备，即安全管理中心。它用来给各网络安全设备分发密钥，监控网络安全设备的运行状态，负责收集网络安全设备的审计信息等。

（8）入侵检测系统（Intrusion Detection System，IDS）：作为传统保护机制（比如访问控制、身份识别等）的有效补充，形成了信息系统中不可或缺的反馈链。

（9）安全数据库：由于大量的信息存储在计算机数据库内，有些信息是有价值的，也是敏感的，需要保护。安全数据库可以确保数据库的完整性、可靠性、有效性、机密性、可审计性及存取控制与用户身份识别等。

（10）安全操作系统：给系统中的关键服务器提供安全运行平台，构成安全 WWW 服务、安全 FTP 服务、安全 SMTP 服务等，并作为各类网络安全产品的坚实底座，确保这些安全产品的自身安全。

三、信息安全的主要技术

1. 加密与解密

信息的保密性是信息安全性的一个重要方面。保密的目的是防止敌人破译机密信息。加密是实现信息的保密性的一个重要手段。所谓加密，就是使用数学方法来重新组织数据，使除了合法的接收者之外，任何其他人都不能恢复原先的"消息"或读懂变化后的"消息"。加密前的信息称为"明文"，加密后的信息称为"密文"。将密文变为明文的过程称为解密。

加密技术可使一些主要数据存储在一台不安全的计算机上，或可以在一个不安全的信道上传送。只有持有合法密钥的一方才能获得"明文"。

在对明文进行加密时所采用的一组规则称为加密算法。类似地，对密文进行解密时所采用的一组规则称为解密算法。加密和解密算法的操作通常都是在一组密钥控制下进行的，分别称为加密密钥和解密密钥。加密技术分为两类，即对称加密和非对称加密。

2. 认证技术

认证就是指用户必须提供其是谁的证明，如他是某个雇员、某个组织的代理、某个软件过程（股票交易系统或 Web 订货系统的软件过程）。认证的标准方法就是弄清楚他是谁，他具有什么特征，他知道什么是可用于识别身份的东西。比如说，系统中存储了他的指纹，他接入网络时，就必须在连接到网络的电子指纹机上提供他的指纹（这就防止他以假的指纹或其他电子信息欺骗系统），只有指纹相符才允许他访问系统。为了解决安全问题，一些公司和机构正千方百计地解决用户身份认证的问题，主要有以下几种认证方法：

（1）基于共享密钥的身份验证：这种方法依赖于服务器端和用户共同拥有的密码或密钥。用户在进行身份验证时输入密码，服务器检查输入的密码是否与保存的密码一致，从而确认用户身份。

（2）基于生物学特征的身份验证：利用每个人的生物特征，如指纹、虹膜等独一无二的身体特征来进行身份验证。

（3）基于公开密钥加密算法的身份验证：通信双方各自持有公开密钥和私有密钥，通过加密和解密特定数据来确认用户身份。

（4）智能卡：用户需要插入智能卡并输入密码才能进行身份验证，包括信用卡大小的 IC 卡和 USB 密钥等。

（5）单一因素和双因素身份验证：单一因素身份验证包括短信验证、邮件验证等，而双因素身份验证需要用户提供两种或以上的身份验证方法，如用户名和密码加指纹识别，增加了安全性。

（6）多因素身份验证：要求用户提供多种身份验证方法，例如用户名和密码加指纹识别和一次性密码等，提高了身份验证的安全性。

（7）单点登录：通过一次身份验证，让用户可以访问多个应用程序和系统，提高了用户体验和效率。

（8）基于区块链的身份认证：使用区块链技术生成全球唯一的 ID，结合电子凭证和用户授权机制，确保数据的不可篡改性和权威性，适用于多种场景，包括毕业生入职教育背景调查等。

（9）API 密钥认证：使用 API 密钥进行身份验证，API 密钥由数字和字母组成，通常至少 30 个字符长，可以存放在请求的 header、body 或查询参数中。

（10）Oauth（2.0）：一种开放式身份验证协议，允许用户通过授权服务器申请令牌，然后使用令牌请求资源服务器的资源。

3. 访问控制技术

访问控制技术就是通过不同的手段和策略实现网络上主体对客体的访问控制。在因特网上，客体是指网络资源，主体是指访问资源的用户或应用。访问控制的目的是保证网络资源不被非法使用和访问。

访问控制（Access Control）是网络安全防范和保护的主要策略，通过某种途径显式地准许或限制访问能力及范围的一种方法,是实现数据保密性和完整性机制的主要手段。根据控制手段和具体目的的不同,可以将访问控制技术划分为结果不同的级别,包括入网访问控制、网络权限控制、目录安全控制以及属性控制等多种手段。

4. 防火墙

防火墙技术最初是针对因特网不安全因素所采取的一种保护措施。顾名思义,防火墙就是用来阻挡外部不安全因素影响的内部网络屏障,其目的是防止外部网络用户未经授权的访问。它是一种计算机硬件和软件的结合,使互联网与内联网之间建立起一个安全网关(security gateway),从而保护内联网免受非法用户的侵入。防火墙主要由服务访问政策、验证工具、包过滤和应用网关4个部分组成,防火墙就是一个位于计算机和它所连接的网络之间的软件或硬件,该计算机流入流出的所有网络通信均要经过此防火墙。

四、常见威胁和攻击防范手段

在信息安全领域,了解常见的威胁和攻击类型是至关重要的,其有助于我们制定有效的防御策略。当面对常见的威胁和攻击类型时,组织可以采取一系列防范手段来提高信息安全。以下是一些常见威胁和攻击类型以及相应的防范措施:

1. 恶意软件

恶意软件(Malware)是一种广泛存在的威胁,包括病毒、蠕虫、木马和间谍软件。这些恶意软件可用于窃取敏感信息、损坏系统、控制受感染的计算机等。

防范手段:安装可靠的防病毒软件,并定期更新病毒定义。不要下载或点击不明链接或附件,尤其是来自未知发件人的电子邮件。保持操作系统和应用程序更新至最新版本,以修复已知漏洞。

2. 社会工程攻击

社会工程攻击(Social Engineering Attacks)是利用心理学和欺骗性手段来欺骗人员,以获取敏感信息或访问系统。常见的社会工程攻击包括钓鱼(Phishing)和钓鱼邮件(Phishing Emails)。

防范手段:提供员工信息安全培训,教育他们如何警惕社会工程攻击。验证任何涉及敏感信息或重要决策的请求,尤其是通过电子邮件或电话的请求。

3. DDoS 攻击

DDoS 攻击旨在通过向目标系统发送大量请求,使其超载和不可用。攻击者通常使用大量受感染的计算机作为攻击源,协同发动攻击。

防范手段:部署网络防火墙和入侵检测系统,以检测和阻止恶意流量。使用内容分发网络来分散流量负载,减轻攻击影响。

4. 数据泄露

数据泄露事件可能导致敏感信息(如个人身份信息、信用卡号码等)暴露给未经授权的人员。这种情况可能是由内部泄露或外部攻击引起的。

防范手段：实施数据加密，包括数据在传输和存储时的加密。需要访问控制，确保只有授权人员可以访问敏感数据。建立数据备份和灾难恢复计划，以应对数据丢失情况。

5. "零日"漏洞

"零日"漏洞（Zero-Day Vulnerabilities）是指尚未被厂商修复的漏洞，攻击者可能会利用这些漏洞来入侵系统或应用程序。

防范手段：及时应用厂商发布的安全补丁。监测安全社区的警报，以获取有关新漏洞的信息。使用网络防火墙和入侵检测系统来检测恶意活动。

6. 勒索软件

勒索软件（Ransomware）是一种恶意软件，它会加密受害者的文件，并要求赎金以解密文件。这种攻击类型在近年来大幅增加。

防范手段：定期备份数据，并将备份存储在离线位置，以防止数据丢失。不要下载或打开不明链接或附件，特别是来自未知来源的。使用可靠的安全软件来检测和阻止勒索软件。

信息安全是一个不断发展的领域，防范措施需要不断更新和改进，以适应新的威胁和攻击技巧。同时，组织还应定期进行安全审计和监测，以确保信息资产得到有效的保护。

五、计算机病毒

计算机研究的先驱者纽曼早在 1949 年曾预言，有人会编制异想天开的程序且不正当地使用。1983 年，美国计算机协会计算机图林奖获得者汤普生公布了计算机病毒的存在及其程序编制方法。1984 年 5 月，《科学美国人》杂志曾发表有关磁心大战的文章，指出获得指导编制病毒程序的复印材料只需 2 美元。随后，计算机病毒在大学里得到了迅速扩散，蔓延开来。

计算机病毒就像我们日常生活常见的生物病毒一样，具有独特的自我复制能力，以较快的速度进行传播。它本质上是一种可执行程序代码，能够破坏计算机功能，影响计算机的正常运转。

1. 计算机病毒的定义

计算机病毒（Computer Virus）指编制或者在计算机程序中插入的破坏计算机功能或者破坏数据，影响计算机使用并且能够自我复制的一组计算机指令或者程序代码。

2. 计算机病毒的特性

计算机病毒是一种虚拟的病毒，但它具有和生物病毒类似的特性，能在计算机中完成自我复制和传播，具有以下特点。

传染性：某些计算机病毒可以对自身程序代码进行复制"繁殖"，再通过网络、无线通信系统以及硬盘、U 盘等移动存储设备感染其他计算机，其他计算机又会成为新的感染源，并在短时间内进行大范围的传播。

破坏性：病毒入侵计算机后，往往会对计算机资源进行破坏，轻者可能会造成计算机磁盘空间减少，电脑运行速度降低，重者将会造成数据文件丢失、系统崩溃等灾难性后果。

寄生性：病毒程序是嵌入到宿主程序中，其依赖于宿主程序而生存，当宿主程序执行病毒会被激发，否则病毒将一直寄生于宿主程序，不会发作。

隐蔽性：病毒通常以程序代码存在于其他程序中，或以隐藏文件的形式存在，通常具有很强的隐蔽性，甚至通过杀毒软件都难以检查出来。

触发（潜伏）性：某些病毒在发作之前往往会长期隐藏在系统中，具有一定的潜伏周期，当遇到触发条件时发作。

3. 计算机病毒的结构

计算机病毒在结构上有着共同性，一般由引导部分、传染部分、表现部分及其他部分组成。

（1）引导部分的作用在于实现病毒的初始化，它随着宿主程序的执行而进入内存，为传染创造了条件。

（2）传染部分的作用是将病毒代码复制到目标程序，一般病毒在对其目标进行传染前，首先要判断传染条件，要感染目标的特征等。

（3）表现部分是病毒间差异最大的部分，引导部分和传染部分都是为这部分服务的，它破坏被传染系统或者在被传染系统的设备上表现出特定的现象。

4. 计算机病毒的分类

（1）网络病毒。

网络病毒是通过网络传播，同时破坏某些网络组件的病毒。典型的网络病毒有：

① 勒索软件。

勒索软件又称勒索病毒，勒索病毒可以通过电子邮件、网站附件以及 U 盘等移动存储设备等方式进行传播，主要以垃圾邮件传播为主，一旦用户点击含有勒索病毒的邮件便会中招。勒索软件会对用户终端或终端数据（如文档、邮件、数据库、源代码等）进行加密来阻止用户的正常访问，以此来勒索用户通过交付赎金获取密钥，获取密钥后用户才能对用户终端或终端数据进行正常访问。

例如著名的 WannaCry 勒索软件，如图 4-2-1。它针对微软服务器消息块（SMB）协议漏洞进行攻击，入侵用户主机。WannaCry 会对用户主机重要文件进行加密，并将其加密后的文件后缀统一修改为".WNCRY"，向用户进行比特币勒索。WannaCry 使得全球范围内的高校、教育、医疗等在内的多个大型信息系统用户受到攻击，造成严重的安全威胁。

② 蠕虫病毒。

蠕虫病毒是一种能够自我复制的病毒，它主要通过寻找系统漏洞（如 Windows 系统漏洞、网络服务器漏洞等）进行传播。与一般病毒不同的是，蠕虫病毒不需要人工干预，它能够利用漏洞主动进行攻击，具有较强的独立性。感染蠕虫病毒的计算机会出现系统运行缓慢、文件丢失、文件被破坏或出现新文件的情况。由于蠕虫病毒可以通过漏洞服务器、网络文件、电子邮件等各种途径进行传播，且攻击不受宿主程序牵制，所以蠕虫病毒的传播速度比传统病毒快得多。

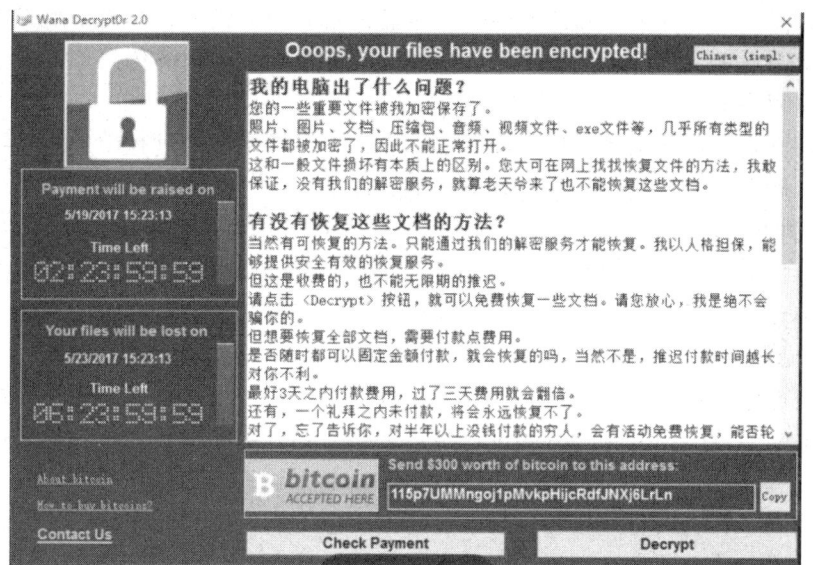

图 4-2-1　WannaCry 勒索软件

例如著名的"熊猫烧香"病毒,如图 4-2-2。该病毒发现于 2006 年,通过浏览网页、U 盘以及网络共享等途径快速传播,仅用两个月的时间就波及了全国,感染病毒的电脑中所有的文件图标都会变成一只熊猫举着三炷香,随后会出现运行缓慢、死机、蓝屏等情况。

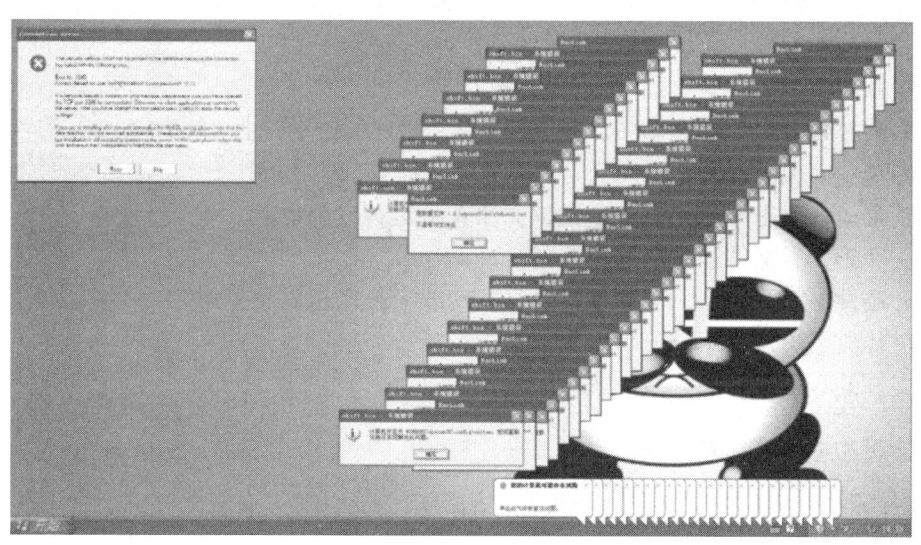

图 4-2-2　"熊猫烧香"病毒

（2）文件型病毒。

文件型病毒是通过感染操作系统中的文件系统进行传播的病毒（如：COM、EXE、DOC、SYS 等）。文件型病毒嵌入计算机源文件中,一旦该文件被运行,病毒便进行传播。

宏病毒就是一种典型的文件型病毒。宏病毒是以微软公司开发的系列办公软件为主产生的一种病毒,其主要针对数据文件或模板文件（字处理文档、数据表格、演示文档等）,如某 Word 文档感染了宏病毒,当其他用户打开该文档,宏病毒便会转移。感染了宏病毒的文件会提示无法使用"另存为"修改文件保存路径,只能用模板方式存盘,由于数据文件和模板文件的使用用户多,且跨越多种平台,使得宏病毒得到大规模的传播。

(3)引导型病毒。

引导型病毒是寄生在磁盘引导区或主引导区,在引导系统的过程中入侵系统。当系统加载或启动时,病毒会加载在内存中再感染其他文件。

"小球"病毒就是一种典型的引导型病毒。"小球"病毒发现于1988年,是我国发现的第一个计算机病毒,"小球"病毒通过软盘进行传播,感染后计算机屏幕上出现跳动的小球,导致感染"小球"病毒的计算机程序无法正常运行,其破坏性较轻,传染速度慢。

(4)混合型病毒。

混合型病毒同时具有文件型病毒和引导型病毒的寄生方式,既能通过感染系统引导区的方式传播,也能通过感染文件的方式进行病毒传播,具有更高的破坏性和危害性。

"新世纪"病毒就是一种典型的混合型病毒。"新世纪"病毒是一种兼有系统引导和文件引导激活的病毒,它利用隐藏扇区代替硬盘数据区隐藏病毒程序,有较强的隐蔽性。"新世纪"病毒激活时会传染硬盘主引导区以及在该带毒系统上执行过的文件,一旦病毒被激活,会使得当天所执行的所有文件被删除,并在屏幕上留下一封信的内容。病毒对所有的可执行文件均可传播,危害性大。

5. 计算机病毒感染的迹象

若你的计算机出现了如下迹象,那么很可能表明计算机已经感染了计算机病毒,需要引起重视,及时处理。

① 操作系统无法正常启动或运行缓慢。
② 电脑经常死机或突然重新启动。
③ 磁盘空间无故锐减。
④ 正常运行的程序发生非法错误,无法正常运行或闪退。
⑤ 文件丢失、文件被破坏或出现新文件。
⑥ 外接设备不受控制,例如鼠标自己在动或者打印机发生异常。
⑦ 屏幕莫名出现文字或显示图像或播放音乐。
⑧ 文件的日期、时间、属性发生了变化。

6. 计算机病毒的防御

防御计算机病毒的关键在于计算机系统的防御性能以及个人安全意识。建议采取如下手段防御计算机病毒:

① 安装正版操作系统和正版软件,使用杀毒软件,并及时更新补丁。
② 加强安全意识,不打开来路不明的邮件,浏览网页时不随意点击不确定的链接。
③ 在防火墙上部署反病毒功能,能够通过对比自身病毒特征库检测出病毒文件,然后通过阻断、告警等手段对检测出的病毒文件进行干预或提醒。

六、信息安全的挑战

信息安全面临着不断演化的威胁和挑战,其中一些挑战包括:

技术进步：随着技术的发展，攻击者也不断创新，开发新的攻击技巧和工具。信息安全专业人员需要跟上技术进步，以有效地应对威胁。

人为因素：内部威胁（例如员工不慎泄露信息或故意窃取数据）也是信息安全的一个重要挑战。社会工程攻击通常涉及利用人的弱点。

遵从法规：不同国家和行业都有各自的信息安全法规和合规要求。组织需要花费精力来确保其符合适用的法规。

信息安全是一个不断演化的领域，需要持续关注和投资。了解常见威胁和攻击类型，以及如何应对挑战，是确保信息安全的关键。

任务一　基础训练

（1）信息安全的目标是（　　　）。
A．机密性　　　　B．完整性　　　　C．可用性　　　　D．可靠性

（2）防火墙是常用的一种网络安全装置，下列关于它的用途的说法中，（　　　）是对的。
A．防止内部攻击
B．防止外部攻击
C．防止内部对外部的非法访问
D．既防外部攻击，又防内部对外部非法访问

（3）计算机病毒的特性有（　　　）。（多选题）
A．传染性　　　　B．破坏性　　　　C．寄生性　　　　D．隐蔽性
E．触发（潜伏）性

（4）以下有关计算机病毒的描述，不正确的是（　　　）。
A．计算机病毒是特殊的计算机部件
B．计算机病毒传播速度快
C．计算机病毒是人为编制的特殊程序
D．计算机病毒危害大

（5）计算机病毒是一种（　　　）。
A．微生物感染　　　B．电磁波污染　　　C．程序　　　　D．放射线

任务二　社会实践

1．任务题目

网络安全演练与社区意识提升

2．任务描述

随着数字化时代的发展，信息安全与网络安全变得愈发重要。本次任务旨在通过模拟网络攻击与防御的实际演练，提高学生对信息安全的认识，并促使他们主动采取防范措施以保

护自己和社区。

3. 任务步骤

（1）网络演练准备：学生将被分为攻击方和防守方两个团队。攻击方负责模拟网络攻击，防守方负责采取措施抵御攻击。

（2）攻击方任务：攻击方需要选择和模拟常见的网络攻击手法，例如钓鱼攻击、恶意软件传播、拒绝服务攻击等。攻击方在攻击前需要提前通知防守方，以确保演练过程安全进行。

（3）防守方任务：防守方需要设计和实施相应的网络安全策略和措施，以最大程度地减轻或阻止攻击。这包括防火墙设置、入侵检测系统配置、应急响应计划等。

（4）演练过程记录与分析：在演练过程中，学生需要记录攻击方的行为、防守方的反应，以及整个演练的结果。在演练结束后，进行详细的数据分析，讨论演练中发现的问题和改进的空间。

4. 提交内容

学生需要撰写一份小册子或举办一场社区活动，向社区居民传达网络安全意识，提供实用的网络安全建议和防范措施。

模块五　新一代信息技术

随着科技的不断发展,新一代信息技术正在改变我们的生活和工作方式,本模块将帮助您深入了解这些技术的基础知识。

 学习目标

1. 了解新一代信息技术的概念;
2. 了解新一代信息技术的应用领域;
3. 了解大数据、云计算、物联网、人工智能、区块链等新一代信息技术的概念和应用领域。

项目一　新一代信息技术概述

一、新一代信息技术的定义

1. 信息技术概念

信息技术是一门涵盖计算机科学和通信技术等领域的综合性技术，旨在处理、存储、传输和管理信息。它涵盖了广泛的领域，包括硬件、软件、网络和数据管理等，用于解决各种信息处理和通信需求。

信息技术在现代社会中扮演着关键角色，几乎每个行业和领域都依赖于信息技术来提高效率、创新和解决问题。它已经成为经济增长和全球互联的关键推动力，为人们提供了前所未有的便利和机会。无论是个人使用智能手机，还是企业管理大规模计算机系统，信息技术都贯穿了我们的生活和工作。因此，了解信息技术的基本概念对于适应现代社会至关重要。

2. 新一代信息技术的概念

（1）新一代信息技术。

新一代信息技术（Next Generation Information Technology，NGIT）是信息技术领域的最新发展阶段，它代表了对传统信息技术的进一步演进和改进。新一代信息技术不仅继承了传统信息技术的基本原理，还引入了一系列新的概念、技术和方法，以满足不断增长的信息处理和通信需求。

（2）关键概念。

进化和演进：新一代信息技术是信息技术的自然演进，它不仅延续了传统信息技术的核心原则，还引入了创新和改进。这包括更高的性能、更大的规模、更好的安全性和更广泛的应用领域。

多领域应用：新一代信息技术不局限于特定领域，而是在各个领域都有广泛的应用。它可以用于医疗保健、金融、教育、制造业、交通、娱乐等多个行业。

关键技术：新一代信息技术包括多种关键技术，如大数据分析、云计算、物联网、人工智能和区块链等。这些技术共同推动了新一代信息技术的发展。

数字化转型：新一代信息技术是数字化转型的推动力之一，它帮助组织和企业实现数字化业务流程，提高效率并创造新的商业机会。

可持续性和绿色技术：新一代信息技术越来越关注可持续性和环境友好性。它促进了绿色技术的发展，包括能源效率、电子废物管理和可再生能源。

全球互联：新一代信息技术在全球范围内推动了设备和人的互联。它改变了人们的生活方式，使通信、协作和信息共享更加便捷。

数据驱动：新一代信息技术强调数据的重要性，它帮助组织更好地理解和利用数据来做出决策、提高效率和创新。

新一代信息技术代表了信息技术领域的前沿，它将继续塑造我们的未来，推动社会和经济的发展。了解新一代信息技术的概念和关键特征，对于跟上技术发展的步伐以及在各个领域中发挥作用非常重要。在接下来的内容中，我们将深入研究新一代信息技术的各个方面，包括大数据、云计算、物联网、人工智能和区块链等。

二、新一代信息技术的重要性

1. 促进创新和竞争力

新一代信息技术在促进创新和增强竞争力方面发挥着重要作用。它为个人、企业和社会提供了丰富的工具和机会，推动了创新的发展，并改变了竞争的格局。

（1）新一代信息技术促进创新的关键因素。

技术进步：新一代信息技术引入了新的技术和工具，如人工智能、大数据分析和云计算。这些技术提供了更多的创新可能性，可以用于开发新产品、服务和解决方案。

数据驱动创新：新一代信息技术强调数据的重要性。通过收集、分析和利用数据，企业可以更好地了解市场需求、客户行为和趋势，从而指导创新活动。

全球合作：新一代信息技术使全球范围内的合作变得更加容易。人们可以远程协作，跨越地理和文化边界，促进了跨国创新项目的发展。

快速开发和迭代：新一代信息技术使软件开发和产品迭代变得更加高效。敏捷开发方法和云计算平台允许快速构建、测试和改进产品。

（2）新一代信息技术增强竞争力的关键方面。

效率提升：新一代信息技术帮助企业提高了生产效率和业务流程。自动化、数字化和数据驱动的方法可以降低成本，提高产出。

市场拓展：新一代信息技术为企业提供了进入新市场的机会。在线销售、数字营销和电子商务使企业能够触及全球市场。

客户体验：新一代信息技术改善了客户体验。个性化推荐、在线客户支持和社交媒体互动增强了客户满意度。

创新产品和服务：新一代信息技术推动了新产品和服务的开发。从智能手机到智能家居，新一代信息技术为人们提供了更多的选择和便利。

竞争监测：新一代信息技术使企业更容易监测市场竞争对手的动态。实时数据和分析工具有助于制定反应迅速的竞争策略。

综上所述，新一代信息技术不仅激发了创新的潜力，还提高了企业和组织的竞争力。通过采用新技术、优化流程和更好地理解市场，企业可以在竞争激烈的市场中脱颖而出，并保持竞争优势。新一代信息技术在全球范围内推动着经济和社会的发展，并为未来的创新和竞争提供了无限可能性。

2. 提高生活质量

新一代信息技术可以提高人们的生活质量，影响着人们的日常生活、健康、教育、娱乐和社交互动等各个方面。以下是新一代信息技术提高生活质量关键方面的体现：

（1）健康护理。

远程医疗保健：新一代信息技术使远程医疗保健变得更加可行。患者可以通过视频会诊、远程监测和医疗健康应用程序与医生交流，减少了就医的时间和成本。

电子病历：电子病历系统提高了医疗保健的效率，减少了病历丢失和数据错误。这有助于医生更好地跟踪患者的医疗历史和提供更好的治疗。

健康监测设备：智能健康监测设备（如智能手表和健康传感器）可以实时监测生命体征，帮助个人管理健康状况。

（2）教育。

在线学习：新一代信息技术为学生提供了更多的在线学习机会。在线课程和远程教育使学习变得更加灵活，无论是在校园内还是在世界各地。

个性化教育：学习分析和教育技术可以根据每个学生的需求提供个性化的教育，帮助他们更好地理解和掌握知识。

（3）娱乐和社交。

流媒体和数字娱乐：新一代信息技术通过流媒体平台提供了更多的音乐、电影和视频游戏选择。用户可以根据自己的兴趣随时访问娱乐内容。

社交媒体：社交媒体平台让人们能够与朋友、家人和全球社交圈互动。这种互动改变了社交方式，提供了更多的社交机会。

（4）便捷性和效率。

在线购物：电子商务平台使购物变得更加便捷。用户可以在线购买商品，享受送货上门的便利。

智能家居：新一代信息技术驱动了智能家居技术的发展。家庭自动化系统可以远程控制灯光、安全系统、温度和家电，提高了家居生活的便利性和安全性。

交通和导航：导航应用程序和实时交通信息使出行更加轻松。人们可以避开交通拥堵、找到最佳路线，并节省时间。

（5）环境可持续性。

智能能源管理：新一代信息技术有助于智能能源管理系统的开发，优化能源消耗，减少浪费，从而降低环境影响。

电子废物管理：新一代信息技术促进了电子废物的有效管理和回收，减少了对环境的不利影响。

综上所述，新一代信息技术通过提供便利、改善健康、增强教育和娱乐体验，以及提高效率，显著提高了人们的生活质量。它为个人提供了更多的选择和机会，为社会带来了更多的便利和可持续性。这些变革将继续塑造未来，使生活更加舒适和富有成效。

3. 解决全球挑战

新一代信息技术在解决全球挑战方面发挥着重要作用，为社会、环境和经济可持续发展提供了创新和有效的解决方案。以下是新一代信息技术如何应对全球挑战的关键方面：

（1）气候变化。

大数据分析：新一代信息技术通过收集和分析大规模气象数据，有助于科学家更好地理解气候变化趋势，预测自然灾害，并制定减缓气候变化的政策。

能源效率：智能能源管理系统使用新一代信息技术技术来监测和控制能源使用，从而减少能源浪费，提高能源效率，减缓温室气体排放。

（2）医疗保健。

远程医疗：新一代信息技术允许医疗专家远程诊断和治疗患者，特别是在偏远地区或紧急情况下。这有助于提高医疗保健的普及程度。

全球卫生数据：新一代信息技术支持全球卫生数据的收集和共享，帮助监测传染病暴发并制定卫生政策。

（3）教育。

在线教育资源：新一代信息技术提供在线教育资源，使教育更加可访问，特别是在发展中国家。

远程培训：新一代信息技术允许远程培训和知识传播，有助于提高全球教育水平。

（4）贫困和不平等。

金融技术：新一代信息技术推动了金融创新，包括移动支付和数字银行，有助于提供金融服务给那些之前无法获得的人群。

数字素养培训：新一代信息技术培训和数字素养教育项目帮助降低数字鸿沟，提高全球各地人们的技能和机会。

（5）粮食和水资源。

智能农业：新一代信息技术技术如物联网和大数据在农业中的应用提高了农作物生产的效率和可持续性，有助于解决粮食安全问题。

水资源管理：智能传感器和数据分析帮助监测和管理水资源，减少浪费，确保可持续供水。

（6）救灾和人道主义援助。

应急响应：新一代信息技术技术如卫星通信和人工智能可用于应急响应，协助救援人员在灾难和紧急情况下提供支持。

数字身份：数字身份系统有助于管理人道主义援助和难民支持，确保援助到达目标人群。

新一代信息技术不仅提供了解决全球挑战的工具和平台，还促进了国际合作和知识共享。它为解决气候问题、改善医疗保健、推动教育和减少不平等提供了创新的方法，有助于建设更加可持续和公平的未来。通过全球范围内的技术合作，新一代信息技术将继续在解决全球挑战方面发挥关键作用。

三、新一代信息技术的应用领域

1. 企业和商业

新一代信息技术在企业管理、营销和客户服务中的应用对于企业的发展和竞争力至关重要。以下是关于新一代信息技术在这些领域的应用探讨：

（1）企业管理。

数据分析和决策支持：新一代信息技术提供了强大的数据分析工具，帮助企业管理层更好地理解业务运营情况。通过分析大数据，企业可以制定更明智的战略和决策，预测市场趋势,降低风险,并优化资源分配。

云计算和远程办公:云计算技术使企业可以轻松扩展其 IT 基础设施,同时降低硬件成本。远程办公工具和协作平台(如腾讯会议、钉钉、Microsoft Teams)使员工能够在任何地点工作,提高了灵活性和效率。

自动化流程和物联网:新一代信息技术支持业务流程自动化,通过工作流程自动化、机器人流程自动化等技术,提高了生产力和准确性。此外,物联网允许设备和传感器互联,监测和控制生产、库存和供应链。

(2)营销。

数据驱动营销:新一代信息技术允许营销团队收集、分析和利用大数据,以更精确地了解目标市场和受众,定制个性化的营销策略,提高营销活动的效果。

社交媒体和内容营销:社交媒体平台和内容管理系统使企业能够通过各种渠道与潜在客户互动,提供有价值的内容,增加品牌曝光度,建立客户忠诚度。

人工智能和自动化广告:人工智能可用于广告投放,通过分析用户数据和行为来优化广告投放策略,提高广告投入回报。自动化广告平台能够自动管理广告投放,实时调整广告预算和定位。

(3)客户服务。

虚拟助手和聊天机器人:虚拟助手和聊天机器人利用自然语言处理和机器学习技术,为客户提供实时支持和答案,解决常见问题,提高客户满意度,减轻客服团队的工作负担。

自助服务门户:新一代信息技术支持创建自助服务门户,让客户能够查找信息、查看订单状态、提交请求等,提高了客户满意度并降低了客服成本。

数据分析和客户洞察:数据分析和机器学习可用于识别客户趋势、洞察客户需求和提供个性化建议,帮助企业更好地满足客户期望。

总之,新一代信息技术在企业管理、营销和客户服务中的应用是提高竞争力、提供更好的客户体验和实现效率的关键。这些技术不断发展,为企业提供了更多的机会来创新和改进业务流程。然而,成功的应用需要综合考虑业务需求、数据隐私和安全性。

2. 医疗保健

新一代信息技术在医疗保健领域的创新对于提高医疗服务质量、提高患者体验和降低医疗成本至关重要。以下是新一代信息技术在医疗保健领域的一些创新,包括电子病历和远程医疗:

(1)电子病历和电子健康记录。

数据整合:新一代信息技术允许医疗机构将患者的临床信息、病历、诊断、处方和检查结果集成到电子病历系统中。这样的数据整合提高了医生对患者病情的全面了解,减少了纸质文档的管理和储存成本。

数据共享:电子病历系统使医疗保健提供商能够更容易地共享患者信息,包括跨不同医院和医疗机构。这种数据共享有助于提供更连贯的医疗护理,减少了冗余测试和提高了患者安全。

数据分析:利用新一代信息技术中的数据分析工具,医疗机构可以从电子病历中提取有用的信息,进行患者流行病学研究、疾病预测和临床决策支持。

（2）远程医疗和远程监测。

远程诊断和治疗：新一代信息技术支持医生通过视频会议、在线聊天或电话与患者进行远程诊断和治疗。这对于提供基本医疗服务、患者随访和紧急医疗服务非常有用。

远程监测：患者可以使用新一代信息技术支持的医疗设备，如心率监测仪、血压计、血糖仪等，将生理数据传输到医疗保健提供商。这使医生可以远程监测患者的健康状况，及时干预和调整治疗方案。

慢性病管理：新一代信息技术帮助患者管理慢性病，如糖尿病、高血压和心脏病。通过远程监测和个性化的医疗建议，患者可以更好地控制其健康状况，减少住院次数。

（3）人工智能辅助诊断。

影像分析：人工智能技术在医学影像分析中具有巨大潜力，可以帮助医生诊断X射线、CT扫描和MRI等图像，提高诊断准确性和速度。

自然语言处理：用于解析临床笔记和文档，提取关键信息，帮助医生更好地理解患者病历和医学文献。

疾病预测：利用机器学习和大数据分析，新一代信息技术可以帮助医生预测疾病的风险和趋势，提供早期干预和个性化治疗建议。

这些新一代信息技术创新在医疗保健领域提供了更高效、更智能和更便捷的医疗服务。它们有助于提高医疗保健的质量，减少了医疗错误，提高了患者满意度，并降低了医疗成本。然而，数据隐私和安全性仍然是需要重点关注的问题，以确保患者信息的保护。

3. 教 育

新一代信息技术在教育领域的作用非常显著，特别是在在线学习平台和虚拟教室方面，它们对提供更灵活、高效和个性化的教育方式起到了重要作用。

（1）在线学习平台。

跨地域学习：新一代信息技术支持在线学习平台，允许学生跨越地理边界参加课程。这使学生可以访问世界各地的高质量教育资源，无须离开家门。

自定进度学习：学生可以根据自己的节奏学习，重复观看课程材料、讨论问题，并掌握难点。这种个性化学习方式有助于满足不同学生的需求。

多媒体教材：在线学习平台提供多媒体教材，包括视频、音频、互动模拟和虚拟实验室，以吸引学生的兴趣，提高学习效果。

即时测验和反馈：学生可以通过在线测验来测试自己的理解程度，并立即获得反馈，帮助他们及时纠正错误。

（2）虚拟教室。

远程教学：新一代信息技术支持虚拟教室技术，使教师能够通过视频会议和在线互动工具与学生进行实时互动。这对于远程教学、远程培训和国际教育非常有用。

协作和互动：虚拟教室提供了互动和协作工具，如聊天、白板、共享屏幕等，学生可以在虚拟环境中积极参与讨论和团队项目。

录制和存档：虚拟教室会话通常可以录制下来，以便学生日后回顾课程内容。这有助于学生复习和深化理解。

资源分享：教师可以通过虚拟教室分享课程材料、链接和文档，方便学生的学习和参考。

（3）个性化教育。

学习分析：新一代信息技术允许收集和分析学生的学习数据，如进度、考试成绩和参与度。这些数据可以用于个性化教育，根据学生的需求提供定制的建议和课程。

自适应学习：基于学习分析的结果，教育平台可以为每位学生提供适合其水平和学习风格的内容和活动。

智能辅助教育：新一代信息技术技术，如人工智能，可被用于开发智能教育应用程序，提供答疑、练习和反馈，以支持学生的学习过程。

总之，新一代信息技术在教育中的作用是提供更灵活、高效和个性化的教育方式，使学生能够更好地获取知识和技能。在线学习平台和虚拟教室有助于解决地理障碍、提供多样化的学习资源、促进互动和提供实时反馈。这些创新有望继续推动教育领域的发展，并提高全球范围内的教育可及性。

4. 城市和智能化

新一代信息技术在城市规划、交通管理和能源效率方面的应用对于建设智慧城市、提高城市生活质量和可持续发展至关重要。以下是新一代信息技术在这些领域的重点应用。

（1）城市规划。

智慧城市设计：新一代信息技术技术可用于模拟城市发展和规划，包括城市交通、建筑物布局和基础设施规划。通过数据模拟和可视化工具，城市规划者可以更好地理解不同规划决策对城市发展的影响。

空间数据分析：地理信息系统和卫星图像分析支持城市规划，可用于土地利用规划、环境监测和自然灾害预测。

可持续发展：新一代信息技术有助于制定可持续发展策略，包括资源管理、废物管理、清洁能源采用和绿色建筑。

（2）交通管理。

智能交通系统：新一代信息技术技术支持智能交通系统，包括交通流分析、智能信号控制、智能停车系统和公共交通优化。这有助于减少交通拥堵、提高交通效率和减少尾气排放。

车联网：车联网技术允许车辆之间和车辆与基础设施之间进行通信。这有助于交通管理，如交通流分析、事故预警和自动驾驶车辆的实施。

实时导航：新一代信息技术支持实时导航应用程序，帮助驾驶员选择最佳路线，避免交通拥堵，并节省时间和燃料。

（3）能源效率。

智能电网：新一代信息技术有助于创建智能电网，使电力供应更加稳定和可持续。智能电表、分布式能源管理和电力负荷管理帮助提高能源效率，减少浪费。

节能建筑：新一代信息技术支持设计和建造节能建筑，包括智能照明、温度控制系统和能源监测系统。这有助于减少能源消耗，降低运营成本。

能源数据分析：利用大数据分析技术，新一代信息技术可用于监测和分析能源消耗数据，以识别节能机会，优化能源使用，降低碳足迹。

这些新一代信息技术应用有助于提高城市的可持续性、降低资源消耗和提供更高质量的城市服务。它们对于提高城市生活质量、减少环境影响和实现可持续发展目标具有重要作用。随着技术的不断发展，新一代信息技术将继续推动城市规划、交通管理和能源效率的创新。

四、新一代信息技术的挑战与机遇

1. 隐私和安全

新一代信息技术在数据隐私和网络安全方面带来了许多创新，但也伴随着一些挑战和风险。以下是关于新一代信息技术在这些领域的挑战的探讨。

（1）数据隐私挑战。

数据收集与隐私权冲突：新一代信息技术使数据收集更加广泛和精确，但这可能导致与个人隐私权的冲突。大规模数据收集可能违反隐私法规，例如欧洲的通用数据保护条例。

数据泄露风险：存储和传输大量数据可能增加数据泄露的风险。黑客入侵、数据泄露和内部威胁都可能导致敏感数据的暴露。

隐私政策不透明：许多应用和在线服务的隐私政策往往过于复杂或不透明，导致用户难以理解个人数据的使用方式。

个性化服务与隐私权冲突：个性化推荐和广告依赖于用户的数据，但有时会引发对个人隐私的担忧。

（2）网络安全挑战。

网络攻击增加：新一代信息技术的普及使网络攻击更加普遍。这包括恶意软件、勒索软件、DDoS攻击等。

物联网安全问题：物联网设备的普及增加了网络攻击的表面。许多物联网设备缺乏足够的安全性措施，容易成为攻击目标。

数据加密挑战：数据加密是保护数据安全的关键，但也面临着破解和加密标准漏洞的威胁。

社会工程学攻击：攻击者可以利用社交工程手法欺骗用户提供敏感信息，这种攻击形式仍然是一个重要的威胁。

"零日"漏洞："零日"漏洞是尚未被厂商发现或修复的漏洞，黑客可以利用它们入侵系统，而受害者毫无防备。

（3）数据隐私和网络安全的解决方案。

加强法规和合规性：制定更严格的数据隐私法规，加强数据保护，对数据泄露和侵犯隐私的行为进行处罚。同时，组织应该积极遵守法规。

加强教育和培训：提高用户和员工的网络安全意识，教育他们如何识别和应对网络威胁。

网络安全技术：部署先进的网络安全技术，如入侵检测系统、入侵防御系统和终端安全软件，以保护系统和数据。

加强数据保护措施：使用加密技术、多重身份验证和访问控制来保护数据的机密性和完整性。

自动化威胁检测：使用人工智能和机器学习来自动检测异常行为和威胁，以便快速应对。

定期漏洞扫描和更新：定期审查和更新系统、应用程序和设备，以修复已知漏洞。

虽然新一代信息技术带来了许多便利和机会，但也需要应对与数据隐私和网络安全相关的挑战。只有通过全球合作、法规强化和技术创新，才能更好地应对这些挑战并确保我们的数字世界更加安全和隐私。

（4）数据保护和安全措施的重要性。

数据保护和安全措施对于个人、组织和社会的重要性不言而喻。随着数字化和新一代信息技术（新一代信息技术）的快速发展，数据已经成为我们日常生活和商业活动中的核心资源。以下是强调数据保护和安全措施的重要性的几个关键方面：

个人隐私保护：数据包含了大量个人信息，如姓名、地址、社会安全号码、银行卡信息等。未经授权的访问或泄露可能导致身份盗窃、金融欺诈等严重问题。因此，确保个人数据的隐私和安全至关重要。

机密信息保护：组织和政府部门处理敏感信息，如财务数据、客户信息、国家安全信息等。泄露或损坏这些信息可能会导致巨大的经济和社会损失，以及信任度下降。

合规性和法律责任：许多国家和地区都制定了数据隐私法规，如欧洲的通用数据保护条例。组织需要遵守这些法规，否则可能面临巨额罚款和法律诉讼。

商业连续性：数据丢失、损坏或遭到黑客攻击可能导致业务中断，严重影响组织的运营和声誉。数据备份和灾难恢复计划对于确保业务连续性至关重要。

防止恶意活动：黑客、网络犯罪分子和恶意软件开发者不断寻找机会入侵系统、窃取信息或发起网络攻击。强化安全措施可以减少这些风险。

公众信任：保护数据有助于建立公众信任。消费者和客户更愿意与那些能够确保其数据安全的组织合作，这对于业务的长期成功至关重要。

国家安全：数据安全也涉及国家安全。政府和军事部门需要确保其机密信息不受恶意攻击和间谍活动的威胁。

综上所述，数据保护和安全措施对于保护个人隐私、维护合规性、确保商业连续性、预防恶意活动以及维护国家安全都至关重要。在数字化时代，我们不仅需要适应新技术的发展，还需要加强数据保护和安全的措施，以确保我们的数据不受到未经授权的访问、损坏或泄露。

2. 数字鸿沟

数字鸿沟是指数字技术的不平等分布，这一现象在全球范围内普遍存在，对社会、经济和教育等领域都产生了深远影响。以下是数字鸿沟问题引起的一些讨论。

（1）访问和连接不平等。

在某些地区，特别是发展中国家和偏远地区，许多人依然难以访问因特网。这可能是由于基础设施不足、高昂的互联网费用、政治因素或文化障碍等原因导致的。

即使有互联网连接，连接速度和可靠性在不同地区和社区之间也存在差异。这意味着一些地方的人们无法享受到高速互联网所带来的便利。

（2）数字素养不平等。

数字素养是指人们利用数字技术进行有效沟通、信息获取和问题解决的能力。在某些地区，教育水平低、经济条件差的人们可能缺乏数字素养，无法充分利用数字技术。

数字素养不平等还包括年龄差异。老年人可能对数字技术不够熟悉，无法参与数字化社会。

（3）教育机会不平等。

数字技术在教育中的应用越来越广泛，但一些学校和学生仍然面临教育资源不足、老师培训不足和技术设备不足等问题，远程教育和在线学习变得困难，导致了学生之间的教育机会不平等。

（4）经济不平等。

数字技术的广泛应用已经创造了新的经济机会，但与此同时，它也加剧了经济不平等。那些拥有数字技术技能和资源的人更容易获得高薪工作和创业机会。

大型科技公司的垄断地位也导致了数字市场的不平等竞争，影响了小型企业和创新的机会。

（5）社会参与不平等。

数字技术正在改变政治和社会参与方式，但一些人可能因为缺乏数字技术技能或无法访问互联网而被排除在社会参与之外。

数字鸿沟问题可能导致一些社会群体的声音被忽视，加剧了社会不平等。解决数字鸿沟问题需要综合性的策略，包括改善基础设施、提供数字素养培训、制定政策以确保教育平等、提供互联网接入、支持创新和小型企业，以及监管科技巨头的行为。这些努力旨在确保数字技术的普及，让更多人能够从数字化社会中受益，减少不平等现象的存在。

3. 数字素养教育

提供数字素养教育相当重要，因为数字素养是个人和社会成功的关键要素。以下是强调重视数字素养教育的几个关键方面：

（1）社会和经济参与。

在数字化时代，数字技术已经渗透到几乎所有行业和领域。拥有良好的数字素养能力可以增加就业机会，提高薪资水平，以及促进个人的职业生涯发展。

（2）教育和学习。

数字素养教育可以提高学生的学术表现，使他们更好地利用数字资源进行研究、学习和创造。数字素养还可以促进在线教育和远程学习的有效性。

（3）社交互动和沟通。

数字素养能力有助于人们有效地使用社交媒体、电子邮件、视频会议等工具进行社交互动和沟通。这对于建立人际关系、跨文化交流和职场沟通至关重要。

（4）创新和创业。

数字技术提供了创新和创业的机会。具备数字素养的个人更容易开发新产品、建立在线业务、利用大数据分析等，从而推动创新和经济增长。

（5）数据隐私和安全。

了解数字素养有助于个人更好地保护自己的隐私和安全。它使人们能够识别网络威胁、采取安全措施，并更加谨慎地处理敏感信息。

（6）全球竞争力。

数字素养是国际竞争力的重要组成部分。国家和组织需要具备高水平的数字素养才能在全球经济中保持竞争力。

综上所述，数字素养教育对于个人和社会的多个层面都具有重要性。它不仅有助于个人实现自身潜力，还有助于社会的发展和进步。因此，政府、学校、企业和非营利组织都应该投资于数字素养教育，以确保更多的人能够充分利用数字化时代的机会，同时也更好地理解数字技术的潜力和风险。这有助于创造更加包容和富有活力的数字社会。

任务一 基础训练

(1) 新一代信息技术的主要目标是(　　)。

A. 提高传统技术的效率

B. 实现数字化转型

C. 降低技术投资成本

D. 提供更多娱乐选择

(2) 可持续技术在新一代信息技术中的应用包括(　　)。

A. 节能技术

B. 电子游戏开发

C. 社交媒体平台

D. 化学合成

(3) 下列技术不属于新一代信息技术中的一部分的是(　　)。

A. 云计算

B. 物联网

C. 传统计算机技术

D. 人工智能

(4) 新一代信息技术可持续性的一个关键方面是(　　)。

A. 增加电子废物

B. 提高碳排放

C. 促进经济增长

D. 减少环境影响

(5) 区块链技术在新一代信息技术中的应用领域之一是(　　)。

A. 虚拟现实

B. 金融和支付

C. 社交媒体

D. 电子邮件

项目二　新一代信息技术及应用

一、大数据

互联网技术发展至今，大量日常生活和工作等事务产生的数据都已经信息化，人类产生的数据量相比以前有了爆炸式的增长，以前传统的数据处理技术已经无法胜任，需求催生技术，一套用来处理海量数据的技术应运而生，这就是大数据技术。

1. 大数据的定义

大数据（Big Data）是一个涵盖了多个方面的广泛概念，通常用来描述大规模、高速度、多样化和复杂性的数据集合。它不仅涉及到数据的规模巨大，还包括了数据的多样性和增长速度。

2. 大数据的关键特征

大规模（Volume）：大数据通常指的是数据集非常大，传统数据库管理系统难以处理的规模。这可能涉及到数十亿或数百亿的记录。

高速度（Velocity）：大数据往往以极快的速度生成和传输。例如，社交媒体上的实时更新、传感器数据、互联网交易等都以极高的速度产生数据。

多样性（Variety）：大数据不仅包括结构化数据（如数据库中的表格数据），还包括半结构化数据和非结构化数据，如文本、图像、音频和视频等。

复杂性（Complexity）：大数据通常具有复杂的内部关系和多层次的结构。这些数据可能需要高级分析方法来提取有用的信息。

价值（Value）：大数据的主要目标是从其中提取有价值的信息和洞见，以支持决策制定、问题解决和创新。

3. 大数据的意义

大数据对各个领域产生了深远的影响，具有以下重要意义：

商业决策：大数据分析帮助企业更好地了解客户需求、市场趋势和竞争对手，从而制定更明智的商业战略。

创新：通过对大数据的分析，企业可以发现新的商机、产品和服务，推动创新。

效率提升：大数据可以用于优化运营和资源管理，降低成本，提高生产效率。

个性化体验：大数据支持个性化推荐和服务，提高了客户体验，如个性化广告、音乐推荐和电子商务建议。

医疗保健：大数据分析有助于精准医疗，提高疾病诊断和治疗的准确性。

科学研究：科研领域可以利用大数据来进行模拟、模型构建和实验设计，以加速科学发现。

社会分析：政府和社会科学家可以使用大数据来解决社会问题，如犯罪分析、交通规划和人口统计。

环境监测：大数据可用于监测环境变化，如气候模拟、天气预测和自然灾害监测。

金融风险管理：银行和金融机构可以使用大数据分析来监测交易风险，检测欺诈行为。

政策制定：政府可以利用大数据来制定更具针对性的政策，更好地满足公众需求。

总的来说，大数据的意义在于它提供了更多的信息和洞见，有助于改进决策、解决问题、提高效率和创新。然而，要充分发挥大数据的潜力，需要适当的数据管理、隐私保护和数据安全措施。

4. 大数据对决策制定和问题解决的影响

大数据有助于决策的制定和问题的解决，它提供了数据驱动的方法来改进决策过程和解决各种问题。

（1）大数据对决策制定的影响。

更准确的洞见：大数据分析可以从庞大的数据集中提取详细的信息，这有助于决策者更好地了解当前局势、市场趋势和客户需求。这种准确性帮助决策者制定基于事实和证据的决策，而不仅仅是依靠直觉或经验。

实时决策：大数据技术允许数据的快速处理和实时监控。这使得组织可以实时做出决策，特别是在需要快速响应的情况下，如金融交易、应急响应和市场营销。

预测能力：大数据分析通过历史数据和模型构建，可以用来预测未来趋势和事件。这有助于企业和政府更好地规划资源和制定长期战略。

个性化决策：大数据支持个性化决策制定。例如，在电子商务中，大数据分析可以推荐个性化产品和服务，提高客户满意度。

风险管理：金融机构使用大数据来监测风险并制定风险管理策略。这有助于降低金融风险和提高金融系统的稳定性。

（2）大数据对问题解决的影响。

复杂问题的解决：大数据分析可用于处理复杂的问题，如气候建模、基因组学研究和城市规划。它使研究人员能够处理大量的多源数据，以找到解决方案。

更快速的问题解决：大数据分析工具可以加速问题的识别和解决过程。在医疗领域，它可以帮助医生更快地诊断疾病，从而提高治疗的效果。

优化资源分配：政府和组织可以使用大数据来优化资源的分配，如交通管理、城市规划和救灾响应。这有助于提高资源的利用效率。

监测和预防问题：大数据分析可以用于监测和预防问题的发生。在网络安全领域，它可以检测异常行为，防止网络攻击。

社会问题解决：大数据可用于解决社会问题，如犯罪分析、教育改进和医疗保健服务的提供。通过深入了解社会数据，政府和社会科学家可以采取有针对性的行动。

总的来说，大数据对决策制定和问题解决的影响在于它提供了更多的信息和工具，有助于制定更明智、更快速、更准确的决策，同时也可以更有效地解决各种复杂问题。这使得大数据成为现代组织和社会的强大工具，有助于提高效率、降低风险，并促进创新。

二、云计算

云计算（Cloud Computing）是一种通过互联网来提供计算资源和服务的模式，用户无须拥有或直接管理底层硬件设施，而是按需获取和使用这些资源。

1. 云计算的基本原理

云计算是一种基于互联网的计算模型，它通过将计算资源、存储资源和服务提供给用户，以按需、可伸缩的方式满足用户的需求。云计算的基本原理包括以下几个关键要点：

虚拟化技术：云计算基于虚拟化技术，将物理计算资源（如服务器、存储和网络）抽象为虚拟资源，使其能够灵活分配给不同的用户和应用程序。

按需自助服务：云计算允许用户根据需要自助获取计算资源，无须预先购买或设置硬件。这使用户可以根据业务需求快速扩展或缩减资源。

资源池化：云提供商将大量的计算和存储资源池化在一起，通过虚拟化技术动态分配给用户。这种资源池化提高了资源利用率，降低了成本。

弹性伸缩：用户可以根据负载需求动态调整其资源使用。当负载增加时，可以自动扩展资源，当负载减少时，可以自动释放资源。

网络访问：云计算通过互联网或专用网络提供服务，允许用户远程访问其计算和存储资源。

服务模型：云计算提供不同的服务模型，包括基础设施即服务（Infrastructure as a Service，IaaS）、平台即服务（Platform as a Service，PaaS）和软件即服务（Software as a Service，SaaS），以满足不同层次的需求。

2. 云计算的服务模型

云计算提供了不同的服务模型，以满足用户的不同需求。以下是3种主要的云计算服务模型：

（1）基础设施即服务。

IaaS 是云计算中的最基本层次，它提供了虚拟化的基础设施资源，包括计算能力、存储和网络。用户可以租用虚拟服务器、存储空间和网络资源，以构建自己的应用程序和环境。用户对操作系统、应用程序和数据有更多的控制权，但需要自己负责管理和维护操作系统和应用程序。

典型应用：测试和开发环境、网站托管、灾备恢复。

（2）平台即服务。

PaaS 提供了更高级别的抽象，包括运行环境、开发工具和服务，以帮助开发人员构建、部署和管理应用程序。用户可以开发自己的应用程序，而无需关心底层的基础设施。PaaS 提供商负责管理操作系统、运行时环境和硬件。

典型应用：Web 应用程序开发、数据库托管、应用程序部署。

（3）软件即服务。

SaaS 是最高层的云计算服务模型，它提供了完整的应用程序，用户可以通过互联网访问，而无需安装、维护或管理应用程序。用户只需使用应用程序，而不必担心底层的技术细节。

SaaS 应用程序通常具有多租户架构，多个用户可以共享相同的应用程序实例。

典型应用：电子邮件、在线办公套件、客户关系管理。

不同的云计算服务模型提供了不同的抽象级别和管理责任，允许用户根据其需求选择最合适的模型。这使得云计算成为支持各种应用和场景的强大工具。

3. 云计算对资源管理和成本效益的影响

云计算对资源管理和成本效益的影响表现在以下几个方面：

（1）资源管理。

弹性伸缩：云计算允许用户根据需要弹性伸缩其资源，这意味着他们可以根据负载需求快速调整计算能力、存储和网络资源。这种弹性伸缩使企业能够更好地管理资源，确保在高峰时段有足够的资源可用，而在低谷时不会浪费资源。这降低了资源浪费的风险，提高了资源利用率。

资源池化：提高了资源的利用率，因为多个用户可以共享相同的物理资源，而无需每个用户都拥有自己的硬件。这减少了硬件采购和维护的成本。

（2）成本效益。

按需付费：云计算采用了按需付费模型，用户只需支付他们实际使用的资源。这消除了前期资本支出，企业不需要购买昂贵的硬件和设备。这种模型使小型企业和初创企业能够以较低的成本获得计算能力，而大型企业则能够更有效地规划和优化其 IT 开支。

灵活性：云计算允许用户根据需要灵活选择服务模型（IaaS、PaaS、SaaS）和资源规模。这种灵活性允许用户在不同的业务阶段或需求变化时调整其 IT 资源，而无需担心长期承诺或投资。这有助于最大程度地提高成本效益。

管理和维护：云计算服务提供商负责硬件和基础设施的管理和维护，包括升级、安全性、备份和容灾恢复。这减轻了用户的管理负担，降低了管理和维护成本。

节省能源成本：云计算数据中心通常优化了能源使用，通过虚拟化和自动化管理降低了能源消耗。这不仅有益于环境，还降低了运营成本，进一步提高了成本效益。

总的来说，云计算提供了灵活性、资源池化、弹性伸缩和按需付费等特性，显著改善了资源管理和成本效益。这有助于企业更好地满足不断变化的需求，降低了初始投资，提高了资源利用率，减少了管理和维护成本，从而在经济上更加可行。因此，云计算已成为许多组织实现业务目标并获得竞争优势的重要工具。

4. 国内云计算产业的发展

随着科技的飞速发展和互联网的广泛应用，云计算已经成为现代 IT 领域中的热门话题。云计算不仅改变了数据处理和存储的方式，还为各个行业提供了更高效、更灵活、更低成本的服务。国内云计算市场规模逐年增长，云计算成为数字化转型的重要推动力。目前，国内云服务提供商（主要有阿里云、腾讯云和华为云等）逐渐崛起并积极扩展国内外市场份额。

（1）阿里云。

作为阿里巴巴公司旗下的云计算品牌，阿里云在国内市场拥有广泛的知名度和市场份额。自 2009 年起，阿里云就开始致力于打造一个完整的云计算生态，为各类企业提供全面的云计算解决方案。目前，阿里云已经覆盖了云计算的基础设施、数据库、服务器、云存储、安全等众多领域，并且仍在不断扩展其产品线和服务范围。

（2）腾讯云。

腾讯云是腾讯公司旗下的云计算品牌，拥有强大的技术实力和丰富的业务经验。腾讯云依托于腾讯公司丰富的技术积累和广泛的业务生态，为用户提供全面的云计算服务。从 IaaS 到 PaaS 再到 SaaS，腾讯云几乎覆盖了所有主流的云计算服务类型，并且还在不断推出创新的云服务产品。

（3）华为云。

华为云是华为公司旗下的云计算品牌，凭借着华为在通信和 IT 领域的深厚积累，华为云在云计算市场中也占据了一席之地。华为云致力于为企业提供稳定、可靠的云计算服务，尤其在政务云和私有云领域有着丰富的经验和技术积淀。同时，华为云也在不断拓展其在人工智能、物联网等新兴领域的应用。

除了以上几家主要的国内云计算公司之外，国内还有许多其他企业也在积极发展壮大。这些企业在本地化服务、专项技术等领域也有着各自的优势和特色，共同促进了国内云计算市场的繁荣发展。在未来的发展中，我们相信国内的云计算企业将会不断创新和发展壮大，为更多的企业和用户提供更优质的云计算服务。

三、物联网

1. 物联网的概念

物联网是一种通过互联网连接各种物理设备、传感器、机器和物品，使它们能够互相通信和共享数据的技术和概念。物联网的目标是将实体世界与数字世界相连接，使我们能够监测、控制和优化各种物理对象和过程。物联网通常包括以下要素：

物品和设备：这些可以是传感器、智能手机、家用电器、车辆、工厂设备等各种物理对象。

互联网连接：物品和设备通过互联网连接到云计算平台或其他设备，以进行数据传输和通信。

数据传感：传感器和设备可以收集各种数据，如温度、湿度、位置、运动、光线等。

数据分析：从物联网设备收集的数据可以在云端或边缘设备上进行分析和处理，以提供有用的信息和洞见。

自动化控制：根据数据分析的结果，物联网系统可以自动控制设备，执行特定的操作或触发警报。

物联网的应用领域非常广泛，包括智能城市、智能家居、工业自动化、农业、健康保健、交通管理等。它正在改变我们的生活方式、工作方式和商业模式，为社会带来了许多新的机会和挑战。

2. 物联网的工作原理

物联网的工作原理基于设备和物品之间的互联网连接和数据交换。以下是物联网的基本工作原理：

感知和数据收集：物联网设备（例如传感器、摄像头、智能设备）感知其环境中的信息，如温度、湿度、位置、状态等，并将这些数据采集起来。

数据传输：采集到的数据通过互联网连接传输到云计算平台或边缘计算设备。传输可以采用各种通信协议，如 Wi-Fi、蜂窝网络、蓝牙、LoRaWAN 等，具体取决于应用场景和设备类型。

数据存储：在云端或边缘设备上，数据被存储在数据库或分布式存储系统中，以备将来的分析和检索。

数据分析：在云端或边缘设备上进行数据分析，以提取有用的信息、模式和趋势。这可以涉及到实时数据流分析、大数据分析或机器学习算法。

决策和控制：根据数据分析的结果，物联网系统可以自动执行操作，如发送控制命令给设备，触发警报或通知相关方。

用户界面：用户可以通过手机应用、网页界面或其他可视化工具来监视和控制与物联网设备相关的信息和操作。

安全性和隐私：物联网系统必须考虑安全性和隐私问题，包括数据加密、身份验证、访问控制和隐私保护，以确保数据的保密性和完整性。

物联网的工作原理强调了数据的采集、传输、存储、分析和控制，以实现更智能、更高效和更自动化的应用。这种连接和数据驱动的方式使物联网成为解决各个领域的问题和提高效率的有力工具。

3. 物联网的应用领域

物联网在智能家居、工业、农业和医疗等领域都有广泛的应用，以下是对这些领域的应用讨论：

（1）智能家居。

智能家居安全：物联网设备如智能门锁、安全摄像头和门窗传感器可用于监控家庭的安全，用户可以通过手机应用远程访问和控制安全系统。

能源管理：智能恒温器、智能插座和照明系统可以帮助家庭优化能源使用，降低能源成本。用户可以根据需求远程调整温度和照明。

智能健康监测：智能健康设备如智能手表、血压计和血糖仪可监测用户的健康数据，并将数据传输到医疗专家或云端平台，以进行远程健康监护。

家庭娱乐：智能音箱、智能电视和媒体中心可以提供音乐、视频和娱乐内容，用户可以通过语音控制或手机应用来操作。

（2）工业。

智能制造：物联网在工厂中用于监测和控制生产设备，实现生产线的自动化和优化。这有助于提高生产效率和质量。

设备维护：传感器和远程监控系统可用于监测设备的状态，预测维护需求，减少停机时间，并延长设备寿命。

供应链管理：物联网可用于跟踪物流和库存，提供实时的供应链可见性，帮助企业更好地管理库存和交付。

安全和环境监测：物联网传感器可用于监测工厂的安全性和环境状况，以减少事故风险和确保员工的安全。

（3）农业。

精准农业：物联网传感器可用于监测土壤湿度、气温、光照和作物生长情况。农民可以根据这些数据来优化灌溉、施肥和农作物管理。

畜牧业管理：智能标签和传感器可用于跟踪牲畜的位置、健康状况和饲料消耗，以提高养殖效率。

粮食储存：物联网设备可用于监测仓库中的温度和湿度，以确保粮食的质量和储存条件。

农业机械自动化：自动驾驶拖拉机和机械设备可以根据预定的路线和任务执行农田工作，提高生产效率。

（4）医疗。

远程医疗：物联网设备和传感器可用于远程监测患者的生命体征、药物管理和疾病管理。这有助于提高患者的医疗护理和降低医疗成本。

医疗设备管理：医院可以使用物联网来监测和管理医疗设备的状态和使用情况，以确保设备的可用性和性能。

药品追踪：物联网技术可用于跟踪药品的生产、分发和销售，以减少药品伪造和提高药品安全性。

健康记录管理：电子健康记录系统和健康信息交换可以通过物联网连接医疗机构，提供患者的医疗信息共享和访问。

这些领域的物联网应用改变了生活方式、工作方式和产业模式，提高了效率、减少了浪费，并带来了更多的便利和创新。然而，与之伴随的挑战包括隐私和安全问题、标准化问题以及大规模数据管理。随着技术的不断发展，物联网的应用将继续扩展和演进。

四、人工智能

20世纪90年代，俄罗斯国际象棋大师加里·卡斯帕罗夫输给了人工智能"深蓝"（Deep Blue）。2015年12月，微软通过152层的深度网络，将图像识别错误率降至3.57%，低于人类的误识率5.1%。2016年微软做的语音识别词错率低至5.9%，和专业速记员水平一样。2016年3月，围棋人机大战第五场在韩国首尔进行，经过长达5个小时的搏杀，围棋世界冠军李世石认输，最终李世石与谷歌AlphaGo的总比分定格在1比4。2017年12月，"人工智能"入选"2017年度中国媒体十大流行语"。图5-2-1为人工智能机器人。

图 5-2-1 人工智能机器人

1. 人工智能的基本概念

人工智能是计算机科学的一个分支,旨在使计算机能够像人类一样思考、学习和解决问题。在现代社会中,人工智能的重要性日益凸显,它已经成为了推动经济发展、提高生活质量、提升社会效率的重要力量。人工智能的基本概念包括以下要点:

模拟智能:人工智能的目标是开发系统,使其能够表现出类似于人类智能的能力,包括学习、推理、问题解决、感知和语言理解。

学习能力:机器学习是人工智能的一个重要子领域,涉及让计算机系统能够从数据中学习,逐渐改进其性能而无需显式编程。

感知和理解:人工智能系统可以使用传感器和数据来感知和理解其环境,包括计算机视觉、语音识别、自然语言处理等技术。

自主决策:人工智能系统可以基于数据和规则制定决策,包括专家系统、决策树和强化学习等。

应用广泛:人工智能技术在各个领域都有应用,包括自动驾驶汽车、机器人、医疗诊断、自然语言处理、金融预测等。

2. 人工智能的发展历史

人工智能的历史可以追溯到古代,但直到 20 世纪 50 年代,人工智能才作为一个学术领域得到了正式的认可。早期的人工智能研究集中在逻辑推理和简单的模式匹配上,这为后续的机器学习奠定了基础。随着计算机技术的不断发展,人工智能的应用范围逐渐扩大,从简单的计算问题到复杂的图像识别和自然语言处理,人工智能都在发挥着越来越重要的作用。

进入 21 世纪,随着大数据和云计算技术的发展,人工智能得到了更广泛的应用。机器学习作为人工智能的核心技术之一,使得计算机能够从大量的数据中自动提取有用的信息并进行学习。通过深度学习,计算机能够处理复杂的图像和语音识别问题,并达到甚至超过人类的表现水平。这为人工智能在各个领域的应用提供了无限的可能性。

从简单的计算到复杂的机器学习,人工智能的发展经历了漫长的历史。在这个过程中,人工智能逐渐从学术领域走向实际应用,并在各个领域取得了显著的成果。随着技术的不断进步和应用场景的不断扩展,人工智能将继续发挥重要作用,为人类社会的发展作出贡献。人工智能的发展过程,具体如图 5-2-2 所示。

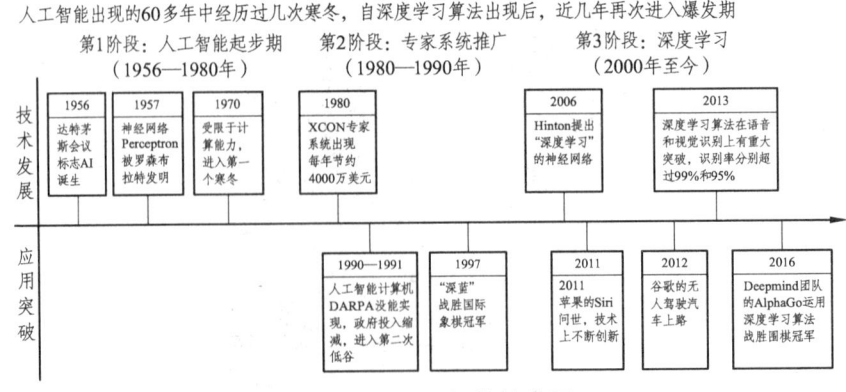

图 5-2-2 人工智能的发展

3. 人工智能的应用领域

人工智能的应用领域非常广泛，几乎渗透到了各个行业和领域。例如，在医疗领域，人工智能可以帮助医生进行疾病诊断和治疗计划的制定；在交通领域，人工智能可以协助交通管理部门优化城市交通流量；在金融领域，人工智能可以进行风险评估、投资决策和欺诈检测。人工智能在各个领域都有广泛的应用，以下是一些主要的应用领域：

自然语言处理：用于处理和理解人类语言，包括语音识别、文本分析、机器翻译和情感分析。应用包括虚拟助手、智能客服、自动文档摘要等。

计算机视觉：计算机视觉使计算机系统能够理解和分析图像和视频。应用包括人脸识别、图像分类、无人驾驶车辆的视觉导航等。

自动驾驶：自动驾驶技术使用传感器、图像处理和机器学习来实现无人驾驶汽车，以提高交通安全和效率。

医疗保健：人工智能用于医学影像分析、疾病诊断、药物研发、健康监测和医疗机器人等领域，以提高医疗保健的质量和效率。

金融领域：人工智能在金融领域中用于风险评估、投资策略、欺诈检测、客户服务和贷款批准等方面，以提高金融决策的准确性和效率。

制造业：人工智能可用于生产流程优化、质量控制、设备维护和物流管理，以提高制造业的生产效率。

教育：人工智能技术可用于个性化教育、在线学习、智能教育工具和自动化评估，以提高教育质量。

游戏：人工智能在游戏领域中用于游戏智能化、虚拟角色的行为模拟和游戏体验改进，以提供更具挑战性和互动性的游戏。

能源管理：人工智能技术可用于能源消耗分析、电网管理、智能家居节能和可再生能源预测等领域，以提高能源效率

4. 大模型

大模型（Large Model）在人工智能领域特指那些具有极其庞大参数量的机器学习模型，尤其是深度神经网络模型。

（1）大模型的定义。

大模型是指具有大规模参数和复杂计算结构的机器学习模型。这些模型通常由深度神经网络构建而成，拥有数十亿甚至数千亿个参数。大模型的设计目的是提高模型的表达能力和预测性能，能够处理更加复杂的任务和数据。大模型在各个领域都有广泛的应用，包括自然语言处理、计算机视觉、语音识别和推荐系统等。大模型通过训练海量数据来学习复杂的模式和特征，具有更强大的泛化能力，可以对未见过的数据做出准确的预测。

ChatGPT 对大模型的解释更为通俗易懂，也更体现出类似人类的归纳和思考能力：大模型本质上是一个使用海量数据训练而成的深度神经网络模型，其巨大的数据和参数规模，实现了智能的涌现，展现出类似人类的智能。

（2）大模型相关概念区分。

大模型：具有大量参数和复杂结构的机器学习模型，能够处理海量数据、完成各种复杂

的任务，如自然语言处理、计算机视觉、语音识别等。

超大模型：大模型的一个子集，它们的参数量远超过大模型。

大语言模型：通常是具有大规模参数和计算能力的自然语言处理模型，例如 OpenAI 的 GPT-3 模型。这些模型可以通过大量的数据和参数进行训练，以生成人类类似的文本或回答自然语言的问题。大型语言模型在自然语言处理、文本生成和智能对话等领域有广泛应用。

GPT（Generative Pre-trained Transformer）：GPT 和 ChatGPT 都是基于 Transformer 架构的语言模型，但它们在设计和应用上存在区别：GPT 模型旨在生成自然语言文本并处理各种自然语言处理任务，如文本生成、翻译、摘要等。它通常在单向生成的情况下使用，即根据给定的文本生成连贯的输出。

ChatGPT：其专注于对话和交互式对话。它经过特定的训练，以更好地处理多轮对话和上下文理解。ChatGPT 设计用于提供流畅、连贯和有趣的对话体验，以响应用户的输入并生成合适的回复。

（3）大模型的发展历程。

大模型的发展历程可以大致分为以下几个关键阶段，如图 5-2-3 所示：

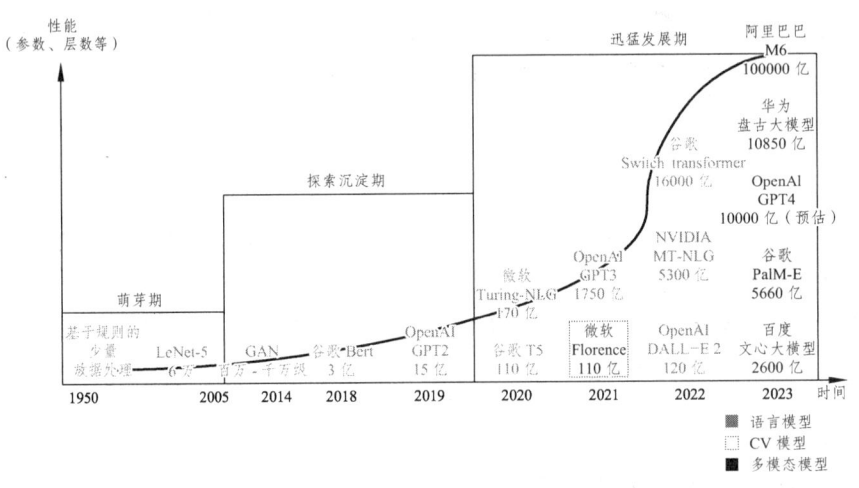

图 5-2-3 大模型的发展历程

① 早期探索阶段（20 世纪 50 年代至 90 年代）。

在此阶段，模型规模相对较小，研究主要集中在基础的神经网络模型和规则系统上。尽管模型参数数量远不及现代大模型，但诸如感知器、BP 神经网络等概念为后来的大模型奠定了理论基础。

② 深度学习崛起（21 世纪 00 年代至 10 年代初期）。

深度学习模型开始崭露头角，AlexNet（2012 年）在 ImageNet 图像识别挑战赛中的出色表现标志着深度学习时代的开启，它通过多层卷积神经网络结构显著提高了图像分类性能。

自然语言处理领域的突破包括 Word2Vec（2013 年），该模型能够从大量文本数据中学习词向量表示，使得词语之间的关系得以量化表达。

③ 大模型预训练与迁移学习阶段（21 世纪 10 年代后期）。

预训练模型的概念得到发展，谷歌公司发布的 BERT（2018 年）采用了 Transformer 架构并利用无监督预训练技术，在 NLP 领域带来了革命性变化。

随后，OpenAI 公司发布了 GPT 系列的第一个版本 GPT-1（2018 年），展示了基于 Transformer 的语言模型在生成式文本任务上的潜力。

④ 超大规模模型发展阶段（21 世纪 20 年代初期）。

超大规模模型如 GPT-3（2020 年）进一步提升了模型参数规模，达到 1750 亿个参数，并在零样本学习任务上表现出卓越能力，无需进行特定任务的微调就能取得良好结果。

各大科技公司和研究机构纷纷推出自己的大模型产品，例如华为在 2021 年 4 月发布的盘古大模型系列，涵盖了多个 AI 应用领域，并拥有千亿级参数的 NLP 模型。

微软、阿里巴巴、百度等也相继推出了各自的大规模预训练模型，其中微软 BEiT-3 标志着多模态大模型时代到来，这类模型能够同时理解处理文本、图像等多种类型的数据。

进入 2023 年后，随着计算资源和技术的持续进步，大模型不仅在规模上继续扩大，而且在功能上更加多元化和通用化，如谷歌推出的 Gemini 模型，以及不断涌现的其他数百个不同领域的大模型。

总之，大模型的发展历程是一个逐步推进的过程，从早期的初步尝试到如今跨越式的参数规模增长和模型性能提升，它们不仅引领了人工智能技术的创新潮流，也在实际应用中推动了人机交互、内容创作、决策支持等多个领域的变革。

（4）大型语言模型的工作原理。

大型语言模型的核心是自回归或双向编码器解码器结构，通过数亿级别的参数量来捕捉语言中的复杂模式和上下文依赖关系。在训练过程中，模型通过对海量文本数据的学习，逐步建立词汇、语法和语境之间的联系，从而实现对新输入的精准理解和响应。

（5）大型语言模型的应用场景与价值。

内容创作与辅助写作：大模型可用于生成新闻报道、诗歌、故事等多种文体的内容，并可作为创意工具为作家提供灵感。

智能客服与问答系统：实时解答用户疑问，提供定制化服务，显著提升用户体验。

信息检索与推荐系统：根据用户需求快速搜索相关信息，并进行个性化推荐。

多语言翻译：实现高质量的跨语言沟通，打破语言壁垒。

代码编写与程序理解：部分大模型已展示出编程能力，能够在一定程度上理解、生成及修改代码。

（6）国产大模型。

人工智能是新工业革命，大数据是石油；人工智能是发电厂，将人工智能赋能千行百业，所有的商业模式都会被重塑。ChatGPT 的横空出世颠覆了我们很多的认知和想象，随着微软、华为、阿里巴巴、腾讯、百度等世界科技巨头的介入，人工智能的"淘金热"时代已经来到。

百度的"文心"大模型系列是其核心成果，构建了基础大模型、任务大模型以及行业大模型三级体系。"文心"大模型与百度自主研发的深度学习平台飞桨（PaddlePaddle）紧密结合，形成了从技术研发到产业应用的完整生态链。"文心"大模型在自然语言处理、计算机视觉等多个领域有广泛应用，特别是在电力、燃气、金融、航天等行业推出了一系列产业级解决方案。"文心一言"官方界面如图 5-2-4 所示。

图 5-2-4　百度"文心一言"官方界面

阿里巴巴推出的"通义千问"大模型注重通用性和行业定制化，在消费市场具有较大优势。结合阿里的庞大零售和消费数据库，"通义千问"大模型能够提供精准的数据支持和服务。同时，通过 M6-OFA 等技术和平台赋能，推动 AI 在各行各业的应用落地。"通义千问"大模型官方界面如图 5-2-5 所示。

图 5-2-5　阿里"通义千问"大模型官方界面

腾讯研发了"混元"大模型，并依托太极机器学习平台进行优化和部署，致力于打造多模态智能体。"混元"大模型在聊天机器人、内容生成、创意设计等领域展现出了较高的性能和创新能力。"混元"大模型官方界面如图 5-2-6 所示。

图 5-2-6 "混元"大模型官方界面

华为推出了"盘古"大模型,主打算力模型方向,强调高性能计算能力。华为利用自身在云计算领域的深厚积累,确保"盘古"大模型在算力方面具备竞争优势,并与合作伙伴拓维信息共同推进大模型在多个行业的应用实践。"盘古"大模型官方界面如图 5-2-7 所示。

图 5-2-7 华为"盘古"大模型官方界面

智谱华章推出的"智谱清言",旨在为用户提供工作、学习和日常生活中的问题解答和任务完成服务。"智谱清言"基于智谱 AI 自主研发的中英双语对话模型 ChatGLM2,经过万亿字符的文本与代码预训练,并结合有监督微调技术,以通用对话的形式提供服务。

科大讯飞推出的"讯飞星火"大模型,是其在人工智能预训练模型领域的研究成果。"讯飞星火"大模型基于大规模数据进行训练,以提升模型的自然语言理解、生成与应用能力为核心目标,旨在实现更精准的语义理解和智能交互,并进一步推动技术在教育、医疗、司法、办公自动化等多个行业场景的应用落地。

总之,大模型的应用非常广泛,它们可以帮助我们更好地理解和处理大量的数据和信息,从而提高各个领域的效率、精度和用户体验。然而,随着大模型的规模不断增大,也面临着一些挑战和问题,如数据隐私、计算资源、可解释性等。因此,未来需要进一步研究和探索如何更好地应用和发展大模型技术。

五、区块链技术

1. 什么是区块链?

区块链是一种分布式账本技术,它以块的形式存储数据,这些块按照严格的时间顺序链接在一起,从而创建一个不可篡改的、去中心化的数据库。

2. 区块链的核心概念

(1)分布式数据库。

区块链数据库分布在多个计算机节点上,而不是集中在单一的中央服务器上。这意味着没有单一的控制权,所有节点都有副本,并且可以验证交易。

(2)块。

区块是包含一组交易数据的记录单元。每个块都包含前一个块的哈希值,从而形成链条。

(3)去中心化。

区块链不依赖于单一的中央权威机构,交易由网络上的节点共同验证,从而实现去中心化。

(4)不可篡改性。

一旦信息被写入区块链,几乎不可能修改。这确保了数据的安全性和可信度。

3. 区块链的工作原理

(1)交易验证。

新的交易首先由网络上的节点进行验证,确保其合法性。

(2)区块生成。

一组验证通过的交易被打包成一个块,并通过密码学哈希函数连接到前一个块。

(3)共识机制。

区块链网络使用共识算法来决定哪个节点有权创建下一个块。常见的共识机制包括工作量证明和权益证明。

(4)分布式存储。

块被广播到网络上的所有节点,每个节点都保存整个区块链的副本。

4. 区块链的应用领域

(1)加密货币。

比特币是最早的区块链应用之一,用于创建去中心化的数字货币。

(2)智能合约。

以太坊等平台允许开发智能合约,这是自动执行的合同,不需要中介机构。

(3)资产追踪。

区块链可用于跟踪物流和供应链中的产品,确保透明性和真实性。

(4)选举和投票。

区块链可以用于创建安全的选举和投票系统,减少潜在的操纵和欺诈。

5. 区块链的优势和挑战

（1）区块链具有以下优势：

去中心化：不需要中介机构。

安全性：数据不易被篡改。

透明性：交易可公开验证。

可追踪性：交易历史可追溯。

（2）区块链的发展面临的挑战。

扩展性问题：处理大量交易需要更多资源。

隐私问题：公开的交易数据可能涉及隐私问题。

法律和监管：法规不够成熟，监管是一个挑战。

6. 未来展望

区块链技术在金融、供应链、医疗保健等领域有着巨大的潜力。未来，我们可能会看到更多创新和应用的出现，以解决各种问题并推动社会进步。

本节总结了新一代信息技术的概念、重要性、关键特征、应用领域、挑战和机遇。新一代信息技术正在迅速改变世界，为我们的社会、经济和生活带来巨大的变革。

任务一　基础训练

1. 任务题目

社交媒体数据分析与社会影响。

2. 任务描述

随着社交媒体的普及，大量的社会交往和信息交流在虚拟空间中发生。本次任务旨在让大一新生利用大数据分析技术，深入挖掘社交媒体数据，了解其在社会中的影响和作用。

3. 任务步骤

（1）数据采集与清洗：学生需要选择一个社交媒体平台（如微信、QQ、小红书或抖音等），并使用相应的 API 或其他合法手段，获取一定时间范围内的相关数据，包括用户信息、发帖内容、评论等。

（2）数据分析：利用大数据分析工具（如 Python 的 Pandas、Matplotlib，或其他合适的工具），对采集到的数据进行清洗和分析。学生可以探索用户活跃度、关键词分布、情感分析等方面的内容。

（3）社会影响研究：学生需通过数据分析，探讨社交媒体在社会中的潜在影响。他们可以关注以下问题：

① 在社交媒体上有哪些热门话题？它们对社会产生了什么样的影响？

② 用户之间的互动模式是否反映了社会中的一些趋势或问题？

③ 是否存在信息传播中的偏见或误导，以及这对社会产生了何种影响？

4. 报告撰写与展示

学生需要将分析的结果整理成报告，并通过口头或书面形式进行展示。报告应包括数据采集方法、分析过程、得出的结论以及对社会影响的深刻理解。

任务二　社会实践

1. 任务题目

申请免费的云服务器。

2. 任务描述

阿里云为了鼓励学生学习和实践云计算技术，针对高校学生提供了免费学生云服务器，每个学生可以通过网址"aliyunbaike.com/go/student"，在完成学生身份认证后，免费领取一段时间的云服务器 ECS。领取免费云服务器后，学生可以使用阿里云提供的各种云计算服务，如操作系统、数据库、编程语言、网络设备、存储设备等。学生可以在云服务器上部署应用程序，进行数据处理、模型训练、数据分析等。同时，阿里云还提供了丰富的学习资源和工具，帮助学生更好地理解和掌握云计算技术。

3. 任务步骤

（1）打开申请页面"aliyunbaike.com/go/student"。

（2）注册阿里云账号并登录。

（3）完成学生身份认证。

（4）免费领取云服务器。

（5）完成实验学习。

（6）获得阿里云 Clouder 认证。

参考文献

［1］谭有彬，倪彬. WPS Office 2019 高效办公[M]. 北京：电子工业出版社，2019.
［2］范仲勇，王姝毅. 计算机应用基础（Windows 10 + MS Office 2016）[M]. 成都：西南交通大学出版社，2023.
［3］统信软件技术有限公司. 统信 UOS 操作系统使用教材[M]. 北京：人民邮电出版社出版发行，2021.
［4］眭碧霞. 信息技术基础[M]. 2 版. 北京：高等教育出版社，2021.
［5］杨竹青. 新一代信息技术导论[M]. 北京：人民邮电出版社，2020.